【记忆丛书】

红色教育(一)
高等院校

Red Education (1)
Universities and Institutes

方惜辰 编

Edited by Xichen Fang

美国华忆出版社

Remembering Publishing, LLC. USA

Copyright © 2021 by Remembering Publishing, LLC. USA
RememPub@gmail.com

Education (1)： *Universities and Institutes*
Fang Xichen

ISBN： 978-1-951135-94-2（Print）
978-1-951135-95-9（Ebook）

红色教育（一）：高等院校
方惜辰　编

出版： 美国华忆出版社
版次： 2021 年 10 月第一版，第一次印刷
字数： 266 千字

美国国会图书馆编目号码 LCCN：2021 918 920

All rights reserved.
No part of this book may be reproduced in any form or by any electronic or mechanical means including information storage and retrieval systems, without permission in writing from the publisher. The only exception is by a reviewer, who may quote short excerpts in review.

作品内容受国际知识产权公约保护，版权所有，侵权必究

编者前言

在当代中国的教育史上，1957 年是一个拐点。"从反右运动后期起，当局即想出种种办法加强对教育界的全面控制。办法包括：从中央一级党政机关抽调高、中级党员干部，派往大、中学校，加强党的领导；建立党委领导下的校长负责制；在中学和师范学校设置政治课。随着学校进入'整改'阶段，北京、上海等地高等学校的一大批知识分子被下放农村。[1] 1958 年初，当局又在高等学校掀起以搞臭资产阶级个人主义，自觉革命，向'红透专深'前进为中心的思想批判运动，开展向党交心，'拔白旗、插红旗'等一系列'兴无灭资'的思想斗争。[2] 在当政者采取的诸多办法中，影响最深、为害最烈的莫过于在青年中贯彻'阶级路线'。"[3]

可以说，从 1957 年开始，中国的教育界就成了"党天下"，此后入学的学子们，一届比一届学习的时间少，一届比一届劳动的时间长，一届比一届参加的政治运动多。65 级入学的最惨，没上半年课就被拉上文化大革命的战车。"大学老五届"和"中学老三届"一样，成了一个特定时代的专用名词。这个称谓意味着知识的欠缺，专业的荒废，心智的扭曲和信仰的失落。

如果袁隆平不是 1953 年毕业于西南农学院，而是 1958 年入学，那么，中国就不会有"杂交水稻之父"。如果吴孟超不是 1949 年毕业于同济大学医学院，而是老五届中的一员，那么，他就不会感动中国。换句话说，在大学老五届之中，本该有着众多的"之父"，众多

---

[1] 中央教育科学研究所编：《中华人民共和国教育大事记》（1949-1982）第 205 页。

[2] 同上，第 220 页。

[3] 刘小萌：《文革前的"阶级路线"问题——以学校教育为中心的考察》载《记忆》第 110 期。

I

的院士，众多感动中国的人物。时代毁了他们，教育误了中国。

按照中共中央1981年做出的《关于建国以来若干历史问题的决议》的说法，1958年大跃进的"左倾错误在经济工作的指导思想上并未得到彻底纠正，而在政治和思想文化方面还有发展。""在对待知识分子问题、教育科学文化问题上发生了愈来愈严重的左的偏差，并且在后来发展成为'文化大革命'的导火线。"

本书收录了北京地质学院、清华大学、北京大学、北京师范大学、哈尔滨工业大学、山东大学、中国科技大学七所高等院校这八届学生的回忆。这些亲历者对大学生活的记述为"左的偏差"做了具体的诠释，本书的"反动学生"一辑，用张饴慈、周平、麦结华、徐明曜等人的遭遇，揭示了"开始全面建设社会主义的十年"中，中国高等教育在毁学废教，扼杀人才方面的成绩。

体制内的学者认为："这一时期，高等教育发展相对稳定，由于中国自己的教育体系的建立，'教育革命'的理念在高层逐步成熟。中苏两党关系逐步恶化等等。高等教育领域逐渐'脱苏化'。尽管高等教育受到了来自各方面的干扰，但这段时间培养了大批人才和科研成果，对中国经济社会的发展产生了积极的作用。也成为这个时期高等教育的主要亮点。"[4]

中国科大物理系的64级大学生周平博士对这个"亮点"做了如下诠释：

我不是一个成功的科学家。不是由于我们不聪明，也不是由于我们不勤奋。由于历史的原因，我们这一代人没有能够达到我们本应达到的学术高度，我们这一代被称为中国文化科学史上的断层，作为二次大战后出生的婴儿潮一代，在中国大陆的我们这一代人没有能出像李远哲、丁肇中这样的科学大师，这不是来自天灾，也不是来自外族的侵略。文化大革命是以一代人的青春为代价，这个代价实在是太沉重了。

我们这一代人被后人看很傻，也很迂腐。是的，我们受过欺骗，

---

[4] 徐萍《简论当代中国高等教育发展史》载《商情》2013年第52期，第187页。

我们犯过许多错误，做过许多愚蠢的事情，我们承受了历史的苦难，经历过人生的艰辛。我们没有惊天动地的业绩，也没有创造巨大的财富。但我们曾经思考过，曾经努力追寻过。我们这一代人将逐渐走出历史，把这段经历写下来，使我们的后代比我们聪明，这是我们这代人的历史责任。[5]

这本书就是大学老五届履行历史责任的见证。作者们用他们的亲身经历给我们提出了这样的问题：中国建立的是什么样的教育体系？"教育革命"给高等教育带来了什么后果？这二十年间是"培养了大批人才"还是糟蹋了大批人才？那些"科研成果"是在什么条件下创造出来的？

2021 年 7 月末

5　周平：《情系科大：岁月淌不尽的希望》，见本书。

目 录

编者前言 I

第一辑 理 工

北京大学数学力学系1959级纪事　唐 云 1

北大杂忆（1959—1964）　唐 云 22

北大生活片忆　王则柯 48

北京地质学院读书纪实　聂树人 62

北师大数学系述往　蒋世信 71

清华大学工程化学系五年　王大定 80

人生杂忆 ——哈尔滨工业大学旧事　李耿立 85

第二辑 人 文

1964年我竟"考"上了北师大中文系　方延曦 131

山东大学在文革前的阶级斗争教育　宋书星 140

时代的晴雨表 ——北京师范大学外语系　安希孟 149

五年求学一场梦 ——我的北大经历　杨海峰 162

第三辑 "反动学生"

情系科大：岁月淌不尽的希望　周 平 177

张东荪之孙的回忆 ——我在北大数学系　张饴慈 204

被北大开除之后 ——1964年后的下层生活　　麦结华..........221

我在北大的经历 ——从团干部到"反动学生"　　徐明曜......239

附录　徐明曜个人材料（1969—1980）

附录一：系统交代材料.................................317

附录二：对具体问题的认识（提纲）.....................338

附录三：补充交代几个问题（一）.......................341

附录四：补充交代几个问题（二）.......................345

附录五：唐山五中革命委员会 《徐明曜的综合材料》........347

附录六：唐山齿轮厂革委会对徐明曜问题的处理意见............350

附录七：对唐山五中处理意见的一点说明..................350

附录八：1979年申请平反...............................351

附录九：对"申诉书"的几点说明........................353

附录十：对徐明跃1965年受开除团籍处分的改正决定.........358

编后记..359

第一辑　理　工

北京大学数学力学系 1959 级纪事

唐　云

前　言

北京大学数学力学系 1959 级共 200 多名同学，分为数学、计算数学和力学 3 个专业。这些同学绝大多数都是经过当年全国统一高考入学的。

入学时，全年级 3 个专业分为 6 个班，其中数学专业 3 个班，计算数学专业 1 个班，力学专业 2 个班。到 4 年级下学期即第 8 学期，进入高年级阶段，各专业又按专门化重新分班，其中数学专业分为 4 个教学班（涵盖 7 个专门化）：代数拓扑班（代数与拓扑）、概率统计班、函数论班（实变与复变）和微分方程班（常微与偏微）；计算数学专业分为计算方法和程序设计 2 个专门化；力学专业分为流体力学和固体力学 2 个专门化班。

数学力学系系主任是段学复教授。

1960 年，学校决定所有理科专业的学制都由 5 年制改为为 6 年制；进入到高年级后（1964年），又决定把1959级数学专业和计算数学专业的学制改为5年半，应该在1965年1月毕业。但实际上连同毕业前夕进行的"清理思想、毕业鉴定"运动，数学和计算数学这2个专业的同学直至1965年4月中旬才给出分配方案，4月底前陆续离校走上工作岗位。力学专业的学制仍为6年，至1965年7月毕业。

59级同学在北大学习期间，正值贯彻1958年制定的"教育为无产阶级政治服务，教育与生产劳动相结合"的教育方针，并且正处于中国两大政治运动的间隙：1957－1958年的"反右斗争"（北大可以说是其中的一个主战场）和1966年文化大革命，这使得59级同学在整个学习期间经历了当时在全国范围内开展的各项政治运动；伴随着一系列的政治学习和生产劳动，整个大学生活充满着浓厚的政治味。

数力系一贯重视学生的基础训练，并从低年级抓起，一些基础课的教学都由优秀教师担任。如59级主讲数学分析的是闵嗣鹤老师（讲习题课的有张恭庆和周巢尘等老师）、主讲解析几何的是姜伯驹、程庆民等老师，主讲高等代数的是丁石孙老师等。这些老师都是数学教育家，有的成为后来的院士，可以说都是大师级的。课程安排很有规律，重质量，不片面追求数量；课时不多，给学生留下充分的时间自学。经过近6年严格的专业训练，同学们都打下了扎实的业务基础，从而受益终生。在老师们的培育下，同学们毕业后勤勤恳恳，兢兢业业，踏实工作，不少同学还在工作中取得卓著成绩，成为所在单位的业务骨干。

本纪事主要把59级在北大学习近六年期间的、发生在专业课程学习之外的、对本年级同学有较大影响的事件尽可能如实地记述下来。

本纪事从1959年9月同学们入学到1965年先后毕业，按每个学期的时间顺序编写。

在编写过程中，曾参考许多同学撰写的材料和回忆文章，特别是张葆丽在《数学学习之外的大学生活》一文中提供的基本素材，麦洁华、徐明曜、何怡生、雷广玉、岳曾元、章本照等提供的部分材料，以及张饴慈、王则柯、于晏悦等人的回忆文章。在编写过程中，不少同学还通过口头或书面的形式提出了很好的建议和意见，在此一并表示感谢。本文还参考了王学珍等编写的《北京大学纪事（1898—1997）》（北京大学出版社，2008 年第二版，简称《北大纪事》）等材料，对所涉及的一些史实进行了核对与补充。

由于都是几十年以前的事情，资料匮乏，许多事情仅凭记忆难免挂一漏万，可能还有差错，本纪事仅供参考。

第一学期（1959 年 9 月至 1960 年 1 月）

1959 年 9 月初，数学力学系新生到北京大学报到，分住 28 斋（男）和 35 斋（女）。

在 9 月初北大举办的新生入学典礼上，马寅初校长做了讲话。

数力系由党总支书记刘沙召开了新生座谈会；报到当日，有高年级同学带新生游校园；当晚学校组织了迎新晚会（未名湖上放焰火，并有电影、游艺等）。

新生入学第 1 周（9 月 7 日至 11 日）先参加校内劳动（修草坪和基建等），然后开始上课。

第一学年的年级辅导员是周巢尘。第 1、2 学年的年级党支部书记是周言恭。

每周半天的政治课是"形势与任务"学习。

1959 年 9 月入学不久，为了参加国庆十周年游行仪仗队，不少同学被抽出去排练，学习正步走，60 人为一排，要求走成直线，还要手挥花束，反复高呼"三个万岁"（总路线万岁、大跃进万岁、人民公社万岁），当然还有毛主席万岁、中国共产党万岁、中华人民共和国万岁等。几乎每天下午都要操练。有一次周末还在凌晨 2 点从清华园车站乘火车到城里参加彩排。为参加"十一"的联欢晚会，还组织同学学跳集体舞。同学们不管排练多累、占用多少时间、要求多么严格，始终精神饱满。

10 月 1 日，这部分同学到天安门参加国庆十周年游行，亲眼看到毛主席,感到无比幸福。有些同学还参加了天安门广场的群众联欢晚会。

1959年10月9日,政治学习开始了。主要学习党的八届八中全会文件,要求:(1)从历史的发展认识社会主义总路线和党领导的正确;(2)认识马克思主义是在反右倾中发展的,反右倾机会主义的重大意义;(3)以不断革命精神要求自己,不断改造思想。

10月18日参观全国工业展览会。有的同学认为,一个更大的跃进高潮就要形成了。

11月9日,进入"自觉革命、向党交心"阶段。先是进行一系列政治学习,内容包括如何正确对待群众运动、人民公社、阶级政党和领袖等等,检查自己对"三面红旗"的认识。21日,开始"向党交心",写思想小结。23日,"火烧中游思想",通过报刊杂志、墙报和广播喇叭的宣传,革命的气氛浓起来了。28日,要求制定"红专跃进规划"。

12月中旬,年级进入"红专辩论"阶段:在大饭厅听了冯定副校长关于世界观的报告,认真学习胡绳《又红又专,树立共产主义世界观》和康生《共产党员应当是马克思列宁主义者,不做党的同路人》等文章。

结合八届八中全会文件学习,一些同学谈了自己对三面红旗和教育革命等问题的看法,结果是受到有组织的批判。当时要求每个人"主动"报名申请被"帮助"(实际上是接受"系统地"批判),最后各班都找了一两个同学作为"典型",扣上"白专道路"或者"粉红色专"等帽子,进行"集体帮助",在班里受到重点批判。这些同学有的还是团员或班干部,这种批判给他们带来沉重的思想负担,也给其他同学带来压力,许多同学业务课学习的积极性受到压抑。

年级还组织了对一些老师的批判。例如部分同学一个晚上就给马希文老师贴了许多大字报,批判他的所谓"白专道路"。还组织同学批斗程庆民老师。据有的同学回忆,那是在期中考试后,程老师按得分高低分发试卷,一些调干生和学生干部排序靠后。于是,有同学认为这是"长白专学生的志气,灭工农子女的威风",是"右派翻案"。

在批斗会上还发生了学生打老师的事件。

学生党员参加了对系领导林建祥老师"右倾机会主义"的批判。

12月24日,组织听批判马寅初"人口论"的报告。到1960年1月6日组织听批判马寅初"团团转"理论的报告。还组织学生集中听对马寅初"人口论"批判大会的实况转播。

这一学期,通过一些课余文化活动让同学们接受教育,例如组织观看话剧《革命的一家》、电影《青春之歌》,参观全国工业展览等。

天气转凉后,在中关村路举办了一次万米长跑活动,参加者众多,多数同学跑完全程,得到一次身体和意志上的锻炼。

11月中旬,年级组织同学们到通县北大畜牧场参加一周的劳动锻炼。当时已是天寒地冻,锄头刨下去几乎挖不动土。

1960年寒假,数力系发动全系学生大搞"教学革命",提出砸烂"牛家店"(微积分中的牛顿—莱布尼茨公式)、火烧"哥家楼"(哥西等数学家的极限理论)的口号;要学生编"红书",即编写出一套"无产阶级的"数学力学教材。还要求一年级学生落实到编写一套数学分析教材。实际上,当时一年级学生还没有学完微积分,可是领导说这样的学生没有框框,更适合干这件事。

当时是白天搞"运动",晚上加班"补课",每天干到午夜12点以后,没有放一天假。

第二学期(1960年2月至1960年8月)

这学期的政治性活动安排得有增无减。

开学不久,就进入了八届八中全会文件学习的最后阶段。3月初,把以前问题上升到世界观的高度,批判"资产阶级世界观"。各班确定了一些同学,组织对他们的重点批判。例如数二班的李测章同学在这段时期以"立场问题"为由受到重点批判,并被开除团籍,后又以学习成绩不及格为由,勒令退学,回到广东。

3月21至26日,组织部分同学到东北旺苗圃参加一周的劳动锻炼,还有部分同学在40斋旁及东操场搞建筑劳动。

4月初,学校宣布马寅初"辞去"了北京大学校长的职务,由党委书记陆平兼任北大校长。

4月8日，学校召开了"卫生工作持续跃进大会"。按此精神，全年级同学参加了全校性的卫生运动。除打扫卫生外还大搞形式主义，如28斋宿舍的走廊上画满壁画；宿舍之间交换被子；对宿舍的书架进行调整等。

5月12日，学校召开理科师生大会，听取陆平校长做的"关于参加全国技术革新技术革命"的动员报告。此后，年级同学到校内外工厂参加了为期一个月的"技术革新、技术革命"群众运动。计有3次：一次是大搞"超声波"，把水管锯断敲扁夹住一个簧片，据说在水流或者气流的冲击下就能发出超声波，结果制造出了大量的金属垃圾。另一次是搞"半导体"，到处找半导体材料，还到物理实验室仓库随便取件和安装。让不懂得电子技术的数学系新生来搞"电子化"，实际上是随意糟蹋。实验员有抵触情绪，但迫于政治压力，也无可奈何。还有一次是拉队到城里二龙路人民公社等所属工厂，充当"技术革命"的"生力军"。据同学回忆，有一位党员女干部半夜里把小工厂的车工叫来，让他把机床交给同学使用。车工满脸不高兴，但也只得交出开关盒的钥匙。

最后，系里召开了"庆丰收再跃进大会"，内容是总结一个月全系600多师生四路大军下厂技术革命的"成绩"，并布置下阶段任务。

政治学习自始至终抓得很紧。作为每周半天的"社会主义和共产主义教育"政治课，在3月19日组织听取李普关于毛泽东思想的报告，和5月14日关于学习《列宁主义万岁》等纪念列宁的"三篇文件"报告，并开始（6月26日？）学习《列宁主义万岁》等"三篇文件"，主要是国际问题、战争与和平问题、反修问题。

此外还在晚上和周末安排政治学习和活动。学习了《实践论》《关于正确处理人民内部矛盾的问题》（第五部分：知识分子问题；第九段：关于百花齐放、百家争鸣、长期共存、互相监督的方针）、《人的阶级性》（刘少奇）、《愚公移山》《论联合政府》《毛泽东同志论帝国主义和一切反动派都是纸老虎》《关于领导方法的若干问题》《当前国际形势和我国对外关系问题》（周恩来）、《建立城市人民公社具有伟大历史意义》(人民日报)和《为提前实现全国农业发展纲要而奋斗》(谭震林)等。班会的主题是"开展毛主席著作学习的高潮"。

这学期参加了一系列集体政治活动。如《中国青年报》在年初发表了《为了六十一个阶级兄弟》的长篇报道，提到北京特种药品商店等单位抢救山西省平陆县中毒民工的事迹。此后在一次游行中，在经过王府井大街的这家商店时，大家高唱："我们生活在社会主义大家庭，亿万人民是一个整体。同甘苦共呼吸，团结友爱最亲密……"。

5月份一天，全校五千名师生去天安门集会，参加声讨美帝国主义的示威游行。青年学生为能亲眼看到天安门上周恩来、朱德、宋庆龄等国家领导人而兴高采烈。

还有一次是参加声援古巴的示威游行。大家背着步枪，一路高呼口号："要古巴，不要美国佬""打倒美帝""古巴必胜"。最后到天安门广场，进入太和殿集会，听外长陈毅讲话。

这个学期还组织年级同学参加一些劳动，主要有：参加校内六公寓盖教工宿舍的劳动、学校食堂劳动、东北旺苗圃劳动、去十三陵修公路铺管道，以及8月初组织同学去京郊大兴县"抢种"大白菜等。

这些活动使得每天的日程排得很满，节假日都不休息，一个学期上课时间加起来只有一个多月。课程学习也采取大跃进形式，每天3段时间。如高等代数以线性规划中的"图上作业法""表上作业法"代替；理论力学课由年轻老师讲"火箭动力学"，5月16日一天，一口气就上了8节理论力学课！有的年轻老师还对老教授的讲课当众指责。

由于这一阶段的基础课没有学好，以后又重新补习。

1960年春天，开始粮食定量供应，按每人定量发饭票，后改用饭卡。6月，学校曾提出"劳逸结合"，但不久又被一系列紧张的活动替代。直到年底才发生变化。

7月份，学校通知，经高教部批准，包括数学力学系在内的北大理科各专业的学制改为6年制。

7月30日，大学第一学年结束。当时领导对形势的认识是：反对修正主义形势大好，帝国主义寿命不会很长了。国内大办公社，开展技术革命，促进了生产。

这年的暑假看的电影是《聂耳》《战上海》等。

第三学期（1960年9月至1961年1月）

该学期的年级辅导员为焦仲林。每周半天的政治课是马列主义教育。

9月，北大生物系59级一批同学到数学专业代培。其中到数一班的5人：柳世儒、李立钊、王琬琬、续治平、刘人杰；数二班5人：方肇寅、金永娟、阎晓霞、苟崇孝、刘华祥；数三班4人：刘学家、张芳洲、张世英、符江。经过两年的学习，他们（除个别已退学外）于1962年7月离开数力系，回到生物系。

还有一些来自北京铁道师范学院、扬州师范学院、北京林学院、东北林学院、新疆大学和辽宁大学等学校的同学，先后到北大59级数力系来代培。加上高年级的复读生，到数力系59级学习过的同学多达250余人。

这学期开学不久，学校组织集中突击学习俄语，学俄文版的《列宁主义万岁》。学习是竞赛式的，不断打破"纪录"，出现浮夸，如有的同学声称每小时能阅读数十万印刷符号（比列宁看得还快），弄得大家哭笑不得。

9月11日（周日），在大饭厅，听吴先恩中将作关于艰苦奋斗的报告。21日，参观革命军事博物馆。

10月1日，《毛泽东选集》第四卷出版，同学们夹着被子去海淀新华书店通宵排队买书。继而兴起了学习毛泽东思想的热潮，除了学习毛著，还学刘少奇、陆定一、林彪的文章以及《共产党宣言》等，并接受革命传统教育与艰苦奋斗教育。

10月16日，学校组织各系同学，到十三陵理科新校址参加修筑铁路路基的大会战。干的是土方活。当时国家已进入"三年困难时期"，粮油等都定量供应。由于劳动强度很大，睡眠时间很少，同学们吃的远远不能弥补体力上的消耗。又由于参加的人多，只能分散居住，有的班就住得很远，往返工地需要几个小时，而且居住条件也很差（如住鸡舍或牛棚）。这次劳动长达一个月，由于粮食不够吃（还曾动员大家捐粮票）、缺乏营养，很多同学得了浮肿病，有些还得了肝炎和肺结核等病。期间，陆平校长曾来工地视察，政工干部要求大家齐声欢呼"陆平校长好"。但就是在那次劳动期间，数一班的方肇满同学因肠梗阻，加之医生误诊，终因抢救不及时而去世。这件事在劳动后疲惫的同学们的心中留下了暗淡的阴影。至11月14日，结束了一个月劳动，回到学校。

11月13日，听陆平校长关于精简人员支援农业的录音报告。

11月中旬，参加劳动回到学校后便学习毛选四卷中《中共中央关于同国民党进行和平谈判的通知》《关于重庆谈判》《论人民民主专政》《抗日战争胜利后的时局和我们的方针》等文章，让同学们认识到：前途是光明的、道路是曲折的、斗争是复杂的，我们必须战略上藐视困难、树立信心，战术上重视困难、准备艰苦斗争，以赢得胜利（渡过困难时期）。并接受革命传统教育和艰苦奋斗教育。

11月18日，在办公楼上马列主义课——"学习毛主席著作"。11月19日，各班还分别开"跃进大会"，20日晚年级召开"跃进大会"，年级同学的战斗口号是："主席思想挂帅、鼓足干劲、力争上游、大干特干，做出好成绩、誓上先代会"。

12月中旬，学习《中共中央关于农村人民公社当前政策问题的指示信》《目前的形势和我们的任务》《将革命进行到底》《七届二中全会的报告》《论人民民主专政》《丢掉幻想、准备斗争》（从16周到21周，报告4次、自学和议论13次、讨论3次）。

后来传达了中央关于"劳逸结合"的文件，按学校《关于认真安排群众生活和贯彻劳逸结合的若干问题的决定》实行劳逸结合。政治活动明显减少，大饭厅还常放电影；党团组织直接抓生活，大家也开始有时间钻研业务，复习功课。

12月31日，传达农业部长廖鲁言同志在农大农干训练班上关于农业"十二条"的讲话。

1961年1月21日，听取地质部副部长何长工所作的关于革命传统教育的报告："重温井冈山斗争，进一步学好毛泽东思想"，要求发扬艰苦奋斗精神。

1月24日，陆平校长作"关于国内形势"的报告，鼓励大家克服暂时困难。总的要求是：鼓足干劲，以现实可能的标准要求自己的工作学习。假期以逸为主，开学以劳为主，劳逸结合。不是为劳逸结合而劳逸结合，要大鼓干劲，克服已出现的右倾情绪，同时注意劳逸结合，做好工作。

同月，《中国青年》的王光伟来校作"高举三面红旗、为实现1961年发展国民经济的新任务而奋斗"的报告。

第四学期（1961年2月至1961年8月）

政治学习是每周半天的"形势教育"的政治课及晚上学习"毛选"。

2月9日，外交部亚非司司长到北大新饭厅作"非洲目前形势"的讲座。同学们大唱"全世界人民团结起来"（乔羽词、时乐蒙曲）。

3月11日，布置新学期形势学习：学习党的八届九中全会精神和中共中央《紧集指示信》。

中共中央办公厅副主任田家英来校作报告，内容是大兴调查研究之风，贯彻中央的"调整、巩固、充实、提高"八字方针，并反复阐述农村人民公社要落实"三级所有，队为基础"等内容。报告生动活泼、热情洋溢、十分精彩。解开了同学们心中的许多谜团，思想统一到中央的新精神上来了。

4月15日，张学书传达三月份中央制定的《农村人民公社工作条例（草案）》（即"农业60条"）。

5月1日，学校举行纪念劳动节大会，陆平校长讲话，组织师生参加游行、联欢和晚会活动。这期间还有到机场欢送国家领导人出访、去王府井百货大楼卖货等。

6月初，组织到十三陵附近的农村劳动一个多月，支援夏收夏种：数学专业去涧头、计算数学专业去奶牛场、力学专业去鸭场劳动。同学们在劳动中纷纷表示，要自觉革命，有意识锻炼自己。

6月29日，中华全国总工会书记处书记张妈妈来年级做关于革命传统教育的报告。

6月份，学校对八届八中全会文件学习中受批判的同学在原来批判的范围内进行甄别。周巢尘向此期间受到批判的几位同学道歉。学校曾允许数2班被勒令退学的李测章复学，被他拒绝。

第五学期（1961年9月至1962年1月）

年级辅导员和党支部书记为焦仲林。

本学年的政治课是政治经济学：资本主义部分（上学期）和社会主义部分（下学期）。

9月，按照"调整、巩固、充实、提高"的"八字方针"，学校贯彻以教学为主的原则，对缺修的基础课进行补课，逐步恢复正常的教学秩序。政治活动安排不多，老师讲课也十分认真。许多同学开始废寝忘食地学习业务，专心读书，大部分都可以开始比较系统、完整、扎实地学习数学、计算数学和力学的各门专业课。

10月1日，部分同学参加国庆游行和晚会活动。

10月14日，校党委副书记史梦兰传达中央指示及《高校六十条》，并要求展开讨论。

第六学期（1962年2月至1962年8月）

2月8日，听校党委副书记史梦兰关于国内形势的报告。

由于贯彻高教60条，专业学习要求比较正规、系统，考试难度增加。58级的期末考试出现大面积不及格，不少同学进入59级重读；而60级也有40多人留级到61级。不过59级极少有留级。

5月1日，在未名湖畔举行庆祝"五一"国际劳动节联欢会。5月21日组织同学到十三陵新校区苗圃（200号工地）和昌平涧头等地参加农业劳动十二天。

1962年1月起历时一年，徐明曜在数一班组织起学习小组。内容主要是业务学习，如补数学基础课分析、高等代数、函数论，轮流讲些课外读物。参加者开始有五、六人，后来多达十五六人。

第七学期（1962 年 9 月至 1963 年 1 月）

9 月开学时调整宿舍房间。

本学年的政治课是马克思主义哲学：辩证唯物主义（上学期）和历史唯物主义（下学期）。

9 月开始的政治学习以八届十中全会文件为主。按毛主席提出"阶级斗争要年年讲、月月讲、天天讲"抓"阶级斗争"。

这期间同学们思想比较活跃，经常议论如知识分子问题。开学不久，徐明曜与数一班团支部合办了一个《青年论坛》，出了一期。在毕业时的"思想清理"中遭到批判。

这个学期继续系统补授低年级的基础课。如"微分方程"课，前半个学期补常微分方程课，后半个学期讲数理方程课，包括积分方程和广义积分等内容。

10 月的一个星期天，一些同学去香山游玩，爬到半山遇见了朱德总司令。

12 月，校团委和学生会举行"一二·九"运动纪念大会，陆平校长报告。

12 月 23 日晚，听关于古巴形势的报告。

1963 年 1 月 2 日，进入复习考试。

1 月 15 日，考试结束。晚上听报告：关于农村的 60 条，和关于惩治反革命条例。

1 月 16 日，寒假开始。数学专业的基础课班结束，大家依依惜别。

第八学期（1963 年 2 月至 1963 年 8 月）

2 月 5 日新学期上课开始。各专业按专门化班上课。但也有一些公共课，如偏微分方程等。

2 月 17 日，数学专业按专门化重新分寝室。19 日选举班干部。23 日学习文件。24 日制定本学期政治思想规划。

3 月 5 日，学习《光明日报》文章"论雷锋同志学习毛主席著作"，晚上听雷锋在沈阳实验中学的讲话录音。各报登载了毛主席的题词"向雷锋同志学习"，全国掀起了学习雷锋的高潮。12日，听陈广生关于雷锋事迹的报告。

这学期每周六下午学习反修文件，平时晚上也经常要学习文件。自1962年12月15日至1963年3月8日，中共中央先后发表了《在莫斯科宣言和莫斯科声明的基础上团结起来》等七篇文章，中苏论战开始。2月9日，听陆平关于学习反修文件的动员报告。15日，学习文件《陶里亚蒂同志同我们的分歧》。3月9日，学习批判赫鲁晓夫的文件。

4月4日，《人民日报》发表了苏共中央致中共中央的信。6月15日，中央电台广播了《关于国际共产主义运动总路线的建议》（简称"二十五条"）。掀起反修文件学习新高潮。

4月12日，晚上召开劳动动员大会。4月15日开始两周的劳动，修学校操场。26日做劳动小结。

5月2日，去军事博物馆参观雷锋事迹展览。4日为"五四"青年节，学习了《中国青年报》"论雷锋"等文章。5日，全校过"大团日"，陆平校长作报告，谈红专问题和恋爱婚姻问题。7日，听冯定关于学习反修文件的总结报告。11日，陆平报告，关于按照中央文件精神下阶段将开展增产节约和"五反"（反对贪污盗窃、反对投机倒把、反对贪污浪费、反对分散主义、反对官僚主义）运动的问题，指出这将是一场尖锐的阶级斗争。

6月4日晚，听"反浪费"运动小结报告。

7月20日，最后一门课程的考试结束。

据同学回忆，对力学专业，陆平校长作搬十三陵新校区动员报告，系主任段学复作解释。8月底搬到十三陵新校区。暑假期间到东水峪劳动，去昌平工程兵学校军训锻炼。同时力学专业分成流体力学专门化（39名）和固体力学专门化（25名）。辅导员是睢行严。

第九学期（1963年9月至1964年1月）

1963年9月，因洪水，推迟到9月9日开学。

9月14日，副校长戈华传达周总理报告，内容是关于教育工作的几点意见，其中提到德、智、体全面发展和毕业服从分配等事项。

9月27日晚，学习团委文件：关于开除蒋鼎元团籍的决定。

自1963年7月14日苏共中央发表《给苏联各级党组织和全体共产党员的公开信》后，同年9月至1964年7月，《人民日报》和《红旗》杂志相继发表了《苏共领导同我们分歧的由来和发展》等九篇评论苏共中央公开信的文章（统称为"九评"）。本学期及下学期政治学习很重要的内容就是学这些文章。如9月28日下午，学习"三评"《南斯拉夫是社会主义国家吗？》。

10月1日，部分同学参加天安门国庆游行。

10月4日晚，听张芷芬老师报告，谈纪律与学习问题。8日，讨论该报告。5日下午，听戈华关于"五反"的报告，12日下午讨论该报告。13日（周日）晚，听国家计委副主任杨英杰的"国内形势"报告。

10月28日，数学专业与计算数学专业的同学到大兴县红星公社劳动，搬运稻子。11月1日，参观旧宫大队，听大队书记关于形势和阶级斗争的报告。以后几天，白天劳动，晚上开会。但3日下午，因雨停工，听大队老魏"忆苦思甜"报告。11月8日返校。

11月9日下午，听陆平报告："五反"自我检查、小结。16日下午讨论、总结。23日下午继续讨论，大家觉得没有什么可说的。27日，看话剧《年轻的一代》。29日，听陆书记关于"前二反"（反贪污盗窃、反投机倒把）的传达报告，教职工中"背靠背"揭发。学生中不反，但有"坦白"和"检举"问题。

12月7日。校党委传达了中共中央关于农村社会主义教育运动等问题的两个文件"前十条"和"后十条"，其中有毛主席这么一段话："阶级斗争、生产斗争和科学实验是建设社会主义强国的三项革命运动，是使共产党人永不变质的可靠保证。我们的干部，如果对牛鬼蛇神的活动，不闻不问，就会出现反革命复辟，少则几年，多则几十年，整个中国就要改变颜色了。同志们想想，这是多么可怕的情景呀！"

12月13日，讨论该报告。

12月14日，听市委大学工作部部长吴子牧做的"关于继承与发扬革命传统，做共产主义接班人"的报告，联系"抱什么目的上大学"讲"关于世界观问题"，以纪念"一二·九"运动28周年。后又分组讨论。

新年晚会，副校长周培源，副系主任张芷芬来看望大家。

1964年1月9日，上完最后一课，进入复习考试。1月29日，考试结束。

1月30日至2月3日，学习"四清运动"等文件，并讨论。2月4日劳动。

第十学期（1964年2月至1964年8月）

1964年2月19日，新学期开始。

据《北大记事》：2月20日陆平在党委传达了毛主席在"春节座谈会"上的讲话，并在3月20日学校讨论理科教学科研会议上强调，必须解决"培养什么人的问题"才能贯彻"毛主席的春节讲话"精神。3月，"教育部和高教部正式分开办公"，部长分别为杨秀峰和何伟，但"对外联系"仍用教育部名义。3月28日，"学校召开理科全体教职员大会"，贯彻"少而精"原则。至4月12日，陆平在"理科教学工作会议"闭幕式上做总结报告。此后不久，学校宣布数力系59级数学专业和计算数学专业学制改为五年半。

2月27日，听陆平关于"反修"问题的报告，讲了什么是修正主义，修正主义产生的根源，以及关于工人运动、民族解放运动，与古巴、南斯拉夫、阿尔巴尼亚、中印关系，以及我国的内政外交等问题。并在29日（周六下午）进行讨论。

3月8日，听解放军战士学习"毛选"的报告。13日，学习关于青年人应该怎样对待生活（树立远大理想与艰苦奋斗）的文章。31日晚，传达"学代会"精神。

4月10日，全系大会，宣读中共中央通过的关于"五反"的文件和停止使用苏联制造的三种货币事项。17日，参观阶级斗争教育展览会，并讨论。18日，听国际主义教育的形势报告，反对大国沙文主义。25日，听戈华副校长关于"五反运动"的总结报告，并在28日讨论。

5月16日，听国务院办公厅主任童小鹏关于"陪同周总理访问14国见闻"报告。17日，部分同学（全系500名）去颐和园欢迎苏丹主席阿布德，见到周总理和陈毅外长。22日，作为"即将毕业"的学生，听了彭加木同志的报告。5月30日，听陆平关于贯彻毛主席教育思想的报告："社会主义大学要培养什么样的人"和如何贯彻"少而精"问题。

6月9日，听毕业生代表会议录音，并继续讨论毛主席的教育方针。13日下午，听王校长关于加强与各国人民友好，反对大国沙文主义的报告，并讨论。14日晚，听郭超人关于记者生涯的报告。16日晚，听关于人口普查的报告。17日下午，传达吴子牧对毕业生的报告。22日至7月1日，到旧宫大队劳动。

部分同学参加鸭场劳动；力学专业周末到长陵饭馆帮厨。

7月6日，进入复习考试阶段。7月下旬，年级组织了一次集体军训，在昌平县泰陵参加工程兵军事野营活动，过了数天军营生活。除队列操练和学军事知识外，主要训练步枪射击和炸药包爆破等军事技术。列队高唱《我是一个兵》《打靶归来》等军旅歌曲。

7月31日，数学专业与计算数学专业全体同学到北京工人体育场听取了周总理和彭真对北京市即将毕业大学生的报告。周总理讲，大学生要树立阶级观点、劳动观点、群众观点和辩证唯物主义观点。彭真同志讲的要认清社会发展的大方向，坚持走社会主义道路。

8月3日，人民日报发表社论《培养和造就千百万无产阶级革命接班人》，提出了接班人的五个条件。这成为此后一段时期政治学习的内容。

这年暑假，组织了三次劳动：8月3日至7日部分同学在上口的劳动、11日几乎全部同学的劳动，以及13日开始在长陵老君堂的劳动。劳动期间带队领导提到我们年级有阶级斗争。

8月28日北大召开团代会，中心议题是"阶级斗争"。

第十一学期（1964 年 9 月至 1965 年 1 月）

1964 年 9 月开学，数学专业与计算数学专业同学进入做毕业论文阶段，同时按学校要求，在 9 月下旬开始考虑毕业分配问题——服从分配，到祖国最需要的地方去。

力学专业同学 1964 年 7 月迁昌平分校，辅导员是睢行严老师。9 月，分别到沈阳飞机厂（黄复华带队）、水利科学院（是勋刚带队）和大风洞等地参加生产实习，之后进行生产实习总结。

9 月，部分同学参加大型音乐舞蹈史诗《东方红》的排练和演出。《东方红》中的一些歌曲在全校传唱。10 月 16 日参加《东方红》演出的同学在人民大会堂受到毛主席、刘主席、周总理等党和国家领导人的接见，并带回了中国成功地爆炸了第一颗原子弹的振奋人心的好消息。

9 月底，代数拓扑班麦结华被学校以"思想反动"及与同学发生肢体冲突（并未造成严重后果）为由开除学籍。17 年后，1981 年 12 月 21 日，北大做出关于撤销开除麦结华学籍的决定，补发毕业证书，工龄从毕业时（1965 年 1 月）算起。

11 月，学习《红旗》杂志社论《赫鲁晓夫是怎样下台的》。

11 月 28 日，校刊撰文批判冯定的《平凡的真理》等论著。

1965 年 1 月，数学专业与计算数学专业各班同学陆续完成毕业论文并进行毕业论文的答辩。后来对这两个专业同学颁发的《毕业文凭》上记录的毕业时间是 1965 年 1 月。

第十二学期（1965 年 2 月至 1965 年 8 月）

力学专业同学 2 月份开始做毕业论文。

数学专业与计算数学专业同学，2 月至 4 月留在北大接受"毕业教育"，至 1965 年 4 月才分配工作。据同学回忆，此事与分配有关。

2 月 4 日至 14 日，部分同学到石景山钢铁公司劳动，同时接受革命传统教育。

2 月 15 日，开始毕业教育；到 3 月 25 日，完成个人毕业鉴定。

这期间，首先是形势教育，用两周时间学习文件，包括：（1）周总理报告（形势部分）；（2）"二十三条"第一条；（3）《纪念白求恩》《为人民服务》；（4）彭加木先进事迹；（5）接班人的五条标准；（6）1964年8月3日人民日报社论《培养和造就千百万无产阶级革命事业接班人》。

其次是端正对待毕业分配的态度。批判了7种态度：（1）愿在大城市，不愿到小地方；（2）愿在内地，不愿到边疆；（3）愿在南方，不愿在北方；（4）愿离家近，不愿离家乡；甚至个别人愿在北京，而且在城内；（5）向往舒适的生活，怕艰苦；（6）愿到大单位，不愿到小单位；（7）愿搞研究、教大学，不愿教中学。重点批判了不愿教中学的问题，说"每个人都有教中学的可能性"。

再次是清理思想。要求检查下面几方面问题，并挖思想根源：（1）正确解决红与专、政治与业务的关系问题；（2）正确处理个人利益和党的利益的关系；（3）明确知识分子革命化、劳动化的意义，坚决做无产阶级革命事业的接班人，坚决走社会主义道路。

2月22日，李至义作毕业教育动员，要求每个人都要进行"自我革命"，谈自己红与专方面存在的问题。一次次的大会小会之后，一般同学都感到灰溜溜的。

2月27日，在79中学听藏族女同胞斯旺的报告，她以血泪家史控诉万恶的西藏农奴制度。

2月下旬，传达毛主席对毛远新的讲话。

3月上旬，班级小会：怎样认识家庭影响（每个人都力求把来自家庭的不良影响挖出来）；讨论实现革命化、劳动化问题（历时四天半）。

3月8日，听红军老战士、中央西苑直属机关总务主任王裕寿同志报告，谈长征中妇女团的事迹——女同学如何树立雄心壮志。

3月9日，学习劳动化、革命化问题，李至义再次作报告。

3月10日，开始讨论形势问题，检查在困难时期（1960年-1962年）对形势有什么错误或者模糊看法。

3月11日上午，年级大会，交流学习情况和收获，8位同学发言，李志义掌握会议并做小结。下午，听报告"奴隶的新生"（中央政治干部学校学员索朗卓玛）。

3月12日，讨论：在困难时期对三面红旗怎么看？对学校里一些群众运动怎么看？要求挖根源：困难时期为什么会有那些不正确的看法。

3月13日，上午，参观廖初江、丰福生、黄祖示学习毛主席著作经验展览会。

林建祥副系主任说到两点：（1）方向看对，根子扎深；（2）半工半读是培养新的革命接班人的方向。不要被"读了五年半北大"的包袱压住。

3月15日，开始毕业鉴定。李志义报告："为什么要做毕业鉴定？怎么做毕业鉴定？"

3月17日，北大附中教师陈建刚（北大校友）作报告。

3月15日-23日，写思想总结和自我鉴定，然后在小组会上汇报，再由小组同学提优点、缺点，并分析主要问题。

北大数学力学系59级数学专业的毕业教育，主要就是政治学习和搞批判。每个人都要彻底地清理思想，要分阶段地清理，包括：1959年反右倾批判彭德怀时的思想和表现；1960年反修正主义时的思想和表现；"三年困难"时期的思想和表现；1962年提出"千万不要忘记阶级斗争"以及"学习雷锋"期间的思想和表现；最后是，是否愿意服从分配。就是在搞人人过关，不少同学的第一志愿填上的是"服从国家分配"或"到祖国最需要的地方去"。

在此期间，还召开大会批斗了徐明曜和张世英两位同学：给张世英戴上了"反动学生"的帽子；徐明曜则在为时一周的严厉批判后准予毕业（"敌我矛盾"内部处理）。

4月8日，数学专业同学参加毕业教育总结大会，由周言恭主持，有5位同学发言。系主任段学复讲话的要点是：（1）工作岗位是无所谓高低的，主要的是把工作做好。这是国家对大学毕业生的要求；（2）中学数学是仅次于语文的课程，与语文、外语构成三大主课。要注意中学生的全面成长，又要使学生打好数学基础。中学教育课程每年也在更新的;(3)学习雷锋同志说的"我要把有限的生命投入到无限的为人民服务中去""党需要我做什么我就去做什么"。北大同学在任何岗位上都要谦虚谨慎,不要志大才疏。要既有志,又踏实。

4月9日在办公楼举行"北京大学1964—1965学年寒假毕业典礼"。

4月12日下午,公布分配方案。有20多位同学表了决心。

数学专业的分配方案是:纺织工业部 3 人(北京化工纤维工学院 1,苏州丝绸工学院 2)、北京市教育局 17 人、河北省教育局 13 人、上海市教育局 38 人(以上共 71 人);二机部第九研究所 5 人、401 所 2 人、解放军炮兵部队 4 人、国防科委 727 部队 2 人、总直 726 部队南京 1 人、扬州 1 人,913 部队九江 1 人(以上共 16 人);北大 2 人、9 所 10 人、401 所 5 人(以上共 17 人)。

后来实际的方案有所变化:北大 2 人、二机部九所 14 人、401 所 7 人、计算所 2 人、国防科委 5 人、炮兵部队 4 人、纺织工业部 3 人、邮电部 1 人、中学教育 63 人(北京 15、河北 13、上海 35)。

计算数学专业的分配方案是:二机部第九研究设计院 10 人、三机部 601 所 1 人、603 所 2 人、七机部第二设计院 1 人、第四设计院 2 人、中科院计算所 8 人、中科院华东计算所 2 人、上海航天局 1 人、中科院沈阳计算所 1 人、中科院沈阳自动化所 1 人、中科院北京自动化所 1 人、中科院大气所 1 人、中科院天文台 2 人、中国原子能研究院 401 所 2 人、陕西财政厅 1 人、地质部地矿研究设计院 2 人、地质部物探大队 1 人、地质部计算所 1 人、北京铁道研究院 1 人、河北机械设计院 1 人、上海市 1 人。

4月下旬,同学们陆续离开北大,走上工作岗位。

在毕业教育期间,北大在党内开展"四清"。党员经常开会到很晚,回到宿舍很激动,但是对党外同学保密。

又据《北大纪事》,1964年7月2日中宣部调查组进北大,组长是中宣部副部长张盘石。到11月初在北大转入"社教"试点,张磐石任社教工作队队长。张在11月18日召开全校社教积极分子大会,介绍了北大阶级斗争的严重形势。12月,各系社教工作组把党内揭发的"校系阶级斗争"情况在学生中公布。1965年2月9日，在北大社教工作队召开的党委扩大会上，陆平做了自我批判，并表示了一些不同意见。17日组织对陆平的发言进行批驳。3月3日，邓小平主持书记处会议，提到"陆平是好同志犯了某些错误"。4月29日中宣部举行扩大会议，决定撤销张磐石北大工作队队长职务，改由中宣部副部长许立群任队长。

力学专业同学1965年5月1日晚，参加天安门联欢晚会，从新校区往返一百多里。

至期末，做毕业鉴定；听彭真等领导人报告；进行毕业分配。8月份离校。

据章本照回忆，按1965年7月的毕业分配方案，59级流体力学专门化38名同学分别到二机部、三机部、七机部、国防科委、解放军部队、水电部、石油部、高教部、交通部、化工部、海洋局及地方（新疆、吉林、宁夏）等地工作，并有三位分别到力学所和北大读研究生。

选自北京大学数力系1959级《回忆文集续编》2015年自印书。

北大杂忆（1959—1964）

唐 云

一、报考北大

1959年高中毕业参加高考前我是把北京大学数学力学系作为第一志愿填报的，这是出自两方面考虑：一是对数学的爱好，二是对北大的向往。我们那个时代没有"奥数班"之类，但对于"兴趣是最好的老师"这句话我是深有体会的。我对数学的兴趣源自于一些数学题，初中的平面几何老师在讲课之余经常出些有趣的难题。课余时同学们常为解难题争论不休，谁要是做出就会受到老师的表扬。课上的题做完了，便课外找题，比着做。

记得那时《数学通报》每一期后面都有些初等数学的难题征解，我就把那些看得懂的题写在小纸片上，空闲时便思索。后来发现，一些看不懂的数学词语正是高中数学要讲的内容。于是，高中入学不久便把哥哥姐姐留下的高中数学书大致自学了一遍。但这也造成一些负面影响：上数学课时反而不太认真，一看到那堂课的内容都懂了，便干别的事，甚至看起小说来。数学老师也很宽容，大概看到我作业和考试成绩还可以，便很少管我。

高考前学校组织模拟考试，一次数学题目比较难，在500余名毕业生中很少有得满分。听到学校在广播里把我的名字列入得满分的学生名单中，我感到很兴奋。于是，在填报志愿时我便把"数学专业"填入第一志愿。其实数学只是我的兴趣之一，当初并不想一辈子搞数学。小时候喜读爱迪生发明之类的故事书，萌生过搞工程技术的愿望。后来听说工科对家庭出身等要求有许多限制，为"保险"起见便报了数学。

高中时的另一个爱好是看小说。当时班里要求每个同学都有社会工作，我分配做图书管理员，每个月到学校图书馆换取同学预约的书，看各类小说可说是近水楼台。一时期读到《约翰·克里斯朵夫》长篇小说，爱不释手，心灵受到强烈震撼。这类书使我向往个性解放。语文课本中选的鲁迅文章多记不住，惟独对文中引用的裴多菲诗极为欣赏："生命诚可贵，爱情价更高，若为自由故，两者皆可抛"。

中学时代我话不多，但遇到疑点就喜欢争论，总想弄个水落石出。1957年从报刊上读到北大的一些"右派"，如北大谭天荣等人的言论，我看不太懂，却对北大产生了某种神秘感。后来读《青春之歌》，许多细节忘了，但上世纪30年代北大的那种自由风气却给我留下了印象。于是，就把北大放在第一志愿。

二、北大校长

在1959年入北大时我们的校长是马寅初。至1960年3月马寅初被迫辞去校长职务，而由党委书记陆平兼任校长。此外，教过我们高等代数的丁石孙老师后来（从1984至1989年）也成为北大校长。这里就谈对这三位校长的一些印象。其中陆平是我们大学时期的主要校长，他的理念和做法给我们这一届毕业生留下了难以磨灭的创伤，谈得也更多些。

1. 马寅初校长

早就听说马寅初很有名气，敢公开抨击国民党政府，令人敬仰。在新生的入学典礼上终于见到了马寅初校长，并聆听到他的简短讲话。但到年底，北大就掀起了对马寅初"新人口论"的批判高潮。那时在我们每天路过的三角地一带贴满了批判马寅初的大字报。一些专业术语我不太懂，记得上面有说，马寅初不是马克思的马家，而是马尔萨斯的马家。还有一幅漫画，画着马寅初光膀子在淋浴，水滴上写着"批判"的字样。原来马寅初那时说，我这个人不管多冷的天都洗冷水澡，现在给我洗热水澡就更不在乎了。马寅初曾表示愿就"人口论"问题公开辩论。他说："我虽年近八十，明知寡不敌众，自当单枪匹马，出来应战，直至战死为止，绝不向专以力压服不以理说服的那种批判者们投降"。还说："学术的尊严不能不维护。"

记得我们参加了一次全校性的辩论会，是到小饭厅听实况转播，经济系的师生则同他面对面"辩论"。马寅初的"团团转"理论我听了很新鲜，他的浓重的江浙口音北方同学听不懂，我还充当起"翻译"。但说是"辩论"，我听到几次都是没等马寅初把话讲完，便响起一阵批判声，像事先排演好一样，心里很不是滋味。

最后一次见到马寅初是在1959年除夕的团拜会上。当时"党的号召青年的心，提前跨进一九六零"的歌曲响彻北大校园。全校的师生聚集在大饭厅（今天的世纪大讲堂）期待着1960年的到来。先是由马寅初校长讲话，记得他说了句"恭喜发财"之类的诙谐话后并没有引起任何反应，便走下了台。我有一种不祥之兆。接着是党委书记陆平上台讲话，随着新年钟声响起，一群人便上台载歌载舞围着陆平转，开始跳起全校性的集体舞。跳的是龙舞，倒很简单，不管相识不相识，后面的人搭着前一个人的肩膀，踩着节奏跟着大家挥挥手就是，连我这个缺乏舞蹈细胞的人也能跟着充数。到1960年春季学期开学不久，便听到学校宣布马寅初"辞去"北京大学校长职务的决定，而由党委书记陆平兼任北大校长。但马寅初的那种维护学术独立的精神一直留在我心间。

2. 陆平校长

在北大生活期间的校长主要是陆平，与其说他是校长，更多的是作为党委书记出现。因为他主要抓的不是业务发展方向，而是抓政治思想教育。除了听大会报告外，我没有直接跟他接触过，这里谈一些陆平的印象及关于他的评价。

记得陆平校长上任不久，就开始"折腾"。先是全校性大扫除，为了应付评比，宿舍之间交换被子，调整书架，大搞形式主义；再是整整一个月到校内外参加"技术革命"运动，劳民伤财；接着是一系列的政治学习。那个学期几乎没有学什么专业课。时不时听到陆平的报告，其内容多为"又红又专"，青年人的道德品质及做好"接班人"之类。印象中他喜欢敲桌子，像是在训斥什么，再经过麦克风的放大有点烦人。

1960年深秋，学校组织我们到十三陵工地参加筑铁路的修路劳动。每天早起晚归，有的同学路上走着就睡着了。那时"困难时期"已经开始，同学们多吃不饱饭，干的是挖土方重活，工地上还不停地鼓动竞赛。记得有次陆平来工地视察，大家被干部们领着齐声欢呼，我躲到一边。他走后不久，我年级就有个同学因忍不住长期饥饿，吃了过多的柿子而不幸死去。

后来搞"劳逸结合"，政治活动少了。陆平的报告也比较强调"以教学为主"，大家能比较专心学点功课。但从1963年进入高年级以后，开始在学生中搞"阶级斗争"，政治空气又紧张起来。搞了几个月的毕业"清理思想"后才分配。数学专业的毕业生大面积分配去教中学，我所在的代数拓扑班则几乎全去教中学。我们分配在北京市教育局的几个北大同学是到1967年底才去中学教书的。此前是到北京郊区参加劳动和"四清"，直到文革。

1966年6月初文革开始时，我们在密云劳动工地听到了聂元梓等批判陆平等人的大字报广播，多感到幸灾乐祸。当时大家多把对北大的怨气发泄到陆平身上。回城后第一件事就是去北大看大字报，这才知道，自从1964年"社教"工作队进驻北大后，陆平的日子就不好过了。

关于陆平，有一件事要提一下。在上世纪90年代后期，我姐姐说起她在上海的业余英语班上认得了一位讲课的老教授，叫陈传方，是老北大的，陆平的同班同学。后来陈教授来北京中关村住儿子家时，我还去拜访过他。据陈讲，在他们班的同学中，当时在世的就剩下他和陆平两个人了，所以他每次来京总要同陆平见面叙旧。陈传方念书时在班里是管学习的（相当于学习委员）。我饶有兴趣问起陆平当年在北大时的学习情况。陈教授说，陆平的学习不好，热衷于搞政治。抗战开始时，陈随北大南迁到西南联大继续念书，直到毕业；而陆平没有去，留在北京搞他的政治。这样看来，陆平并没有拿到北大的毕业文凭。还听说，陆平在大学时期一次交不出作业，便借陈传方做的作业抄了一遍，后来得到的分数反而比陈还高。为此，陈找到老师，老师只好说，因为陆平的字写得比你的端正，所以要高些。这虽只是陈教授闲谈中抖出的"笑料"，但也印证了人们对于陆平"不学无术"的评价。

　　陆平重用的干部也多不学无术。如聂元梓这类人就是陆平利用手中的资源调到北大来的。没想到北大"社教"期间聂元梓又起来，以极左反对陆平的左，由此触发了文革，陆平被打倒。可说是陆平自己栽下的一颗"苦果"。当然，聂元梓后来也不得好下场。据了解，我们入学时的数力系党总支书记刘沙也是由陆平带来的。刘沙是"高干的夫人""其实是小知识分子"。但发现手下的人不听她的，都听"党内专家"林建祥的，就搞权力斗争。1959年她利用"反右倾"组织批判，把"所有科研方向的领导权都剥夺了""陆平要用他的一批人取代老的一批人。各个系情况不一样，多数系都有和数学系类似的情况"。刘沙在任时间不长，却开创了数力系"左"的先河。系党总支的这条"左"的路线通过年级党支部和辅导员，贯穿在我们近六年的大学生活中，摧残了不少人才。

　　同样是1959级，把北大与清华的毕业生比较一下，就可以看出这两个学校的反差。据了解，清华大学的59级的毕业生中产生了两位党和国家领导人（胡锦涛和吴官正）、三位部长和七位院士。而北大的59级就听说出了一个许智宏院士（生物系，曾于1999年任北大校长）。北大在陆平任期内，通过左的基层路线不断打压学生，摧残人才，在全国高校中是出了名的。以数学系我们年级为例，我在《北京大学数学力学系1959级纪事》中已提到，在1959年秋入学不久学习"八届八中全会文件"时一些学生就挨整。此后一些同学或以"反革命"罪被捕，或以"思想反动"为名被开除。至1965年春季毕业时，还按清理"反动学生"的文件，搞清理思想，再次挫伤了一批学生。据统计，北大清理出来的"反动学生"在高校名列前茅，还记入档案欲使其终生不得翻身。虽然后来这些学生多已予甄别和

"平反"，但他们宝贵的青春已一去不复返，留下的伤痕也难以磨灭。而清华则不然。据我遇到一些老清华的同事说，他们当时也搞"清理"，但在批判的同时还搞"评功摆好"正面教育。这种"清理"实际是走过场，毕业前还把清理出来的材料当着本人面销毁，不记入档案，所以清华就没有"反动学生"。应该说，北大和清华这两所学校的学生在1959年入学时的高考成绩都差不多，所处的大环境（1959—1965）及地理位置也相同。两个学校的毕业生之所以有这样大的反差，同陆平和蒋南翔截然不同的教育理念密切相关。

陆平是在 1957 年 10 月反右期间从铁道部调到北大任党委书记的，在陆平任期北大的极左思潮愈演愈烈。我们知道，自 1957 年的反右起，中国的局势就不断向极左方向发展，至文革达到顶峰。这期间的北大成了政治斗争的风口浪尖，而这又同陆平密切相关。限于篇幅这里就不多讲了。而清华以培养人才为重，用原党委第一副书记刘冰的话说，当时"蒋南翔希望清华大学的院墙可以高一点，学校受到墙外政治风浪的影响少一点，学生们的学习环境安静一点。"清华的学生辅导员爱护青年学生，甚至与学生"一起住宿，一起吃饭"，对学生讨论的各种问题"完全不设防"。

当然，笔者对蒋南翔的某些理念（如要培养"高官人才"）并不认同。但在爱护学生方面，蒋南翔比陆平要强得多。在清华，今天仍有不少毕业生对蒋南翔很怀念。北大则不然，我读到一篇北大校友的文章，说他"最遗憾的就是毕业证书上是陆平的名字，而不是马寅初的名字"。这种想法在我们那几届的北大毕业生中应该是普遍的。

关于北大1959级的学制，先说是学六年，后来把数学等少数专业改为五年半。我认为这也与陆平喜欢"跟风"有关，而且这直接导致数学专业的毕业生大面积分配到中学。清华的1959级就都按原来的计划为六年，没有改。原来在1967年，我们几个同学曾到燕东园拜访过数力系主任段学复老师。记得在陪段老师去系办公室的路上，我曾问起我们年级的学制和分配问题。据段学复老师说，那是在一次校务会上，陆平为贯彻"学制要缩短"的中央指示，提出要把数力系的学制由六年缩短成五年。当时段老师提出59级已按六年计划安排。

于是，作为"过渡"，59级便改为五年半。段学复还回忆，在校务会上他曾强调，数学专业的分配指标大多是安排在暑假的，担心寒假分不出去。而那次会上正好教育部长杨秀峰也在场，杨当即表示能够分配出去。原来教育部1964年中学口有大量空缺，于是59级数学专业毕业生就去填补空缺，大面积去教中学。

在1967年中，我们几个分在北京市教育局的北大同学，曾套上"革命造反队"的红卫兵袖章，闯进了教育部，以批判"修正主义分配路线"为名要弄清我们那届的毕业分配到底是怎么回事。分配处处长郭厚敦耐心地接待了我们，帮我们查阅了原始的分配档案，证实了采用教育部1964年的"剩余指标"一说。我们还走访过当时中科院数学所的负责人关肇直先生。据关讲，数学所原是留些指标给我们年级毕业生的。听一位朋友（按：指张饴慈的父亲）提起自己孩子毕业后去教中学的事后，他遇到杨秀峰，还提出想留一些北大毕业生到所里。但杨说，这批学生正在劳动锻炼，不能动。于是便取了下一届的北大毕业生。

文革之后，陆平和马寅初的问题都获得了平反。马寅初还被聘为北大的名誉校长，活到百岁高龄。现在，马寅初的铜像坐落在北大校园，而陆平的名字早已被人们淡忘了。

3. 丁石孙校长

丁石孙担任北大校长时我们已经毕业多年。在大学期间丁石孙老师教我们的"高等代数"课。他那清晰的思路、严谨的逻辑、简练的语言声声入耳，句句抓住学生的心，这些都给我留下了很深的印象。他讲课似乎从不看讲稿，只看学生，以学生为主体。而作为一个学生，我感到每次听他的课就好像是一次享受。那时我们也听说他是被列为有"问题"的老师，提醒要注意，但这反增添了对他的几分尊重。

记得在1980年代后期，丁石孙已是北京大学校长，有次我去中关园教师楼看望一位老师，走错了楼层，开门的竟是丁校长。堂堂北大校长跟普通老师住在一起，没有一点特殊化，是令人感动的。2008

年春节，我跟徐明曜同学一起去丁石孙老师家拜年，有幸能与之畅谈，并得到丁老师签署的《自述年谱》和《丁石孙：有话可说》两书。由于事先已读过他的"年谱"，有一些思想准备，那次谈话使我了解到更多的事情。对于 2009 年 5 月 16 日北大数力系 59 级入学 50 周年的纪念大会，我们原以为丁石孙校长由于身体缘故是不会来的。徐明曜说，丁老师表示一定要来参加。后来丁校长还在大会上讲了话，我们感到很受鼓舞。在北大百年校庆时季羡林先生曾撰文，把蔡元培和丁石孙看成是"值得记住"的两位校长。我想，这两位校长管理北大有一个共同点，就是有着兼容并包的精神。蔡元培校长时代的北大经历了对后世产生重要影响的五四运动，丁石孙校长时代发生的事也将可能会对后世产生重要影响。

三、学习生活

1959 年 9 月到北大，也是我第一次到北方，一切都觉得新鲜。记得那年 11 月份就开始冰冻了。博雅塔附近的未名湖一带成了冰场，体育课也改上滑冰课。我们南方同学第一次尝到了滑冰的滋味。先是在湖畔换上冰鞋，一个同学站起来就是一个跟头。体育老师教我们的第一个动作就是学会如何"摔跟头"。边滑边摔，慢慢地，我也能滑一段距离了。后来每到冬天，总找机会到未名湖的冰面上滑一阵子。同班的北方同学罗启成就成了我们的"教练"。罗启成后来不幸死于唐山地震，他在冰场上的那矫健的身姿至今还印在我脑海里。

夏天上游泳课是在红湖游泳池，但后来我们更多的是到颐和园昆明湖去游泳。在炎热的下午，常是约好几个同学从北大西校门出发，穿过海淀的田野，赶到颐和园知春亭附近。然后冒着满头大汗跳进昆明湖中，享受着湖水的清凉。一次，看到别人一个个游得很远，我也试着往佛香阁方向游去，谁知游了一大半就没有力气了。看着周围茫茫的水面，而岸上又没有人注视着我，心里不免慌了起来。最后还是勉强游到对岸，但再不敢去逞强了。

我们当年在北大学习住的宿舍是 28 斋，后来改成 28 楼。把书斋的斋改称楼，大概是为了迎合时代潮流的需要，但却失去了点学术殿堂的气息。新生报到时每人领到一张方凳，方凳有些陈旧，显然都是高年级同学留下来的。正是这张方凳伴随着我们度过了近六年的校园生活：在宿舍里自习要用，到室外参加小组会、到饭厅听报告、去看电影或演出都得随身带着。那时候经常有小组政治学习，女生来到男生宿舍不带方凳，只好坐到床边。在北大近六年的学习生活，包括业务学习和政治学习两个方面。

1. 业务学习

数学专业的业务学习，在低年级主要是基础课学习；进入到高年级，继续补了些基础课，但主要是专门化课学习。北大数力系很重视低年级学生的基础课教学，派了最好的老师来讲。如一年级主讲数学分析课的是闵嗣鹤老师，主讲解析几何的是姜伯驹和程庆民老师。只是我们入学时正值党的八届八中全会文件学习，搞极左的那一套，影响了正常的业务学习。如 1960 年初大搞"教改"，为了执行"教育为无产阶级的政治服务"的方针，把现行的许多数学教材扣上了"资产阶级"的帽子，要编写一套"无产阶级"的教材。弄得老师也无所适从。如闵嗣鹤老师的讲课本来是很严谨的，注重内在的逻辑性。但在那次"教改"浪潮中就变得小心翼翼，据说曾因不愿意使用学生参与编写的"教材"也曾遭到过批判。为了贯彻"教育与生产劳动相结合"，在新编的教材还加进了不少"生产劳动"的内容。比如，还不知道微分方程是怎么回事，就在一开始引进一个机电模型，讲里面的微分方程数学理论。于是，为了弄清微分方程理论，我还去查了电机方面的书，结果越学越糊涂。由于都没有接触过这类实际课题，大家越学越没劲。后来还用大跃进的方式搞突击学习俄语，要求在短时期内掌握俄文版《列宁主义万岁》中的单词语法。一些同学弄虚作假，影响很坏。

1960 年在十三陵劳动时，大家吃不饱饭，只好拼命喝粥。不久，我发现有些同学"胖"起来了；后来，我自己也"胖"了起来，身上一按一个坑,原来是得了浮肿病。回到学校,增加了豆制品之类的供应,才好起来。到实行"劳逸结合",出台了一系列政策,才松一口气,可以坐下来看点书。

至1961年秋季进入大学三年级,学校贯彻以教学为主的原则,学习生活才开始走上正规。针对低年级教学的不正常情况,重新补基础课。前面提到丁石孙老师讲的高等代数课就是在此期间安排的。后来,丁老师的讲稿正式出版,我在给本科生讲课时还用过。又如方企勤老师讲的数学分析和习题,步步深入,那些习题后来也编成集出版了,其特点是不给答案。那时候教科书的习题都不给参考答案,老师们批改作业又十分认真,一些细节都不放过。所以我们常是被逼得花大量时间去认真完成作业,有时一天要花费十几个小时。每逢周末,眼看着中文和外语系的同学去看电影或跳舞,数学系的同学一个个为解数学题躲在一边苦思冥想,这也是数学系的同学与其他许多系的不同之处。现在出版的许多数学教科书中的习题多给出答案,这样是省事了,但对于培养学生的刻苦钻研精神未必有利。

北大数学系的教学很注重"三基"训练,即加强基本概念、基本理论和基本技能。老师讲课时特别注重问题的总体思路和证明过程中的细节,而不是用"显然""易见"之类的字眼去代替,这使我们养成严谨思维的习惯,并打下良好的基础。当时开设的数学课程并不多,但却很注重培养和提高学生的自学能力,为我们进一步钻研打下了良好基础,使我们终生受益。老师们严谨认真的学风,也影响了我们的人生。几十年以来的风雨历程中,我感觉到,凡是北大数力系的校友,无论在什么岗位,多能挑起"大梁"。并不是学得多,而是通过扎实的基本功和自学,使我们具备较强的适应能力。我认为这种能力比学到的知识更加宝贵。

在北大的学习生活是紧张而愉快的,记得常是一早就去图书馆等着开门,放上书包占个座位,以便坐上一整天看书。吃饭时候便在饭厅里顺带阅读各系办的黑板报或墙报。我们开始时在大饭厅,后来到新饭厅,离海淀近。于是,常在午饭后从南门逛到海淀旧书店去看书,或寻找廉价的旧书。那时候有句笑话,说是手中的窝头,或身上的粥迹,便是出入北大校门的"校徽"。我的专门化方向是代数拓扑,喜欢查阅相关的书籍,还去旁听有关课程。看到有些专业书是法语或德语本,便去自学这些外语。特别是进入高年级以后,开设了讨论班,每周一次,由学生轮着报告,其材料多很有趣。记得在姜伯驹老师的指导下,我就报告过的"曲面的拓扑学"和"实体空间与绝对收缩核"等专题,那些讲稿现在还留着,上面有老师端正的批语。几十年后,我也用这种办法指导学生,有效地提高了他们的业务水平和能力。

我在 1964 年秋本科最后一个学期的毕业论文由廖山涛先生指导,属于代数拓扑方向。那是对一年前国外的一个结果做点推广,至今还珍藏着。后来我评审过不少学位论文,觉得现在有许多硕士生,甚至博士生所做的工作,就学术水平而言,还不如我那篇本科论文。此后一个很长时期,廖先生便成了我与北大联系的纽带。我在《回忆恩师廖山涛先生》一文中回顾了与廖先生的交往。廖先生在文革动乱中坚持数学前沿领域的研究。他在1985年获得的第三世界科学院科学奖,据说这是我国数学家首次拿到的国际大奖。当时北大曾热烈庆贺。但廖先生为人却极其低调,以至于在国内只有少数人知道,尽管他当年开拓的方向至今还在影响着国际数学界。正如丁石孙在《北京大学数学系八十年》中所说的,北大数学系具有优良的传统。几十年来,虽然历经风浪,但由于有像廖山涛等相当一批专家做中流砥柱,其数学水平(比如说,院士数)在国内始终荣据榜首。

2. 政治学习

在北大近六年业务学习的同时,还充斥着名目繁多的政治运动和政治学习,构成了那时特有的政治生活。在"纪事"一文中我已对这些做了详细记录,还对大家关心的一些史实做了一点考证。从1959年秋入学时的"文件学习"到1965年春毕业时的"思想清理",所有这些,都围绕着改造思想进行。这里主要谈一些个人在这方面的体会。

思想改造,又称"洗脑筋",小时候听大人说起过。记得我父亲在被"改造"期间，家里就添置了许多马克思主义方面的著作，封皮上多印着"干部必读"的字样。我虽喜读书，但对这类书多不感兴趣，仅读了艾思奇写的《大众哲学》觉得有点意思。想不到在北大学习期间，这种"洗脑筋"也轮到自己头上来了。事情要从入团问题说起。

在1959年9月的新生入学典礼上，学校领导说，现在你们已是国家仓库里的材料，通过大学的培养要成为国家未来的栋梁。我听到后很兴奋，写信告知远方的亲友，同时勉励自己，决心改造思想，走又红又专的道路，实现自己想往的目标。开学后不久便递交了入团申请书。其实在中学时代我对政治活动一贯表现得不积极，长期与团组织疏远。一个重要原因是与我的"家庭问题"有关。先是父亲的"历史问题"；至1958年，我姐姐又据说是由于"站错队"而被打成右派，遭到厄运。后来班里团干部向我伸出了热情之手。我想，从自己的前途出发，也得表现出"靠拢组织"的样子，便提出了入团申请。直到1980年以后才获知，我姐姐的"右派"帽子当时并没有得到校党委的批准；同时，我父亲的"历史问题"也获得了平反。白冤枉了二三十年，这已是后话。

记得在大学期间，为了同家庭"划清界限"，我曾留心了解过父亲和姐姐到底有些什么"反党反社会主义"的"罪行"，发现到有些材料确是冤枉的。但在北大的一次思想汇报中我对家庭问题提出疑点后，马上就被扣上了与家庭"划不清界限"的帽子，要求"深刻检查"，所以就不敢再提了。既然要争取入团，就得认真参加每次的政治学习，就得经常汇报自己的思想，就得虚心听取组织的批评帮助，就得接受组织一次次的考验。尽管直到大学毕业还入不了团，但大学几年我却充分尝到了这种"考验"的滋味。在入北大不久的八届八中全会文件学习中号召大家"向党交心"。一些同学说出了自己对于"三面红旗"的想法，却引来猛烈的批判。接着是"红专辩论"，要求大家"引火烧身"。一些包括平时表现不错的团员干部，暴露了自己的思想，也被当作"白专"或"粉红专"的典型遭到没完没了的批判。

对此类"引蛇出洞"我那时还不理解，只庆幸自己没有像他们那样"交心"，躲过了这一关。接着我们被要求制定"红专规划"。当时读了马恩列斯《论共产主义社会》之类的书，里面把共产主义社会描述得像天堂一样美妙，还冠以"科学社会主义"之名，使人确信无疑。于是，我也把实现共产主义作为自己的理想。还读了一本《党使我获得新的生命》，里面讲了一个个学者如何通过思想改造加入了中国共产党，由一个"民主主义者"成为"共产主义者"（后来到文革，他们大多遭了殃）。这些学者有许多是我知道并仰慕的，我便把他们作为制定自己"红专规划"的目标，希望也像他们一样，把入党作为我未来的归宿。

然而，在读到一篇关于"做党的驯服工具"的文件后，我就犹豫了，因为对于"驯服"一词，心里实在感到别扭。我认为只有当牛做马的奴隶才谈得上"驯服"，现在新社会，人民当家作主，怎么还要遭受"驯服"呢？因此，每想到"驯服"两字，耳边就常响起中学时代我非常喜欢听的一首歌，那是由聂耳谱曲，田汉作词的《热血》："谁愿意做奴隶？谁愿意做马牛？人道的烽火传遍了整个欧洲。我们为着博爱、平等、自由，愿付任何的代价，甚至我们的头颅，……"。那期间从报刊上我读到批判文艺评论家巴人的文章。巴人把人们对于"自由、平等、博爱"的追求看成是共同的人性，认为古今中外许多优秀的文艺作品之所以会受到喜爱，正是因为描写了这种共性。而当时的许多批判文章则认为这都属于"资产阶级人性论"。对那些文章我看得很仔细，因为文中所涉的一些文学作品正是我曾经读过，并且极为欣赏的。我想，自己一定是受到"资产阶级人性论"的"毒害"太深，需要好好"改造"。于是便结合学习的《人的阶级性》等文件写了一篇思想汇报，试图用"阶级观念"来批判自己对于"驯服工具"提法的反感情绪。但那篇汇报始终不敢交给团组织，想起此前我们同学在"交心"后受到的批判，我担心汇报中提到的这种反感情绪一旦表露出来，可能会遭致更严厉的批判。如果再同"家庭根源"联系起来，后果不堪设想。

那时期的运动和政治学习接连不断。有时我也感到很无聊，心里总惦记着要看点业务书。便在毛著或什么文件下面塞一本业务书，趁人不注意时看起来。但那时总心惊胆战，怕被发现后扣上"白专"的帽子，弄得很紧张。当时成天说要"又红又专"，批判走"白专道路"，但对"红专"和"白专"的界限谁也说不清。后来学校传达了《共青团在学校中的思想政治工作纲要》（即"38条"），其中第16条讲到红专标准："红首先是指的政治立场。红的初步要求是拥护党拥护社会主义，愿意为社会主义事业服务。在这个基础上还要引导学生不断地进行世界观的改造，'白'是指反党反社会主义"。据此，我认为我们的同学几乎都已达到"红专"的"初步要求"，剩下就是如何改造世界观问题。

如何改造世界观呢？记得大学入学时我们班里有个团员干部，出身好，每次"表决心"调子总很高，表示坚决要听党的话，党说干啥就干啥。年级辅导员也总表扬他对党有着深厚的阶级感情。我曾一度把"听党的话跟党走"看成是改造世界观的必要途径。因而对那位团员干部，及其他一些表示要"跟党走"的先进分子都很崇敬，检查自己为什么没有这种感情，用"高标准"来要求自己。请他们帮助自己找差距，并仿效他们的行为。但后来发现，那位团员干部在入党以后，却非常追求物质享受。回想起他当初坚定地表示过要"听党的话"，我感到很失望。因为那是在"困难时期"，党号召要"艰苦奋斗"，他却做不到。

我认为一些工农出身的同学当初对共产党仅出于一种"朴素的阶级感情"，世界观并没有从根本上改造好。还看到其他一些团员干部也常言行不一致。接触中我感到他们的知识太贫乏，头脑简单，对遇到的一些新问题不懂得如何从理性上进行分析和处理。一开始我还认为年级辅导员的话就代表党。后来发现也不尽然，不然为什么还要对受到批判的同学进行甄别和道歉呢？于是我觉得不能什么都听领导干部的，对他们的话也得经过独立思考，明辨是非才是。列宁在《青年团的任务》中说："只有用人类创造的全部知识财富来丰富自己的头脑，才能成为共产主义者"。我把这句话记在本子上，利用当时"劳逸结合"的空闲时间有选择性地读了一些书。先是阅读了一些革命领袖人物青年时代的传记，如《毛泽东的初期革命活动》和《马克思的青年时代》等书。还读了一些列宁曾给予重视的一些著作，如车尔尼雪夫斯基的《怎么办》、别林斯基关于文艺批评的著作，以及托尔斯泰和陀思妥耶夫斯基等人的作品。从传记和回忆录中看到列宁年轻时候也很受这类作品影响。我注意到这些人青年时代的一个共同点就是不畏强权。列宁把这些人归为"民主主义者"，并谈到"民主主义"与"共产主义"的关系。我认为，当代中国知识分子要树立共产主义世界观，也至少应当熟悉这种民主主义，并通过"革命的实践"，然后才能转变成为"共产主义者"。而那些团员干部虽然出身好，但由于没有结果这个过程，头脑太简单。只知道听领导的，自己不懂得分析。

哲学被称为是世界观的学说。哲学课上讲马克思主义哲学，讲了辩证唯物主义和历史唯物主义。我"背"得好像还不错，但心里却提存有很多疑问。为了弄个究竟，我又读了其他一些哲学著作。先从《矛盾论》和《实践论》两篇文章入手，比较好懂，一些段落几能背出。但后来在读列宁的《哲学笔记》等著作时就不太好懂了，因为书中提到的哲学家和名词我多不熟悉。于是我又比较系统地读了《西方哲学史》等书籍。还结合自己的业务读了一些数学史等著作，写了一篇数学哲学方面的文章请孙小礼老师看，得到她的鼓励。

在"困难时期"提倡"自己动手，丰衣足食"，班里添置了一套修鞋工具。我每次都去参加，很快学会了修鞋技巧。那时候劳动多，大家的鞋子很容易坏。我帮别人修，班里就让我负责"修鞋小组"。于是，在我的床底下就常堆满了一些待修的鞋。约好每周活动一次。开始还有几个人，后来就剩我一个在干。一些好心的同学说他们在"欺负老实人"，叫我不要干了。但我把这看成是"革命实践"的一部分，没有想太多。直到进入专门化班的新寝室后，室友嫌那些鞋太臭，很有意见才终止。

那时数力系团总支每周出版一次《插红旗》的版报，我参与抄写和美术工作。有时任务紧，得干到深夜。特别碰上寒冬腊月和刮风下雨，比较艰苦。别人溜走了，最后又只剩我一人。于是，系团总支让我当"出版组组长"。后我提出自己连团员都不是，不合适，才换人。但我心底还是想到要搞科学研究。当时开展"学雷锋"运动。在读《雷锋日记》的同时，我在阅读一些科学家的传记。雷锋固然值得学习，但我想，如果成天像雷锋那样做好人好事，随时检查自己的言行，哪有时间搞科研呢？

1963年底，吴子牧在"关于世界观"的报告中说，"一个伟大的科学家必定是对人类前进抱有热心的人"。我觉得这不符合实际。据科学史记载，许多科学家的伟大发现正是躲避现实纷争而专心于一个领域后才取得的。这种现实与理想的矛盾又归结为政治与业务的矛盾，或者说"红专"问题。毛泽东还提到过"无产阶级"的"功利主义"，可见无产阶级也是需要科学家的。但我觉得在当时那种形势下很难会出历史上的那种大科学家，因为缺乏过去那种"个人奋斗"的动力和一个长期宁静的环境。我试图探讨，在当时条件下，中国知识分子到底应当走什么样的道路。

1964年下半年开始学习"接班人"的五个条件。我看这些条件都很高。比如第三条，必须是"无产阶级政治家"。我想，只有领导才称得上"政治家"，我这个人连一般干部都不想当，怎么能成为"家"呢？但我既提出过入团申请，当然得表示要用"接班人"的标准要求自己。但对这种"接班人"与科研的关系感到迷惘。

自"八届十中全会"以后又开始讲"阶级斗争"。学校传达了"双十条""五反"和"四清"等文件。我曾以为，这种阶级斗争主要集中在农村和经济领域，与我们将来搞数学研究的关系不大。那期间学习"反修"文件，我觉得这属于国际共产主义运动中的阶级斗争，离我们也比较远。没想到，后来这种阶级斗争会"斗"到我们自己的头上来了。先是组织参观"阶级斗争教育展览"，听忆苦思甜报告，讨论防止资本主义复辟。然后是谈体会，给自己提要求。为显示自己"靠拢组织"，得经常汇报自己的思想。在原来数二班时，每次向团干部汇报思想，谈学"毛著"和一些文件材料的心得体会，还能讲些心里话。但到专门化班后，感觉就不一样了，汇报自己的心得体会常被曲解，没明白我的意思，就被扣上帽子。"入团问题"成了我的一个负担。

在北大我有一亲友（相当于我的表姐）。她当时是俄语系党总支的负责人，对我入团问题一直很关切，但我不便多解释。有次我说，像鲁迅那样做一个"党外布尔什维克"也不错。她立即帮我分析这种想法的错误，要我相信党。文革后她离开了北大，跟我说，想起文革中对程民德等教授的揪斗情景心里就受不了。

大学课程结束后，是毕业"清理思想"。先是学文件，听报告，然后是检查自己过去。最后还要给每个人"定性"，写"鉴定"，放进个人档案里。清理的范围很广，从对"三面红旗"的看法、"反修"文件学习、"困难时期"的牢骚，到日常言行，都得检查。这使我心里紧张起来，因为家里人早就告诫过我，对于档案之类要特别小心。如果在里面放进了一些不明不白的东西，那将跟随一辈子，一遇到新的政治运动，就可能随时被"抖"出来，成为挨整的材料，会很倒霉的。

我也看到一些人的凄惨命运。我们代数拓扑班分成代数和拓扑两个组，每组十多个人，我在拓扑组。经轮流自我检查之后，进入揭批阶段。我发觉自己特别受注意，可能会成为组里的重点批判对象。但一时弄不清自己到底是什么问题。开始时以为还是"红专问题"，因为我已报考了研究生，无非是可能会被扣上走"资产阶级白专道路"的帽子。但对这个问题我不担心，因为"白"应当是指"反党反社会主义"，而大学期间我说话做事总是比较谨慎的，抓不到辫子。于是我就挖"家庭根源"，批判自己从小受到家庭"唯有读书高"的影响，认为"学好数理化，走遍天下不用怕"，给自己戴上"资产阶级名利思想"的帽子，但过不了关。经过一段反复才知道，原来是同下面要讲的徐明曜问题相关。

四、与徐明曜和麦结华同学的交往

徐明曜和麦结华读基础课时在数一班，跟我不一个班。到1963年初分专门化时他们分别学代数和拓扑，与我同属代数拓扑班，我们才认得。他们的性格和爱好各异，但他们都有着坎坷的人生经历，并且在后来的数学研究方面都做出了突出贡献。这次他们在回忆文章中都谈了自己毕业之后的一些情况。我想在这里介绍一下与他们交往过程中了解到的一些情况，也算是对他们回忆文章的一点补充。

1. 与徐明曜的交往

先从徐明曜谈起。我这人不善交际，记得那是在 1963 年春季分班不久的一次晚饭后，徐明曜主动约我谈话时才开始了解他的。几句话就使我感到他这人非常有头脑，本想只谈一两个小时，结果一直谈到深夜。我发觉我们都喜欢读书，并且都有着自己的独立主见。徐明曜还提到组织过学习小组。我在二班时也有过类似想法，但没有实现。徐明曜谈话中提到过狄德罗和卢梭等人的作品。我没有读过这些人的著作，只从《西方哲学史》中了解到一些大概。我知道这些人在马恩的一些经典著作中多有提起，因此对他们的作品是颇感兴趣的。那段时期我也有许多问题待澄清，如"人性论"，以及关于中国知识分子的道路等话题，很希望与别人讨论。而徐明曜也表示很愿意同我一起深入探讨，我感到我们之间有很多共同的语言。

我与徐明曜的来往很快就被团干部注意到了。我觉得他们对徐明曜很有看法，说徐在宣扬"资产阶级人性论"，并提醒我注意不要受他的影响。于是，我注意每次把与徐明曜谈过的内容及时汇报，以免被抓住话柄，好在徐明曜也说他的一些想法都汇报过。实际上，"人性论"正是我那时候想与徐明曜一起从理论上进行批判的东西。那些年我也与别的同学（主要是老二班的）讨论过此类话题，但他们多不感兴趣。我把与徐明曜的每次谈话都看成是正常的思想交流，觉得没有什么可以保密的东西，因而并没有把团干部的话放在心上。

1963 年暑假，原数一班的林世中和彭先度以"反革命"罪被公安局逮捕。我不认得林和彭，曾问起徐明曜，说同他们没有很多来往。后从团干部处也了解到，徐与他们之间并没有什么实质性的联系。当时我想，林和彭是"政治问题"，属于"敌我矛盾"。而徐明曜只要与林、彭事情没有牵连，其问题就不应属于政治问题，而只是个思想问题，或者说世界观问题，属于"人民内部矛盾"，没什么了不起。但那期间徐明曜也被要求"检查"，我们的来往一度减少。直到年底，才听说徐明曜的问题已经在团员的组织生活会内部受到了严厉批判。

在1964年初的一次思想汇报中，团干部向我系统地讲述了徐明曜的几个方面的问题：(1) 政治上拉拢人与组织搞对立；(2) 思想上宣扬修正主义，满套自由、平等、博爱的资产阶级思想；(3) 行动上搞"自由论坛"刊物；(4) 根源上是受"家庭（父亲）对党的不满及资产阶级唯心史观的影响"；(5) 在改造思想上缺乏诚意。还要求我今后多依靠组织对徐明曜进行帮助，同时检查一下我自己。我感到徐明曜的问题并没有那么严重。至少我并没有被他"拉拢""搞对立"。实际上我与徐明曜的来往都及时汇报过，组织上是知道的。尽管我对那些团干部很有看法，但在那个时代，我们的命运都是被"组织"所掌控的，在团干部面前只得表现出谦卑的样子。关于徐明曜的家庭，我曾问过，感觉很一般。那时候只要出身有点问题，就会同家庭联系起来，我是很有体会的。

至于徐明曜搞的"论坛"，那是在数一班，我想大概就相当于"学习小组"之类的交流活动。回想起在1961、62年，搞"劳逸结合"，一些人贪图享乐、精神颓废；另一些人则思想活跃。我所在的数二班团组织就曾鼓励同学之间进行思想交流。记得我曾与当时的年级辅导员焦仲林提过成立"学习小组"事，被当作是一种"新生事物"得到过他的赞同。还同当时班的组织委员谈过具体方案，得到她的支持。只是后来没有实现。从那次谈话中，我感到班团干部对于徐明曜本人及与我的来往，有着过多的猜疑。当时已换了新的年级辅导员，我不认得。两天后我找到原来的辅导员焦仲林，跟他谈起了徐明曜的情况、我的看法，以及对班里团干部的意见，希望能得到他的理解，以帮助消除与团干部的隔阂。同时还汇报了那期间学毛著的体会，想听听他的意见。不料焦在听完我的长篇汇报后只讲了一句：要我加强"组织觉悟"。这是我第一次听到"组织觉悟"这个词，当时弄不清是什么意思。想起对"驯服工具"曾有的反感，我就没有再问下去。

1964年3月的一天我遇到徐明曜，他说他正在写一份向组织汇报的材料。两个月后，我读到了徐明曜的那份题为《我的自我批判》的思想汇报。材料很长，订成一本，有几万字，内容分九个部分：（1）立场问题；（2）批判资产阶级人道主义和人性论；（3）关于民主与自由；（4）关于独立思想、独立人格与党的领导；（5）对党的认识；（6）三面红旗、教育方针、教改；（7）"纯科学"；（8）个人主义、自由主义与革命理想；（9）教训和今后方向。当时还没有写完，到六月份才补完。他要听听我的意见。我不记得提出过什么有价值的意见，只是觉得团干部说徐明曜"在改造思想上缺乏诚意"显然不合适。还觉得徐明曜在材料中把自己否定得太多了，通篇充满着自我检讨，给自己扣了不该扣的帽子。想起在1959年入学不久，我们有些同学正是在"向党交心"中被抓住辫子而遭到批判，我有一种不祥之兆。那段时期正值"批修"高潮。结合文件学习，我还读一些马列经典。我觉得赫鲁晓夫的"修正主义"是指对马列主义的"修正"，而从接触中我发现徐明曜对马列经典并不熟悉，当然也谈不上去"修正"，他的思想还只停留在"民主主义"阶段。其实"自由、平等、博爱"的口号早在马克思主义出现之前的法国大革命中就已经提出来了，不是赫鲁晓夫提的。我在与团干部汇报时曾讨论过这类问题，发现他们全然不懂，有点像是在"对牛弹琴"。他们还不懂装懂，逻辑混乱，只会照着"上面"的指示扣帽子，拿不出自己的独立见解，徐明曜不必去理会。

一次徐明曜说，现在别人多躲开我，你还在跟我说话。我感到奇怪，觉得没有什么可怕的。我们继续在讨论感兴趣的话题，比如"世界观"和人道主义方面。直到毕业前夕，看到"势头"不对，才知道要疏远。

在1965年初的毕业"思想清理"期间，徐明曜已被系里扣上了"反动学生"的帽子，在全年级受到公开批判。与徐明曜接触比较多的同学多受到牵连。拓扑组就我与徐来往是最多的，因此也成了组里批判的重点，要交代同他的关系。于是我苦思冥想，花数天时间写了与徐明曜来往的近万字的"交代"材料。其实那些内容我大多已向组织汇报过，大概找不出什么能被抓住把柄的新东西。只是回忆过程很费脑筋。但我的交代过不了关,对我的批判在不断"升温"。说我的"检查"避重就轻,没有认识到徐明曜的"反动"本质。在讨论到我的那份"鉴定"时,一次次通不过。我觉察到似乎总要在我的鉴定上扣上点什么帽子。如我曾流露出对基层干部的不满,便认为我"怀疑"党的领导,甚至要在我的"鉴定"中写上"与党抗争"等字样。实际上我主要是对专门化班的一些团员干部不满。在原二班时我与团组织还是很齐心的。为了澄清事实,我曾找到原数二班的组织委员(后来到年级党支部),请她帮我作证,介绍我那初的情况。同时提到我与徐明曜的来往经过,是光明磊落的,而且组织上都应该知道。后来又要给我扣上其他种种帽子,每次我都据理反驳。好在拓扑组风气还是比较正,个别人搞极左,大多数都基本保持沉默,也就是说,多数不表示赞同。最后就在给我的鉴定上写了"缺乏阶级斗争观念"等字样。我还写了一份申辩书,希望放进档案以防"后患"。

在全年级组织的批判中,对徐明曜扣了许多"反动"帽子,这些帽子放进了徐明曜的档案,使他后来遭受到的坎坷经历,已在他的回忆文章《走出北大校门以后》中谈到。那篇文章提到在照毕业照时班长叫他也去照,他还在担心自己能否毕业。其实我曾一直认为徐明曜的问题属于"人民内部矛盾"。而后来对他的大批判中我也听不出他有什么实质性的问题能与"反动"挂上。当时我还认为毛泽东"英明伟大",只是由于基层组织不能深刻领会毛的关于要区分"两类矛盾"的教导。我相信其他许多同学(包括那位班长)也是这样认为的。但在当时的政治气候下,谁也不敢去充当那个说出皇帝没有穿衣服的三岁小孩。直到后来读到王学泰的文章,[1] 才知道,原来那次"清理思想"就是依据毛泽东在1963年的一份批示发动起来的。毛泽东认为,有些大学生向党"猖狂进攻的程度已经相当甚至超过反右斗争中的极右份子",于是有关部门便下发文件,要在大学生中清理出一批"反动学生"。

---

[1] 王学泰:《文革前高校清理"反动学生"事件》《炎黄春秋》2009 年第 4 期,第 59—63 页。

大量的历史事实使我们一次次看清了毛泽东出尔反尔、口是心非的真面目。而那些"毛左"们的一个共同点就是无视历史事实。最近在"数据光盘"中从徐明曜的个人文件夹里读到了他在1969年7月被"解放"时所在单位公布的结论:《徐明曜的综合材料》,才了解到徐明曜学生时代的"主要政治历史问题"原来是:"反对……毛主席……"等七条"罪状"。这七条中前面六条,如上所述,在当时我们许多同学就觉察到缺乏根据。只有第七条,"证据"就是徐明曜在1962年写的那份并未刊出的《〈青年论坛〉发刊词》。这次徐明曜把那份"发刊词"也放进了他的个人文件夹中。今天读起来,仍可以看到当年一个热血青年学生的独立思考精神,和一颗跳动着时代脉搏的心脏。即使是在那时,我觉得也难以扣上"反动"的罪名:"发刊词"中提到了当时"八届十中全会"公报中的"既反对修正主义,也反对教条主义",有什么不对呢?

当然,在那个言论受到严格控制的极左年代,真理是被某些人垄断的。他们要对"发刊词"中的一些词句加以联想,从而扣上"反动学生"的罪名,是容不得别人辩驳的。我曾想,北大当局为什么要捏造这些"罪状"呢?对照一下文革前清理"反动学生"的几条定罪标准,[2] 就可以看到两者何其相似。显然,正为了给徐明曜戴上"反动学生"的帽子,便按那些"标准"的需要拼凑出了莫须有的罪名。真是欲加之罪,何患无辞。

近与徐明曜谈起这事,他回忆说,许多提法实际上是当时组织上要求他加上的。我想起当年情景,如果不给自己"上纲上线",就不叫"深刻检查",过不了关。一般青年学生多缺乏政治经验。那时我也是从亲友事例中才了解到,个人的档案里一旦放进了所谓的"污点",便会像"紧箍咒"那样,永世不得翻身。所以在写毕业"鉴定"时对一些不实之词拒不认可,尽管被说成是"顽固不化",但免遭此劫。前面提过,北大自1964年进入"社教"后,以聂元梓为代表的

---

[2] 王学泰:《文革前高校清理"反动学生"事件》《炎黄春秋》2009年第4期,第64页。

极左势力反对陆平等人的左。在《徐明曜的综合材料》中说,当时属于系总支委员的年级政治辅导员和办公室主任曾找到北大党委副书记彭珮云,要给徐明曜"带上反动学生帽子",并给以开除等处分,未获批准。从而说明徐明曜"被北大旧党委包庇"。可见这些领导同聂元梓一样,也是以极左反左。他们直接经管了我们毕业时的"思想清理"。受伤害者远不止徐明曜一人。我不知道他们后来的下落,更没有听到过他们的忏悔。但我知道,当年搞"极左"的人,在失去其利用价值后,也大多被毛泽东的"红卫兵"或"工宣队"打倒,其下场不见得比我们最初挨过整的人要好多少。真是覆巢之下,岂有完卵?

在经历过长时期的坎坷风雨之后,徐明曜于1978年通过报考研究生回到了北大,开始了他的学术生涯。硕士毕业后留在北大。1988年破格提为教授。在徐明曜回到北大读研期间我们重新见面。1992年我调到清华以后,见面的机会就更多了。近20多年来,由于徐明曜出面组织,使得我们大学时代的同学常能欢聚在北大校园。特别是,徐明曜作为主要负责人,在2009年成功地组织了有130多位校友及丁石孙等近20位老师参加的,数力系1959级同学入学50周年的庆典活动。徐明曜在学术上取得的成就是有目共睹的。他从事的研究领域属于代数,在有限群研究中他所取得的成果已在国内外产生重要影响,这只要通过美国数学会的MathSciNet网站,查一下被《数学评论》收录的论文数和引用次数就可以做出评估。到目前为止,徐明曜被《数学评论》收录的论文数有87篇,被引用的次数达到494次。我还查阅了国内几位熟悉的代数学专家,从同行比较中看出徐明曜的研究成果也是非常突出的。

2. 与麦结华的交往

今天,国内从事拓扑动力系统理论研究的专家几乎都知道麦结华所取得的重要成果。但许多人对于麦结华在北大毕业前夕由于不公正的待遇而造成的坎坷的经历并不太熟悉。北大有着杰出的专家教授,但在上世纪60年代的极左政治也摧残了人才。麦结华同学的遭遇就是一例。

麦结华原在数学一班，1963年分专门化方向后我们一齐到了拓扑班，并且分在同一房间，与我上下铺。开始时只觉得此人很有个性，经过一段时期后才发现其才能非凡。那是一起听李同孚老师讲的代数拓扑"同调论"课。李同孚对学生要求很严，批评人不讲情面，还有些怪脾气，每次课前由课代表王则柯收作业交去，大家多不敢怠慢。而且李老师布置的习题往往很难，有时候我要花几个晚上才能做出一道。记得有一次课上李同孚却忽然对麦结华大加赞扬，说他不但做出了全部题，而且用了许多很巧妙的方法。对麦也另眼看待。

至1980年我在北大徐明曜那里遇到了李同孚老师，李还说，当初他听到麦结华这样有才华的学生被开除后还跟系里吵过架，甚至表示过要"罢教"，以示抗议。记得那时，麦结华给我看了一份他在业余完成的《棋的理论》论文。这篇文章仅从集合论出发，"赤手空拳"式地建立起了一套关于下棋的完整理论。我是很有兴趣地读完的，对他的才能佩服之至。听有专家说，他的那篇文章已涉及到"博弈论"中的核心理论。

麦结华宣布被开除发生在1964年秋季，那时课已学完，正开始写毕业论文。一天下午，班里召集大家开会，系领导来到宣布了学校关于开除麦结华的决定。我听了感到非常突然，因为我知道这件事应该同他与同学发生的冲突有关，但那只能算是一些"小节"问题，并没有造成什么"严重后果"，只要做些思想工作就是。那时期政治学习很多，动不动就是批判，严重的还会受处分，大家多提心吊胆。而麦结华似乎对政治学习没有兴趣，会上很少发言，我想是很难给他扣上政治方面帽子的。因此，听到这个决定后，我十分震惊。记得当晚就以"思想汇报"的形式找到团支部领导谈此事。那期间我也面临着被批判，主要问题无非是"缺乏阶级斗争观念"之类（后来这一条写进了我的"毕业鉴定"中）。谈话开始我还是像每次那样，先自我检讨一番，缺乏阶级斗争观念。然后说麦结华的被开除一定有什么"反动思想"，但我与他长期在一起一直没有觉察出来，因而产生出他不应该被开除的"错误"想法，请组织帮助我与他"划清界限"。那位领导提起麦结华画过的一张画。我想起在那年春天麦结华的确画过一张画，一个强壮的年轻人，光着膀子，伸手朝天欢呼的样子，地上有几根草，自题"春来了"。因为他当时身体魁梧，宿舍同学还开玩笑说这是麦的"自画像"。后来那张画不知那儿去了。到后来搞"思想清理"，一些同学在1961年前后"困难时期"发的牢骚都被抖了出来作为"攻击三面红旗"的材料批判，我想麦的画也许与此挂上了钩，便强调那是在1964年画的。领导说，麦结华在以前（一班时）就有"政治问题"，我不了解，不敢再问下去了。

麦结华回到桂平老家后，通过王理跟我们联系上了。当听到麦结华想继续他的数学研究时，我非常感动。麦说在当地看不到任何数学文献，希望订一份国外便宜一些的数学刊物。我便到王府井锡拉胡同的外文书店给他订了一份《瑞士数学通讯》（Comment. Math. Helv.）季刊。其中有一篇依斯贝尔（J. R. Isbell）关于内射度量空间的文章，麦读后不久便做出了推广，打算与我联名发表。

在1980年我去美国时把麦的这篇论文也带去了。依斯贝尔恰好就在我在的那个系。我把麦的这篇论文改写成英文形式后给他看，他很快就写了个便条，称这是"一篇相当好的文章"，给予很高的评价。依斯贝尔是该系的权威教授，但比较傲慢，很少说人好话。系里教授看到了他的那段评语后，建议我赶紧把那篇文章发出去，应该能够被接受。果然，此文不久便在 Proc AMS 上顺利发表。当时我的身份是博士生，那篇文章的发表很快引起系里教授们的注意。但我解释那项工作主要是我的同学麦结华做的，并趁机介绍了麦的才能。他们很重视，主动问起麦是否愿意来美国深造。后来麦结华担心语言等问题，此事只得作罢。

麦结华是在极其艰苦的环境中从事他的数学研究的。特别是在文革期间，他没有任何生活来源。一次来信说，他找到一个体力活，虽然很费力，但卖力气干半个月就可以赚够一个月的伙食费，这样他便可以在另半个月专门研究数学，写论文。在广西劳动期间，麦结华写出了多篇数学论文。比如，一次他想读图论方面的书，我寄去了手头的一本，他立即着手研究著名的"四色问题"。不久，他寄来了厚厚的一本手稿。我请北京这方面的一位专家评阅,这位专家看后非常惊奇,认为麦结华独立提出的方法与国外近些年用"可约图"思路证明"四色问题"的主流非常吻合。当时没有复印条件,但这位专家已把国外这方面的研究进展文献抄录了一厚本,我借来给麦结华寄去。麦据此又把其研究工作大大推进一步。本指望通过他们的合作能把这个问题解决,后来由于国外宣布已由计算机完成了"四色定理"的证明,此项工作才告段落。

  1979年,我每周去北大参加由丁同仁先生主持的微分动力系统讨论班,这是由廖山涛先生倡导的,每次张芷芬先生也来。我知道张先生曾是系里领导,在熟悉一段时期后,我找到她家里,介绍了麦结华被北大开除的遭遇。张先生很重视,详细询问了情况,说当时她不在学校,让我去同系里有关负责人进一步联系。我找到那位负责人,她当场要我写一份为麦结华申辩的材料,说还不够,还需要更多的旁证材料。1980年我去美国后,经过王理等人多方面的努力,终于对麦结华当年的处理予以纠正,恢复了其在北大毕业的学籍。麦结华在国内外发表过一百多篇高水平的学术论文,获得过多项科技进步奖和荣誉称号。现在我们59级的同学几乎都已经退休了,但麦结华还在继续他的数学研究。他在2011年发表在国际著名刊物《拓扑学及其应用》上的一篇论文,在该刊物选出那期间发表的25篇最热论文中名列榜首。

  选自北京大学1959级数力系《回忆文集》2011年自印书。

北大生活片忆

王则柯

经济一困难，"运动"就收缩，停课劳动也就比较少了。1959年上半年广东经济生活明显困难的时候，正是我们高三年级迎接高考的时候。静下心来读了几个月书，不少同学就已经感觉功课掌握得差不多了。当时的广州六中，同学们有这样的传统：只要天气合适，就会到江边的学校游泳场游泳。所以我们几个觉得功课已经很有把握的同学，在那个阶段可以说在游泳场度过的时间更长。

就在我们泡游泳场的时候，迎来1959年的高考。高考前报志愿，高三大约有一半同学被召集到实验室去，学校跟他们说，"祖国需要你们，党信任你们"，动员他们报考国家急需的和机密专业如军工、航空、造船等。物理方面凡是中学生能够想到的，包括无线电、半导体、光学、地球物理、原子能等，都属于鼓励他们报考之列。我虽然一直是班级学习委员，还是在勤工俭学展览会上挂大照片的全校二级劳动积极分子，却没有被召集去接受动员。这是我第一次正式被列入另册。但是我们那时候的教育真是非常成功，我对于没有被动员报考国家急需专业和机密专业毫无怨言。

记得"党叫干啥就干啥"和"做一颗永不生锈的螺丝钉"这两个口号，是在20世纪60年代初"向雷锋同志学习"的热潮中唱响的，但是远在此前，多年的教育在我的身上，就已经形成了听从安排做螺丝钉的人生理念。我从小热衷于无线电。可是现在"党和国家"没有动员我报考无线电这样的专业，我就选择了最不机密的数学和民用建筑，当时这些专业似乎也没有急需的意思。虽然自己不那么被信任，但我还是相信只要我不冲撞不叫我冲撞的专业，别的专业还是可能考虑我这样的考生。

当时功课好一些的同学，都有上北京念书的愿望。最理想的，自然是北大、清华了。我就斗胆以第一志愿报考北大的数学，第二志愿则是另外一所名牌大学的民用建筑。说实在，在那次学校动员近半数同学报考机密专业和急需专业的会议以前，我压根儿没想过会把数学或者民用建筑作为自己将来的事业。

高考以后经过仿佛两个月的等待，我收到了北京大学的录取通知书，和我要好的同学朱蔚文一起到北大数学力学系读书，他在力学专业，我在数学专业。在后来的文化大革命中，曾经有人揭发，北大的招生"不能坚持党的阶级路线"，1958年强调了一下，1959年又放松了，1960年还是1961年强调了一下，1962年又放松了。具体是不是这样，待考。不过，至少对于"机密专业"和"急需专业"，政治好不好却一直是决定性的因素。

记得入学北京大学以后，我们班上有一位女同学，原来是被录取到无线电系的，按照学系排列的学号都和我们不一样。但是因为家庭关系或者亲戚关系不是那么"根红苗正"，她在北大报到以后，马上就被调整到我们数学专业来。这样看来，高中毕业前夕学校领导让我们知道自己已经被列入另册，未必不是爱护的举措，至少可以让我们少碰一些钉子。

我和朱蔚文坐了两天两夜火车到达北京前门车站的时候，我的在清华大学读书即将毕业的姐姐到车站来接我们。当我们从西门进入北大的时候，看到在迎面的小桥两旁眼镜湖的两片水面，各有一支竖立的大水管，纯净的地下水不断地从管子里涌出来，形成两个小型的圆环瀑布。西门一带燕园的景色美轮美奂，很有积淀。学生宿舍所在的新区，房子却像是火柴盒一样。

我们到北京读书的时候，正是中华人民共和国国庆十周年的时候。当时虽然因为大跃进的缘故国家已经相当困难，但是因为全国支援北京庆祝国庆十周年，北京的气象真还是可以用"兴高采烈"四个字来形容。天安门自不用说了，只说北京郊区护道的杨树，绿叶婆娑，已经叫我们这些南方少年不胜赞叹。国庆假日，我们这一届广州

红色教育（一）：高等院校

六中上北京读书的二十多位同学，相约一聚，集合地点选在北海公园的九龙壁，大家还在九龙壁前面合影。

高中毕业前夕，团支部通知我，学校团委已经批准我加入中国共产主义青年团，即日起参加组织生活。但是一周以后，团支部书记又告诉我，鉴于我家庭的情况，学校团委无权审批我的团籍，要等待共青团广州市委员会的意见。结果，我仍然不是共青团员。进了大学，我向新集体的团组织重申争取加入共青团的愿望，并且表示愿意为集体做一些力所能及的事情。过了几天，团组织通知我，班委会将决定我担任数学分析课的课代表。按照我当时和现在的理解，对于数学专业新生来说，数学分析是他们的主课。我感激组织对我的信任。

不久，庐山会议开始的"反右倾"斗争，在学生当中深入地开展起来。我勉励自己一定要以党的思想作为自己的思想，逐步做到真正脱胎换骨。我以高中时候我们响应大炼钢铁的号召，先是照着化学书上的原理图用小铁罐"炼焦"，后来真的用土法炼出质量比较高的焦炭，甚至连广州钢铁厂也曾经到我们学校来取焦的例子，谈革命者一定要正确对待群众运动和新生事物的体会。我是诚恳的，同学们似乎也觉得我说的有道理。那时候，我哪里知道即使那样炼出来的焦可以用，也是非常浪费。后来深入到大跃进有没有浮夸的问题。我说虽然有过浮夸，但那是前进中的并且现在已经克服了的问题。想不到这就闯祸了，因为我说有过浮夸。第二天，团支部组织全班同学开会，主题只有一个，就是批评我污蔑大跃进里面有浮夸。后来回想觉得"还好"的是，这只不过是在一个很大的教室里围坐的主题批判，没有让我站起来认罪。

1959年的春天广东的饥荒很厉害，我们在学校已经喝了两个月的粥。曾经在1958年头脑也挺热的广东省委书记陶铸，出来向全省人民发表广播讲话，说去年凡是每亩二三千斤以上的产量，都是假的，问题是要振作起来度过困难。我引了亲耳听到的陶铸的广播讲话，但是团支部组织委员说，陶铸是党的中央委员，他不可能讲这样的污蔑群众运动的话。天哪，我的本意是虽有浮夸，要正确对待，现在却变成了污蔑群众运动。当天晚上，这位委员通知我，鉴于我的情况,已经不适于做课代表的工作,让我向一位同学交接。我恨自己为什么觉悟总是不高,勉励自己积极跟上。只要能够维护总路线、大跃进、人民公社这"三面红旗",维护党的威信,个人受委屈没什么关系,千万不能有抵触情绪。我主动找到那位同学交接课代表的事务,他平常不大讲话,嗫嚅地对我说:"哎,弄不清楚怎么回事。""政治好就是出身好",出自大学高年级期间自愿"下连当兵"经受锻炼时教导员的教导。虽然"身体好"作为第一"好"的"三好"是毛主席提出来的,但是那时候已经很少这样说了,取而代之的是"政治好,思想好,表现好"的新"三好",其中"政治好"就是"出身好"。我天生"政治"就不好,现在"表现"也不好,自然"思想"也就不会好了。

党中央在 1958 年初提出"鼓足干劲,力争上游,多快好省地建设社会主义"的"总路线"以后,一方面很快在全国掀起以"大炼钢铁"为标志的大跃进,另一方面全国农村很快实现了"人民公社化"。从此,"总路线"大跃进和"人民公社",被称为党的"三面红旗"。教育方面则明确了党的教育方针是"教育为无产阶级政治服务,教育与生产劳动相结合"。我们上大学的时候,许多学校都把党的这个教育方针写成大字悬示在最醒目的位置。

刚刚进入北大的时候,穿吊带裤的马寅初校长携夫人和我们一起参加放焰火的迎新游园晚会。以后我们看到,每次党委书记兼副校长陆平做报告的时候,马校长都要搬一张椅子横坐在讲台旁听讲,据说是因为校长有点耳背。很快,党委领导的批判马校长"新人口论"的运动铺天盖地,连小秘书也被鼓动上台言不由衷地揭发校长作为人大代表外出视察时"点了鸡汤不肯付钱"。1960 年新年钟声敲响的时候,还是副校长的陆平在东方红的乐曲声中上台发表演说,学校宣传队高呼"陆平校长作报告!"不久,马寅初校长被免职,陆平兼了北大的校长。

那时候北大读书的一个特点,是劳动忒多。先是九月的入学劳动,后来是入冬开拔到北京东郊不记得为什么事情挖土方。1960 年春天,哪怕仍然是全国支援北京,我们在北京的日子也已经很不好过了，但是群众运动的狂热却愈演愈烈。记得这个春天只是通过系团委或者年级党支部自上而下发动起来参加的"技术革命"热潮，就有三次。

一次是"超声波"狂热，据说把水管锯断敲扁夹住一个簧片，就能够在水流或者气流的冲击下发出超声波，解决许多问题。结果徒然制造大量金属垃圾。另外一次是"电子化"狂热，物理系实验室的仓库，被迫偏偏要向我们这些不懂得电子的数学系新生开放，随便取件，随便安装，实际上是随便糟蹋。实验员抵触得很，但是政治压力之下，却无力对抗。

一次是拉队到北京市内著名的二龙路人民公社，充当"技术革命"的"生力军"。记得这个人民公社不知道具体哪一级的一位党的女干部，半夜把公社小工厂的车工叫来，让他把机床交给我们使用。车工嘀嘀咕咕，满脸不高兴，但也只能把开关盒的钥匙交出来。自发的狂热也不少。常常一点什么风声，只要看起来符合"无产阶级政治"的大方向，就会"物化"为一些同学的高度自觉的行动。现在大家记得的，是传来蓖麻可以提供"战略物资"的消息，于是大家都抓紧时间找地方种蓖麻。

还有一次，风声说学校附近工地就有许多不识字的民工，我们大学生应该去扫盲，于是包括我在内一些同学又每天晚上赶去扫盲，其实那时候刚刚干完一天活的民工正是最需要休息的时候。

更加离谱的是，仿佛是政工系统召集数学专业各个年级的同学在一起，采取"打擂台"的方式，在"打倒牛家店"的口号下，辩论如何写出"无产阶级的数学分析教程"。所谓"牛家店"，就是牛顿—莱伯尼兹体系的意思。大轰大嗡，挑灯夜战，以至于我们不停地打瞌睡，政工干部却一再表扬一年级同学最有水平，"中毒"最少，思想最解放。

夏天，我们到京郊大兴县荒芜的农田上急工粗活地替人民公社社员抢种大白菜。我看到一位社员在夜色中徘徊在屋顶上面，摇头叹息。秋天，我们已经二年级了，解放军的受检部队已经坐着轮子漆了白圈的大卡车演练了好几遍，却在国庆的前夕接到"平常国庆节不再搞阅兵"的命令。这在我们共和国还是第一次。

入冬,我们开拔到十三陵地区,住在牛棚里,为拟建计划外的北大新校区修铁路。我们做的是土方工程,力气活。因为夜间到达,然后每天清晨顶着星星步行好几公里去工地,晚上在夜色中摸索回来休息,所以只在我们高强度劳动半个月以后那唯一休息的半天,才看清楚我们下榻的牛棚,座落在长着零星几棵柿子树的山坡上。一个月下来,大半同学得了浮肿病。期间,陆平校长来工地视察,政工干部要求我们齐声欢呼"陆平校长好!"

那个冬天真冷,在寒风中传来了党中央要求贯彻"劳逸结合"的声音。

我妻子经常和我谈起他们在北京另外一所大学的学习和生活,回忆老师、系主任和校长怎样处处为同学着想,珍贵国庆之夜在天安门广场金水桥前面狂欢的经历。我在北京念书期间,也参加过两次国庆节天安门广场的"狂欢",和一次国庆节游行。两次"狂欢"也都是在金水桥前面的地方。一次是国庆十周年的夜晚,另外一次好像是国庆十五周年。狂欢的时候,我们的确都很高兴,跟着音乐跳集体舞,同学之间玩猜谜语游戏。

但是总的来说,我自己经验的北大的生活,却没有我妻子他们的大学生活那么富有人情味。当时不知道出于什么好大喜功的原因,北京许多大学的学制,都从原来的四年改为五年,而北大的理科和整个清华,则进一步延长到六年。除了由于经济困难等各种原因政治运动稍许放松的那些时候以外,我们在北大基本上就是一个没完没了的不断接受思想改造的过程。

可是在那些政治运动有所放松的时候,老北大重视学生基础训练的传统还会发生作用,北大的大师级老师给我们低年级学生上课,还是很让我们受益。我们在一年级除了必不可少的政治课、政治学习和俄语、体育之外,实质的主课是数学分析、解析几何和高等代数这三门。数学分析由闵嗣鹤教授主讲,数学、计算数学和力学共六个班一起上大课,习题课分小班上,我们的习题课老师兼级主任,是优秀的年轻助教周巢尘。主讲解析几何的是姜伯驹,主讲高等代数的是丁石孙。丁先生后来出长北京大学，是著名的数学家和教育家，还曾任全国人大常委会副委员长。丁先生讲代数，一板一眼，言简意赅，句句珠玑，记录下来就可以成文。他是最富课堂艺术的老师，精妙全在语言，绝无夸张的表情或动作。听他讲课，真是一种享受。

姜先生当年只有20多岁，在科研上已经做出世界同行瞩目的成果。改革开放以来中国科学院头一次增补学部委员（后来称为院士），他就当选。周巢尘老师在十多年前也荣任中国科学院院士。

至于闵嗣鹤教授，值得特别多写几句。数学那么多学科，中国的数学，曾经最接近世界水平的，应该是数论。30多年前陈景润的论文"1+2"之所以能够宣传得家喻户晓，背景是他在尝试攻克以"1+1"为符号的"歌德巴赫猜想"这个迄今认为难以解决的数论问题的路途上，走到了最前沿。在我国，数论的首席大师是大名鼎鼎的华罗庚，第二号人物，就是闵嗣鹤教授。据说陈景润的论文写好以后，需要一位足够权威的专家审阅确认，闵嗣鹤教授就是最后拍板的人物。我常常说，我们现在能够为国家做一些事情，很得益于这些大师级老师们的教益。大牌教授上基础课，不仅是当年北京大学的传统，也是其他一流大学的制度。

1958年在北京开办的中国科学技术大学，在短短的几年里面为国家培养了许多出色的人才，其成功经验，就是由科学院的大牌科学家为一年级新生上基础课。中国科学技术大学数学专业的头三届学生，分别由华罗庚、吴文俊和关肇直三位教授亲自在课堂上调教，他们三位当时不仅已经是科学院学部委员，而且是中国数学的领军人物。中华人民共和国成立以来，国家自然科学奖的头三个一等奖，分别由华罗庚、吴文俊和钱学森获得，他们都耕耘在中国科学技术大学教学的第一线。

现在一些人认为，高水平的教师应该集注于研究工作，次一等的、研究做不上去的，才去上课，特别是基础课。这种错误观点和错误做法，对于我国的高等教育，危害很大。其实，不仅当年的北京大学和中国科学技术大学，就是当今世界许多著名大学，比如普林斯顿大学和哈佛大学，都规定每个学期所有现职教授都要同时给本科生和研究生各开一门课。

1962和1963两年,是我们大学生活政治环境比较宽松的两年,饭也能够吃个半饱。也是在这个时候,团支部决定我担任班委会的学习委员。可是不久以后,"千万不要忘记阶级斗争"的主调就逐渐奏响,最终震荡神州大地。高年级的时候,我在数学专业的拓扑学专门化组学习,毕业论文的正式导师是江泽涵教授,姜伯驹老师具体指导的时间则更多。除了具体的论文指导以外,江泽涵教授关于做学问不要"得意忘形"的箴言,对我影响至深。"意"指数式推导,"形"指几何形象。我的毕业论文的题目是《微分流形上的一个同伦问题》。吴文俊教授等中国科学院数学研究所的老师,也是答辩委员会的委员。老师们很鼓励地给了我比较好的评价,姜伯驹老师还特别指出我的论文宣读时间掌握得很好。

1965年春天,我们进入毕业教育。这时候,无产阶级文化大革命的前奏,实际上已经在北京大学这种非常敏感的单位奏响。派驻北京大学的"四清"工作组和北京大学党委的矛盾,已经非常尖锐。在"院系调整"以后的北京大学的历史上,如果毕业生一时没有大致对口的工作分配,一般会把他们养在学校一段时间,而且待遇还不错,直至对口分配出去。但是在我们进入毕业教育的时候,正是北京大学党委拉出去在计划外建设的十三陵校区召开著名的"十三陵会议"准备反攻派驻北大的"四清"工作组的时候。在这种情况下,什么分配对口不对口,自然完全抛诸脑后。我们数学专业几个班毕业的同学,后来多半只按生源地域分配到南北中三个地方的教育部门,基本上都在中学任教。背景既然是这样,我们的毕业教育左上加左,也就可想而知。但是我却因为心灵已经被五年多的"无产阶级教育"净化,很没有出息地表现出苦行僧无所谓愿意糟蹋自己的轻巧态度。

虽然直到那个时候,还是不让我入团,我却仍然没有半点醒悟,陷入越是未能入团越要苛刻改造自己的境地。可能正是因为我不像其他一些有思想的同学那么抵触,在接近六年的大学生活中,我这个政治上一直被列入另册的功课尖子,头一次被安排到全年级的大会上讲话,讲怎样无条件地让党和人民挑选。我的许多同学后来已经不记得这一幕，这仅仅是因为我只是糟蹋自己，从不伤害别人。

这里我也只能够说没有直接伤害同学，因为我这样的自我作践的苦行僧多了，有思想的同学会处于更加孤立无援的位置。毕业教育以前的寒假，虽然我也报考研究生，却和极少数大概像我一样拼命刻苦改造自己的同学一起，自愿报名，每天去生产队挑粪。毕业教育的时候，我还一再写申请书，要求毕业分配到新疆生产建设兵团劳动。这些都可以作为我被"去势"的例证。

1961年人民生活最困难的时候，我们曾经到人民大会堂参观。刚刚进入前厅，一位穿得像叫化子的同学，就坐到地上，还要打滚，以此表示赞叹大会堂。他曾经当过我们的班主席，现在的这一举动让我觉得恶心。可是经过几年的自觉改造，我自己也染上了穿大补丁衣服的嗜好。压抑的大学生活即将过去的时候，我们代数拓扑班同学相约一起在学校正门合影。我竟然穿了大补丁的衣服出场，让同学们非常扫兴。这时候，我的一些毛病已经到了一意孤行的地步，真是离谱得很。

毕业前夕我终于成为共青团员。现在记得的，只是这些不堪回首的过分自找的浴火改造。当时批评我很多的一点，是说我还是有一种小资产阶级的软弱性，缺乏无产阶级需要的坚强。我也感叹，为什么不能像别的一些同学那样，似乎没有多少心理活动。为此，我甚至曾经跟最要好的同学说过，也许我应该抓一只小猫来，把它钉在板上，一刀一刀把它剐死，锻炼出无产阶级需要的铁血无情。四十多年以后，我国社会已经进步到讲究人们的心理健康的时代。虽然剐小猫的说法只是多年以前我内心的一闪念，并且也不会诉诸行动，但是当年在脑海中曾经想象过这样血淋淋的图景的事实，仍然叫我惭愧，催我反省：怎么想得出来？在那个扭曲的年代！

六年级开学不久，我们拓扑学专门组最有才华的一位同学，突然遭到被开除学籍的厄运。这位来自广西的同学，身体很好，功课更好。在我们这些一心向党努力改造自己的"红领巾"同学看来，他在政治上"不够开展"。不过我们也清楚，至少他对其他同学并没有什么恶意。但是在那个颠倒的年代，我们看来只是政治上不够开展的这种状况,已经足以让一个同学遭受厄运了。当时整个年级只有极少数几位党员,多半功课都非常不好,特别是资格更老一点的党员。其中一位根本就是留级下来的,却经常是我们参加又一轮政治运动之前在阶梯大教室给我们做动员的人物。系团总支的一两个干部加上在我们年级的这么几个党员,他们领导的团组织,掌握着整个局面。大多数同学都紧紧围绕在团组织周围,不要说"党叫干啥就干啥"了,就是说"团叫干啥就干啥",也不过分。大局是这样,却竟然有人游离于这种政治生态之外,岂非大逆不道?开除的通知来得非常突然,让他和我们都措手不及。据说开除的直接原因,是他和一位比较要求进步的同学发生口角,最后有肢体动作。和他发生口角的那位同学,一直以来也是苦恼人,记得就像我一样,老是在争取入团,老是在接受考验,似乎从来没有得意过。后来传说,之所以被开除,还有对现实政治不满的因素,其中一个情节,说是画过一幅画,画面上一个瘦骨嶙峋的人要举一付很重的杠铃。这足以成为"诬蔑大跃进"的罪证。低年级的时候,他在一班,我在二班,我和他没有什么来往。高年级虽然我们都在拓扑学专门组的同一个小班,而且宿舍房间还是紧挨着,但是由于政治热情距离很大,来往仍然很少,反而是从别的同学那里听说他的一些"传奇",比如自己证明了象棋先走的一方一定可以获胜等等。

不过不知道为什么他对我却颇为关注,洞察我的心思。一天课间休息的时候,我不经意在黑板上写下"纳西"两个字,只有他,注视着我,并且轻轻地念出"纳西姑娘真美丽"这么个句子,脸上露出替我腼腆的微笑。原来,当时我们每个宿舍容易看到的就是《人民日报》,前一天报纸上的一幅照片,题目就是"纳西姑娘真美丽"。

通知被开除的那天晚上,他走到我宿舍来约我散步告别。说实在,我心里有压力,只是想到难得同学一场,而且内心感觉他一直善意地注视着我,所以还是跟他出去了。我们两个从住宿的二十八斋,走到燕园的未名湖,沿湖绕了整整一圈。当时说了些什么,绝大部分已经记不起来了,只有他拿出一双新买的棉鞋,说以后再也用不着了,要送给我,这个情节我却永远也忘记不了。其实在一年级的时候，我们已经有同学在"反右倾"运动中因为说了家乡一些真实的情况又不知道怎么认错就被开除学籍。不过那时候大家都刚刚进校，相互还比较生疏。

　　学校生活正常一点的时候，我们每天都安排一点时间锻炼身体。政治运动不那么紧张的时候，也会去颐和园游玩，通常是步行来回，前后半天时间。严冬过去，比如说有人报告在颐和园划船已经可以把脚浸在水里，许多同学就会张罗一起去划船。

　　除了朱蔚文以外，从广州中山大学校园到北京大学数学力学系读书的还有比我们低一届的邹启苏，他学的也是力学。邹启苏很有才华，个子精瘦，但是足球踢得很好。他的手风琴更是叫人听得如痴如醉。1962年暑假，我们都回了广州。期间，邹启苏还教我拉手风琴，只是因为我的手实在太笨，结果毫无长进。

　　1963年暑假，我们三人都没有返乡，而是坐火车到天津，在我们班一位后来在唐山大地震中遇难的同学家里打地铺，次日转轮船去大连，在大连海运学院度假。主人是在六中时和邹启苏同班的诸绍忠同学。我们住在大连海运学院的学生宿舍，吃在学生饭堂，每天到附近的海滩游泳，还潜水拔海带吃。那时候困难时期刚过，街上能够买到的只是两毛多钱一斤的小苹果，但是一次从城里回来的路上看到有渔民在卖鲍鱼，朱蔚文当机立断，买下两斤九毛多钱一斤的新鲜鲍鱼，做出来的鲍鱼土豆汤，极其鲜美。诸绍忠是游泳高手，指点之下，我的蛙泳也很有起色，以至于回校以后北大游泳代表队的教练想吸收我为队员，只是因为了解到我已经高年级了，才作罢。后来诸绍忠和他在大连海运学院的女同学"回访"北大，我也略尽地主之谊。

　　在那个年代，比方说蒙古元首来访，北京市会安排"首都50万群众夹道欢迎"，至于毛主席发表反帝声明什么的，通常就有"百万首都群众在天安门广场集会示威"。我们偶尔也被征召参加这些活动。1964年的一次示威游行，绕行东郊使馆区，在那里我第一次看到飘扬的法国红白兰三色国旗，当时法兰西共和国刚刚和我国建交。出动最多的应该是在1960年。五一节的时候，每个班级都要在校园"载歌载舞"，歌颂比方说"二龙路人民公社"幼儿园小朋友的脸色

"红得好像红苹果"。那年,全国抢救山西省平陆县中毒的"六十一个阶级兄弟",是一曲"响彻云霄的共产主义凯歌",王府井大街的北京特种药品商店在其中扮演重要角色。一次不记得什么示威游行我们经过王府井大街的这家商店,大家就高唱《为了六十一个阶级兄弟》:"我们,生活在社会主义大家庭,亿万人民,是一个整体。同甘苦,共呼吸,团结友爱最亲密……"当时,经济生活已经相当困难,但是大家还是这样"意气风发"。我们下乡抢种大白菜回来,留校的同学敲锣打鼓到现场乱糟糟的火车站迎接我们,唱的也是这首歌。

1962年春天的一个星期天,我们摸黑起床,乘火车从居庸关下来,游览长城。离开长城的时候,恰遇一帮苏联人。原来是苏联共青团的一个代表团,大家自然就围了上去,用俄语和他们交谈。当时中苏关系已经破裂,不过十几年向苏联"一边倒"的教育潜移默化的结果,还没有清理干净。苏联代表团的团长非常聪明,马上带领双方高唱苏联的《祖国进行曲》,场面还是十分热烈。

1962年中秋节的晚上,我们同班几位同学从颐和园出来,夜色中迎面看到披着军大衣的彭德怀元帅向颐和园走去,军服上没有领章和徽饰。元帅背着双手,真正是忧国忧民的样子。后面几步远的地方,跟着两位警卫模样的战士。那一刻,颐和园门前没有几个人。我们在元帅的旁边走过,同学之间,默默无语。但是这幅图景,一直刻在我的心里。

这年十月的一个星期天,我们在香山游玩,爬到半山,不意间发现朱德委员长从一辆苏制的吉姆牌大轿车上下来。他到香山散步,前后大约有四五位随从。偌大一个香山,在吉姆车停下来的半山可以停车的那个地方,只有委员长一行和我们几个同学。随从示意我们不要打扰老人散步,说"你们知道就行了。"晚上回到学校,我们知道中印边界自卫反击在这天打响。老人已经不在战斗岗位上,也是很自然的事情。

忘记了是1963年还是1964年,埃塞俄比亚的塞拉西皇帝来访。那天上午我们一些没有课的同学,被紧急调往颐和园,在雕廊等待夹道欢迎皇帝。大家感到幸运的,是非常近距离地看到了陪同国王行走的周恩来总理，大概只有两三步那么远吧。总理似乎比平常新闻电影上看到的要消瘦和精干一些。我还觉得比较惊奇的是，总理的胡子刮得铁青铁青。

1964年夏天，北京预期1965年暑假以前毕业的大学生都收到一张请帖，去工人体育场听报告，请帖上写着："报告人：周恩来同志"。大家对周总理都非常崇敬。我印象很深的是，周总理说："我们作为毛主席的战友和学生，……"周总理讲完，因为要赶去参加八一建军节招待会，就在大家热烈的掌声中先行离去。接着彭真又讲了个把钟头。印象最深的，是他批评一些人"读了小学，看不起农民，读了中学，看不起工人，读了大学，看不起我们这样的人。"讲话以后，他还下到田径跑道，慢慢绕场一周，挥手向听众致意，场面颇为拖沓。

毕业以前，在北京铁道学院的礼堂开过一个北京市大学毕业生代表大会。我因为被改造得自觉无条件地让党和人民挑选，空前绝后地当了半天听会的代表。会议的内容，一点记忆也没有，只记得会前大学之间拉歌，清华自然很出风头，八大学院也情绪饱满。只有我们北京大学，怎么也调动不起来。在苦苦改造的北大学生，显得相当压抑。

前面说过，那年我们数学专业毕业的同学，多半只按生源地域分配到三个地方的教育系统。我们这些南方来的同学，被分配到上海市教育局。在静安区一所师范学校住了几天以后，我们被分配到上海的一些中学。就这样，我到了上海市第五十二中学，教初中三年级的学生。

差不多六年的北大生活，既有美好的回忆，也有不堪回首的经历。同学都是真挚的，那份同学少年的友情，是我们永远的财富。老师都是可敬的，他们的榜样和教诲，让我们终身受用。但是政工系统干部的所作所为，实在太差劲太可恶。个别功课读不下去，提前毕业担任学生工作的党员，动辄指挥整个年级甚至整个系的学生，老师们也无可奈何。困难时期，我们这些总是觉得自己还没有改造好的同学，自愿捐出极其宝贵的粮票布票，却成为这种党员贪污的目标。在我的片断回忆里面，个人自然有不少委曲。但是比起一些同学被大张旗鼓地批判，一些很有才华的同学甚至被开除学籍以至于后来多年生活无着，我的这点事情实在算不得什么。

前面谈到参观人民大会堂和"夹道欢迎"塞拉西皇帝，我的一些同学却在事前被告知，没有资格参加这样的政治活动。没有经历过那个时代的人，很难想象会有这样的处理。可惜，那个时候我们政治环境的常态，就是如此。

选自北京大学数力系1959级《回忆文集》2011年自印书。

北京地质学院读书纪实

聂树人

报考北大，是我的第三志愿

当时，大学分为三大类（文科、理工科、农医科），各类学校的考试科目是不一样的。与陆老师（班主任，外语教员）相商，第一张报考志愿表变成了如下的样子：
1. 北京地质学院地质测量及找矿系：地质测量与找矿专业；
2. 西北工业大学航空发动机系、现代物理系；
3. 北京大学地质地理系；
4. 北京地质学院地球物理勘探系金属及非金属地球物理勘探专业；
5. 北京石油学院石油勘探系；
6. 兰州大学地质地理系地质专业；
7. 西安交通大学机械制造系：机械制造工艺及其设备专业；
8. 天津大学机械制造工程系。

现在，用行家的眼光看我填报的大学志愿顺序，没有一个人不摇头的。但是，这就是那时的我——一个对世间大事一窍不通的"社盲"的真实认知。

穿着草鞋进西安

1962年8月28日早晨，告别了乡亲，由哥哥、表兄和父亲相送，我就启程了。走到辕门观，我让父亲返回。他转身的时候，在用手擦眼睛。

我和哥哥、表兄步行 30 多里路，涉过渭水河，方到达邻县城固县城。城固距汉中 70 里路，通汽车。我和送我的哥哥、表兄在到达汽车站前，去照相馆照了一张合影，作为永久的纪念。

第二天一大早，坐的是大轿车，在沙土路面上颠簸 300 多里后，下午才到达阳平关火车站，然后，又排队买票，上火车。这都是我的第一次。

到达西安站后要将我持的慢车票"加快"。当我在火车站广场上排队等待"加快"时，一个干部模样的人对着我所在的方向招手："过来，过来！"

我并不认识他，以为他是在招呼旁边的人。我用疑惑的眼光往旁边看了看，又回过头来看他。他以为我在装傻，就生气地指着我说："看谁？叫你呢！"

当时，我对权势圈子里的规则一窍不通。猥琐、迷茫、怕官，在这原本不属于自己的陌生的地盘上，就毫无搪拦地显现了出来。

那人约 40 多岁，一身便装，穿着普通，又没佩戴任何公务标志。如果以法制眼光来看待他，我当时完全可以不理会他，或者请他出示执法证件。但是，那时是 1962 年，对于我这个"进了大观园"的乡下人说来，只有服从的份儿。

我从地下提起我的那个土得掉渣儿的灰布提包和用一块用黑油布包着的被卷子，走到那人的面前。

"你到哪儿去？"

"北京。"

"北京？！"

……

"到北京去干什么？"

"上学。"

"上学？！"

他用带有数不清"问号"和"感叹号"的目光将我重又上下打量了一遍,问:

"有学生证吗?"

"没有。"

"没有学生证,你去上什么学?"

"我刚考上。"

"那你的录取通知书呢?"

我从贴身的衣兜里取出来,递了过去。

当他展看了录取通知书后,原先脸皮上紧缩的纹路立时改变了方向,双手将录取通知书还给我,并说:

"好,没事了!你装好,快排队去吧!"

他并要过来帮我拿包,我谢绝了。

当我又进入人群中时,看看自己的装束,再看看别人的装束,我才意识到,那人是把我当成"盲流"了。在这长长的队列里,只有我穿着草鞋,与其他人的皮鞋、布鞋形成了鲜明的对照。不仅我提着的那个土布提包"显眼",用黑油布(由于长途跋涉,上面已沾着不少土)包着的被卷儿,再用草绳在中间一捆,也很"与众不同"——整个一个逃荒要饭的,整体形象连"盲流"都不如!

后来知道,大约从五十年代末开始,一些农民迫于农村生活的艰难,逃离家乡,到城市和边远地区的工矿企业"打工",其中的一部分人因为有亲友相助,被招了工;一部分人只能干临时工;大部分人则在东流西窜几次后,只好打道回家。由于这些人的行动主要靠民工间的言传,没有固定的方向,很像无头苍蝇瞎撞。于是就有了"盲流"的称呼。他们应当是新中国最早一代的打工者。

为了对付这些流民,1961年11月11日,中共中央批转了公安部《关于制止人口自由流动的报告》,决定在大中城市设立"收容遣送站",将那些没有开具介绍信而流入城市的农民收容起来遣送回原籍。为了贯彻这一政策,在全国迅速形成了一个收容遣送的大网,在"盲流"严重的地方,荷枪实弹的民兵对饿得走不动路的农民进行围追堵截。

踏着阶级斗争的旋律上大学

我是伴着阶级斗争的主旋律上的大学。

直到文革以前,我对国境以外的世界是一无所知的。我从经过严格审定的教科书和极为有限的书报杂志中和课堂上、讲台上得到的社会知识是:当今的中国人民与旧社会相比无比幸福——过去生活在地狱里,现今生活地天堂上;当今的中国人民与境外的人相比,也同样无比幸福,国外的人,除少数资本家、剥削者外,绝大多数都在遭受苦难:吃不饱,穿不暖,住贫民窟,没有一点权利,生活在水深火热之中……因此以毛泽东为首的大神们是无比伟大、英明的,社会主义制度是无比优越的。我们为此而感到幸福、自豪。

1962年9月29日,我们入大学还不到一个月,《中国共产党第八届中央委员第十次全体会议的公报》就发表在《人民日报》上。会议于那年9月24日至27日在北京召开,毛泽东就形势、阶级、阶级斗争问题在大会上作了多次讲话。讲话中说:

"在无产阶级革命和无产阶级专政的整个历史时期……存在着无产阶级和资产阶级斗争……被推翻了的反动统治阶级不甘心灭亡,他们总是企图复辟……在这种情况下,阶级斗争是不可避免的……这种阶级斗争,不可避免地要反映到党内来。国外帝国主义的压力和国内资产阶级影响存在,是党产生修正主义思想的社会根源。在对国内外阶级敌人进行斗争的同时,我们必须及时警惕和坚决反对党内各种机会主义的思想倾向。"

因为有阶级斗争,所以才要服从,才要神化的权威,才要"六亲不认"。

史汉声成了"马汉声"

史汉声,家庭出身地主,在高中三年中一直担任我班劳动委员。

我们这些涉世不深的同学对他从来没有另眼相看过。但是，从其父母遭遇即可想到自己未来的他，从来都是心事重重的，对政治进步和学业格外看重。为了取得这"往前排"的资格，他得在政治进步上刻意认真，他先于我成了团员。但是，因为他在政治进步问题上消耗掉了过多的精力，学业上就难免沦于二流，高考落榜。

几十年后，我方从其村人的口中得知，他回到农村后，不要说"广阔天地，大有作为"，连媳妇也找不上。超大龄过后，不得不入赘一马姓人家，改姓为马，称马汉声。

一个连"姓"都不得不改掉的人，过日子的艰难程度就可想而知。潦倒大半生之后，他的儿子不堪在农村受辱，借打工之机在新疆扎下了根。花甲之年的"马汉声"，终于告别了心酸的故土，去新疆谋生。

出身不好的同学如此，出身好的又如何？

1974年，我从县城回家的路上碰到了我的高中同班魏崇玉。当时，他已经完全是一个农民了，他正骑着一辆破旧的自行车回家。他的自行车的后架上分放着两个麻袋，据他说，里面装的是喂猪用的榆树叶子。他说，为了筹措给父亲看病的钱，他赶了二十多里路到县城里来想把它卖掉。可是，没有人问津，只好……我的估计是，即使那两袋树叶子卖出手，也卖不了多少钱，顶多两三元。

他还说："我们分别十几年了，你现在在天上，我是在地下。今天碰到你，很不好意思。我现在落拓到这个样子，连我自己也不相信。可是，没有办法。回到农村，'朝里'没人，你就是有天大的本事，也不会有人赏识你，如同牛掉进了井里。一切的一切，与当年县委和学校领导说的，风马牛不相及，与我们当年想的有天壤之别。"

我们年级没有一名党员

我在文革中，总结出的"权势金字塔"如下。

```
1. 最高党政领导阶层
2. 中级领导阶层
   （包括企业管理人员层）
3. 基层领导阶层
   （包括企业管理人员、专业技术人员层）
4. 产业工人、办事人员、服务人员等阶层
   （包括右派等吃"商品粮"的"敌对者"）
5. 农业劳动者阶层（得自己从土里刨食）
6. 农村敌对者阶层（地富反坏及其子女）
```

现在，入了大学的我，已经确定无疑地越过了"金字塔"下部那根决定中国大多数人命运的粗线，而站到了吃皇粮的人们之中。使命注定，在我大学毕业之后，只要不出现意外，我还会"更上一层楼"，向塔腰再进一步。

大学五个班只配备一名政工干部，叫刘和林，其头衔为"政治辅导员"。后来知道的情况是，刘老师出身于地主家庭，年轻时参加革命，以干部身份保送至中国人民大学学习。毕业后，到地质学院搞政工工作。

在我们全年级150个学生中，没有一名共产党员"。在我的眼里，刘和林就是党！或者他就代表党。他作为我们年级的"星星之火"，必然要在我们这150个人的草原上"燎原"。他的喜怒哀乐，决定着我们每一个人的"进步"，在很大程度上决定着我们每一个人一生的命运。

那时的政治教育课有一句名言："共产党员是用特殊材料制成的人"。我们大家都愿意做这种用"特殊材料"制成的人。

"团委书记"安静中是我们班的常客

经常到我们班来做政治工作的人，不是刘和林，而是安静中，还

有他的夫人朴长萱。

安静中,祖籍四川,时为北京地质学院的团委书记。他到我们班蹲点,可能与我们班四川同学多有关。我们班三十个学生,来自全国近二十个省。内中有四川籍的同学:陈政国、常健民、张天齐、袁长清四人。刚入大学时,陈政国是班的团支部书记。

安静中的讲话很有号召力。在谈到共产党的性质和人生追求时,安静中对我们说:"共产党是为广大人民服务的,她绝无私利可图。她的一切方针政策都以最广大人民的根本利益为出发点。我们最终是要建立共产主义的,即要消灭剥削,消灭阶级,连同无产阶级在内。我们现在就要担负起消灭阶级的任务,要把一切剥削阶级的子弟都争取过来……"

他还说:"有人说一生就要三大件——自行车、收音机、手表。一个解放军战士说,我只要一件:地球!"

"进步",也算是一种事业。指望前程远大的人都围着眼前的显贵奔走钻营。因此,在刘和林、安静中这类"伯乐"周围,常有成群的积极分子。

安静中说,这就叫"向组织靠拢"。

22 班没有"星火",何谈"燎原"

不幸的是,在评定我班同学张正万(工人家庭出身)的助学金时(我当时是副班长,主管评定工作),由于刘和林的干预,后来,发生了张正万没饭吃的问题。我向刘和林反映,他说,他知道了。可是,到了第二个月,仍然没有解决。我向系里反映,刘和林认为,我这是在告他的状[1]。这样一来,就得罪了刘和林。随即,从如何正确对待工农子弟上学问题,逐渐发展到如何贯彻阶级路线的问题,就在我班

---

[1] 张正万家五口人,只有他父亲四十几元(月)收入,人均不足10元。当时,张正万的母亲是临时工,每月有15元收入。我主张给张正万评定12.5元(刚够买饭票钱),刘和林主张给8元。几个月后,张正万母亲失去工作,家里给他的钱难以买回全月的饭票。

争论起来。争论没有明显的结果,却有明显的趋势。我(们)虽然取得了上风,却进一步得罪了刘和林。

由此出现的情况是,到了1966年初,全年级五个班中,其他四个班发展的党员从2人至7人不等[2],我们11622班却没有发展一个党员。我班有同学说:"只要刘老师在,我的入党问题就解决不了"。[3] 或许,这应怪我,怎么能得罪政治辅导员呢?!可是,话又说回来。我得罪了政治辅导员,其他同学不一定得罪他啊?除我以外,其他二十九个人,都不够格吗?从"政治需要"出发,在三四年时间里,至少也应该"燎原"一两个呀!

当时,刘和林一再指责出身好的同学"生活在'红色保险箱'中"。直到他1965年下半年离开学校,他都没有"强迫"自己,在11622班发展一名共产党员!当时,我也曾将我的忧郁向团委书记安静中说起过,冀望他能主持公道,为我们入党,向刘和林说句话"公道话"。可是,他没有一点回应。几十年来,我一直纳闷的是,我们班31个同学(后来增加一个留级生),就没有一个人够得上刘和林的"党员标准"?而11623班,就有七个人够他的标准?

"四清"运动:没有发现阶级敌人

1964年春节过后,学校按照中央指示,组织我们去京郊房山县南尚乐生产大队参加三个多月的"四清"运动。

1965年10月初至1966年4月底,我们年级的学生作为地质部西北工作团的成员,去陕西参加过较长时间的"四清"运动。

我们都把"四清"运动当作是党对自己的考验。在这两次"四清"中,我们都是跟在教师、干部后面走的配角。在房山,农民的生活很艰苦,我们和农民一起,半饿半饱,还要搞重体力劳动。在陕西区测队,"运动对象"并不是队干部,而是分队级干部。先将干部"赶上

---

2 刘文德(2016年)根据文革中"东方红革委会社员登记表"的统计。
3 聂树人:《一定要活出个人样来》,第327页。中国文化传播出版社,2012年。

楼去",然后,由群众面对面揭发、背靠背揭发。然后由干部交代检查,最后"下楼"。我们睁大了眼睛,绷紧了弦,却没有发现"你死我活"的阶级斗争,更谈不上从领导班子中揪出一个或多个阶级敌人。

我们都不过瘾。我们希望有一个类似于战争、面临生死存亡的考验,以显示我们对共产党的忠心。

在"四清"中,有极少数学生被工作队党组织批准加入了中国共产党。这好像取决于两个因素:一是本人政治表现好,二是所在的工作队领导关心年青人的政治前途。如 11623 班的李玉昌,因为与工作团团长、地质部副部长邹家尤等在一起,邹的一句话,即使李玉昌成为中国共产党的预备党员。

李玉昌说,他一上大学就交了入党申请书,刘和林考验了他三年多,他就是入不了党。而在工作队中,只考验了两个多月,就具备了入党资格。要"制造"一个"特殊材料",还不是当权者的一句话?!

不过,邹副部长也不喜欢不同意见。与李玉昌一起的我班同学孟繁华、殷惟侯等,因为在一次会议上,对邹家尤副部长的讲话提出了异议,发生了较激烈的争论。在我班的同学们看来,这应当是正常的工作之争,是为革命事业负责的表现。可是,好心不仅没有得到肯定,反而召来了其它工作队员的指责。他们说我班同学"不知天高地厚""目无领导""没有组织观念"。

有人会后对孟繁华说:"要是在几年前,像你们这样敢于对中央领导干部提意见的人,肯定要划为右派的。"

选自聂树人著《从懵懂到"懵懂"——聂树人文革回忆录》2017 年自印书。

北师大数学系述往

蒋世信

数学系也要学好语文

我在张家口一中上到高三,因母病休学三个多月。母亲去世后,我又恶补落下的功课,终于赶上了高考。1964 年 6 月填报高考志愿,我第一志愿报的清华,第三志愿报的北师大,第十志愿报的是合肥工大。班主任说我适合报师大,开始我没在意,后来才知道,从 1964 年开始,全国贯彻阶级路线,学校政工组可以根据内定政策更改学生的志愿。政审不合格的,如地、富、反、坏、右和资本家的子女,政治组根本不通知本人,就在他们的档案盖上"不予录取"的红章,考得再好也别想上大学。我算幸运,虽然大哥蒙难劳改,但还不在"不予录取"之列。八月下旬录取通知来了,我考上了第三志愿。虽然不是特别高兴,但毕竟回了老家,而且是"吃饭大学",生活有了保障。

八月廿五、廿六是北师大新生报到的日子,廿五号那天清晨,我是和六零年从一中考上清华大学数学力学系的刘志武大哥(我们是两家不远的邻居)一起乘火车去北京的,到了清华园我们下了火车(我买的车票是西直门站),他把我又送上 31 路公交车直达北师大。恰巧车上有位体育系的高年级同学,他帮我拿着行李下了车、嘴里喊着"来了位数学系新生",师大校门红旗招展、横幅写着"欢迎你,新同学",迎新的数学系同学连忙接过我的行李,并陪我去迎新饭厅就餐和安排住宿。

连续几个晚上,师大的操场都有电影放映和京剧演出,9 月 1 号开学典礼,我们新生安排在有舞台兼主席台的主会场——北饭厅。那天，陈垣老校长出席了开学典礼，陈垣校长是著名的历史学家、四方脸、白胡子、慈眉善目的。老同学说："你们真运气，我们都入学两年了才第一次见到陈垣老校长。"

开学典礼的迎新会结束后，我们回到宿舍。程今吾副校长（党委书记）的讲话仍回响在耳旁："从今年开始，我们学校每年都要对入学新生进行作文考试，不及格的要办语文学习班，一直补习到及格为止……。"

"难道通过了高考还不算合格？"我问宿舍里的同学。

"你没听见校长讲作文考试的意义吗？"

"我，……，我光顾琢磨如何通过作文考试了。"我赶紧为自己解释。

"那你去问校长吧！"同学们开着玩笑。

过了十几天，也真巧，晚饭后我和同学到绿园散步，迎面遇上了程副校长。"您好！程校长。"

"吃过晚饭啦，你们是哪个系的？"

"数学系新生。"我抢着说。

"噢！通过作文考试啦？"

"通过了。"

"有没通过的吗？"

"我们班有三个。"

"三个？！请你转告他们，数学系也要学好语文，语文学不好数学也学不好，将来工作也做不好。"

时间过得真快，一晃竟五十多年了，可是程副校长的话一直牢牢记在我的心里。多年来，每当我接一个新班时，总要跟学生说："别看我是教数学的，我要求你们一定要把语文学好，语文学不好，数学也学不好，将来工作也做不好。……"

不仅要求学生重视语文，我自己也注意文字功夫。从1982年起，我先后在中学数学教学杂志上发表文章60余篇（其中《数学通报》10篇），并多篇在北京市及全国中学数学教学研讨会上获奖，这要感谢程校长及母校的教诲与培养。虽然我已退休并回到祖祖辈辈生活过的北城居住，安逸、悠闲，但我还不时地写点什么，为中等教育增砖添瓦。

我们班的同学来自天南海北，大家自报家门很快就认识了。

专业思想教育

开学第一周是"专业思想教育"，原来考入北师大的学生中有近三分之一的同学不是第一志愿，因种种原因而被师大录取。记得数学系总支书记王树人、团委书记胡祖莹，先后在年级会上大谈特谈巩固专业思想：北师大是培养大学教师和中学骨干教师的，能上大学是百里挑一，能从1500万青年中选出15万接受高等教育，要感谢党、感谢国家、感谢人民给予的上学机会。要有坚定正确的政治方向，艰苦朴素的生活作风，扎实功底的教育教学能力等等。然后批判轻视教育的错误思想，还列举了往届一些同学接到师大录取通知书时的心态："欲笑无声、欲哭无泪，处于哭笑之间了。"

啊！这不是在说我吗？太形象了。于是将这段话记下并转抄在我给一中蒋观河老师的信中，述说我当时的苦闷心情。有意思且也是令人哭笑不得的是，蒋老师没有回信却将我的信上交给学校领导，在一次全校师生大会上，安启堂副校长点名批评了我。是啊，老师培养教育了我，我却不喜欢教师工作，太应该受到严厉批评。

其实，教师是非常重要的职业，重视教育国家才有希望。因为人才是第一生产力，人才是'国宝'、是社会最宝贵的财富；人才需要社会、学校与教师着力培养，只有人才济济的国家才能永远不败地立于世界之林。

专业学习

上课了，大一开的课程有：数学分析、高等代数、解析几何、党史和体育。数学分析教材采用的是苏联数学家菲赫金哥尔茨（1888—

1959）编著的《微积分教程》（共八册）的压缩本《数学分析原理》（共四册），菲氏是列宁格勒（圣彼得堡）大学教授，他编写的《微积分教程》闻名世界。解放后，我国综合性大学的数学系大多采用此教本。教我们数学分析的是莫斯科大学数学力学系副博士研究生（54—58）毕业的孙永生副教授，助教是年轻有为的陆善镇老师。我们都特别爱听孙先生的分析课，也特别爱上陆老师的辅导课，完全是一种精神享受。后来才知道，孙先生在函数"逼近论"上有精湛的造诣，彻底解决了此论中的一个难题"wyel 可微函数类的三角最佳逼近的精确常数的计算"。他首先提出利用可数的线性信息族在 Sobolev 类上的最优恢复的研究，受到国内外同行专家的重视和高度评价。

陆善镇老师主要研究调和分析和函数"逼近论"，对长达 36 年未解决的多重 Fourier 级数强平均收敛的局部化问题给予彻底解决，开创了国际上对高维实 Hardy 空间逼近问题研究的新方向，获得一系列重要而深刻的创新性成果，得到国际数学家的高度评价。1995—1999 陆先生任北京师大校长，毕竟是学者，仅仅任了一届。

高等代数教材是系主任张禾瑞与郝秉新编著的《高等代数》，张先生 1935 年北大数学系毕业，留学德国，46 年回国任北大数学系教授，52 年高校院系调整，调入北师大数学系任教，56—82 年任系主任。教我们"高代"的是王世强副教授，研究数理逻辑，他把多值逻辑、布尔值逻辑、甚至模糊逻辑中软布尔值逻辑统一为格值逻辑来研究，得到一批奠基性的概念、方法和定理（被称为王氏定理），得到国际数理逻辑界的肯定。

解析几何教材是华东师大数学系主任孙泽瀛（1911—1981）教授编写的《解析几何学》，教我们的是陈绍菱（女）讲师（79 年任副教授、87 年任教授），陈先生治学严谨、认真负责。当时《解几》的助教是杨存斌老师，记得一次辅导课，杨老师布置了一道题（原题忘了），没几分钟我就解出并说出答案，杨老师挺惊讶，问我怎么解的，我说用了抛物线的光学原理，他让我到黑板写出解题过程。本来这道题他要用后半堂课进行讲解，看到我的解法简洁明快，杨老师很赞许，期末我的《解析几何》被评为优，可能这也是主要原因吧？

65年传达毛主席和毛远新的春节讲话，谈到"教育要革命，学制要缩短""学生课业负担太重，要砍掉三分之一""农大办在城里不是见鬼吗？""开卷考试，允许交头接耳，抄也可以吗！"等等。由此一来，我们年级的教学力量大大地削弱了，数学知识也砍掉了许多。

72年我们分别被分配到中学或大学。都是师出同门的同学，分在高校有进修深造访学的机会，知识水平在不断提高，成了教授、副教授。分在中学，知识水平是越来越抽抽，直至抽缩到高中水平，为了高考升学率和学生的前途，"春蚕到死丝方尽、蜡炬成灰泪始干"。

最让我佩服且自愧不如的是，我们年级一班的陈木法同学，文革中就没放弃过学习，偷偷自学数学，虚心请教先生，不懈努力钻研学问，在概率论方面的研究有很深的造诣，以陈的名字命名的定理、方法、构造等有8种，成为我国的一个"学派"，在国际上颇有影响，2003年被评为中科院院士，获得具有突出贡献的数学家称号。而我们呢，一来没有木法的天分，二来整天忙忙碌碌，成了一名普普通通的教书匠。

社会活动

大学里社会活动还是很多的，比如65年参加中日青年联欢，和三千名日本大学生在大会堂观看民族歌舞团、东方歌舞团、煤矿文工团等文艺团体的演出。胡松华的《赞歌》、朱明瑛的《伊呀呀奥莱奥》、邓玉华的《五彩云霞》、集体舞《洗衣歌》，还有口技、杂技等等让人特别享受，最后是芭蕾舞《天鹅湖》的精彩片段：王子与天鹅的湖边会面，演了有40多分钟，我个土包子看不懂、差点儿睡着了。

迎接外宾，我们总是在三里河到钓鱼台国宾馆的一段路的两旁，举着来宾国家和我国的小国旗，口里不住地喊着"欢迎，欢迎，热烈欢迎。"其实，大家并不在意来宾，而关注的是迎接他们来访的国家领导人周恩来或陈毅、张茜、刘少奇、王光美等。65年4月迎接阿

红色教育（一）：高等院校

尔巴尼亚二号人物谢胡特别隆重，要求"立体式"迎接，我们穿着国务院外事局下发的各种民族服装（我穿一身蒙古服、同学叫我"胡松华"，那个美），大家热情洋溢地跳着民族舞、大声喊着"热烈欢迎"。那次迎宾确实与往次不同，迎宾车队不时地停下，周总理陪着谢胡一起向群众招手致意。可是，没有三个月，《人民日报》就告诉人们，谢胡被霍查以野心家、阴谋家的罪名打倒了。"他们不是亲密战友么？怎么成了野心家？"那时，在我脑海里实在不可思议。

参加65年国庆游行的国家仪仗队，我校出一个10人一排的百人女子护（国）旗方队，身高1.7米，长得漂亮最好、一般也可以，但要"条顺"且有长辫子。师大女生近三分之一，但有长辫子的不多，我班只有许桂琴同学合格；还要出一个百人一排的千人男子红旗方队，身高1.75米，我参加了。从五月份练队，开始个人练正步，然后五人一排、十人一排，直到百人一排。百人正步挺难走齐的，开始十步还行，接着就成了蛇形，气的教练直骂街：让你们两眼余光看左右，怎么就自顾自往前走？余光看美女行，看左右就不行啦？！

经过艰苦的训练，终于走的有模有样了。9月26日晚十点在天安门广场彩排，十月一日凌晨我们穿一身白（上衣是自己的、裤子是仪仗队发的），每人扛着一面红旗走到靠近东华表的位置等候着。上午十点国庆大典开始，彭真市长讲完话游行开始，国家仪仗队最先走过天安门，我们两臂伸直举着红旗、从东华表昂头挺胸正步走过西华表，然后才便步整齐地往西走。为避免游行"梗阻"，前面的队伍要赶快疏散，走到南礼士路我们乘国庆指挥部派来的大巴返回学校，这时电视还在直播，文艺大军刚刚走到天安门。

国庆节晚上、天安门广场的狂欢活动特别令人兴奋。金水桥前面的一片区域基本上划分给清华、北大、北师大，然后左右南三个方向依次下推、才是其他高校、中专、中学、中央或市直机关单位、医院、商业、厂矿等。广场上，华灯初上灯火辉煌，轮廓灯把天安门、人大会堂、历史博物馆、前门箭楼、箭楼左右两侧的欧式建筑装饰得更加庄严典雅漂亮，布在远处四周的探照灯的光柱投射在广场中央上空，有时光柱一起有规律的左右摆动，非常壮观。各个单位各自为政、在划定的区域内围成人圈歌舞活动；广场四周及东西长安街上的、音质音色都很标准的高、低、中音喇叭混合在一起，一首接一首地播放着革命歌曲：《翻身农奴把歌唱》《在北京的金山上》《毛主席的光辉》《大海航行靠舵手》《革命人永远是年轻》《我们走在大路上》《五彩云霞》《学习雷锋好榜样》等等，伴着悦耳的歌曲、跳着不同舞步的集体舞，大家忘却了一切烦恼、尽情地跳着舞着唱着闹着狂欢着。广场的激情深深地感染了我，没有文艺细胞的我也忘乎所以地动情地手舞足蹈起来。八点之前，主席、总理等国家领导人登上天安门与民同庆，八点钟放焰火了，五颜六色、花样繁多，有的像菊花，有的像牡丹，有的像散落的珍珠，有的带有叽叽喳喳的小鸟叫，有的带有尼龙布制作的小降落伞徐徐降落（大家争抢），打到空中的烟花布局也十分讲究，让人如入仙境。15分钟之后休息半个小时接着再放，仍然是15分钟。天安门广场的节日狂欢令人难忘，也让我永远怀念那激动人心的美好时刻。

65年10月下旬，我们年级的全体同学参加兴修水利即京密引水渠二期工程的劳动，住在农业大学腾出的空屋、铺上稻草、睡在地铺上。每天清晨从农大步行到东北旺挖京密引水渠，中午在工地吃饭，劳动强度很大，晚上收工返回农大安歇，整整干了一个月才回校学习。京密引水渠是北京有名的人工运河，源自密云水库的白河主坝，流经怀柔水库、昆明湖、最后在滨角段汇入永定河引水渠，其中自昆明湖至玉渊潭一段就是有名的昆玉河。当时，农民工、解放军战士及北京高校学生为劳动主力。现在运河及其两岸修整的更加美好幽静，偶尔有游船经过，漫步在河两边的林荫小道上，感觉像江南风光，特别优雅惬意。

阶级斗争教育

1965年已经是阶级斗争年年讲、月月讲、天天讲了，批判杨献珍的"合二为一"（一分为二与合二为一不正是矛盾对立统一的两个方面么？那时心里有这样的疑惑但不敢讲），说它是阶级调和论。"不忘阶级苦，牢记血泪仇"，学校请来曾到美国旧金山出卖苦力的华工做报告，然后吃"忆苦饭"，饭厅的好多女同学把"忆苦饭"偷偷倒入泔水桶里。那天学校综合商店食品柜台的面包饼干等都脱销了；数学系请来我班许桂琴同学的父亲——门头沟煤窑的老矿工做忆苦思甜的报告。

那段日子，话剧演的是《千万不要忘记》，电影演的是《箭杆河边》《夺印》，戏剧演的是《芦荡火种》《自有后来人》，歌曲唱的是"天上布满星，月牙亮晶晶，生产队里开大会，诉苦把冤伸……"

这年北京高校开展社会主义教育，北师大是试点，由华北局高教工委书记吴子牧带队进驻师大，开始每天16：00—18：00政治学习，后来改成整个下午停课政治学习，反修防修，自我思想改造，深刻检查自己的资产阶级世界观。系里的先生和老师们也都分配到各个班里，和同学们一道参加社教运动。

我记得，出身工人、贫下中农的检讨自己是："一年土、二年洋、三年忘了爹和娘。"出身地富、资本家的谴责自己是："过去衣来伸手、饭来张口的寄生虫的生活。""骨子里流淌着剥削阶级的血，要背叛自己的阶级，誓死跟党走。"出身一般劳动者的批判自己是："过着跟猪一样的生活，只知索取不知奉献。"越是自我褒贬、自我羞辱、自我作践，越算思想上自我改造得好，我检讨自己：政治方向不明确，重业务轻政治，几乎掉进修正主义的泥坑，反正是越往脑袋上扣大帽子，"狗血喷头"才好。

那年月，人人努力学习刘少奇的《论共产党员的修养》，"我是一块砖、任党随便搬"，处处学雷锋做一颗永不生锈的螺丝钉，上车让座、购物排队、尊老爱幼蔚然成风。我班的许桂琴、胡春如、张光明三位同学先后光荣地加入中国共产党，令人羡慕。

社教给我敲响了警钟：不能钻图书馆"两耳不闻窗外事，一心只读圣贤书"，要突出政治要靠近团组织，积极随班参加各种社会活动，比如到西单商场站柜台，我被分配到卖鞋组，一天下来也是腰酸腿疼的，实践告诉我们售货员的工作也是挺辛苦的；像王府井百货大楼糖果柜台全国劳模张秉贵（1918—1987）的"一抓准"，那是百炼才能成钢的；那时候能跟时传祥（1915—1975）掏粪都感到非常荣幸，但排不上队。

我们就和西城区环卫工人（好像是肖英华联系的），背着粪桶去新街口街道居民院掏粪。木制的粪桶挺沉，还要从厕所里掏出粪便倒入里面，然后背在身上，走出院子倒进停在街上的粪车里。我们缺乏锻炼、一来没劲二来不会背，背在背上的粪桶里的屎尿直晃荡，洒到头上往下流，恶心死了也不敢说，臭也是香，因为它"兴无灭资"，改造了我们资产阶级的臭思想。

回校后，赶快把衣服扔到水池里泡着，用开水烫用自来水反复冲；人跑到宿舍楼下面的淋浴房，打几遍肥皂（那时很少用香皂）擦洗全身，真闹不清什么是香什么是臭了。

1966年2、3月，北京各报大张旗鼓轰轰烈烈地批判"三家村"，批判《燕山夜话》，我们也写文章参与批判，记得中国青年报的一位编辑将我的稿件退回并附了一封信，指导我要写如何受《燕山夜话》的毒害。嗷，原来写大批判的文章是工农兵的事，我们学生只配写如何受毒害的，我按照编辑的提示，写了篇受毒害（其实，我也就看过《燕山夜话》的两三篇文章如"两个鸡蛋的家当""对联有感：'风声雨声读书声声声入耳；家事国事天下事事事关心'等）的文章寄去，可是疾风暴雨的文化大革命即将来临，那样的文章已经不合时宜，五月底还是六月初，带有编号的我的那篇文章原稿退回。

平地一声炸雷，文化大革命开始了。六月一号晚，中央电台新闻联播广播了北大聂元梓等七人的"第一张马列主义的大字报"，大地震颤。六月二号，我校谭厚兰等人在北饭厅，也贴出炮轰北师大党委书记程今吾的大字报，停课闹革命，师大的文革正式开始了。

选自蒋世信著《忆海拾零》2018年自印书。

清华大学工程化学系五年

王大定

一、离别父母姐妹，上京之路

通知书还没到，学校先得到卡片，我考取清华，在县城里产生了一点轰动。我之前，郧阳中学有两个保送到清华的，1958年张九智，1959年姚自申。我这届，毕政录考取北京政法学院，任吉恒武大，严志忠华中工学院、庹胜利武汉水利电力学院，五人考取的是一类大学。华师、华农的好多个。记得九十多个毕业生考取三十多人。父亲给我大姐打电报，写"定取清华"，电报员说："这么大的口气，一定要取清华？"中学还给了我20元补助费，也是奖励吧。1963年8月份，告别父母去上大学。父亲送我。出了家门，父亲说："再喊一声妈吧，可能你再见不到了。"我回头喊了一声"妈！"妈又哭了起来。

那时，郧县有了公路，车站在汉江河的南岸三门（现在已经在水下）。跟着老同学，渡过河到车站上车。车开了，我回头望父亲，他一直望着车开走。直到拐弯，看不到了。这是我最后看到的父亲。一年后父亲去世了，我不在身边。姐姐说，父亲一直念我的名字，直到念不出了，断气了。后来我读到朱自清的《父亲的背影》，感到我的父亲比他的父亲悲惨多了。

这是我第一次坐汽车。从三门出发，到十堰，就拐到"老白公路"。老白公路是抗日时修的。日本占领了宜昌，切断了入川的水路。国民政府修了老河口-白河公路，连接到安康-汉中，到四川。我坐这趟车时，还是土石子路面。快天黑了到老河口，摸黑到了襄樊。第二天，我和毕政录搭便车到了随州。那时，武汉-随州已经有了铁路。1963年大面积水灾，武汉-随州铁路中断，京广、津浦铁路也中断。

在随州等了两天，有车了，行驶到一座桥边，桥还不允许车过，下车，走到桥对面，再上已经等着的另一列火车。到了武汉，找到了我十多年没见到的舅舅。又等了几天，通车了，先只卖学生票。车上非常挤，我晕车，只好铺个塑料布睡到座位下的地板上，晃了三十几个小时终于到了北京。

二、清华读书

我是"鄂豫陕"山区的一个土包子。来到北京、上清华，看到，到处都是新鲜的。第一次坐汽车、第一次看到真的火车、坐火车。北京站下火车出站，是一个长长的地下通道，瓷砖贴面。清华是那么大的校园。一天去天文台打扫卫生，转回时找不到宿舍楼。圆顶的大礼堂，里面是一排排翻板椅子。第一次用热水淋浴，第一次住到暖气宿舍。

清华大学，原先是综合性大学，1953年"院系调整"就变成了"理工大学"，英语翻译名是 Tsinghua Institute。我上清华的时候，工程化学系的专业有"110"——天然放射性处理，简称（反应堆）前处理专业，主要就是铀、钍冶金和化合物的制备。"120"——人工放射性处理，简称（反应堆）后处理专业，主要是钚的提取分离；"130"——"轻同位素"分离专业（主要是分离氢同位素，相对的，铀同位素叫"重同位素"）；"140"——有机合成专业，主要是工程塑料。前三个都是"原子能"专业。现在的清华改为 Tsinghua University，院系变化很大，我也就知道的不具体了。一到三年级是基础课，几个专业是一样的。我们这一届，还没有赶上分专业就文化大革命了，停课了。

直到文革发生，大学读书还算平静的。我学习努力。当时想过，中学六年，假如也是这样，我的成绩会更好。我大学成绩好。记得大一数学班上我和一个同学并列最高。化学上"提高班"。不止一次多个人争论题目，我一个人对，班主任曾宪舜多次夸奖我。制图、计算尺都好。全校竞赛，班推我去参加，计算尺没有得到名次，制图得了个第 12 名，工化系就我一个人得到名次。外语，就不是好的了，上"乙班"，大二统考，算是通过了。当时，可以顺利地阅读俄文教科书，我阅读了俄文《物理教程》和《分析化学》。其实，科技书的语言比文学作品的简单。记得看俄语的电影，里面的对话我基本上听不懂。有机化学那次是"开卷考试"，我想，我就不翻书，结果全班唯有我不及格。补考，我不敢再不翻书了。2002 退休之后做生物化工，我重新弄了新版本的有机化学书学习，补课。

　　清华政治思想抓的是很紧的，或者说，对学生的思想控制是很紧的。班有团支部、政治辅导员，往上有总支、党委。书记兼校长蒋南翔是标准的共产党干部。他是共产党政权派进去的，搞"知识分子思想改造""反右斗争"，无不极左。新一届学生必须看《反右展览》，对学生警告。我们入大学时，灌输的口号是"做党的驯服工具""做党的透明体"。中央提"毛泽东思想"，清华提"南翔精神"。政治课大一开的"党史"，大二开"政治经济学"。我入学，被安排为团支部宣传委员。可是别的委员、班长都入党了，刚入团的也有很快入了党的，就轮不到我。回想起来，是我向政治辅导员"思想汇报"不主动，入党不迫切，不合格。后来文革了，停了。再后来，毕业后成为了"五一六"分子，政治是负分，就不可能入党了。

　　具有讽刺意义的是，文革时蒋南翔成为了"走资派"被打倒。系总支书记滕藤被打倒，委员李文才、黄子冲自杀了。天天教育我们爱党爱国的政治辅导员吴××，后来跑美国了。这是什么党、什么党员呢？政治辅导员就是欺骗学生、监督学生的。蒋南翔当时说，要多一些学生在校时入党，毕业后工作时，容易得到高的位置。这是他的经验，我毕业后有体会，他说得对，入党好当官。

三、"四清运动"

　　"四清"也叫"社教"，就是"社会主义教育"运动。这是持续几年的一个大运动，全国下派了几百万干部去"四清"。清华当时的

4、5、6年级都去参加了,当工作队员。记得文革开始,这些同学回校了,先到澡堂洗澡,澡堂外临时支了几个大锅烧开水,衣服丢下去灭虱子。四清,我这个年级没有参加,我没有亲身体会。这里谈几点看法。

1. 干部"四不清"是普遍的。1959-61年饿死那么多人,没饿死干部。哪个干部不多吃多占。这多吃多占,折算成钱数,现在看来并不多。可是,当时对饿死的社员来说,是死与活的差别。之所以普遍,是因为,干部都是自上而下任命的,只对上级负责;干部是"牧",是指派来管住社员的这些农奴的。"选举"是假的,"社员监督"更不可能。

2. 饿死那么多人,民愤严重。毛刘认为,这是阶级敌人篡夺了领导权,要清理;是对干部、社员的"社会主义思想"教育不够,要再教育。"四清"或"社教",其实是是把民愤转移到干部身上。

3. 用"四清"的办法,解决不了"四不清"问题。在这个专制体制下,贪污腐败是必然的。取消了人民公社代之以乡镇,由于乡镇干部也是自上而下任命的,也是贪污腐败。随着全社会的风气变坏,乡镇官更贪。

4. 刘少奇派王光美去"蹲点",开创了老婆参政的先例。后来,毛也就把老婆使了出来。

5. 王光美的"桃园经验",是惯用的方法,一阵用干部整百姓,一阵又用百姓整干部。文革就是这一套。

6. 有人说"四清,使毛刘有了分歧",这是不对的。毛刘的分歧,早在公私合营运动时就有了。1962年的"七千人大会"后,毛就下决心要弄倒刘。毛否定刘的"四清",和文革时否定派工作组是一样的,都是要找打倒刘的借口。

四、文化大革命

大三赶上了文革。我的大学学业被中断了。我所在的工程化学系

6902班（当时简称为"化902"）成了全校最有名的班级。班上出了一位大名鼎鼎的人物：蒯大富。我也被卷进了文革旋涡，当了造反派。

选自王大定著《我经历的"中华人民共和国"》2018年自印书。

人生杂忆
——哈尔滨工业大学旧事

李耿立

导 语

  我们这一批大学生被人们送了一个雅号"老五届"。按惯例，某年入学，称为某级；某年毕业，就称做某届。我是1965年考入哈工大的，入学就叫65级新生；1970年毕业，就被叫做70届毕业。可在1965到1970这五年，因为文革学校停课闹革命，正常秩序被打乱。1961到1965五年中考入大学的五个年级学生都滞留在学校里（学制六年的，比如清华，连1960年考进来的也没毕业）。直到1968年夏天，61级、62级、63级三个年级的学生算是毕业分配了；又耗到了1970年夏末，69、70两级的学生一块分配了。这五个年级的大学生按过去约定俗成的叫法，只有两届。倒是叫做"文革五级生"更贴切一些。

  名称不重要，反正这五个年级的学生绝对是历史上绝无仅有的一伙人。他们学业上像个不足月的早产儿，政治上或主动地投入或被动地卷进文革狂潮中。开始是狂热地革别人的命，后来是狼狈地被别人革命，他们的命运上穷碧落下黄泉，大起大落。不少人被批斗，被关押，甚至丧了命；很多人受到不公正的待遇和屈辱，而惶惶终日；更多的人因为迷失了信仰而颓唐心冷，或是甘当散兵游勇冷眼旁观。也有少数人扭曲了人性，为一己私利，对同学告密陷害，狠下黑手毒打摧残。

  他们毕业后进入社会，身份是要接受工人贫下中农"再教育"的

"臭老九"，所干的活儿和所学的专业往往风马牛不相及，不被社会各阶层认可为真正的大学生，他们的经历更曲折动荡。演绎出的故事更丰富更有看点。

比起其他学校，哈工大的学生多参加了一次农村"四清运动"，受到的折腾更多一点。文革初期，和其他学校差不多；文革中期，形成两派，各占一隅，武斗激烈；后期清理阶级队伍更是惨烈，立案、死亡人数多于党中央批评过的北大。我们小班就有一个同学自杀。哈工大的大学生活更有其独特性，内容更丰富。

如何评价文革，国人目前还有不同意见。但我们这些亲历过的人，只要尚有良知，都会得出和党中央一致的结论，它是我们国家民族个人的浩劫。中国有句古话叫做多难兴邦。从这个角度看，文革也是国家、党和人民的历史财富，只要我们认真分析讨论反思总结，得出共识，制定措施，趋利避害，必然会助力我们更迅猛地崛起于世界，更早地实现中国梦。

我们不幸又大幸，赶上了动荡的年代，整个大学生涯和文革交织在一起。它给我们每个人的思想和行为印上了深深的烙印，影响了我们这一代人的命运。每每和年轻人聊起这一段的事，他们半信半疑，觉得是天方夜谭，不可理喻。半个世纪过去了，很多同学、知交已经去了天堂，带走了他们的故事和感悟。再过十年二十年，我们这批人即使还有人健在，怕也记忆淡漠了。这些珍宝将湮灭在历史的长河中灰飞烟灭，那就太可惜了！

以史为镜，可以知兴替（当然得是一面平镜，弄成凹凸的哈哈镜会误导后人）。大家都来写自己的大学生活，从不同角度记下自己和周围人亲历的事，那也是一面面的镜子。让有幸看到的年轻读者们自己判断是非得失，助力我们国家民族不再重蹈覆辙，善莫大焉！

我只是个平头百姓，文革中连个班级头头也没当过，活动的范围也有限，很多事的来龙去脉不尽清楚，瞎子摸象者有之，挂一漏万者有之。但我只能记下自己和周围人经历过的事或听到的较确切的事，力图保留当年鲜活的细节，不评论，也不用现在的认知修正当时幼稚和错误的认识。做到如实反映当年人们的活动与心态，这是初心。再有几分生动，让读者看着舒服顺畅，就更满足了。文中若有不当、不准确的的地方或词语，还望老同学们指正，并敬请包容谅解。

一、提前报到

八月中旬，接到了哈工大的通知，让我们北京的 31 名考生到北京火车站广场提前报到，组成接待站，负责接待全国经过北京中转的新同学。负责组织接待的是哈工大的校务长孟冠洲和庞老师。孟冠洲是位慈眉善目的老头，庞老师年轻，个子不高，头显得有点大。孟老师先做了动员，他讲我们学校历来招生都侧重农村的学生，很多学生没坐过火车，没出过远门。咱们要帮助他们中转签字、办票，带他们看看天安门，让他们感受到学校的关怀。进了一家门，就是一家人了，这是哈工大的传统。他历数招生的情况，比如北京招了 31 个，山东招了 120 个，云南 5 个……，他都记得清清楚楚。

庞老师带着我们动手在北京车站广场东北角围了个圈子，拉了一个条幅"哈尔滨工业大学新生接待站"，里面有两张桌子，几个椅子，一个水桶。庞老师还跟我开玩笑说：大个子，校篮球队肯定得找你，我这样的不行。两个老师都没架子，我们就像一家子一样。就这样，除了几个家里有事的，家离得远的。我们北京市新入学的学生开始轮流接待同学了。

凡是走京广线南来的，从西北、西南方向来的，大半个中国的同学都要在北京中转，我们从早到晚都有事，车站一广播××次车到了，我们就举着个小牌子等在出站口，喊着哈工大的学生请随我走。先把他们接到接待站放下行李休息，然后带他们去签字或买票，选合适的车次到哈尔滨，再带他们到便宜的小饭馆吃点饭。时间富裕的话就带他们到天安门广场看看，那时坐公交车到天安门只要 5 分钱。有时还会让他们在北京等一两天，凑够几个人一起走。

过了几天，我们有了经验，一看到 20 郎当岁的少男少女，穿戴比较奇特扎眼的，比如戴着斗笠的，背着凉席、雨伞、打着赤脚、挑着小行李卷的,多半就是工大新同学,上去打招呼没错。那时候交通不方便,好多同学要步行,坐船、坐汽车、火车周转好多天才能到北京,来到了都是疲惫不堪,有接待站缓一缓劲儿,对他们是太及时了。比如我们同专业的符史义家在海南岛。他报到要先要步行几里地,坐船摆渡过河,再坐牛车、汽车,到海口,坐船渡海,再坐汽车到广州,换火车到北京,足足五天。

年轻人出门没经验,出点纰漏难免。记得我带一个四川来的小个女同学去北京站里上车,上扶梯时,她拿在手里的车票掉到电梯缝里,找不到了,急得哭了。我们一起去找车站值班长,后来又让孟老师给开了个证明信,盖了章(他们带了学校的章),车站给补了个证明上了车。就这样,每天接待形形色色的同学,大家用各地风味的普通话交流,有时候还得连比划代写,弄明白了皆大欢喜。把他们送上车之后,觉得自己很有点办事能力,私下里有点洋洋得意呢。快乐而又忙忙碌碌的半个月过去了。我们也认识了不少来自北京的同学,比如九系的李少波是华侨;一系的刘启和是回族;八中的吴永宁;女一中的蒋×……。我们四中共有五名同学考上哈工大,我和饶庆村、顾元、朱松寿(还有一位想不起来了)。成了好朋友。

二、离家

我忙着,家里也在忙,姥姥给我的棉被又絮了一层棉花,父母也不时出去买东西准备我的行装。我看得出他们并不是那么喜悦。我父母多年两地分居,全家在一起的时间不过三四年。而我又要远行了,这一去还能回来吗?离家的时刻来了。姥姥姥爷送到胡同口,姥姥抹着眼泪进屋了;父亲母亲和我一起坐24路车,到了北京站。我们在广场上慢慢地挪着,平常不爱说话的母亲反复叮嘱我要好好吃饭,注意加减衣服,平常要多喝水,多往家里写信。父亲跟在稍后的地方,执意要替我拿着提包和和网兜。提包里整整齐齐的叠放着背心、短裤、袜子之类,足够我两年之用(后来在笔记本里发现一张纸,是父亲写的，记着短裤 8 条，袜子 10 双，背心 6 件，肥皂 5 块。牙膏 3 只等字样。我是个马马虎虎丢三落四的人，父亲则很严谨，他是怕我乱丢。这张纸条被同学发现，传为笑料。但我知道它浸满了父亲的爱）。网兜里是新脸盆、牙具，肥皂、毛巾和一大包笔记本，那笔记本是爸爸特意去挑来的。淡粉色的软皮，纸很白净，横格很宽。每个本子的扉页上，爸爸都用钢笔工工整整横写上哈尔滨工业大学，竖写上李耿立三字。爸爸毛笔字写得很好，我听人说过他的字颜筋柳骨。他写钢笔字也像毛笔字，但横笔画略往右上斜，很骨感，每笔都如刀刻。那些笔记本是准备我上不同的课用的，但赶上了文化革命，我基本上没用，都在以后的流离中遗失了，也是一件憾事。

　　四中考上哈工大的有五个人，我们约了一起走，他们也和家长来了。我和父母有点不舍，心里明白他们也愿意再多呆一会儿，但我又怕忍不住掉泪，让人家看出小资情调，接过东西低着头上车了。

　　火车"哐当当"地开着，窗外的村落、树木、房屋不断变化，我们几个同伴谈得高兴，离家的留恋早就烟消云散。每一地儿的房子结构都不同，土地越来越宽广，车窗外没见过的东西引起我们的惊呼和评论。对新鲜事的感动和未来的期望激荡着十八九岁少年们的心，有点小鸟出笼的感觉。我想起来一副对联：海阔凭鱼跃，天高任鸟飞。

　　这次旅程一切顺利，唯一不足的是喝水的事。记得我妈要多喝水的吩咐，一下子买了 2 毛钱的水票（水票是一寸见方的软纸，上印开水一杯四个字）。那时火车的热水是要钱的，一分钱一杯，杯子是列车提供的，壁厚足有一厘米，高约 10 多厘米，沉甸甸的，就扣在小桌上。列车员提着大铁水壶在车厢里巡视，给大家倒水。开始还注意省着喝，最后怎么使劲也喝不下去了，剩了 10 张水票。同行的几个人也差不多都剩了。头一次出远门，免不了的。

三、入学

　　车到哈尔滨站，已是上午。出站就看到了新生接待站的大牌子。

热情的接站同学不由分说,抢过行李就放到大卡车上,我们则集中到另一个轿子车到学校。刚有点担心行李怎么找,学校就到了。我们的行李早在宿舍大门口排放整齐。后面一系列的杂事都有老同学带领,很快就办妥了。

我分到65812班。即65级八系一专业2班。哈工大属于国防科委管辖的院校,各系是编号的,八系是机械制造(冷加工)系,一专业是机床设计专业,共有2个小班,每班25人,女生共有5人。老同学直接把我带到了二宿舍。我们班男生住在二楼。因为在北京忙活,我们来校算晚的了。宿舍里的其他的几位同学早都到了,给我留了个靠门的上铺。后来我一直住上铺。

二宿舍是俄式建筑,高大厚实,黄色的外墙,双层大玻璃窗,窗台很宽大,屋子很高,我站在上铺还碰不到房顶。整个楼是个四合的圈楼,沿着走道你可以走过本层所有的房间。楼的中间是个很大的院子,院子里是土地面,长着一些野草,埋了几根杆子,拴着铁丝,供大家晒衣服、被褥。

宿舍里,靠两边的墙排放着四个双层床住人,房子中间是联排的八斗窄桌子,供大伙看书用,靠门是脸盆架子和笤帚簸箕。下铺的床底下可以放箱子。我们屋八个人,东西放得满满的。走廊里单有一个房间是专供大家放箱子的,但我们都没多少行李可放。

开始的几天是在忙乱中度过的,同学们热情地自我介绍。带我熟悉地方、买饭票、澡票。那阵子主要的任务是准备衣被。班里大多数同学来自农村,几位还是南方的农村。比如江苏泰州的焦久顺,没有褥子,只有一个凉席;扬州的施正德只有个棉絮,很单薄,山西汾西的马世珍没有棉裤……,班里的干部忙着申请补助,统计情况。学校给每个人发了申请助学金的一张表,列出了标准,凡是家庭收入超过人均20元的,没有助学金。我父亲每月62元,母亲58元,6口人,正在线上,我没有申请。其实他们还要交一点工会费之类,实际拿到的不够120元。稍微较一点"真",可以申请最末一等助学金的(好像是6.5元),后来家里文革中发生变故,因为没有助学金,我陷入了很大的困难。这是后话了。老实又一次让我吃了亏。

学校补助了布、衣服、帽子等之后，我们互相帮助缝被褥。这下子领略了南北的不同，我们这里纫被子，讲究针脚细密。而施正德用的是粗毛线，一寸左右的阵脚，几下子就把褥子缝好了，原来他们那里的褥套都是网过的，不会滚包。我们这边棉花是手絮的，需要用密针脚固定住。

我们的辅导员是刘宝贤老师，瘦瘦的，长脸，带一个褐色圆镜框的近视镜。说起话来慢慢的，细声细气的。我申请换到 83 专业，因为 83 专业是半工半读。我当时认为只有动手干才会学到真本事。他找我谈话，不同意我换，反倒让我当学习委员。我因为高考不好信心全无，赶紧推辞，班里能人很多，请别人干吧！他说我们要当组织的驯服工具，安排我们到哪里，就要在哪里当好螺丝钉。专业没有好坏之分，81 专业号称工程师专业，需要更多的努力。还告诉我，你考得不错，平均超过 85 分了，要有信心。于是我又干起了老行当——学习委员。不过只当了半年，因为革命大潮来了，不上课了，不需要学习委员了。

四、新生运动会

过了半个月的样子，学校要召开新生运动会了。体育教研室的老师做了动员。讲到了哈工大优良的群众体育传统，50 年代还出了个全国举重冠军黄强辉。号召每个班以班级为单位报名参赛。大伙刚到班级互相不了解，先估计着报。团支部书记程斌报 100 米跑；山东的钟光先膀大腰圆，是体育委员，报了铅球；我报的是手榴弹和跳高。还有谁报我记不准了。下午报名参赛的人到操场旁边的体育室库房借了器械就开始练习。钟光先推，我在对面捡了铅球往回推给他。他力气很大，但技巧不熟，不会用腰腿手腕的劲儿。我推回去比他远得多，他有点丧气说，你改推铅球算了。可一个人就能报两项，没法改。运动会在大操场举行，赛了两天。操场周围彩旗招展，同学们都去场边助威。大喇叭里不时广播：××项目开始点录。××项目参赛同学到××报到。比赛结果也陆续公告出来。750克手榴弹我第一掷就超过了60米的"投弹能手"线,后面几次还有超过了65米的(手榴弹比赛不计名次)。小时候在山里扔石头练出来的技巧让我出了风头。跳高比赛我得了第五名,1.55米。我不会起跳,就是三大步俯卧式过杆,其实还有潜力。比赛时,和我们在北京一起接新生的孟冠洲老爷子还跑到运动场来给我鼓劲。我们班只有我2项有名次得了2分;811班只有潘海义跳远得了1分。因为大多数同学来自农村学校,体育运动参加少,才显出我们。比干活我们就差了。

我们比赛时,体育老师们都在旁边看呢,他们是在新生里找体育苗子,时下的话叫做"星探"。运动会之后,校篮球队、校排球队和田径队的老师都来找我,动员我参加他们的队。特别是田径队的一位张老师就盯上我了。他说田径是一切运动的基础,我们田径队也有打篮球和排球的训练。你弹跳有潜力,但技术不行,我可以把你训练出来。我虽然很爱球类,但架不住张老师反复游说。于是我成了校田径队员,不随大家上体育课,而是到体育馆随田径队活动。冬天大家伙儿都到操场上滑冰课,我却上不成。所以后来滑冰也不怎么样,田径也没成事,因为只训练了几个月,每个月只有几次体育课时间。

五、生活趣事

天气逐渐变冷,打球之类的活动冻手了。主要的运动是绕操场跑圈。早晨体育委员把大家叫起来到操场跑圈。

一天下午,大家坐在宿舍里各自忙着。董国忠急匆匆地跑进来大喊:下suo了!下suo了!我们赶忙追问,什么事吓死你了?他兀自指着外面接着喊,原来是下雪了。他是河南邓县人,邓县属南阳地区,是当年诸葛亮隐居的地方,很少见到雪。见到漫天飞舞的雪花,他太兴奋了。他们方言雪叫做suo。后来他的外号就叫"下缩"。

下第一场雪是十月份,天还没冷透,下了雪会化掉再冻上,成为一层冰壳蒙在道上。后来隔几天就下一点,天更冷了,下了雪不会化，集在冰壳上形成雪帽子。这种地方是最滑的，很少有走上去不摔跤的。我们的食堂在机械楼地下一层，离二宿舍约有一里多地。我和施正德一起去食堂，争辩谁更爱摔跤。他是个小胖子，我是个高瘦子。我说矮个子爱摔，他说高个子重心高更不稳，我说高个子腿长，来得及平衡。正说着我们就开始摔了，结果是我只摔了一个屁股墩，他却摔了七个跟头。

哈工大的校园不同于其他学校，它没有封闭的围墙，公共街道通过校园。冬天在校园里，你常常会看到上班的人们摔跤的场景。下雪后在道上骑车，你不能刹车，一刹车准得摔倒。只要有一辆自行车倒了，后面会噼哩噗噜地跟着滑倒一大片车子，人们滚一身的雪。这时大家都不会恼怒，拍打拍打雪，哈哈一笑扶起车各自走路。

操场冬天都浇上水，一个足球场和几十个篮球场连成一片成了大冰场，只在最外沿留下了供跑步的窄道。体育课就变成了滑冰课，一上课先到操场旁边的体育室借冰刀，然后就上冰，老师讲讲要领，主要得靠自己的屁股体会了。东北的同学不在话下，像程斌、马玉霞是哈尔滨的，刘少滨是沈阳的，张海祥和王舜是吉林的。一上冰，翩翩飞驰，快如闪电。因为长的敦实彪壮，王舜还被校冰球队看上了。我们则是几步一摔跤，还没爬起来就又摔倒。屁股、手腕子和膝盖不断地和冰硬碰硬地亲密接触，有多么疼自己知道。一边疼得咧嘴一边装出无所谓的样子哄笑别人。操场上笑闹声一片。其实倒地有诀窍，别管往哪边倒，都要顺势躺下，别想挣扎，越挣扎摔得越狠。施正德仰面摔倒，想挣着站稳，结果两脚蹬空，身子甩起来，头重重地磕在冰面上，昏过去了。我们都围过去叫他的名字，他也不应。过了好几分钟，他的眼睛睁开了，左右扫视大家，忽然笑了。大家松了一口气，幸亏他戴了皮帽子。以后我们再练习，都戴上了帽子、手套。虽说这回差点出事，我们并没害怕，下次照样上冰，慢慢都可以滑冰了。我因为借不到大号的跑刀，每次穿球刀。始终没有体会到在跑道上飞奔的乐趣，后来又到田径队室内训练。滑冰就学了个半吊子。

六、食堂的记忆

　　学校各系都有自己的食堂，八系的食堂在教学楼头上的地下一层。大厅里有许多饭桌，你可以坐着吃饭。门口有许多排木架子，大家的碗兜都挂在那儿。进门左手是卖饭间，开了三四个窗口卖饭。通常是三位女师傅卖饭，一个孟师傅红脸膛，慈眉善目，总是细声细语笑嘻嘻地说话；另一位大李师傅，略黄的长脸，说话高声大气，十分豪爽；第三位是小梁师傅，苹果样的脸庞，眉清目秀，一双大眼睛火辣辣地瞪着人。据说她和一个哈工大学生谈过恋爱，那人又别恋，她于是恨大学生。小梁师傅手脚麻利，你要着急，就排她的队。她抄起一勺子菜，手腕不经意地一抖，到你碗里少了半勺，大家偷偷叫她"梁半勺"。我饭量大，从不排梁半勺的队。我很少帮师傅们干活，也不好意思和她们拉呱套近乎，不知为什么，另外两位师傅都很喜欢我，我买饭总是多给一些。

　　一次我和钟光先打赌吃面条，我吃完一大搪瓷盆面条（8两），又去买，大李师傅又给了一大满碗，哈哈大笑说：我管你吃个够！把我撑得脖都直了，却只要了2两机动粮票（工大食堂按标准给每人发三餐的餐券。如果不够吃，自己可以再多买叫做"机动粮"的餐票）。后来谁要买机动粮的时候，都是让我去给买。文化革命中，学校分成两派。食堂师傅们迫于形势都加入了我们的对立派"新曙光"。一次，一个我们派落难的朋友逃出关押地到了我这儿，来的时候背后还拖着一截捆双手的细绳。他两天没吃饭了。我到食堂悄悄一说来人了，孟师傅心知肚明，二话没说给我打了满满一大碗饭菜，一个券没要。她还总劝我：大个子，别参加哪派了，碰上武斗你可躲着点，你妈该多担心呐。虽然我迷了心窍没听她的，但让我想到妈妈，注意别干过火的事。如今这些善良的人也都该80-90岁了吧。

　　工大的伙食是相当不错的，粗细粮，荤素菜搭配。吃高粱米饭就有红烧肉，包子、馒头、花卷都有，苞米碴子粥也很香。同学吃剩的汤底，女同学不吃的肥肉，往往不吭声就倒到我的大碗里，我统统笑纳。通常是三口两口地把菜扒到嘴里吞下去，然后手掐着四个大馒头就着风，一路吃回二宿舍。东北的饭养人，大学期间，我的身高从 1.83 米长到 1.85 米。

七、过年

新年快到了，这是我们第一次远离家乡过年，或许有人已经悄悄地思乡了。系里组织各班准备新年活动。哈尔滨街上有好多小摊，晚上点着嘎斯灯卖冻柿子和冻梨。黄色的冻柿子还看得过，梨却冻得黑黢黢的很难看，买回来泡在凉水里缓着。一会儿柿子或梨的外壳出现一层薄冰，扒开冰壳吃梨，却是又凉又甜。我们凑了些零钱，买了一脸盆。晚饭是各班集体包饺子。下午我们把脸盆洗干净了，到食堂领面、饺子馅和擀面杖，到班级教室里开始包，南方的同学插不上手，就干打杂的事。三个女同学和我们几个北方人是主力，我负责擀饺子皮。有人拿啤酒瓶子当擀面杖也上手擀皮，还有拿手捏的，各自独出心裁。包的时候大家都嘻嘻哈哈抢着动手。这文齐武不齐，锣齐鼓不齐，包出来的饺子哪能好看。那是大小不一，形状怪异，孙子爷爷都有。好在东北天冷，不管包得怎样，拿到窗外一会儿就冻得杠杠的。冻了几拨之后，都倒进一个面口袋里，背到食堂大锅去煮。然后大家围在脸盆边抢饺子吃。吃完饺子，又吃了冻梨。交流着各地过年的风俗。集体过年，快乐的不是吃了什么，而是人人参与出了不少篓子的过程。

八、上课

记得第一学期开的课有制图、外语、高等数学，后一段好像开了理论力学和材料力学。

上中学时，学校把一切时间都安排好了，没有你的自由。大学的课和中学截然不同。一是老师讲得快，连着两堂课讲，回来一看书，讲过去二三十页；二是讲得粗，不会掰开了揉碎了讲概念，再讲例题。好多地方你得自己再找资料补充，没学过的地方自己得补课；三是讲完了，你有问题来不及问，老师扬长而去了，得等答疑的时间问辅导老师。特别是刚上课的那半个月更不习惯。下午没课了，宿舍里没人，小班教室里也没几个人，图书馆离得远，也不一定找得到熟人。别人在干什么，自己该干什么不知道。像是来到了五道路口，往哪儿去都不对，还没个人问。太自由了，反倒心里没着没落的。

那时教育界正提倡教学改革，报纸上连篇累牍地宣传各地方教学改革的经验。我记得《光明日报》整版介绍北航的一个学生范兴言，用辩证唯物论改造高等数学。我看了也深以为然。也想运用辩证法，像他一样学高等数学。于是到图书馆借几本讲科学史的书，辩证法的书，成天看，想找出点联系来，数学本身倒没怎么看。哈工大的高等数学教科书本来是很经典很系统的，因为改革，旧的教科书不能用了。每周讲的新教材，都用活页纸印出来，现发给大家，老师肯定是费了好多心血，我们手里就是一沓子散页。考试也改革了，变成开卷，时间给一周。我光顾上弄辩证法了，根本就没看考题。到最后一天草草答完题交了卷子，卷子背面还有两道题我居然没看见。数学老师勃然大怒，给了我一个"及格"。班里同学都是"优秀"和"良好"，学习委员反倒是及格。这次考试惊醒了我，要脚踏实地的学东西，不能随着潮流走。我暗下决心，下学期我一定追上去。但时势弄人，下学期就开始革命，没有翻盘的机会了。

教制图的老师叫李澄，约有40多岁，大头大眼睛，肩宽背厚。只是因为严重的脚气，总是趿拉着一双布鞋，走路很慢。他先给我们讲了半天制图是工程师的语言，制图对机床设计专业学生的尤为重要，必须得学好。工大对学生制图课的要求规格严格，功夫到家。对企业管理的二专业和机加工艺的三专业，制图是大班上课，课时少些；我的专业机床设计是小班上课，课时多，作业训练多。对我们专业要求光正确不行，图还要漂亮。李老师说，他会严格要求，绝不姑息。他说的话马上就应验在我身上了。第一堂课教我们如何削铅笔。那时候使用铅笔画图，粗实线、细实线、虚线等等线型都是靠铅笔芯的粗细来控制的。每种线型用一支笔，笔芯本是圆柱形的，头上要削成长方体，长方体的短边就是线宽，画图时，笔顺着长边划。用一阵磨短了，就要再削一段，当然得保持和前一段一致，这样画起大图来，各种线型的粗细才会一致。打草稿的笔是 H 型，笔芯较硬，还好削一些；画粗实线使用的笔是 2B 型的，笔芯很软，削的时候稍微一使过劲儿，就多挖下一块；细实线的笔宽度是它的一半，长方体更难削好。

没想到李老师盯住我了，我刚削好，他就拿起来给大家看，讲如何如何不对，让我重新削。我削好下一段，他又拿起来，告诉大家哪里哪里还是不对，还得重削。我只好再削，心里盼着他到别人那儿看去。可他就是吃定我了，直到下课，我的几根铅笔都成了刚拿得住的小头头，还是没有合格。那可是一毛钱一根的中华画图铅笔呀！上后来的课，我还是没削好铅笔。我还有点抵触情绪，不好好削，你反正看不见我是怎么画的。我的图始终没能画漂亮，就是放纵自己的小聪明，不严格的恶果。大工匠和操作工只差在功夫到家不到家。以后我再回工大，见到那块大石头上镌刻的"规格严格，功夫到家"几个火红大字，就想起了李澄老师，觉得脸在发烧。

印象深刻的还有俄语老师，她是一位文雅漂亮的女士。穿戴得很得体，衣服虽然素淡，但配上一条花色艳丽的围巾，彰显出热情。下了课，她经常和我们聊天，还要约我们到她家做客。她教课时经常让我们大声朗读，强调同时用眼睛和耳朵，才可以进步快。我因为有中学训练的基础，读起来很流利，颇受她的青睐。她时常走到我课桌前关注我，弄得我很紧张。

她的爱人得过哈尔滨市花样滑冰的冠军，她说可以让他给我借冰刀，教我滑冰。我可没敢去，我的水平太差了，关公面前耍大刀丢人现眼。不过我想以后练到不摔跟头了再去拜师。她大概是高度近视，可又不戴眼镜，你请她解答书上的难点时，她就把头凑到书本几寸远的距离看。可以看到她烫过大波的头发，闻到一股香水的味道。我当时想：老师人好，书也教得好，就是有点资产阶级情调。可惜连她的名字我都没记住。

第一学期杂项活动多，业务课的时间少，我们没能和更多的老师接触，聆听他们的教诲，学习他们的做人，传承他们的精神，这是终生的遗憾。但仅仅从我们短暂接触过的老师和后来接触过的实验室老师和师傅，可以看出共同点：他们的业务绝对过硬，精益求精；都怀有强烈的使命感，对学生一片赤诚；踏实苦干，不务虚名。

九、买毛选

南岗秋林有个书店，在哈尔滨算是最大的，我有时会去转转。虽然学校图书馆的书都看不过来，而且没有闲钱，还是愿去逛书店，摩挲一下新书的纸页，闻闻油墨的香气，会带来好心情。十一前，书店贴出了广告，预报毛选四卷要发售。从高中时，我断断续续读过毛选的大部分。深深地为毛主席的思想和文采所折服。我心动了，仔细地算了我的花销，只要三个月不买其他用品，可以省出书钱。先向同学借几块钱，实在顶不过去我可以向家里求援。

到了卖书的日子，我早早就去了，但前面已经有了二三十人，后来天还掉起了雨点，人们纷纷靠近屋檐躲避。两个俄罗斯的姑娘气定神闲的经过，高跟鞋踩在石头路上咔咔作响，吸引了大家的眼球。那时中苏早已交恶，哈尔滨的白俄很少了，有钱的都回国了，剩下的是穷人和回不去的。一到秋天我们早早穿上秋裤了，办完事急急忙忙往屋里钻。她们却是一顶貂皮帽子（老大妈包个头巾），一袭呢子大衣，腿上只有丝袜，在大街上不紧不慢地踱步。这也是哈尔滨独有的街景呢。

毛选共是四卷，绿豆黄色的书皮，正中有毛主席的侧面像，略有些黄色的书页，边角留白很宽，看起来非常舒服养眼。我朝书店要了张牛皮纸包了，又脱下外衣包在外面，深怕小雨浇湿了书，得意洋洋地一溜小跑回到宿舍。后来那一段时间，我只要有空，就拿出那套书钻研，碰到讲战争的篇章，就找本地图对着看，想弄明白双方攻守的形势。买这套书让我生活紧张了几个月。后来文化革命中，我们宿舍经常有外人来往。我那套书不知道被谁拿走了，心疼了好一阵子。学校虽然发过几次毛选四卷,但都是白色皮白纸芯,边角留得很少,没法和我那套"贵族"版本比。

十、兆麟公园的冰灯

哈尔滨是个非常美丽的城市,要讲起它的特色,可以写厚厚的一本书。可惜我们在这儿五年忙于各种政治活动,一心"革命",无暇细细领略它的风采。但就算是惊鸿一瞥,也已经让我们惊艳不已了。

工大在大直街旁,街上铺有铁轨,上课时可以听到带辫子的有轨电车叮叮当当地唱着通过。十三层的尖顶主楼是当时哈尔滨最高的建筑,历史悠久的机械楼和电机楼拱卫着它的左右,显得平稳、厚重而雄伟。整体建筑是俄式风格,每层都很高大,墙体足有一米多厚,双层高大的玻璃窗,光滑的水磨石地板,彰显出一派贵族气质。出主楼右拐,沿大直街走约一公里,是南岗的标志性建筑"喇嘛台""喇嘛台"是东正教的教堂。典型的俄罗斯建筑,高耸半天的屋顶是几个彩色的蘑菇头(或洋葱头)样式,淡红色的砖墙,金碧辉煌的门窗,窗户上镶满了彩色玻璃。南岗是全市的制高点,而"喇嘛台"在南岗的高地上,它周围用淡绿色的木板围起来,门口用俄文写着"Пятеница пришили"(博弈亚特你擦,普利实力——星期五来礼拜)。往里面望,影影绰绰有人在活动。可惜文化革命时,被一帮中学生"破四旧",一天工夫就砸了个稀巴烂,尸骨无存。我们班的张维起正巧从那儿路过,还捡了几片彩色玻璃回来。从"喇嘛台"往车站方向走,会路过霁虹桥。桥下是火车调车场,那桥如一道彩虹飞跨几十条铁路路轨,桥栏杆有精美的雕刻和铜铸件装饰物。听说就是哈工大学子在1930年设计的。

最具代表性的街道是中央大街,中央大街上集中了形形色色外国特点的建筑,连街灯都是欧式的。让人恍惚是到了欧洲,怪不得人称哈尔滨是"东方的巴黎"。街面都是用长方体的花岗岩石头(面包石)铺就,每块石头都是小立面朝上,一块块地密集排列,就像无数士兵密集的队伍，身子挤在地下，只是头盔露在地面。这样的路面，几百年都不会坏。哈尔滨的房子外观美轮美奂，俄式、日式、朝鲜式错落共处，而且房屋之间间距很大，之间往往有绿地。看着很舒展、敞亮、大气，不像内地那样窄狭憋屈。当然哈尔滨之美源于松花江。哈尔滨的名称据说是满语"晒鱼网的场子"，它原来只是江边的一个小渔村，后来风云际会，得以发展成沿江排布的大城市。城市有了水，就有了灵气，就活了。松花江就是哈尔滨的灵魂。松花江边是哈尔滨人的骄傲，也是我们的挚爱，有点空儿就会跑到江边玩一趟。看江水，看渡轮，看江桥，看防洪纪念塔，看江堤大道边的红花绿树，看人——垂钓的，冬泳的，卖杂货的，遛弯的，滑冰的，感受那城市涌动的活力。

春夏秋人们到江边休闲度假交际聚会，冬天江面冻瓷实了，冰层足有两三米厚，拖拉机坦克都可以直接开到江北。人们把冰切下来，用锯子、斧子、錾子、电钻、喷枪、热水，或许还有秘不示人的专用工具，做成各种艺术品展示，那些艺术品就叫"冰灯"。每年在兆麟公园都举办冰灯晚会，吸引无数人顶着酷寒去观赏。东北各地虽然都有冰灯展示，但哈尔滨能人汇集，冰灯的艺术性和规模傲视群侪，哪儿也比不了。

一天晚上，我们集齐后，程斌带我们到兆麟公园去看冰灯，气温是零下30度。那时看冰灯不要钱，一进公园，我们都惊呆了。处处是琼楼玉宇，晶莹剔透，像神话里的水晶宫。公园里房屋、亭台、桥梁、城墙、宝塔全部是冰做成的，里面有各色的彩灯照明、闪烁，而且那桥上真能走过几十个人。各个单位做的冰灯制品都在那儿比拼，冰汽车和真车大小一样，还有冰做的大白菜、冰玉米、冰兔子、冰山羊、冰龙、冰凤个个惟妙惟肖，独具匠心。特别让人惊叹的是冰雕成的两匹斗马，和真马大小一样。四只扬起的前蹄交错，两个马头相互撕咬，马鬃飘舞，后腿肌肉紧绷，正在缠斗。让你以为是仙境里的龙马在争胜，绝对是艺术大师的作品。我们家乡的冰，你手摸上去是湿乎乎的。哈尔滨的冰你摸上去是干的，因为天太冷了，你手的温度根本融化不了冰。程斌说，你舔一下冰，舌头会粘住。可我们没人敢试试。虽然我们都全副武装穿了所有的厚衣服,可后来还是冻得坚持不住了,只好快快地回校,都觉得没看够。冰灯可以展好几个月,但我们没有机会再看了。而下一年文化革命开始了,再没有了冰灯。我这辈子只看了一次冰灯。它的神奇和美丽永远留在了我心里。回学校的路上,我想起了一句诗正可以形容它:"此曲只应天上有,人间能得几回闻?"

我们当时哪里知道,刚有点适应的正规大学生活就此截止了,只有区区五个月,后面四年半一直是"运动"加"运动",和专业、书本绝了缘。这五个月里的点点滴滴都成了我们记忆里的珍宝,多少年后聚会时被同学们无数次谈起,而唏嘘不已。

十一、要"社教"了

毛主席提出阶级斗争是一门主课。所以一年级的下半学期,我们不上文化课,要去参加农村的"社会主义教育运动",简称叫"农村四清"。我们系的64、65两个年级要去嫩江地区的讷河县当"四清"工作队员。首先是动员报告,宣讲"二十三条"(好像叫"关于农村社会主义教育运动工作的意见")。大致意思是很多地方农村的政权被坏人篡夺了,不再走社会主义道路了,贫下中农有可能重受二茬苦,遭二茬罪。我们要发动贫下中农大搞阶级斗争,夺回政权。

然后又是听王光美在河北抚宁县桃园大队搞四清的经验介绍(叫做"前二十条"和"后二十条"):如何扎根串连,组织贫农协会,打倒坏干部,重建新政权。再就是听63级同学讲头一年去富裕县"四清"的经验。轰轰烈烈地搞了一礼拜的动员,大伙儿热情高涨,有点像当年老八路去搞土改的感觉。好多人还写了入党申请书,让组织在"四清"中考验自己。

学校还给我们即将去"四清"的学生每人发了一本毛主席语录。红色的塑料皮,书的大小正好可以放进口袋。那时毛主席的语录尚未在社会上流行,因为我们是国防工办的学校,才有此特权。揣着语录本，那自我感觉就是一个字——"牛"。

那年寒假我们都没有回家，因为要去"四清"，假期只有短短的15天。而且要去的嫩江地区就是过去人们常说的北大荒的一部分，属于高寒地区，冬天的温度会达到零下40多度。我们的衣服鞋帽等装备都不行，很多南方同学连褥子都没有，后来的任务就是补充装备。学校给每人发一顶皮帽子。颜色有黑、黄、蓝、灰，帽顶有平有尖，冒耳有长有短，而皮子有兔毛、狗毛、黄羊毛，还有的说不出是什么毛。大伙挑了戴上，对着镜子一看，自己都笑了，像一群"胡子"下山了。我的是一顶黄羊皮的帽子，毛比较硬，也不厚。后来发现，这帽子走长路顶不住，冷风直接就打透了。还发了手闷子（一种两腔的手套，大拇指占一个腔，另外四指占一个腔，比五指式的手套暖和。）和棉胶鞋。学校还给被褥薄的同学发了新棉絮，大家相帮着缝巴起来。我妈妈用粗毛线给我织了一双毛袜，姥姥做了一双蓝布面白布里的棉袜子给我寄了来。总之，大家尽可能地把自己"武装"起来。

十二、出发

记得是阴历正月十五，浩浩荡荡的"社教"大军出发了。我们每个人都背了个硕大的行李，因为都把自己全部的衣物和被褥打在了行李里了。坐的是铁路运货的闷罐子车，黑乎乎的车厢里什么也没有，只铺了些稻草，两边高处有几个小窗户透亮，从车厢门缝可以看到外边，但都用稻草帘子挡着。车厢里很冷，我们就坐在各自的行李上，跟我们一起去的老师也是一样。大家都把棉大衣裹得紧紧的，戴着手闷子和皮帽子，缩着脖子挤在一起聊天。不知过了多长时间，有人喊：宋站到了。大家活动活动，方便一下。打开车门一看，是个小站。站名叫做"宋"，一所米黄色的站房，房顶和窗户被白皑皑的雪堆上了一层，一个值班员手拿着红绿小旗笔直地站在站台上。一个字名的车站，一间房，一个站长，有意思。

车又开动了，有节奏的"咣当"声像是催眠曲，大家困意渐浓，都相继迷迷糊糊睡着了。我醒来一下，看见大家有的仰着，有的趴着，有的嘟嘟囔囔，有的打着小呼噜。我居然是趴在一位女老师的膝盖上睡着的。而且她的大衣上不知被谁的口水弄湿了一大片，她睡得正香，浑然不觉。我赶紧小心地挪开，换个地方打盹，万一她此时醒了，多么尴尬。就这样，半睡半醒地听着报站，扶余过了，萨尔图过了，齐齐哈尔过了，车走走停停，不紧不慢。到下午时候，我们终于到了讷河。

讷河是嫩江地区的农业大县，车站很大，站房也是黄色，但是有一大排房。打前站的老师和社教工作团的人们来接我们，把我们带到旅馆先住下。一出车厢，我们立刻领略了寒冷的威力。东北的冬天白天很短，下午四点多钟太阳就不见了。那天还刮着"大烟炮"（有的地方叫"白毛风"），嗷嗷呼啸的横风卷着沙子般的雪粒抽打在脸上，像无数的针扎过来，十几步之外就看不清东西。我们穿的那么多层衣服仿佛都成了薄纸做的，冷气瞬间就透进全身，一下子就觉得关节硬了。呼出的气在帽翅上结成了白霜，眼睛里似乎有了冰碴。薛涵琴只有一米五几的个子，背了一个几乎和她一样高的行李，正艰难地走着，一阵怪风把她吹倒在路边的沟里，让我一把拉了起来。终于到了旅馆，大家好一会儿才缓过来，手指可以弯曲了，这才能放行李，摘帽子。

旅馆里暖气烧得很热，大家睡了一个好觉。早晨醒来我发现放在窗台上书包冻住了。原来后半夜暖气停了，玻璃窗上的哈汽水流下来，又重新结了冰。听到广播喇叭里播报的天气情况，气温是零下42度，风力八级。问了问服务员，他们说，这地方零下40度的天得有一个月吧。刮"大烟炮"的时候出门会被冻死。我心里说好家伙，厉害！！

十三、下队插曲

在县城我们只住了一晚，第二天就下到各个公社大队了。八六五队的几个小班都分在同心公社。同心公社离讷河县城约60里地。我们班去的"点儿"是同心公社保育大队。汽车把我们送到大队时，已经是下午了，风雪已经停了，到处是白茫茫的。大队办公的地方只有一排房子，住不下全部人马，离大队部近的几个小队已经派人来接。我、冯国发和韩大兴三人被分到保育一二队去。保育一二队离大队部五里地，名义上是两个小队，实际上是一个自然村。来接我们的是副队长郭鹤龄，他是个30多岁的山东人，赶着两架马爬犁，准备一架拉行李，一架坐人。我们几个一商量，如果村里的贫下中农看到我们坐着干部的爬犁进村，会不敢接近我们。我们说，不坐，我们自己背着行李进村。我们不坐，郭队长也不敢坐了，跟着我们后边走着。北大荒的雪是又厚又硬的，走上去"酷哧酷哧"地响，踩下一脚，腿陷到膝盖。可以想象那幅图景：前边三个人，背着大行李，低着头弯着腰艰难地破雪前行，后边一个人低着头大气不敢吭地跟着，夹着马鞭子拉着空爬犁控着马别跑太快了。

天很黑了，终于到了。我们的内衣都被汗打湿了，又很快凉透了。队里干部早安排好我们到一家吃饭。那家端出一屉黏豆包。黏豆包是东北特有的美食，乒乓球大小，外皮是大黄米面（黍子面）包裹，里面是饭豆（豇豆，苏联豆），蒸熟了吃，又好吃又抗饿。可我们几个都是关里人，没见过，以为是元宵。工作队有纪律，老乡家的东西有十不准吃（糖、酒、面、鱼、肉、蛋、粉条、豆腐、鸡鸭、大米）。我们三个面面相觑，这元宵虽不在十不准之内，也算好东西，大约也不准吃，就编个谎话：我们在大队吃过饭了。那家老乡说那就喝个米汤吧，端出一大盆汤，里面飘着大米粒。大米正在十不准之内，我们又找不到好的借口，只好说，我们不渴。于是饭没吃水没喝，又累又冷又饥又渴地到住宿那家睡觉去了，当然没有睡好。那家老乡也没睡好，第二天一早就来找我们解释。他家是贫农，就是种地的，没犯过错。问我们为啥不吃他家的饭。

那时候的规矩，凡是干部下乡，都是吃派饭。所谓派饭，就是由村里的干部安排好，一家一家轮流吃饭，每天一家，粮票和饭钱交给做饭的那家。"四清工作队"也是如此，不过地富反坏家不吃，盲流户家不吃（估计"盲流"这个词已经成为历史名词了。中国历来执行的是限制人口流动的政策，人人都得有"户口"。有很多内地人自行来到北大荒混饭吃。原因不一，比如为了躲避计划生育多生孩子；当地人多地少生活困难；或是犯了法杀人越货等等；他们自己开荒或给人打工，没有户口，统称"盲流"，大约是盲目流窜之简称，以区别于政府组织的移民）。工作队能到你家吃饭，那是一种政治荣誉，表示你家身份清白，是良民。我们没吃饭，造成那家惶惶不安，也让村干部不知所措。其实我们只是一腔热血，严格要求自己，"左"的可爱而已。

十四、开始工作

保育一二队有 50 来户人家，旧名叫做三家子。因为 40 年前，这地方只有三户人家，到 1960 年后，人家才逐渐多起来。原来的三家人家又继续往北走了，村里所谓的老户也都没来多少年。三家子在当地就算人口多的了，但每口人还合到一垧地（15 亩），每个劳力要种 90 多亩。

村里只有东西向一条街，不足半里地长。路北稀稀拉拉地分布着一些房子，都是草顶的土坯房，外墙用麦秸和泥抹平。一般是三间房，中间是堂屋，东西屋住人。堂屋有两个灶通东西屋，连烧饭带烧炕。烧火的烟气通过东西屋炕里的通道，从房子外边两头的烟筒排走，利用余热取暖。住人的屋子多是南北靠墙两个炕，中间空地供人走动。南墙开窗户，多数人家是用高丽纸糊在外窗户框上来采光，个别家镶着块玻璃。看炕琴（在炕一头放的长柜子）和炕席可以看出村里富户不多，有的人家没有炕琴，有的甚至连炕席也是破烂的。还有一种更简陋的房子叫马架子。那种房子从地面往下挖几尺，从地面直接用木头、草帘子搭起三角形的房顶，两头堵上土坯用草灰泥抹一抹，开个门就住人，其实就是个地窝子。通常是娶不起媳妇的"跑腿子"（单身汉）或刚来"混大荒"的盲流户们住。

路南东头是小队办公室、牲口棚、场院，中间没有人家，到西头才有几家。我们就住西头李富家，东屋住的年轻的四口人，西屋是他的叔叔——一个孤老头子和我们一起住。村里没有电灯，晚上点的豆油灯。队里通知个什么事靠一组大电池、一条电线和连接到每家的小喇叭。但粮食不缺，家家炕边都堆着装满谷子和玉米的麻袋。

"四清工作组"由林甸县的干部和学生混编而成，派到各生产队。很快林甸县的张富贵就来到了一二队，他当工作组组长，冯国发当副组长。小张约27、8岁，小个子，小白脸，一双眼睛很有神，咕噜噜乱转。他已经当了好几年干部，对农村很熟悉，对官面上的事都明白。他会说很多东北流行的嘎杂子话儿，比如：倒背手撒尿——不服（扶）你，毛驴子踢房檐——谈（弹）不到，什么叫四个不能碰：木匠的斧子，瓦匠的刀，跑腿子的铺盖，大姑娘的腰。还有四大硬：拉开的弓，门缝的风，半夜的牛子（人的性器）赛道钉。我们三人挤在李富家西屋的炕上，晚上冻得睡不着，他就讲点这样的话或者哼上一两句二人转，不讲什么革命词。

社教大队的正队长是林甸县法院的赵院长，他有四十多岁，人很瘦，脸黄黄的，颧骨突出，一看就是肠胃不好的病态。可能是工作习惯，从不苟言笑，大伙有点敬畏。副队长姓刘，是林甸粮食局的副局长，从"二野"转业下来的老兵。他是个红脸老头，总是笑嘻嘻的。有时会讲起二野挺进大别山的事：国民党围追堵截，刘伯承命令轻装，他们开始扔了大炮，接着扔了机枪，后来是行李，只抱着一杆大枪，日夜不停地跑，走着都会睡着，被后面的人撞到，再挣扎着走。睡着的，拉后的都没命了。他有五十多岁了，我们都叫他"老干部"。

工作队书记是我们系的王启平老师，他后来也和我们班刘少滨包了小七队。其他的林甸县工作队员都是从各个县局抽调的刚参加工作几年的年轻人。王贵是唱二人转的，嗓子倒仓了，只好退出剧团，他喜欢唱，大家一哄，他就哑着嗓子来一段，起承转合处的滑腔韵味儿十足，眼神身法勾人魂魄。他讲二人转调门有"九腔十八调七十二嗨嗨""嗨嗨还分文嗨嗨、武嗨嗨"，可惜他不和我们一个小队。他教我们学会了用"月牙儿五更"唱腔新编的"四清调"："一（呀）

更里（呀），月牙儿出在（那个）正（啊）东（那哈嘿），社教大队（呀）来到咱们村（哪），贫下中农都欢迎（哪哈嗨）"。我们就教各小队的孩子、青年们唱。

大宋原是县里篮球队的，特别活跃，秧歌扭得火爆带劲。大宋的爱人叫吴桂荣，而正巧一个女工作队员也叫吴桂荣。他就念叨：我老婆是吴桂荣，吴桂荣就是我老婆，吴桂荣就过来想拧他的嘴，大家哄笑闹成一团。有时候有王贵指挥，我们大伙合唱"攻打四平"小调："攻打四平，四平修得好，城里有碉堡，城外有水壕。反动派，吹大话，八路打不了……"。那是老干部教我们的，连一向严肃的赵队长也跟着哼哼。总之社教工作队是个和谐活跃的队伍。我也意识到，别看老队员平常不甩革命词，有时还说个荤笑话，但是，他们在农村如鱼入水。我们一半时会做不到，比起他们还差得远呢。

开始的工作是宣讲"二十三条"，发动群众。宣讲是按干部、地富反坏、贫下中农、妇女、青年等不同对象，讲法内容有所不同。用队长的话就是"看人下菜碟"。小张对干部，冯国发对地富反坏、我是对妇女宣讲。我当时才19岁，从没在大庭广众下讲过话。吃过晚饭，妇女们集中到一家，抱着孩子的，嗑着瓜子的，抽着烟卷的妇女们坐满南北炕，嘻嘻哈哈高声大气地地开着玩笑，年轻点的姑娘们都溜边挤在灯影里喊喊喳喳。我个子高，进门头低得不够，黄羊皮的帽子被门框挂掉到地上，引得屋里一片哄笑，有几个妇女还大嚷着开我的玩笑。我想好的讲话词全忘了，红头涨脸地傻站着。这时隔壁屋里一个男人大吼一声，"你们这帮老娘们瞎逼逼啥？工作队讲课，你们才知道'四清'是咋回事。你们谁行谁上去讲！"屋里一下子静下来了，我开始讲话。后来知道，吼她们的人叫高喜贵，他是个贫农，也是老户，弟兄几个都在村里。他家的房子在隔壁，因为害眼病没去开会。他平日敢说话，有威望。后来他成了我们组织的"贫（农）协（会）"主席。

冯国发也给我们讲了他的第一次宣讲。他还没讲，一个叫王利的老头突然跪下了，说他定为富农太冤了，让工作队青天大老爷给他把成分划回来。冯国发把他训了一顿，说工作队是来搞"四清"的，不管划成分。让他老老实实劳动，不能翻案。冯国发训起人来很有一套，板起脸叭叭叭叭连珠炮一样，把那帮地主富农吓得一声也不敢吭。

几天之后韩大兴调回大队，马玉霞和薛涵琴调到了一二队。队里去大马车把她们两人连行李拉了来，安顿在路北一个较为干净的人家。我们四个人和林甸县的小张五个人包一二队的"四清"工作。

搞运动的过程都差不多，大家都经历过多次，我已经记不清那些日常的流水账，就简单地说一下大致过程吧。宣讲完"二十三条"后，就是发动群众阶段。先是到苏会计家里封了队里的账本，工作组（好像是马玉霞）带着有文化会算账的人（排除前任和现任干部），让当过会计的宫之富、教小学的老师张淑贤来查账。接着宣布全体现任干部"上楼"（就是停职检查、交代问题）。工作组其他的人都去发动群众，扎根串连，寻找苦大仇深的贫雇农，组建贫农协会。先背对背地揭发干部、地富反坏的错误和罪行，这时候还要培养老贫农苗子，帮助他组织语言，练习讲演，好在全村大会上"忆苦思甜"，激励群众批判干部，保卫红色政权的勇气。再就是物色敢出头说话的"勇敢分子"，批判干部时当先锋。青年妇女儿童也组织起来，学唱革命歌曲《听妈妈讲那过去的事情》："天上布满星，月牙儿亮晶晶，生产队里开大会，诉苦把冤申"，用二人转曲牌编的"四清"歌曲等。

记得各小队还到大队比赛过一次大秧歌。我因为个子大，就在我们小队打头，腰系红绸子瞎扭，反正带上劲儿踩上点儿就行。接着就是把干部的问题集中分类，确定是否可以重新启用，核实查账中暴露出的经济问题，内查外调，组织贫协和干部面对面对质等等。这是整个运动中最为吃重的工作，村里的矛盾被激化起来，斗争也最尖锐。新旧干部之间，群众干部之间，贫下中农和其他中农之间，关系都比较紧张。（当地还有"被斗中农"一说，他们是中农，但在土地改革运动中被批斗过，浮财被分，有的还挨过打。如一二队的宫之奇，宫之富两兄弟，他们想靠近工作队，又不敢太靠近。）

紧接着干部要人人过关，叫做"蒸熟煮烂"，争取"洗澡下楼"。群众意见大的多煮几次，有经济问题的先挂起来，下了楼的干部算是清白了，有点多吃多占的退赔回来也算好人。这时天气变暖，差不多也该种地了，还要靠干部组织大家下地干活，这段要组建领导班子。经过"四清"，农业产量得上去才成，这是硬杠杠。一二队没有大干部，最大的是保育大队刘书记，他工作在大队，家在一二队，大家对他在大队的工作不太了解，很快下了楼。其他几个干部新上来不久，没来得及贪污多少。况且，这是个穷村，一个整工分才一块三毛钱，队里没有多少积累。多数人欠着队里的钱，队里也欠着棒劳力多的人家钱，经济问题是耗子尾巴熬汤——没大油水。下了台的老队长李金良卖粮食的时候，耍小手段（卖粮过称车和大小马一起称，称皮时，把小马驹赶走，多赚一个马驹子的粮钱）多赚了国家粮库的钱，数额也不大。这段工作就结束了，原来的班子都保留了，只多了个贫农协会。青年团和妇女会也组织起来了。工作走上正轨之后，小张就调走了，冯国发当了组长，我也抽到大队专管"外调"，成天在外面跑，回到村里偶尔帮他们干点杂事。"四清"运动中后期的事儿，都是他们三人盯着，对他们锻炼很大。

"四清"整个过程和其他运动差不多，有点岁数的诸君都"门儿清"。无非是先造舆论。然后依靠一部分人，团结一部分人，打击一部分人，再整顿组织，最后搞好生产。正事我印象不深，反倒是一些吃喝拉撒的小事儿没能忘记，下边说给诸君。

十五、寒冷和革命虫

60年代北大荒的气候比现在冷得多，零下40度的气温会延续一个月。刮"大烟炮"的时候，出门没准会冻死，就是阳光灿烂的日子出去，冷劲儿也抗不住。尽管你穿了毛衣、绒衣、棉袄、大衣，戴了黄羊皮的帽子，冷气还会像锥子一样扎透你。眨眼工夫，你的关节就僵了，舌头就硬了，耳朵先刺痛，后麻木，呼出的哈气在帽翅上冻成白霜，眼泪在眼眶中成为冰碴。说撒尿冻成棍是夸张，但吐口吐沫砸到地上绝对结成冰。大荒人家可没有室内厕所，通常是在房后用秫秸围出个圈,在那儿方便。人肯定是憋到屎顶屁股门才急急跑出去,尽快解决。一蹲下,一群狗围上来,想抢你的屎吃,你得拿个棍子撑开它们,等你提上裤子,狗们再抢上来,它们已经吃不动了——屎冻瓷实了。

  还有一件难事是挑水。因为工作队要发动贫下中农,得帮助贫农人家扫地挑水。村里东西头各有一眼井,井口上架着辘轳,辘轳大轴缠着麻绳,吊着柳罐斗。打水时,摇辘轳把,把柳罐斗放下井,到水面时,手晃大绳,待柳罐斗口恰好摆动到和水面垂直时,松手让斗下沉,灌满水,再摇动辘轳把,把斗提上来。夏天打水不难,可滴水成冰的冬天着实不易。挑水的人们免不了洒点水,洒的水立刻结冰,于是井口周围十几米冻成一个大冰坡,井口缩成一个小口。你小心翼翼地爬到井口,立刻抓牢辘轳架子(也全是冰)再打水。动作得十二万分的小心,一滑掉到井里很难被救上来。我那时负责给老贫农王百合家挑水,他是工作队准备发展为贫协副主席的重点培养对象。他家只有老两口,每隔两三天给他家挑一缸水。每当从井台冰坡上挑上水跟头出溜地下到平地,提着的心才放下来,必得缓一口气才能再挑着水走路。

  大荒地面极少树木,村村之间的草甸子是人们的燃料库,草长到一人高了,人们打草存起来冬天烧。随着人口逐渐增多,草甸子逐年减少变成了耕地,不等草长高,人们就抢着割了,各村为抢草甚至打斗,更加剧了柴火紧缺。因为天冷缺柴,北大荒的人们都是一家子挤在一个炕上睡觉的,小两口和别的成员之间也只挂一个布帘。炕头离灶近,炕比较热一些,于是老辈住在炕头,小年轻的住炕梢。我们睡觉的李家也是三间房,中间屋有两个灶给东西屋烧炕。房主四口住东屋,做饭什么的都烧东边的灶。

  我们三个工作员和房主的叔叔住西屋。西屋只有每天焐猪食时才烧炕,那炕只是不冰手而已。老李头自然是住炕头,他有皮褥子、皮裤、皮大衣,晚上可以铺盖上。我们自然是住炕梢,只有普通的棉被褥。不是有"傻小子睡凉炕,全凭火力壮"的俏皮话吗。那时吃的实在差,我们哪有多余的火力。那个冷劲儿,今天想起来还觉得哆嗦。每天睡觉时我们把所有的东西（包括手套）都压在被子上，穿着绒衣绒裤戴着皮帽子睡，睡到天亮还不敢伸腿。我们那屋没有北炕，屋里的北墙上长满两寸长白花花的霜花。工作队研究工作在我们屋开会，写不了几个字钢笔水就冻住了，得放进袖筒里捂一会儿才能接着写。洗脸得鼓足勇气，把缸上层的冰盖砸开，水舀到脸盆里，手巾一沾水，横下心一咬牙，立刻用最快的速度搓脸，搓不了几下，手巾和脸上下来全是冰碴，手巾也冻成了一块冰板。于是五六天洗一次脸是常事，四十天没洗脚，洗头洗澡更不用说了。当地的男人们夏天可以到河沟里洗澡，冬天只有过年才能去60里外的拉哈镇去"烫"一次澡，妇女们不知怎么解决这个问题。

恶劣的气候和贫穷压制着人们需求，因为没法讲究卫生，"光荣虫"大军在北大荒横行霸道，无人能治。（"光荣虫"是虱子之别称。曾有一位女大夫在讲活学活用毛主席著作心得时，讲到拉练中身上发现了一只虱子，这说明她终于和贫下中农一样了。因为虱子是"光荣虫"，是革命虫。底下哄堂，于是"光荣虫"流传开来，成为典故）。我们自然不能免俗，"光荣虫"在衣服里安营扎寨，繁衍生息，数不清有多少，连头发里也长了虮子。"光荣虫"不光是虱子，臭虫和跳蚤也不少。臭虫咬人是一串大红包，又痒又疼，跳蚤则是打游击式的咬。忙起来还好，晚上一闲或坐下开会，立刻就领教到它们的厉害。一开会就会看到大家靠墙蹭痒，看人不注意就把手伸到衣服里、裤裆里挠。

四月份时，因为要查的事多，工作队把张维起也抽调出来和我一起干外调。一次我们到讷河县里出差，住到县宾馆。屋里那叫一个暖和，晚上点的是电灯，我们先"烫"了一个澡，决心向"光荣虫"宣战，先从我的毛背心开始，抓住了虱子就放到一个纸盒子里，我眼睛累花了，张维起接着干。不知有几小时，一数纸盒里居然有四十只之多，个个蠢蠢欲动。张维起要封起纸盒为我传名，我一把抢过来扔进火炉里，眼看着"光荣虫"葬身火海，真是痛快！这场复仇并没全胜，残存的虫还不少。直到我们回到哈尔滨，我剃光头发，把衣被拆烫了几次，才把它们请走。

十六、脚差点冻掉

"四清工作团"要求我们和老乡"三同"(同吃、同住、同劳动),前"两同"已经做了,后一同却难。因为冬天地冻了几米深,白茫茫的雪覆盖了道路,过去人们在这段时间都在"猫冬"(即躲在家里御寒),吃完了饭,无非是串串门,坐在火炕上围着火盆(火盆是直径半米多的广口灰瓦盆子,烧乏的柴火、灶灰放在里面,余热会慢慢发散出来,很长时间不熄灭,是东北独特的土暖气。更妙的是你可以把土豆、豆包、粉条头子埋在里面烤得金黄黄地吃,味道无与伦比)嗑瓜子、抽烟、唠嗑。

工作队来了要有新气象,要学大寨,于是组织社员刨粪往地里送。粪就堆在场院里,大约就是牲口粪、烂草根树叶、拆下来的盘炕的旧土之类。粪冻得钢钢的,得用十字镐尖的那头刨。刨粪有窍门,每次要刨到同一点上,几镐下去就会崩下一大块。要是刨不准,每次只会掉个小渣渣,白费力气。我们和老乡一起刨,15 分钟后,我觉得脚木了,没有知觉了。老乡把我背回屋里,脱下裤子一看,脚变得煞白。他先用雪给我搓,接着换凉水泡,后来换温水,我的脚像有几千根针在扎,终于恢复了血色。

他看了看我的鞋袜,说你这装备不行。我穿了两双线袜,套了一双毛袜,外面又穿了姥姥给做的棉袜,棉胶鞋底垫的是毡垫和棉花,已经是我的全部装备了。当地人出门穿的是皮袜,大头鞋、靰鞡(一种用牛皮制作的肥大的鞋)或毡疙瘩(一种用羊毛毡做的高筒靴),既暖和又透气,鞋里面用乌拉草絮成一个窝,脚就扎到窝里。乌拉草号称关东三宝之一,样子像小葱,是空心的,可以长到一米多高。晒干后用木槌砸烂,纤维就变得很软,人们絮到鞋里保温。老乡给我找了些乌拉草和鸡毛,在我的鞋里絮成一个窝,穿进去果然暖和多了。他一再嘱咐我,棉胶鞋不透气,别在外面呆长了,也不能老站着不动。没有这位老乡,我的脚就完了,可惜忘记恩人的名字了。

因为学生们的鞋袜都不行,工作队就不让我们参加刨粪了。刨下的粪块装到爬犁上,再拉到地里去堆到那儿。其实这活儿到春天暖和了再干很省劲儿，也不会耽误种地。或许是真傻，或许是装"革命"给领导看，总是有人提出过左的口号或活动，没人敢指出来或制止他们。幸好我的脚没冻坏。

十七、狼的故事

讷河有狼，我们去之前就听说了。到小队的第二天就真遇到了，我们刚躺下准备睡觉，就听得村里的狗一起大叫。房东家的狗窝在屋外窗台底下，他的三条狗却都窜到外窗台上厉声惨叫，猪也高声长嚎。房东大喊一声：来狼了！快起来帮忙！我们没顾上穿好衣服，拿上脸盆、手电、棍子就一起冲出房门。窗外十几米是房东的猪圈，养了两个猪。就着月色可以看到远处两个模糊的影子在奔跑，我们一边敲脸盆一边大叫着追赶。追到一条壕沟时，狼丢下猪跑了。狼怎么能拖着那么大的猪跑呢，我们很纳闷。房东说，狼很奸，它叼着猪的耳朵，用尾巴敲打猪的屁股，撵着猪跟着它跑。这次只看到了狼的身影。

第二次遇到狼是我们到晚饭后苏会计家去封账，他家在村东头。我们进屋时他没在，他媳妇说是去房后解手去了。说话间，苏会计提着裤子跑进屋说有狼。原来他一蹲下，看到一条狗走过来也蹲下，他以为是自家养的，没在意。待会儿一看，那"狗"的眼睛放绿光，突然意识到是狼，吓得连忙跑进屋，我们一帮人赶出去，那狼已经没影了。

村里很多人都有遇见狼的故事。老村主任陶生道是个50多岁的胖老头，他傍晚没和大家一起下工，而是拿着个耙子顺路搂柴火，搂够了一捆背上往回走。两只狼跟上他了，一前一后，他走快狼也走快，他走慢狼也走慢，始终包围着他。他听说狼在人背后搭你肩膀，你以为是有人一回头，狼就会咬住你的喉咙。他想我背着柴火，狼够不着我肩膀，于是双手紧握耙子护住咽喉倒退着走。不料道上有个冰坎，老陶被拌仰面摔倒。赶忙爬起来，一看狼没了，原来狼被他这个突然的动作吓跑了。老陶抓起耙子，扔了柴火一口气跑回了家。

春天种地的时候，草都绿了，草甸子上有各种候鸟儿飞过，狼不必冒险到村里找食了。一天我们一帮子人正站在场院上说话，忽然有眼尖的人说，甸子边有一只狼。只见一只狼从容不迫地站在那儿看着众人，离我们也就是200米左右，狼的毛色春天就变成草黄色。姓林的老党员家有一杆猎枪，众人撺掇他回去拿。他拿来了枪，端着瞄准，火药潮了，没有响。那狼警觉了，噌噌地往东北方向窜走了，非常矫捷，一步就蹿出7、8个垄沟。很快隐入草甸子里不见了。

春耕的时候，队里的小马驹子被狼掏了，大概是队里的饲养员（当地人称老更官儿）下夜的时候发生的。五六月份大荒3点多钟就亮天了。老更官儿喂完了牲口，就挨家挨户叫醒妇女们做饭，准备男人们上工吃，完事儿就下夜睡觉去了。饲养室没人，就这段时间狼下手了。从地上的痕迹看，小马挣扎了三次，跑出了30多米，终于被害。地下全是血迹，小马只剩下一个头和肠子肚子。这些肠子肚子被队里的老母猪拖去吃了，猪吃得满嘴是血。没想到猪也吃肉。

我自己碰到狼是6月份了，那时我被大队抽调去专门搞"外调"，就是调查各队干部的问题，每天在外面跑。一天下午，我大步流星地往焦久顺包的那个小四队去。太阳已经落地了，天还亮着。一只狼跟在我后面，我一点没有觉察。因为我看到旁边地里有一只猪在拱豆子吃，有狼猪会逃跑。快到村口时，几个小孩子朝我大喊，有张三！有张三！并抱在一起两两头对头顶着转圈。当地人把狼叫做张三，都知道狼性多疑，做出怪动作，狼会吓跑。我回头一看，真有一只狼，离我二三十步远。它慢走了几步，显然是有点于心不甘，最后转身撒开腿跑了。我谢了小孩子们，说起猪咋没跑，他们大笑说，猪没准是看你没跑，才不怕的，狼也是看你不慌，才不敢直接上的。

十八、吃饭的事

前边说过，下小队的头一顿饭我们没吃，老乡和干部全吓毛了，不知道该怎么伺候工作队了。后来误会闹清了,我们以后派饭就正常了。东北人是很好客的,轮到派饭家的妇女都会到前一家打听做的什么饭,力争翻出点新意。可一二队种的庄稼就是玉米、谷子、黄豆和春小麦,后两种粮食种的少。附近没有河,自然不种稻子。社员家终年不见大米和白面,何况这两样是明令不让工作队员吃的,平日就是小米干饭和苞米碴子两种。苞米碴子就是玉米粒碾去了皮,整粒的叫大碴子,半拉的叫小碴子。苞米碴子粥很香,但煮苞米茬子很费柴火,老乡们也很少吃,小米干饭就成了天天必有的。前一年霜下来得早,谷子没长成,碾出的小米没点粮食味儿,吃到嘴里像是嚼锯末子,很难往嗓子眼里走。大冬天没有青菜,只有存储的土豆和渍的酸白菜,于是顿顿都是土豆熬酸菜。酸菜不放大油,更不能有肉和粉条,真的很难吃。偶尔会有腌的咸萝卜(类似北京的腌疙瘩头)上来,脆脆的很好吃。就这样的饭我每顿也能吃两大碗。(平心而论,大荒的夏天很丰盛。端午节后,生菜、臭菜、小葱、小萝卜都下来了,沾着自己家做的大酱吃,接着是豆角、黄瓜、倭瓜……,那才解馋)。

每家的经济情况不一样,但这不是决定饭菜好赖的原因。主要是看家庭主妇是不是勤快好强。一进门看到这家窗明炕净,门帘子干净,地也扫的光溜,那饭错不了。主人会变着法子做,比如酸菜汤里放点"油脂啦"(练过猪油的油渣),或者是用擦子把土豆磨成半透明的"土豆磨糊"放进菜里啦,让我们吃过后,怀念好几天。有的人家则相反,进屋就觉得没处下脚,屋里到处一批一片,破炕席上粘着黑乎乎的油腻。那饭你就准备闭着眼吃吧。东北都是在炕上摆上矮饭桌,大伙儿盘着腿围桌吃饭。你正吃着饭呢,女主人扔在炕上的孩子噗嗤一声,拉了一炕稀屎,就在你旁边。她嘴里叭叭叭地叫着,把家里的狗叫上炕来把屎舔干净,连小孩的屁股也舔了。这时候你得脸不变色心不跳,笑着把碗里黄乎乎的饭吃了。这才算和贫下中农打成一片,改造好了。

工作队到谁家吃饭,谁家就是好人。不去的,除了革命对象就是嫌疑人。一二队没地主,除了富农和几家"盲流",能吃饭的人家约有30多家(开始干部家也不能吃,等到他们"下了楼"才可以去吃了），差不多一个月就轮过来了，谁家的饭怎么样就有数了。细想想，饭好吃的多是中农家和干部家，最难吃的倒是几户贫农。

我们这些年轻人都在20郎当岁，正是能吃长身体的岁数，总吃这样的饭从肠胃到精神都免不了闹情绪。社教总团体恤我们，过上个把月，就把我们召集到各个大队"集训"一两天。当然得有通报情况，交待政策，交流经验之类的活动，但主要的是改善伙食。猪肉馅白面的大包子管够，那包子足有碗口大小。记得钟光先吃了22个包子，撑得拉了肚子，得外号"大尉（胃）"；我吃了10个，屈居第二，得外号"上尉（胃）"；连女同学都能吃4-5个。

集训时，能见到同学，知道许多有趣的事儿（比如其他公社某位同学怕狼怕冷，不敢出门，起夜在门缝里撒尿，把老乡的门冻住了。还有一位爱干净的，熬不住脏，烧了水在老乡家的水缸里洗澡。被总团通报），林甸县老队员们相互打闹取笑时，还能学会层出不穷的诙谐的东北话儿，但最吸引我们的还是颊齿留香的大包子。

北大荒的饭撑大了我的胃，多年后，我仍旧能一天吃二斤粮食，而且吃嘛嘛香。文革中，搞"忆苦思甜"活动，学校食堂蒸了掺糠的菜团子，好多人咽不下去，我一口气吃了四个，一点没觉得苦。69年我去五大连池看望刚到生产建设兵团的表弟，正好他们断粮了，他们连队招待我吃掺着糠的面条，我整整吃了一锅。

春天来了，雪逐渐融化，白茫茫的大地变得斑斑斓斓的，有的地方露出了黑黑的地皮，东南风刮起来"呜呜"地响个不停。按公社的通知，队部一旦挂出防火旗，各家都不许点火做饭了。这时可以吃到老乡早准备好的玉米面贴饼子，就着点咸菜，比小米饭好吃多了。有的家拿出冻黏豆包，塞到火盆里考的焦黄。扒出来吹掉柴灰，沾点甜菜疙瘩榨出的糖汁吃，咬一下，真是唇齿留香。

印象最深的就是端午节吃饭的事。端午节在东北是个大节日，家家房檐都插上榛子树枝和艾蒿，门前晒着从草甸子里采的黄灿灿的金针花和橘红色的百合花。人人都要吃煮鸡蛋，吃之前得把鸡蛋滚一下，叫做"滚运"，大概是希求变换成好运的意思。

队里要杀猪，几乎全村人都参加。先选好一家的猪，那时猪都没长大,就在半大猪里选大个的。我跟着几个小伙子去抓猪,那猪看出不好,两米高的猪圈一蹿就跳出来,迎面拦挡的人被它撞得人仰马翻。我们几个围追堵截,终于把它堵在过道里按住了,四条腿捆起来,抬到木桌上。

杀猪是个技术活儿,会杀猪的人是很牛气的。杀猪的报酬就是猪下水归他。杀猪的叫王福成,四十多岁,因为懒惰不正经过日子媳妇跑了。他大摇大摆地走上来,按住猪头,把猪脖子处的毛剃掉一块,抽出布包裹的一把长尖刀,从剃毛处捅了进去。杀猪讲究一刀捅到心脏,号称"一刀死"。那天不知是力量不够,还是捅歪了,那猪没死,挣扎着翻下桌子在地上蹦,人们赶紧上去把猪抬上桌。这是丢面子的事,有人开始起哄,用荤的素的各种俏皮话嘲笑老王。他有点恼羞成怒,又狠狠地补了一刀,红头涨脸地走了。后面刮毛、吹猪、接血之类的事自有别人干。不多一会儿,猪就变成一条条的肉分到各家了,每家都有份,包括"盲流"和富农。

那天家家都吃肉馅饺子,我们也当然跟着吃饺子,总不能单独给我们做小米干饭吧。我们的房东煮了一大锅鸡蛋和鹅蛋。他非要塞给我一个大鹅蛋,正推让着,社教大队的刘副队长"老革命"进门了,我很尴尬。老刘却拍了我后脑门一下,说:傻小子!还不拿着!别让老侯看见。他把鹅蛋塞到我里边的衣兜里。老侯是社教总团派来检查工作的钦差,是来挑刺的,看哪儿都不顺眼。赵队长就安排好脾气的刘队长陪着他到各小队转悠。老侯黑黑瘦瘦,有颗金牙。手上不离烟卷,嘴里不离"我是个大老粗,没文化,没文化的贫下中农最最革命"的话头儿。那天正赶到我们一二队了,他召开了生产队社员会讲话,先讲了大老粗最革命,后面讲不要以为"四清"快结束了,产生松懈情绪。他挥动手臂,二目圆睁,一字一顿,抑扬顿挫地说:我们要像毛主席教导的那样,宜将剩勇追穷冠(寇),不可沽(沽)名学霸王!,一句话整出两个错别字还浑然不知。底下人们也不敢笑,盼着他赶快讲完好去吃饭。那天我们和派饭那家都说好了,要吃韭菜馅饺子,春天的韭菜最鲜美,所以古人说,夜雨剪春韭。谁知老侯不吃韭菜,他官儿大,大伙自然得随着他,那家也临时准备酸菜馅,我们也得跟着吃天天见面的酸菜，十分扫兴。

十九、忆苦思甜

"忆苦思甜"讲演是每次运动里必不可少的环节。通过它教育青年人，不忘老辈旧社会受的苦，感恩党和毛主席，激起对眼前的阶级敌人的仇恨，成为批斗的先锋。干部上了楼之后，工作队就开始准备这事，每个队要选好讲演的对象和批斗干部的积极分子。我们队选的是贫协副主席王百合。他从来没在会上讲过话，本不算太合适，贫协主席高喜贵会说，但解放时才十来岁；陶生道也是老贫农，却是由富户挥霍变穷的；只好选他了。王百合50多岁，闯大荒30多年了。解放前给地主当多年长工，不识几个字，只能简单地写自己的名字。他是村里最穷的户，只有老两口。他有气喘病，一过秋天就哮喘，腿脚也不利索。平常干活只能拿"半拉子"的工分。他老婆也是个病秧子，头常常浮肿着，老是念叨着"男怕穿靴女怕戴帽（即男的怕腿肿，女的怕头肿——表示病重，预后不好）"。那屋里什么值钱的东西都没有，真正的家徒四壁。

我因常出去搞"外调"，外出回村帮助冯国发他们干点杂事，就安排我去帮王百合准备讲演。除了给他家挑水收拾院子，有时还给他点钱买药，像对自己家人一样。我反复教给他如何说，解放前，地主不干活，拿大头；他当长工，拿小头。受剥削，吃不饱等等吧。结果一上会场就砸了，老王按着练习的讲了几句就"卡壳"了，正巧那位视察的老侯在场，他启发老王：地主一垧地给你多少？老王说：五石，不少了。地主得的是多，我那时也大囤满小囤溜的。老侯又说你没挨过饿吗？一说挨饿，老王头说话自如了，竟滔滔地说起1960年，干部如何征"过头粮"（60-62年，黑龙江干部虚报高产，国家按比例征公粮，干部强征老百姓的口粮。老百姓称之为"过头粮"），老百姓如何受苦的情况了，他老婆得病就是那年吃不饱闹的。老侯赶紧说，别说了！我也赶快上去扶老王头下来，我说大爷你讲半天了，缓口气，喝点水。心想这点事都没做好，我得挨批了。后来却没动静。原来各公社各大队都有类似的情况，人们一忆苦就都忆到 60 年了。因为那是真正刻到人心里的苦，不用别人教。

二十、学习种地

一过五一，天气逐渐变暖了，雪开始融化，候鸟一群群地飞过，开始种地了。那时候可是男女老少齐上阵，从早干到晚。我们自然也要参加，学习东北如何种地，农民们非常欢迎。因为化冻晚，春脖子短，种地要抢进度。一个劳力合到 90 亩地，万一谁生了病，没人顶上，误了农时，90 亩庄稼秋天就成熟不了。

我和冯国发最先学会的是扶大犁耕地。东北的犁杖和内地差不多，一个弓形的犁身，底部一个铁犁铧插进土里，后边一根斜杠有个短扶手，手扶着它控制方向。但北大荒的土又湿又重，得需要六匹马或六头牛拉犁。我不会赶牲口，生产队就派个小孩子给我在前头牵牲口，我在后面专管扶犁。犁杖前行，破开去年地垄背上的庄稼茬，把土翻成一条沟。最好破的是麦茬，麦茬软，根扎得浅；最难破的是谷茬，根扎得很深，茬子又粗又硬，破谷茬时犁头常常"跑茬"（即犁头豁不起茬子，从土里跳出来歪到垄沟里）。你得赶紧往反方向推扶手，让犁头扎到土里让犁杖回正。干半天就熟练了，只偶尔跑茬，腰也放松了，手只需轻轻扶着点就行了，看着黑油油的土浪在脚下翻滚，很有点得意。

大队农机站有一台拖拉机，春天就成了香饽饽，各小队都去抢，抢到自己队里翻地。结果我们一二队抢到了拖拉机，另外的小队抢到了五铧犁，配不了套。这没难住我们，人们决定在拖拉机后边用绳子拴上七张木犁杖，拖拉机开慢档，由七个年轻人在后面扶犁跟着跑，我和冯国发都被选上了。大伙儿都用手巾围住脖子和嘴，戴上风镜，我戴自己的眼镜，跟着拖拉机开跑了。天干风大，我们包在漫天尘烟里中，互相看不清脸。那块地一条垄沟长一里七，那天我们跑了十三个来回，回去吃饭累得都上不了炕。收了工，我们相互一看，衣服、鞋、毛巾、头发上、耳朵眼里全是厚厚一层土泥，摘了风镜，两个眼圈还看得出肉色，活脱脱一群孙悟空。大伙儿哈哈大笑，足足洗了三四盆子水，才像个人样了。

那天我乘着拖拉机手歇息的空儿，还开了一下拖拉机，跑了五六十米吧。只是启动时，离合器松得太快，拖拉机猛地窜了一下，把后面扶犁的人吓了一跳。那天饿坏了，苞米碴子粥我吃了五大碗，冯国发吃了四大碗。直吃得派饭那家的女主人使劲用勺子挠锅，提醒我们没饭了。后来又从邻居家借了一大盆，才喂饱了我们。

耕地是壮劳力干的活儿，而种玉米都是老弱妇女们干。种玉米要四个人一组，前头的一个人拉个小爬犁，爬犁底部横撑上安着铧犁片，爬犁上压一块石头，一拉过去，地下就拉出一道浅沟；第二个人负责往沟里点玉米籽；后面跟着的第三个人牵着绳子顺着沟走，绳子上绑了一个横笛粗细V型的铁棍儿，铁棍儿把土拢到沟里，盖上玉米籽；最后一个人叫做"踩格子"的，她负责把盖了玉米籽的土踩结实，大约是怕过往的鸟儿刨出来吃掉。踩格子的人要走八字步，往往拄着根棍儿保持平衡。种完了就等着老天爷下雨了。种地的人们有说有唱，相互开着玩笑，画家看见了这时的情景，准会有创作的冲动。

种完了地，苗出来，草也出来了，人们开始"铲地"（就是用锄头除草），"趟地"（赶着牲口用犁杖把铲到垄沟里的草翻一遍，防止它再次扎根），展开和杂草的抗争，一直到庄稼收割。讲究三（遍）铲三（遍）趟，有的时候，来不及第三遍，就该收割了。铲地也是男女老少都能干的活儿，每人一把锄头，两条垄，除掉杂草，还要间去弱苗，一个窝留一棵，到地头歇气儿。总有一位干庄稼活的老手在最前面带着，名叫"打头的"，他干的最快，是个标杆。别人在后面撵他，差得多的，就只能挣"半拉子"的工分。每一气儿我和打头的得差100米，只能当"半拉子"了。

最让我不服气的是几个小姑娘总在我前头，我身高臂长，锄板一搂，比她们搂的起码长半米。后来我仔细观察，才发现奥秘：应当是垄左边搂一锄，右边再搂一锄，把两边的草切断。她们是左边搂一锄铲草，右边推一锄，带点土把草盖上。四个动作变两个，有一半是糊弄地的。好在北大荒地多，打头的也看不出来。因为不好意思和姑娘说话，有意躲远点避嫌，我也没揭发她们。

铲地是个快乐的活儿，因为人多热闹，男女搭配，干活不累。地那么辽阔，一望无际的庄稼像绿海一样，让人觉得心都开阔了。可遇上下雨就麻烦了，夏天一块云过来就是急雨，那么长的地垄，你绝对跑不出去，人人都浇成落汤鸡。再遇上打雷就更危险了，一块平地上，你就是放电的尖端。前边说起的那个喊冤的富农王利趟地时遇上雷雨了，他赶紧和两匹马都趴在地上，结果两匹马都被闪电击死，他也昏死过去，衣服烧焦，被救活后耳朵聋了。

还有比较特殊的活儿是"打羊草"。羊草又叫苫房草，是专门铺房顶的，通常长在大草甸子里，长长的一根到底的窄叶子，可以长到一人高，夏末秋初割下来晒干，再编成草帘子（具体怎么编我没见过），一层压一层铺到房顶上。当地的房子墙是土坯垒起来的，房顶有木头梁和檩子，再铺上厚度差不多有一尺的羊草顶，保温性很好。但日晒雨淋的，过几年草顶就沤烂了，就需要重新换掉。

村子边上的草甸子小，没有羊草。几十里地外有个大甸子上有，但那是紧缺物资，等不到羊草长太高，就有人抢着割了。村里一家山东来的盲流户，把十九岁的姑娘嫁给了坐地户16岁的小伙子，摘了"盲流"的帽子。他家准备盖房子，羊草是必须的。央求大家帮忙，我好新奇，非要跟着去。两驾大马车，三把"大骟镰"，七八个小伙子，由生产队副队长郭鹤龄带队，天刚亮就出发了。到了甸子里，排开三组开打，壮小伙子手持骟镰在前边割羊草，体质差点的，跟在后边拢起羊草、打捆、装车，不需多说，配合默契。骟镰是割草的独特工具，刀身略弯，约一米半长，40-50厘米宽，背厚刃薄。镰刀把足有两米五六长，是一整根胳膊粗细的小树做成的。两手抓住把子，刀头贴地，摆动起来，一刀就是几米宽的羊草倒下，几下子就开出一条胡同。我看得心痒，觉得自己人高马大，浑身是劲，也想试试。上手刚割了几十下，胳膊酸得不行，手也攥不住镰刀把了。郭队长过来指点我使用大骟镰的诀窍：两手把住骟镰后要靠紧身体，用腰扭动的劲带动镰刀摆动，不能靠胳膊；割的时候要用上劲速度快一些，靠冲劲剪断羊草，回摆的时候只需带回镰刀，要全身放松慢一点，可以缓缓劲儿。一紧一松，自己控制节奏。按他说的要领，果然很轻松。凡事都有窍门，蛮干不可取。回头看看自己割倒的一长排羊草，真是很得意呢。到傍晚，我们装了冒尖的两大车羊草胜利回村。

二十一、外调细事

四月初，负责外调的周明得了黄疸性肝炎，脸和手成了黄色，后来连眼珠都黄了，被送到哈尔滨住院。我接替了他的工作。

外调的主要内容是各小队汇集上来的干部经济问题。比如到拉哈糖厂卖甜菜，到通南粮库交公粮，到周围的公社拆借、买卖农具、种子这类事都是干部经手，农民反映的干部贪污问题都与这些地方有关。到八月初我们"回城闹革命"撤离讷河县，全县十九个公社我走了十个。

讷河县当时地广人稀，各公社之间都相距几十里地，公交车每天只有一趟，多数地方不通公交车。要等着坐车会耽误很多时间。开始我想骑自行车去，但刚化冻的土又湿又重，很快就把车轮子糊死了。大平原既没有树也没石头，只能用手抠，大部分地方得车骑人。于是我都是步行，每天走六七十里地是常事。带着一张介绍信，走到哪儿就找工作队安排吃住。没人监督，任务也没法限定时间，你完全可以悠悠达达地干。但那时我一心"干革命"，都是以急行军的速度走路。早早起来就出发，天擦了黑才找宿（读 xiu）。要是到大的地方外调，还自己背上被子。因为住大车店一天六毛钱，自带行李，只要四毛钱，每天可以给公家省出两毛。

通南镇的大车店常驻的就是交粮的车老板们，大家挤在一个大通炕上说说笑笑很是热闹。那炕足可以睡 30 人，又烧的贼热，我们都把被子垫到炕席上隔着。实在烫得受不了就翻个身，就像烙大饼似的，下半身快烫熟了，上半身还冻得起鸡皮疙瘩。有时候错过了村子,找不到人家,饥一顿饿一顿也是常事。一次我从克山县外调回大队汇报,没打听清楚路。出了克山是个 30 多里路的草甸子,没有人家。太阳晒得我昏头昏脑,我渴极了,看见一棵草很肥厚,揪了叶子嚼了一下,舌头又辣又麻,赶紧吐掉。终于到了茂林大队。

  茂林大队是山东屯,老乡全是山东阳谷县集体迁来的。我们班的王舜、黄成砚、王春福和一位女老师侯琳琦在那儿包队。他们一见我都来打招呼,我没理他们,直奔水缸,牛饮两大瓢,才恢复了精神。有的时候是我自己故意不喝水不吃饭连续赶路。我来讷河时,除了一本毛主席语录,还带了一本刘少奇的《论共产党员的修养》,没事就拿出来看看。刘少奇书中提倡"慎独",引用了孟老夫子的一段话"故天将降大任于斯人也,必先苦其心志,劳其筋骨,饿其体肤,空乏其身,行拂乱其所为,所以动心忍性,增益其所不能。"虽然什么是"大任",能不能担上"大任",自己朦朦胧胧。但总要准备着。挨饿受累没当回事,反而觉得很快乐。我还编了一首歌《无比欢乐苦中藏》,用东北民歌的风格谱了曲,走在没人的大草甸子上,放开了嗓门吼着:"天苍苍,野茫茫,我把大地用步量。怀揣主席语录本,焦裕禄记心上,饥渴劳累无所惧,无比欢乐苦中藏"。

  一次经过一个村子,走得热了,我脱了棉袄,解下腰带,搭在肩膀上,大步急奔。忽然一群狗狂吠着扑上来,我赶忙抡起皮带边打边退。危急之际,一个老乡喝退了狗。他说小伙子,你跑什么?你越跑,狗越敢咬你。东北几乎家家都养几条狗,一来看家,二来是做狗皮褥子,狗皮帽子(老乡戏称为"蹲门貂子"皮)。后来我聪明了,一过村子,就减速慢慢溜达着走,出了村子再加速。

  又一次,我从一个村子平安通过后,走到一片草甸子。草刚有半尺高,看见远处有火苗,奔过去一看,是破布包着一个死婴儿,被人浇上煤油点着了。周围没有人,我做了种种联想,肯定是个案件。我立即往村里跑去报告,狗咬也顾不上了。队干部听了我的描述哈哈笑起来,说不是坏人做的。是有人生了孩子,得了病没钱治,死了怕传染别人,就弄到村外烧了。这不新鲜,还有的生了女孩儿,养不起,直接按到尿盆里溺死的呢。我很难过,这个小生命刚来到世界上,就这样走了，都是因为穷和落后！这事对我刺激很大，每个热血青年，都有责任和使命，改变祖国的贫穷和落后，让这样的悲剧不再发生。

四月里的一天，一次我到团结公社去外调。那时天有点暖意了，风不那么刺骨。中午地化了冻，晚上又会冻上。正是乍暖还寒时节，恰赶上一场春雪，大地一片白茫茫。因为天暖我脱去了毛裤，浑身轻快，唱着信口编的小调，大步流星走得兴起，忽然脚下一沉，"酷哧酷哧"乱响，我掉到冰河沟里了，我本能的急窜几下，想跳上硬地，谁料雪盖着看不清，蹦了几十米，全是冰沟。冰水没过了膝盖，透心的凉，当我终于爬到硬道上，两条棉裤已经冻成直筒筒。四周看不到村落房屋，我拼命往前跑，后来就是艰难地挪着双腿。当时只有一个信念，不能停，停下来我就完了。天渐渐黑了，因为还没到种地的季节，周围没有人。就在快绝望的时候，远处隐隐地似乎有灯光闪动，我一下子来了劲，加快速度跑了起来。我终于撞开了一道门，站在地当中，冻得已经说不出话了。那是一个养猪场，几个人围过来，纷纷问，你是谁？怎么了？我的舌头僵硬得说不出话，脚底下开始化出一摊子水。这时我看到有个年轻人戴着工大发得皮帽子，一定是咱们工大同学来搞"四清"的！我艰难地用手指指衣兜，他一掏，一本红宝书——毛主席的语录。他喊道，是工大的，"四清工作队"的。当时还没开始文化大革命，只有工大参加四清的学生才发了红宝书。那就是身份证，就是介绍信。啥也别说了，脱冰裤、上热炕，熬姜汤……，我又吃了双份的治关节炎的药，啥毛病也没落下。

我第一次骑马也是外调时的事。那时候人都很单纯，一心一意地出力"革命"，不用领导监督。每次调查完一件事，即使是天快黑了，我也立即往回赶，好回小队帮助冯国发、马玉霞、薛涵琴他们干点杂活儿。这里说个插曲，一次天擦黑了，我正甩开胳膊往回赶路，碰到一帮人，一位50来岁的人问我，你是哪儿的，干嘛跑那么快？我把回去帮忙的想法说给他，径自走了。后来才听说那人是社教总团的副团长。他把这事说给大队，准备培养我入党。（只是后来文化大革命开始了，"四清"没完我们就撤出农村，回城闹革命了。我和入党失之交臂。）那天我赶到保育八九队，天很黑了，只好住下。周明和李世忠分在那个村包队，周明得了肝炎回哈尔滨住院，只有李世忠在。他不知被什么东西咬了一口，正咬到眉心，起了个大红包。他不知利害又挤了，于是发炎，肿的半边脸都平了，眼睛只剩了一条缝。我说：你得赶快治去，脸上这是个危险三角区。他说：村里没大夫，再加上只剩他一个人，他治病去"四清"工作谁来干？那个年代，人们都是抱着牺牲个人利益一心干革命的心态。我看他已经迷迷糊糊的难受样，似乎有危险，说明天我去给你找大夫！

　　我当晚一打听，得上文光大队去请大夫。文光大队在八九队的南边，将近十里地，于是找队长要了一匹马。第二天一早，我去牵上马，队长给我找了个口袋，装上麦草，搭在马背上当鞍子。队长问我会骑吗？我看了看那马不高，我一窜就能上去，就说会，他把缰绳交给我径自走了。我一窜倒是上去了，手一拍马屁股就准备跑了。没想到刚一出村，那马就往回跑，我勒住缰绳把它往村外拉，没几步它又往村里跑，我又往外拉它，一人一马在村头的小草甸子上就转开了圈。草袋子也掉了，我也摔了下来，但缰绳我一直没松手。我把草袋子扔上马背，一偏腿又骑上去，马又开始和我玩转圈。掉下，又骑上、又转圈。正在狼狈的时候，几个在草甸子上玩的小孩儿围过来，乱喊着，这马不出头，你越弄它，它越毛，越不听话。原来有的马只有跟着头马的时候，才会往不熟悉的地方走，没头马，它害怕或恋家，我赶上的正是这种没出息的马。有个小孩说他有办法，先找了块布蒙住了马眼，他牵着马，让我骑上一直牵出村老远，然后把蒙布去了，缰绳交给我。这回马不闹了，一直往文光走。在文光请到了大夫，大夫也找了匹马，我们两人一人骑一匹马回八九队。这回我根本不用管马，它自己一个劲跑，一会儿就到了。大夫一看，说李世忠是丹毒，再治晚了，就很危险了，给李世忠打了针，排了脓，又开了些药。后来李世忠好了。第一次骑马，虽说闹了笑话，事还是办了。

　　通南粮库我去的次数多，因为各队干部和粮库都有牵扯。粮库在保育一二队的南面约30里地，中间有个大洼子。一次我从村里出发时天就阴了，走了十来里，起了风，浓云压过来，雨也来了，伴随着雷电。雨脚很密，四周白茫茫的，看不出多远。我想起物理课上讲的尖端放电，周围就我是最高点，急急忙忙往洼子里走；走到洼子底下，忽然又想起老乡说过，这片洼子地冬天时有人被狼咬死过，会不会有狼窝，急急忙忙又往半坡上走。心里充满了恐惧，脑子一片空白。浑身被雨浇得精湿，完全迷失了方向，跑了一大圈，发现自己刚才踩出的脚印，又回到原地了。我丧失了勇气和力气，走不动了只好蹲在那里。夏天的雨过得很快，天晴了。我赶回家里，脱去湿漉漉的衣服，钻到被子里兀自发抖，不是冷的，而是恐惧后的虚脱。我原以为自己很勇敢，这次经历让我了解了自己，我是个胆小鬼。

二十二、替富农翻案

队里有一户人家，户主叫王利（就是被雷劈过的那个人），成分是富农。他有五个儿子都是棒劳力，全没娶媳妇。队里老是欠他的工分钱。我们刚一进村，冯国发给四类分子训话时，他就喊冤说他不是富农，当时一顿臭训把他骂回去了。后来他又找我们多次，有一次还给我跪下了，伤心的一把鼻涕一把泪。我有些心软，就问了他一些情况，听他说的情况应当是雇农才对。后来我私下里问了一些村上的老户、老贫农，他们都说不清，因为他是克山县过来的。有些人也听说他过去很穷，说他冤。我向赵队长（林甸县法院院长）反映了几次，赵队长总是叫我安心外调工作，别管其他事。我又找刘副队长，他说会有安排的。到了基本建设阶段，一天赵队长找我，让我到克山去外调王利的成分问题，估计是王利家也找过他了。临走时赵队长和刘队长特地交待我，一定要仔细调查，作成铁案。他拍着我肩膀说，证据一定要充分，弄不好大家都要犯错误，他们都是担着风险的。我当时虽然不尽明白，但也感到了压力。

解放前夕王利待的那个屯子在克山农场东边，离保育约四十里地，我走到那儿已经天黑了，当天晚上我就开始找老贫农们调查，因为没过多少年，大伙都记得挺清楚。王利家共二十七口人，1945年初从山东逃荒到这里，给一家大地主扛长活。快解放的那阵子，地主家逃到哈尔滨去了，看王利老实，就让他看摊。解放军工作队来了，骑着大马围着庄院转了一圈，看他住高宅大院，门口三四十个草垛，一打听他外号叫"王大粮户"（因为人老实，大伙爱跟他开玩笑逗趣，起的外号）。就把他叫来问你是富农吗？他不懂是什么意思，觉得富农好，就说我愿当富农。于是工作组就把他定了个富农成分。其实他比村里人都穷，他家人口多，刚到大荒来，借了人们很多粮食种子，算算有几十石了。

我怕不实，第二天又分别找人背对背开了几个小型座谈会，让借给他粮的人都分别打了证言，印了手印，又找村里开了说明这些出证言人身份的证明信。我听说有个当时的贫协主席搬到十多里外的一个村去了。第三天我又去了那个村找到他了解，原来王利还欠贫协主席的粮，欠粮总数这回升到90多石。一个比贫下中农还穷的人怎么会是富农呢？

我拿了厚厚的一叠证言回来交差。建议队长上报，把他成分改成雇农。队长摇摇头：先报改中农吧。我不服，和他争论起来。他拍着我的肩膀说道，你还太年轻，你不懂厉害呀。我们离开讷河不久，王利死了。过了两三个月吧，他家的成分改中农了。听说他的几个儿子到他坟上拜祭，嚎啕大哭，告诉他，家里的成分改了。

还有一家也类似，不过没有王利家这么典型。那家的情况我也外调了，也打回来不少人的"证言"，自谓可以算作铁案。但工作队没有上报，因为有比例限制，一个大队只能有一例改变成分。没有人会去力争，为不相关的人去请命。划成敌人有比例，划回来也有比例，实际情况倒成了次要的，我真不明白。后来再也没有机会回讷河县了，王利的儿子们都该娶上媳妇了吧。

二十三、大荒之美

六个月的"四清"运动究竟给一个十九岁的青年人留下什么？当时来不及细想。想象中的神圣的"革命"，实际上不那么纯粹。甚至有的时候是走过场的表演。敌我并非那么泾渭分明。有很多的无奈，无法太认真。富饶的土地和老乡们贫苦之极的生活，严酷的自然和东北人的幽默乐观，如此鲜明地对立着冲击我的心。这或许是我们将要面对的祖国真实的状况。我们的责任呢？假如我要是他们中一员会如何呢？我有时会冒出这个念头问自己。当时我想，我不一定能长期忍受这种日子，但北大荒的美使我迷恋。

刚到讷河，北大荒用呼啸狂吼的"大烟炮"，42度的奇寒给我们一个下马威，像个狂暴的土匪。风过后，一切都安静了，凝固了。雪粒子沉下来，落到厚厚的雪上，堆成一层硬壳，人踩上去发出"酷哧酷哧"的脆响。凌乱的、肮脏的、破旧的一切全被厚厚的雪掩盖了。大地白茫茫的，沟沟坎坎全失去了棱角，成为浑圆的玉雕。放眼望去，四野全是洁白无瑕的，晶莹剔透的梦幻世界。旭日升起的时候，雪地上映射出红色的阳光。色彩不断变换着，从红变成粉红，再变成金黄，到太阳一竿子高的时候，变成耀眼的银色。这时的北大荒，变成了文静的，正在梳妆打扮的姑娘。正是"红妆素裹，分外妖娆"。

北大荒最迷人的还是春天。四月以后，风渐渐地有了暖意，雪变得疏松起来，大地斑斑驳驳地露出黑油油的本色。不经意间，草冒出了绿芽。接着刮起了大风，一刮就是几天。风"呜呜"地怪叫，吹得窗户纸糊"哒哒"地响，防火旗挂起来了。风是先锋官，春天就随着大风冲过来，因为转眼间草全都冒出来啦。草甸子里可以听得见"哗啦哗啦"流水的声音，冻裂的地面吸饱了水涨起来，走在上面，仿佛踩着厚橡皮。无数小花争妍斗艳。那花红得像血，白的像雪，蓝的如天，黄的如金，颜色都非常浓艳，少有中间色，可能这就是草甸子野花的特点。过了五一，就该种地了。成群结队的候鸟飞过来，在地里、草甸子上歇脚、觅食和交配，就像一场盛会。认识的有变换一字和人字队形的大雁，多数都不认识。最大的白色鸟老乡叫做"老鸨（bu）"，一只有四十多斤。还有一种小鸟叫"呐乐（nele）"，叫声婉转多变，清脆如银铃，在天空上下左右翻飞着鸣叫，不知是不是歌里常唱到的云雀。在北大荒种地虽然很累，但确是很惬意的事，主要是因为大地的辽阔。我们一二队的地垄一里七长，这还算不得最长，东邻克山农场的地垄每条六里六,耕地的拖拉机开过去,只见到掀起的烟尘,看不见拖拉机。

设想一下,天蓝蓝的,云淡淡的,带着潮湿的青草味风暖暖的。在动听的鸟叫声里,一伙人说说笑笑地在广袤无际的土地上播种希望,不像在图画里一般吗?人的心胸都展宽了。

到了夏天,庄稼长起来更好看。一眼望不到头的绿,风吹过来,庄稼像海浪一样的翻滚。在那里干活,感觉就是将军率领着千军万马出征,无际的庄稼就是士兵。冬天没有啥菜,可夏天就太丰盛了,各种野菜,老乡种的小葱、韭菜、香菜、黄瓜、茄子、土豆、豆角、生菜、臭菜、小萝卜等等全都有了,蘸酱吃香极了。特别是倭瓜,蒸出来跟鸡蛋黄似的,又甜又面。我们是8月初撤走的,虽然倭瓜都还没长成,房东还是摘下来,连新土豆给我们蒸了一大锅。

可惜秋收的场面我们没看到,因为城里文革闹开了,我们要回城闹革命了。后来听说那年风调雨顺,庄稼长得特别好,麦子、玉米、土豆都大丰收,也算是"四清运动"的成果吧。

二十四、回城闹革命

七月"四清运动"到了"基本建设"阶段,要收尾了。就是健全生产队班子,发展党员,建立团支部,贫农协会,妇女会这些事。外调的事结束了,我也回到小队,参与工作。虽然不是党员,我还发展了一位年轻人入党,那是一个高个子小伙儿叫王长海,贫农成分,家里只有一个老妈。他比较孝顺,群众口碑不错,后来参加"四清"活动还算积极。我找他谈话,帮他写入党申请书,最后他成了预备党员。那时我们几个和老乡们已经非常亲密,有点水乳交融的意思了。我是孩子头,一出门一帮孩子们上来搂腰抱腿地让我讲故事。妇女们和姑娘们跟马玉霞、薛涵琴她俩家长里短无话不说,冯国发俨然是村干部,村干部有事就找他商量。老乡们对我们的称呼也简化了,管我就叫"李子"。

城里不断传来文革开始的消息，山雨欲来的紧张隐隐地笼罩着人们。在哈尔滨养病的周明写了信来，说了各学校运动开始的情况，工作组的进驻，大字报批天盖地等等，我们不明就里，对革命的大潮既有不安也有期待。其他公社的学生有消息灵通的，不断传来各种消息，人心浮动了。不知谁提出我们要回城闹革命。社教总团研究决定，学生提前撤回哈尔滨。8月中我们回城了。

选自李耿立著《人生杂忆》电子版，2021年。

第二辑　人　文

1964 年我竟"考"上了北师大中文系

方延曦

应该承认，我的运气还真的不算坏：竟然考上了大学！为什么说"竟"？凭我的学习成绩，如果只是考试，那么即便是考最好的大学也是没有问题的，可如果你是右派的儿子，那在一个"阶级斗争天天讲"、人人都要看出身的年代就很难说了。不对，好像应该换一个说法，不是我考上了大学，而应该说是大学竟然接受了我！当时没觉得什么，事后多年过去，对那个时代了解得越多越觉得，我能进大学，简直就是个奇迹！在我们班 40 多个大学同学中，我的出身是最坏的！

录取我的大学是北京师范大学。考前报志愿，分两类学校，一类报 6 个，第一个是北京大学中文系，第二个是人民大学新闻系，第三个是北京师范大学中文系……；二类学校第一志愿是广播学院，就是后来如雷贯耳的中国传媒大学的前身，当时还太不起眼儿，且轮不到它呢。

高考过后要等通知，约莫一个多月过去了，好多同学陆续接到了录取通知，而我的却迟迟不来，我觉得挺奇怪，因为我平时的学习成绩很不错，特别是语文数一数二，怎么可能连一个普通大学都进不去呢？别说，就有这样的，成绩不是一般的好，可是连一个最差的学校也没进得去，像我的同班同学杨良志、赵韫慧。

我的大学录取通知书尽管来得很晚，但毕竟还是来了，这时候倒要庆幸是北师大录取了我，为什么？那时候老百姓都把师范大学戏称为"吃饭大学"，因为中国的老传统，读师范好，吃饭不要钱，因此旧社会里穷学生大多上的是师范。其实考学前，父亲就曾为难地对我说：考上大学也供不起。现在好了。父亲还对我说过这样的话：宁做二流的理科学生，不做一流的文科学生。只是当时的我不能理解其中的深意。反而想：我要做到理科不比你们差，文科比你们强。这是针对当时的一种说法：你们学文科是因为你们理科学不好。赌的只是一口气。因此，报志愿快结束时，有理科老师劝我改报理科，我没接受。

我平静地接受了现实，既不懊丧，也不兴奋。

不过这说的只是当时的心态，若干年后了解的情况多了才知道，当年我能够上大学该是多么幸运的事情。三十多年后见到我高三的语文老师章熊，他告诉了一些我不知道的情况。章熊老师在北京中学教育界称得上赫赫有名，多年来他不仅参加高中语文课教材编写，还参加高考作文命题及评卷。章老师告诉我，高考前北大中文系曾派人到北大附中来，要走了一些同学的作文，其中也有我的。据章老师说，来的老师后来指名道姓地说到了我，说这个同学有才华。当听到章老师这么说时我不禁感到诚惶诚恐：我，有才华？有什么才华？我问章老师：您说的北大那位老师怎么称呼？章老师回忆说：好像叫张树桥。我问：这位老师还在吗？章老师说：不在了。怎么回事？我着急地问，"在干校劳动，好像是拉车，车翻了……"多么令人痛惜啊！

后来看到一些回忆录，包括北大著名教授季羡林先生写的，反映文革时北大下放到江西鲤鱼洲，不少人因为政治上的高压批斗，加上生活、劳动条件的恶劣而死于非命，还有不少人染上了血吸虫病，这种病曾被毛在其诗词中称为"瘟神"，欢呼已经被消灭了。

上了大学，住在学校里，我就像上高中时一样很少回家，所有时间都用来看书。在我看来，上大学最大的好处就是有个大图书馆，可以泡在里面看书。我从小喜欢看书，上学、下学路上也要捧着本书看，不止一次撞在树上或电线杆子上。上厕所时，地上有张纸也低头盯着看半天，真像古人说的"敬惜字纸"了。

说来惭愧，我父母名义上都是大学毕业的知识分子，可我家里却没有什么书。1957年以前父亲订了本《文艺学习》，那就是我最早看到的文学刊物了，邓友梅后来被批判的小说《在悬崖上》就是在这本杂志上看到的。《三国演义》我是在小学四年级时看的，家里并没有此书，有一段时间家里来人住不下，我到一个亲戚家借住，刚好人家有这部书，里边许多字不认识，我是连蒙带猜囫囵吞枣地看下来的。《水浒传》是初中看的，《红楼梦》名声很大，但是很难看到，大学后能看到了，翻了翻觉得"太生活化"，太琐细了，始终没有从头到尾看过一遍，就连毛泽东极力鼓吹《红楼梦》如何如何好时我也没动过好好看一看的念头，说起来还是中文系的学生，真是有点不像话。不过有意思的是，文革结束后八十年代初，我却与颂平的哥哥王志良合作写了好几篇与"红学"有关的文章。

还有其他很多中外名著我都是在上初中二年级以后看的。那时听说中苏友好协会图书馆可以给中学生办借书证，我喜出望外，马上去办了一个。以后下午一放学，我就从位于内务部街东口的北京二中出发，穿过灯市口，一直走到南河沿中苏友协去借还书。那一阵子看了不少苏联小说，现在差不多忘光了。有几本书只有书名还记得，是苏联"路标派"作家温·卡维林写的《船长与大尉》《一本打开的书》，"路标派"在当时的苏联是受批判的，但我看不出什么问题，因为年纪太小，对马克思主义文艺理论还无缘领略。

进了大学，读书的条件就是中学完全不可比的了，据说北师大图书馆的藏书量在大学中也是名列前茅的。有同学是从小县城里考进师大的，这在当地都是了不得的大事。这些同学刚到学校时说出话来很牛："我们县图书馆里的书都让我看光了。"可是一到北师大图书馆，看着那整个一座八层楼里一排排一人高的书架上满满当当的图书，那种狂话就再也说不出来了。

书虽多借书却有点儿麻烦:你得在书卡柜当中一个个像中药店的小抽屉里先查书名、书号,写在纸条上交给图书管理员,她到书库里去找,如果你要的书被人借走了,还要再去查别的书,这样一来一去往往要费很长时间。可能是因为我去图书借还书特别频繁,很快我就跟图书馆的老师混得很熟,熟让我享受到一点儿"特权":别人一次只能借 5 本,我一次可以借 10 本。我每次在纸条多写一些书名,这样就大大缩短了时间,这对于我这种看书像"吃书"的人来说,也真算得上一件让人快慰的事了。几十年后,看到王安忆的一篇文章,题目是《吞书长大》,这个"吞"字用得真是太传神了。

学生的生活主要是上课与考试。大学生的生活与中学生有什么不同吗?进了大学门没几天,这个差别就清楚了:中学生课时多,考试多,老师盯得紧;大学则宽松多了,一般情况下,老师上完课就走,与同学交流不多,考试也就期末考一次完事。上课年轻助教多,有的老教授一年也上不了几次课,有的可能都没见过面。像启功先生,我印象中只给我们上过一次书法课,讲"永字八法",讲的内容已经还给老师了。

说起老教授,北师大中文系称得上大师云集,声名显赫。不是有说法么:"大学者,大师之谓也,非大楼之谓也。"不妨数一下师大中文系老教授:黎锦熙,著名语言学家,毛泽东的老师;黄药眠,著名马克思主义文艺理论家,三十年代担任过"左联"党团书记,1957 年反右时"六教授会议"参加者,大右派;钟敬文,著名民俗学家,1957 年大右派;以上 3 位都是一级教授,全师大一共 6 位一级教授,中文系占了一半;穆木天,著名作家,三十年代担任过"左联"党团书记,与鲁迅过从甚密,1957 年右派;李长之,三十年代以二十几岁后生小子身份竟敢写出《鲁迅批判》,也是右派;陆宗达,著名训诂学家,训诂学泰斗黄侃大弟子……

师大中文系教授队伍不可谓不壮观,不过 1957 年反右以后就溃不成军了。我是 1964 年 9 月入学的,从那以后,文艺界的批判运动接踵而至,特别是毛泽东 1965 年初有个关于"教育革命"的"春节谈话"更是"搅得周天寒彻"。老教授们一个个噤若寒蝉,校园里偶然碰到，个个都是低着头，笼着肩，哪里还有什么教授派头，倒活像是受气的小媳妇。

师大除了教授队伍名气大，领导层也有些特别人物：第一个，校党委书记程今吾，原中央宣传部教育处长，文革中被打成中宣部"阎王殿"（毛泽东语——笔者注）"大黑帮"陆定一的"黑干将"，横遭批斗，后来死得很惨。第二个，校党委副书记马建民，著名小说《青春之歌》作者杨沫的丈夫，小说中人物共产党员江华的原形。第三个，校党委副书记浦安修，彭德怀元帅的夫人，受彭牵连，被逼与彭离婚。她的二姐就是1957年反右时被毛亲自点名的《文汇报》"女干将"浦熙修。后两位历尽劫波，总算活到了"四人帮"倒台。

我入校没过多长时间文艺界对于所谓资本主义、修正主义的大批判就开始了，正课大大缩减，代之以学习两报一刊（即人民日报、解放军报、红旗杂志）上的大批判文章。因为时不时地有人有作品被报刊点名批判，如邵荃麟的"写中间人物论"，三十年代"四条汉子"与鲁迅有关"国防文学"的两个口号之争等，批"阶级斗争熄灭论""资产阶级人性论"的文章更是满天飞，因为两报一刊的文章全国各省市的报刊都要转载，不转或转晚了，都是不可饶恕的政治错误。

为此还看到了一些平常看不到的"内部电影"，如《武训传》《早春二月》《林家铺子》《舞台姐妹》《北国江南》等。还有更难看到的苏联电影，如《静静的顿河》《第四十一》《一个人的遭遇》《士兵之歌》等。这些作品都被冠以各种骇人听闻的政治帽子，批判的文字总是那么生硬武断大义凛然不容置疑充满火药味。这对于我们这些刚从中学校门走出来对政治与社会都很无知的年轻人来说，冲击自然很大。我们总是带着半是狐疑、半是相信的态度来打量这个因为疯狂而显得既新鲜又陌生的世界。

几十年过去了，那些批判的文字差不多都消失了，但各种批判会上人们愤慨激昂的声调与扭曲变形的面孔，特别是那种癫狂的气氛却依然闭目可见，多么深重的时代烙印啊！

这一切都来自毛泽东，尤其是毛对文艺界、教育界的几个批示和谈话。

毛泽东关于"教育革命"谈话"跟师大女附中的一个女学生王正志有关,王在与邓小平的二女儿邓楠同班,邓楠有一次对邓小平说起班上有一个女同学功课很好,问能不能跳级。邓向毛作了汇报,引出了毛对教改的一大篇谈话,说学生可以跳级,考试可以开卷,上课可以交头接耳……云云,要说这次谈话,毛还真是抓到了中国教育的好多弊端,然而出发点与目的有问题。

王后来考入北师大物理系,与我同级。文化革命中和我们一派,而且是所谓的"铁杆儿"。北师大"4·26事件"时也被抓到怀柔关押,始终不低头。因为这个原因,王毕业后被分到辽宁省丹东市下边一所乡村中学教书,文革后与两个哥哥一同考上中国科学院的研究生,一时传为佳话。研究生毕业后王考到美国马里兰大学,其后一直在美国工作学习,据说,她在科研上取得了相当可观的成果。

说到师大的学生,其身份同北大、清华不同,北大、清华高干子女多,而师大则不多。就我所知,我们中文系有那么几个高干出身的女同学,一个中二(一)班的陆瑞儿,其父陆定一是中共中央宣传部部长,文革一开始即被打倒。一个中二(三)班的钱小芸,其父钱杏邨,笔名阿英,三十年代著名左翼作家。还有一个中四女学生沈瑜丽,其祖父乃大名鼎鼎的民主人士沈钧儒先生。另一位中四的女学生,其父是毛盛赞过的诗人闻一多。听说中四有一位男同学,文革后作了伍修权的女婿;数学系一位女同学,其父刘斐,公开身份是国民党将军,实际上是潜伏在国民党上层的中共地下工作者。

我们中文系都上什么课呢?我记得一年级开的课有《古代汉语》《现代汉语》《文学概论》《写作》等。讲古代汉语的是张之强老师,熟了以后知道,原来图书馆那位帮我借书的女老师就是张老师的妻子,不知给我借书行方便是否与此有关。张老师讲课很生动,我还清楚地记得,他讲《左传·郑伯克段于鄢》时,声情并茂地朗读"大隧之中,其乐也融融;大隧之外,其乐也洩洩……"的情景。一年级期末《古代汉语》我考了85分,好像是全班第二。其实我并不喜欢古文课,不喜欢也不要紧,藏在自己心里别说出来呀,可我有一次竟当着张老师的面直言不讳地说:"我最不喜欢的课就是古文课。"回头想想，当年年轻人的狂妄真是让人汗颜啊！好在张老师宽宏，只是笑笑并没和我计较，可能因为我成绩尚可，老师放我一马吧？

我之所以不喜欢古文，是觉得过去的东西都是老掉牙的、陈旧的、缺乏生命力的东西，不像现代的东西那样新鲜、那样充满活力。这与多年受的教育有关——高中语文学的散文作品对我有很大影响。鲁迅的杂文不必说了，那是"匕首"，是"投枪"，是战斗的檄文，鼓舞人努力奋进。杨朔的散文，如《雪浪花》《荔枝蜜》等，对新时代的讴歌也常常让人心潮激荡。这些散文作品因为激情澎湃且辞藻华丽，容易博得热情幼稚的年轻人的青睐与效仿。然而那种雷同的手法，如先描摹、赞美一些美好的事物，结尾时突然笔锋一转，用以代表或象征祖国或人民等高大形象，却难免让人产生矫揉造作之感。

其实真正的问题还不在这里，杨朔写作与发表那些作品的时间，正值官方所说的"三年严重自然灾害时期"，这是一个弥天大谎。现在很多中外学者的研究已然证明，大跃进那几年中国风调雨顺，是大丰收的年景。可就是在这样的好年景下，中国饿死了几千万人！这可是在"人民大救星"和伟大、光荣、正确的执政党领导之下啊！

不过这一切我们当时并不了解，虽说也吃不饱，但毕竟因为住在北京城里，一个月还有20多斤粮票，对外地、对农村的情况毫无所知。不知情更重要的原因还在于当局的严密封锁与欺骗宣传。

我们不了解真相，像杨朔这样的，在党内有相当的地位，可以在全国各地到处跑的人，难道也什么都不知道吗？那么是什么让他们视若无睹呢？是所谓的"党性"驱使他们睁着眼睛、昧着良心说瞎话吗？所以文革结束后，特别是三年大饥荒时期饿死人的真相被揭露以后，对于"杨朔式"散文热的现象必然会出现反思与重新评价。

我常常想，时间已经过去了那么多年，许多事件已然真相大白，那些当事人应该可以出来说一说当年自己真实的所见所闻所感了，不应该让历史继续笼罩在迷雾中了，然而令人极其遗憾的是，几乎没看到有什么人这样做。这个事实让人悲哀，难以言说的悲哀！

回忆这一段心情不能不沉痛：这就是我们青少年时期所获得的文学营养！文革时少得可怜的几部作品，其特点是"高大全""假大空"，而文革前流行的一些非常著名的作品又何尝没有这类问题？例如《青春之歌》《红岩》《林海雪原》《红旗谱》等，这些作品我都是在初中时看的，当时作品刚出版，穷学生买不起，就千方百计地到处去借，一个人只能看几天，赶紧交给下一个人。

这些作品对我们这一代人生观的形成起到了至关重要的作用。我们钦佩书中的英雄人物，渴望学习他们的榜样，为祖国、为革命而贡献自己的青春与生命。好在那时候尽管已经开始"造神"运动，但对毛的"个人崇拜"还没有像后来那样达到登峰造极的骇人地步。然而可能也正是这个原因——歌颂党而不歌颂毛，或者认为歌颂毛不够劲——竟引起了江青与毛的强烈不满，最终把这些作品统统打成"反党反社会主义反毛泽东思想"的"大毒草"，作品被批判，作者被迫害。最令人发指的是，还要把我们这些不谙世事的青年学生推到斗争前台，充当剿杀文明的"冲锋队"、刽子手！老舍怎么死的？田汉怎么死的？傅雷怎么死的？……多少文艺家在文革中屈死，我敢说，他们当中没有一个人反过共产党，反过毛泽东，没有一个！从这些惨痛而乖悖的悲剧中后人总得领悟出点儿什么，总不能够一无所得，总不能够装着什么都没有发生过吧！

我想到了年轻的苏联诗人叶赛宁，十月革命爆发后他热情地讴歌革命，但没过多久，残酷的现实就让他陷入了痛苦与困惑中，最终以自杀结束了自己的生命。当年我们知道这段历史后，总是按照官方的调子来看待与评判这件事，即所谓"小资产阶级知识份子经受不住革命的考验"云云。后来还有著名阶梯诗人马雅可夫斯基的自杀，《青年近卫军》作者、苏联作家协会主席法捷耶夫的自杀，等等，可能各有各的原因，但有一点不能否认，那就是"革命"本身所具有的反人道的残酷性让任何良知未泯的人无法面对。

那时候，全国上下已经掀起了学习毛主席著作的热潮。师大当然也不例外，搞什么"讲用"，还请了外边一些"学习毛主席著作积极分子"来校作报告，其中一个是青年突击队队长李瑞环，号称"青年鲁班"。李虽然学历不高，但很聪明，也很会讲话，印象特别深的一句话是"费尔巴哈，眼泪八叉！"30年后，李当了全国政协主席。八十年代初，李还当过一段团中央书记处书记。

上大学以后发现同学大部分是共青团员，还有几个党员。政治空气的影响，加上我也长大了几岁，自己也开始要求入团，除了经常要写"思想汇报"外，我更多的是用担任社会工作表现自己的要求进步。我先后当过学校广播站的播音员、反美教育展览会的解说员，参加过系里的足球队、班里的篮球队，课余时间学雷锋给同学打开水、剃头等等。经过一年多的努力，1966年4月，团支部终于召开了有关审议我入团的支部大会，当时顺利通过，上报团委等待批准。

就在此时，震动世界的大事快要发生了，这就是被称为"史无前例的无产阶级文化大革命"，它的雷声已经在不远的天际隆隆作响了。

选自作者的《古稀回望人生路》，美国华忆出版社，2021年。

山东大学在文革前的阶级斗争教育

宋书星

1964年,我考入了山东大学化学系。大学生的第一课是"阶级斗争教育"。其实,这种教育早在中学时代就开始了,除了听苦大仇深的老工人、老贫农"忆苦思甜",就是看《刘树梅忘本回头》《年轻的一代》等戏剧和电影。内容无非是老百姓尤其是青年人,受"资产阶级小姐老婆"或"走资本主义道路丈母娘"的腐蚀教唆,忘记了旧社会的苦难和党的恩情,对新社会的幸福生活不满,不想当"驯服工具"和"螺丝钉",不安心领导交给自己的神圣工作,一心想着"打野鸭子卖钱,穿148元的毛料裤子";或者贪图享受,不服从领导安排到最艰苦的地方去工作等。

其中,坏人个个都是出身不好的;变坏的又个个都是政治觉悟不高的普通老百姓。而领导则个个都是正气凛然的圣人,是拯救老百姓灵魂的天使,他们把老百姓从水深火热中拯救出来之后,又把他们从"罪恶心灵的深渊"中拯救了出来,带入了美好的心灵天堂。

显然,其教育目标明确而专一:对党和政府(新官僚权贵)要知恩图报感恩戴德,要坚定不移地"跟党走,听领导的话",安守本分地做"党的驯服工具"。

当时,像其他年轻人一样,笔者也是热血沸腾心潮难平,听到或看到动情处,更是热泪盈眶。并暗暗发誓:一定要听党的话,艰苦朴素、刻苦学习,将来加倍报答党的恩情。然而,后来读了点儿马列毛的书,越想越觉得不对劲儿:这就是"你死我活的阶级斗争"?老百姓听当官儿的话,整天惟命是从、磕头作揖,就能避免"党变质,国变色;卫星上天,红旗落地"吗?毛主席说:"政治路线确定之后,干部就是决定的因素。"好事的决定因素是干部，坏事的决定因素咋就成了老百姓呢？

笔者虽然考上了化学系，学习《高等数学》《普通物理》《无机化学》等课程时，却依然"用心不动情"，只是按老师要求"理解掌握"就万事大吉了。课外，除了到图书馆看各种报刊争论文章，就是读些《马克思传》以及莎士比亚、卢梭、巴尔扎克等人的书。化学系迁到新校新楼以后，除了听课与做功课，几乎天天泡在图书阅览室里。读书越多，头脑中的疑问和困惑就越多，脱离群众跟不上时代步伐，另类思想也越来越多了。

女护士画像——"蜕化变质"活典型

当时，化学系是全校的阶级教育先进单位，在老校二号楼地下室开办的阶级教育展览更是成了全校新生阶级教育的课堂。实物展品，无非是学生扔掉的大半个馒头、尚能穿的破袜子旧鞋等。笔者刚从饥饿与贫困中走出来，自然觉得触目惊心、义愤填膺。但是，真正印象深刻而终生难忘的却是一幅素描画。作者是三年级一位大师兄，画的是一个穿高领毛衣、戴护士帽的年轻女护士头像。解说词的大意是，画这种画的人思想阴暗，蜕化变质，满脑子"资产阶级腐朽思想"。

对此，笔者内心不敢苟同：《大学生守则》是规定"不准谈恋爱"，可是，男人画女人就"腐化变质"了？猫还叫春、狗也知道交配呢。再说，护士不是救死扶伤实行革命人道主义的"白衣天使"吗？陈铁军、周文雍的革命爱情不是革命文艺的主题吗？青年马克思还与燕妮热恋过，不也曾因为热恋而"不安心革命工作"吗？"爱情的痛苦就是幸福"不是马克思说过的吗？他不照样是革命导师吗？

第一次见到"右派学生"

当时，辅导员还与学生同吃同住，再加上"我们的今天不过是他们的昨天"，因此对他们感到既亲切又敬重，有不明白的事总爱向他们请教，最早知道了一些大龄学生的缘由。他们分为两类：一类是因为考试不及格，被"统治学校的资产阶级学术权威"赶出校门的工农子弟；另一类是经多年的劳动而"改造好了的右派学生"。

对前者，笔者只有杞人忧天的同情：老婆孩子一大堆能安心学习吗？对后者，尤其对物理系一个既瘸又瞎的残疾"右派学生"，内心深处无限同情的同时，还多了几分因未知而诱发的兴趣。我与他同住一个宿舍大院儿，在同一个食堂吃饭，每当进进出出相遇时，总想打个招呼问问当年"反右斗争"的真相。不过，"政治觉悟"和"理性精神"总是能战胜好奇心；为了"未来的美好前途"，终于未敢越雷池半步。然而，关于他的诸多问号，在数十年中却一直挥之不去。家乡人常说："瞎子狠，瘸子刁，一只眼的不中交。"他是如何成为"右派"的？那条瘸腿和那只瞎眼究竟是"右派"的成因，还是"右派"的收获？

不久，轰轰烈烈的"社会主义教育运动"开始了。学校召开了全校师生员工大会，由学校第二把手、校党委孙汉卿副书记作动员报告。他号召大家，要警惕懒、馋、贪、占、变，拒腐蚀永不沾，与各种资产阶级思想和行为作坚决的斗争！

"阶级斗争严重性"——往陌生女人腚上"抹浆糊"

孙书记在报告中，列举了"资产阶级思想"的种种表现，最严重最震惊全校的莫过于"往陌生女人腚上抹浆糊"了。事件经过是：学校图书馆一个二十多岁的男职工，在百货大楼排队买东西，也许是与前面那位漂亮女人的漂亮屁股太亲密无间了，致使其"资产阶级腐朽思想大暴露""那玩意儿"不仅硬邦邦地顶到了那漂亮女人的漂亮屁股上，竟然还"抹了人家一腚浆糊"。当然，他本人也尝到了"无产阶级专政铁拳"的滋味。更严重的是，他给"社会主义大学"和"人类灵魂工程师"抹了黑。孙书记讲到"抹浆糊"处，主会场和笔者所在的分会场都哄堂大笑，我也概莫能外。

但是，事后又冒潮气儿钻起牛角尖儿来：资产阶级家里有三妻四妾，外面还有情人和妓女做"婚姻补充"，他们才不会干这种傻事呢！再者，个别人"抹浆糊"就能抹黑"社会主义大学"？难道败誉毁校、亡党亡国的危险出自个别群众？简直是拿阶级斗争开玩笑！娶妻生子以后，我连事件的真实性也半信半疑了："跑马溜溜的山上"只能偶尔发生在沉睡的梦中；大庭广众之下竟然也能如此，比《红楼梦》里的"瑞大爷"还厉害，可能吗？

不过，不信归不信，教训实在太深刻了，终生不敢或忘。在其后的数十年中，不论是排队买饭、买东西，还是乘车、上船，只要前面是女的，不论老少丑俊，宁可让后边的人把我挤死，也拼命保持一定距离，并始终保持收腹撅臀姿势，以免"抹浆糊"之嫌。

学兄闻丁罗——漫画揭露批判对象

化学系的"社教运动"在宿舍区全面展开了。运动的最大特点，一是运动对象全是青年学生；二是"在党委统一领导下"，按照"校党委——系总支——辅导员"的组织体系层层贯彻；由辅导员组织学生中的积极分子，形成"革命中坚力量"；三是运动方式以开会发言、大字报、漫画等为斗争武器，口诛笔伐向落后学生开展"无产阶级反对资产阶级思想"的大揭发大批判。其中，重点对象之一是"化二"的闻丁罗。揭露他"资产阶级反动思想"的漫画，贴满了宿舍走廊的半面墙壁。

笔者之所以印象深刻，原因有二：一是叹服，艺术水准太高了，惟妙惟肖，颇得漫画家方成先生真传；二是失望，政治水准太低了，揭露的内容既无反动思想，也无反动言论，更无反动行为。有的只是：爱计较小里小气、洗脚时浪费热水、碎嘴子说三道四、喜欢自吹自擂……。笔者第一印象是，什么阶级斗争？！纯粹是无事生非"上纲上线"的闲扯淡。

第一次挨了两大张"大字报"

几天后，笔者有生第一次被贴了两大张大字报。多年迷恋文史哲的狂热首次得到报偿，尝到了阶级斗争的滋味。

笔者的"资产阶级思想"有二：一是"与某女生眉来眼去，……"其实，当时我与老同学山工学生×××（前妻），已确定了恋爱关系。但是，一个尚处于"进城初级阶段"的小土包子，有贼心也无贼胆，除了想家而热衷"老乡见老乡"的集体串校聚会，以及恋人之间眉目传情，绝不敢公然违抗《学生守则》。二是"恶狠狠地用脚踢学校的排球，发泄对国家财产的不满，就是发泄对社会的不满……"其实，此前不久，笔者在报栏里看到了一篇关于足球的报道，还配有一幅照片，那是平生第一次知道：除了用手玩儿的篮球、排球，还有用脚玩儿的足球，自然感到新奇。一天课外活动，便在宿舍院儿里用排球模仿着体验了一脚足球的感觉。结果，竟然成了"严峻的阶级斗争表现"。又是无事生非闲扯淡！

1965年中共山东省委决定：抽调在校大学生和青年教师组成"四清工作团"，省委第一书记谭启龙任"挂名团长"，奔赴农村和工厂开展"四清运动"。据领导说：这是党对青年学生"最大的关怀和信任"，为了把他们培养成"革命事业接班人"，理应"到阶级斗争大风大浪中经受锻炼和考验"。

其后多年里，笔者总觉得这种说法难免冠冕堂皇，有虚假之嫌。真实原因恐怕是：其一，农村与农民问题远离上流社会和政治中心，对各级领导的政治生命影响不大，难能成为"日理万机"领导们的重中之重，因而无暇顾及。其二，农村实在太贫穷落后了，生活诸多困难，不便于领导开展工作，却非常适合知识分子改造"小资产阶级思想"。为了"培养下一代"，各级领导义不容辞把"学习锻炼的大好机会"让给了青年学生。其三，知识分子虽然"资产阶级思想"严重，但与农民的封建落后和生产队长的"四不清"相比，可能"反动"得稍微差一点儿，可以担当"四清运动"历史重任。

谁知道呢，反正山大不少教师和学生都奔赴了农村或工厂的"阶级斗争第一线",二姐所在的数学系四年级学生也在其列。她和大师兄、大师姐们讲述的情况,笔者对如下几点印象深刻。

秘密串联——"无产阶级专政下的地下工作"

工作队出发前,省委领导按照刘邓的"后十条"精神和王光美的"桃园经验",向队员们介绍了农村"阶级斗争的严重性"。为了"保证队员人身安全",防止"阶级敌人疯狂报复",规定了严格的组织纪律:一是不准单独外出,离开驻地时必须两人以上结伴活动;二是所有人一律隐姓埋名,代之以化名——非本姓的"老张""老李"等。

他们坚决贯彻执行"桃园经验""家家点火,户户冒烟",秘密串联发动群众。不仅专拣风高月黑、夜深人静时悄悄走门串户"访贫问苦",而且,每次都有严格分工,有的与贫下中农交谈,有的在门口站岗,有的在院外放哨,严防走漏消息。与小说上所描述的解放前共产党的地下工作别无二致,真可谓"一片白色恐怖"!听起来惊险又刺激。

然而,后来却越想越觉得不对劲儿:当年,共产党是无权无势的弱者,面对武装到牙齿的反动统治阶级,既要闹革命又要保住自己的脑袋,不得不地下秘密活动。如今,共产党早已成为手握全国政权的执政党了;山东省还有十几万军队、警察等专政工具,对付几个庄稼汉"老巴子"生产队长"当权派",用得着如此神经质的如临大敌吗?他们能不能当队长、支书,还不是公社领导一句话、县委领导一个电话的事儿?

又一场故弄玄虚的演大戏!

村支书,多吃多占、乱搞妇女

二姐所在的工作队派驻荣成县石岛公社某村,经过近一年"艰苦卓绝的斗争",取得了"重大成果"。虽然没能搞出什么政治不清和组织不清,却搞出了大队支书多吃多占的经济不清和乱搞妇女的作风不清。笔者听说后顿觉索然乏味大失所望。

对前者，笔者在家乡时，早已司空见惯了。开始时，队长分地瓜根本不敢自己多分，常常是把破的小的先分给社员，把大的好的留到最后分给自己。后来闹粮荒时，为了减轻老婆孩子的饥饿，有的队长和保管员才偶尔从仓库里往家背"公积粮"。与刘青山、张子善那样的权贵政要们相比，相差何止十万八千里！

对后者，笔者倒觉得"问题严重"，并困惑了多年。结婚生子后懂得了：那与其说是农村"阶级斗争的严峻性"，不如说是渔民的自然现象。其一，他们多食鱼虾，难免营养过剩；与肠子闲着半截的笔者家乡人相比，性欲自然强烈得多，饱暖思淫欲嘛。其二，青壮年劳力下海打鱼，一走就是数月或大半年，有的甚至有去无回。守活寡的大有人在，年轻寡妇也不少。村里只剩下"公务缠身"不能出海的村干部，难免男人短缺供不应求。按照今天的"现代化"标准，那位大队支书没准儿还能成为"模范共产党员"呢。他既是"解放思想"的先驱，又是"先进性教育"的典范。与今天那些肆无忌惮地用公款吃喝嫖赌的"人民公仆"相比，这些"四不清"干部简直好到天上去了。

"清组织"——贫下中农绝不答应！

运动后期，"为了把受苦受难的农民兄弟从'四不清'生产队长的压迫下解放出来"，开始"清组织"撤换领导班子。不料，如此革命举措却遭到了广大贫下中农的强烈反对，让"四清工作队"既尴尬又茫然。按照农民的说法："现在的干部已经搂满了"，剩下的只是日常吃用，再搂也搂不了多少了。如果撤换他们，新上来的再从头儿搂起，那得多少东西才能喂饱他们啊？"可怜的老百姓，除此以外还能有什么更好的选择吗？

大学与中学最大的差别在于：消息灵通耳目开阔。各种报刊应有尽有，而且随时能借随处可读。不像中学那样，看张《参考消息》还得去教导处，借口"请示汇报"回来时"顺手牵羊"，看完后再偷偷放回去。消息灵通的必然结果是心扉洞开，思想活跃。

笔者一进大学校门，就置身于"学"与"批"的信息海洋里了：学雷锋、学王杰、学焦裕禄，批电影《早春二月》、批"合二而一论"、批"时代精神汇合论"等等。真可谓眼界大开目不暇接。

"合二而一"与"一分为二"

也许因为哲学是"科学王冠上的宝石"吧，笔者从中学时代就特别喜欢它。到了大学，对"一分为二"与"合二而一"的大论战也最感兴趣。

"合二而一论"与"一分为二论"是互补关系

说实话，不论当时还是后来，对杨献珍的"合二而一论"，笔者实在看不出有什么理论错误。今天就更认为，就人们的实际感受而言，毛主席的"一分为二论"更强调"分""对立""斗争"，而杨献珍的"合二而一论"则更强调"合""统一""依存"。二者具有明显的互补性，只有相互兼容、融会贯通，才更能大道归一表述对立统一。

理由很简单：其一，自然界是如此——化学的全部内容就是研究物质"分与合"的变化规律和方法，现代称"分解与化合"，过去称"化分与化合"。其二，人类社会也是如此——《三国演义》开篇即有"话说天下大势，分久必合，合久必分。"其三，精神世界更是如此——人类思维无非是"分析与综合"的辩证统一过程；分析，以保证认识的深刻性和精确化；综合，以保证认识的完整性和本质化。

正是基于这种思想认识，笔者成了既是马克思阶级斗争学说和毛主席继续革命理论的虔诚信者，又是"调和论""中庸之道"或"中间道路"的坚定信奉者。在实践上，崇尚"失势不失志，得势别得意"，特别讨厌"要么彻底革命，要么诅咒革命""得志便猖狂，失势就骂娘"。信奉"要打人，首先准备挨打"；要"打碎旧世界"，首先准备被旧世界打得粉碎。否则，好事儿都是你的，孬事都是人家的，凭什么呀？"

在不久以后的文革中，这种价值观念和思想基础又决定了笔者与众不同的造反之路：既是坚定不移的造反派，最终有幸"僭越"成了山东省 40 几个"三种人"重点清查对象之一,又是"混入造反派队伍的机会主义分子";既是"鲁大主义兵潜伏下来的二线人物",又是"鲁大的叛徒、出卖'主义兵'的儿皇帝",等等。在曾经无限忠诚于"党组织"和患难与共的造反派战友的心目中:笔者既是"野心家",又是"阴谋家",更是"两面派"。

选自作者的《云烟未散——记忆与反思》,美国华忆出版社,2021 年。

时代的晴雨表

——北京师范大学外语系

安希孟

1965年初秋，喜鹊登枝，农舍欢腾，我被北京师范大学外语系录取。进校后入学教育周。端正入学动机，防止思想跑偏。因为中学教师地位低呀。那是比谁的调门高的时代，紧跟高举发言表态，人人别出心裁。我每次发言惴惴不安，不敢也不善发言，不会编造活思想。人家都高谈阔论，编造自己光怪陆离的资产阶级自私思想和活学活用的心得体会，我却觉着自个儿没奇思妙想。别人说贫下中农把他送到村口。可我怎么就没有贫下中农礼送出境呀。我也想编一点个人主义坏思想，但编不出。总之人家都会变花样想词儿。北师大入学后，倒是入团申请书思想汇报连篇累牍，亮私斗私不怕羞不害臊。我和常新华同学这一辈子尽谈心，先是我为入团频繁向她汇报活思想，编造离奇的思想活动，不明真相者，还以为我们谈恋爱。后来倒了个个儿——我是她的上司。

当年，北师大搞军训，练刺杀、挥木棍、布地雷、投炸弹，打空靶、钻地道、挖壕堑、搞拉练、穿树丛、喊口号、拉大旗、搞备战、吞糠菜、表决心、画漫画、写豪言，书壮语、赋诗词、建分校，精神炮弹，不怕苦和死，玩完儿就玩完，练就花拳绣腿。于今，这些武术皆无所用之。我们脑子里有苏修美帝入侵的准备。每天下午，忽然警报大作，大家急忙躲藏——这一辈子尽和敌人较劲儿了。

北师大的学术成果比较稀疏，但却非常革命和激进，大学入学军训，办半工半读临汾鸦儿沟分校，公共政治课占去大半时间，所以师大学生学术能力很差。中学教师嘛，高中毕业即可，程今吾们对此深知，所以就无须上多少课，新生入学军训仅有北师大一家。军训结束，给全校做表演，大操场上摆成居民家庭模样，桌椅板凳锅灶，美国鬼子来了，碰到床铺锅灶，巨型爆竹（代表地雷）"轰"地脆响，美国鬼子"哇"，应声倒地。当然还有练刺杀，木头棍子，朝对方胸脯刺去。这种仇恨教育，牢记阶级恨，不忘血泪仇，就培养了接班人。

当抢劫、杀戮、劫掠成为革命，被镀金，被美化。当草菅人命成为进步时，一切就会颠倒。读书无用，白卷英雄，学而优则仕遭贬，反潮流就开始了。特务监视，报刊禁锢，舆论一律，百口莫辩，善良就蒙垢，学人乃含羞。贫穷受到赞美，黑白被颠倒。勤劳、进步、节俭、善良、仁爱、富裕、朴素、慈悲、高尚被吊打活埋游街挂牌。当痞子懒汉劫掠成合法时，退步就开始，时间就凝固。

马克思是学者。有人冒充他的"后人"，但与之无任何共同点。从"先进"产业工人到地痞二流子，是衰退递减。马克思始料不及，打家劫舍，大锅煮粥，农具归公，懒汉掌权，都打他的旗号。他的学识。在欧洲无用武之地，却被篡改成阿芙乐尔冬宫一炮，肃反清洗，冤狱遍处。科学社会主义之树结出封建皇权之果。

北师大外语系，时代晴雨表、社会风向标，全盘苏化，英语专业改为俄语。反修防修，俄语专业改英语。我们身上留下时代烙印。然而，英语的 26 个字母，我还刚刚学了 24 个，文化革命就开始了。先是批判"三家村"，各省都上行下效，纷纷揪出自己省内的"夜话"，首当其冲的是宣传部长、文化厅长、作家、黑戏。这政治斗争模式大家很得心应手。我给《北京日报》写批判邓拓、廖沫沙的文章，虽说没被发表，但收稿通知单也够叫人激动的。批判的方式就是断章取义，鸡蛋里挑骨头。

文化革命中，刘宝英老师带我们学习英语毛著和"两报一刊"社论的英译。这浅浅的英语对我后来的影响和用途何其大也乃尔！同年级陈金囤把系资料室《英语学习》上的英文中国古诗词全部抄录。张祖荣们收集整理英文版《北京周报》上的最新最高指示，编成红塑料皮语录本作为献礼。

我在北师大最喜欢夤夜看大字报,清风徐来,蚊虫尽散,同学少年,挥斥方遒。这种文字争论语言诡辩修辞章法的熏染,使我喜欢在用"字"上下功夫,讨厌不通顺,不优雅,自造术语的断烂朝报,也学会了讲死理动真格。大字报和大辩论也使我得到不少理论争辩的乐趣。须知北师大学生的大字报的知识含量和理论学养可谓高矣。文革中又与中国社科院宗教研究所的兄长们一道参加运动,方知佛教、基督教哲学乃人生学问之宝典。派性斗争也使我可能逃逸到北师大图书馆阅读西方文明史。文革后期,工军宣队罚我到后勤部门劳动,我竟从北师大革委会作战部文件柜上惊喜地觅到查抄的苏联学者敦尼克的《欧洲哲学史》,夜晚用私藏的钥匙打开房门偷偷取走。整座主楼空无一人,好在我不怕鬼。遂对西洋哲学感兴趣。

1966年"十二月黑风"。炮打司令部,仅是领袖笔底生花,结果有人误入彀中,遂成反革命。司令部之说只是比喻,没有反映论认识论上的对象。另一个司令部是推演的结果,只有无产司令部才是真实的存在。

1967年"火烧英代办",声讨港英当局。北师大是地派的头,理应派代表,差一点派我去(我们是"外文"系,看上去像"外交"二字),结果另一女去,坐台小姐。结果热昏头把人家英国人房子点着了。后清查"五一六",她就黄河洗不清。若派我去,我会死不瞑目。

文革语言劲爆、狂躁、一览无余;直白、不含蓄、不幽默、不留余地。砸烂狗头、最最最,似乎火力越旺,越能烧死人。其实文火慢攻,也是炙烧烧烤的要言秘诀。一次康生怒斥:"别用外交语言"。不过外交学院有一门功课就是外交文书与语言。因为外交语言有身份、有地位,要得体。语言不能太露骨。含蓄未必软弱,反更有内功,更有魅力。这比烈焰腾腾,直露赤裸,不留余地,更有力量。

文革中,我们老师朱敏,朱德女儿,其子乃朱德外孙,一个少年,常来西北楼外语系学生宿舍玩。朱敏原可进入中南海,后出入通行证被收。

社会是个振荡器,上下翻滚颠簸,震荡摇晃,昨天受审挨斗沮丧,今日整人神气飞扬,原来依靠力量,忽然成审查对象。1969,70年,黉夜查户口是挺神气的。没带搜查证，半夜"咚咚"敲门，动作粗鲁。谁敢怠慢，"查户口"三个字，一蹦出口，就铿锵作响，声色俱厉，河水让路，高山低头。在小姑娘脸上仔细端详，寻找可疑之处，务使"恐怖分子"插翅难逃。知青回城，那时就是"敌情""隐患"——十几岁娃儿，曾经臂戴红箍斗老师，旋即又反成被防范之奸宄。民众视民众如贼寇，大家伙儿轮流转换角色，既当审查员，又被别人审查。那个时代，我们清理过阶级队伍，但自己也受到了清查追剿。

1968年，英二年级吴振明同学，三代老工人之后，因为马列书读得太多，受羡慕嫉妒恨，成为"反革命"。他在"黑修养"上的心得批注，是罪证。英二年级要批斗他，形成不了革命军队，便由战斗力强的我们年级参与开会做主力军凑材料上纲上线。他被推迟毕业分配。苏州才子，书读得太多，就吃亏。

1968年冬，他和同样因"反动学生"罪推迟分配的曲人家辩论，说共产主义没有货币。我们像听天书，傻乎乎。他翻找厚厚的马列著作，也没找到出处。但我们从心底里相信，从他的嘴里出来的，不会不是马列真谛。后来学习无产阶级专政理论，知道货币拜金方孔兄将来要消失。

我班曾有一位同学在教室张贴小字报，揭发雷某同学几条错误（反动）言论。我们开了一次会，不是批斗雷某，而是为其洗白，批评揭发者。

革命岁月，易姓改名，革故鼎新，革命化，蔚然成风。我们系更名的有，刘树林改为刘军，李瑞礼改为李闯，于连生改为于东，丁道升改为丁锋。物二学生邢保林，易姓改名为党红兵，其父西安高校右派教授。女友"红五类"，其父母坚决反对他们恋爱。"四人帮"倒台，右派平反，教授复职，两家方才结为亲眷。

一位汤姓汤学生，出身不好，被骂做"狗崽子"，他改名为毛为民，但同班女同学恨阶级敌人，爬梯子用笤帚粘贴，用"汤二麻子"遮盖——大概他是麻脸。

和吴振民同样做"反动学生"推迟分配的刘希贤，俄三，68届。曾是天津市少年象棋冠军，吴振民是苏州市少年象棋冠军。二人对弈。刘希贤可以下盲棋：躺在床上听人口中念念有词，由别人听口令替他挪动棋子，居然能下赢。他在中学时与一帮学生搞什么"诗社""四清"被定为"反革命小集团"，他被送农场劳改劳教。十几岁中学生娃娃，听说居然要搞政变。

整他的蒋亨俊老师很左，文革中被斗，自己挨整，自觉极为委屈，整人者被整，常态。后来请查"五一六"，他又同样积极。刘氏后来被分配到沈阳当中学语文教师，中教特级，极为正统，无法把他和"反动"二字相连。他的观念完全是正统无邪的。

武斗攻打工五楼，我值夜班防止某群众组织半夜逃跑，自己也曾被人警惕防止逃窜。训斥过被审查对象，也被人训斥过。批判过封资修，但也基本上属于资产阶级世界观和资产阶级知识分子。当过接班人，戴过红领巾，是红孩子，红旗下长大，也培养过接班人，但还是要接受改造而没有改造好。戴过红袖章在天安门前维持秩序，疏散群众，"快走快走别停留""不要拥挤"。国庆仪仗队举红旗走正步腿抬得老高，咔嚓咔嚓，威武雄壮；雄赳赳。气昂昂，里面有我。

我班的发言稿通常是我执笔，董丽琴、孔老二两位靓女发言朗读。下来后她们常高兴地说，咱们班的发言稿别班都说好。我心里乐滋滋的。又一次，清理阶级队伍动员，晚上快就寝时，军宣队老桑让我赶快写第二天上午的发言稿，条件是第二天可睡懒觉。我连夜写就，编造、剖析清队对象各种活思想，头头是道，煞有介事地加以分析，批驳自己捏造的种种怪论，也是瞎编乱造，要求反革命分子放下包袱轻装前进交代问题勿存幻想。第二天让蔡文莹等老师抄写（她的毛笔字特好）。我的文章引用的《告台澎金马军民书》："你们想逃到月球上去吗？寇能往，吾亦能往，总是可以抓回来的。"气势磅礴，我得意洋洋。

在北师大，1967-70 年，每日清晨，天蒙蒙亮，寒风吹，黑压压的人群到水泥像座前祝祷。每天上班，从各个教室传出惊天的齐声祝祷"祝愿伟大（共四个）领袖万寿无疆，林副主席身体健康"。一般手举红宝书高过肩头。然后朗读几段语录，都要结合当天的政治任务和当前形势。还有革命语录袋，挂在墙上，有人送你一条语录，比如，

"要看到成绩，看到光明"，就表示发现你有悲观主义。你每日到教室，第一件事就是翻看语录袋，看有没有斩获。如果语录袋里有一条"我们都是来自五湖四海"，就表示要和你交朋友。坚持每天读两报一刊。你猜怎么着？这理论学说就管了一辈子，终身受用。样板戏王国富，是咱的榜样。你一定要记得，老师们，我们的兄长，比我们晚辈后生，更热烈，更忠诚，发言讨论更有条理，头头是道，滴水不漏。教师队伍彼此揭发，弄出许多牛鬼蛇神来。窝儿里斗，老师们更起劲。

1968年工军宣队进驻。教师下班，编成混合班。老师们心中忐忑个个紧张——谁没有一星半点儿历史或现行问题？有的学生趁机为难教师，占点小便宜。我们班有三青团忠义救国军问题，但不是胡传魁。濮阳翔，我第一次知道濮阳这个复姓。他的问题是三青团和忠义救国军。现在想起来，忠义救国军也是抗日的。但那时我们只知道忠义救国军就是胡传魁的部下。三青团，三民主义，统统是反动的。教师们内斗，互相抓辫子。青年学生娃娃反倒纯洁，没有花花肠子。不过似乎缺乏忏悔意识的大人们，反而错怪学生。我们没有丝毫为难他们。有一位老师是苏修特务嫌疑，娶了苏联太太。他似乎去过苏联大使馆几次，这成为严肃问题。可有把柄了。他妻子从俄国（那时叫苏联）来信，要有工军宣队先拆阅，组织审查。其中有"吻你"的字眼，这算是封资修。王昭碧老师口译给宣传队。据宣传队小战士讲，每次董丽琴同学都难为情的脸上绯红，脸上飞出一团红云。耿志国总是委屈地说，他有理说不清，好比是小羊遇到狼。我们就说他污蔑革命群众是狼。总而言之，他有罪。他若无罪，那便就是罪。革命群众说你有罪，你居然没罪，这就是对抗。你本来应该提供一点情报什么的，你却没有，那就罪大恶极。辜负了群众的期待。

我为革命培养下一代。文革材料，首长伯达康佳江姐讲话，我应有尽有地寄给老家南常村。三种人，我也沾了个边。1970年我在后勤处劳动改造，修理桌椅板凳，有一些忆苦思甜革命书，控诉万恶旧社会，揭露地主老财残酷压榨贫下中农连环画，都寄回老家去培养革命下一代。革命样板戏彩色剧照和连环画，也是我给红后代灌输先进理念的工具。后来家里就有了教书育人的红色思政教育家和掌生杀权的公安干警狱吏衙役兵弁管教干部若干。我家出了无产阶级专政工具，与我对其幼年进行革命传统战斗教育有关。我为祖国献战友。

1971 年提出"两个估计"，即，大多数教师世界观基本上是资产阶级的。"工宣队"长期领导学校，知识分子接受再教育，选拔工农兵上、管、改。当时大家都默认。师生经历磨炼，对此理念服膺终身。许多老知识分子老而弥坚，坚持对知识分进行思想改造。有些知识分子不是资产阶级，而是坚定的无产阶级，至今仍坚持两个基本估计。

1972 年在北师大可以享受一次探亲路费报销，我父母不在世。如实填报探望"伯父叔父"。负责报销的北师大一位刚解放的干部以"探视父母才可报销"为名，拒绝报销。其实政策未必如此。人道人情人性，那时缺如。回故乡探亲，叔伯姑舅兄妹，未必不算探亲。后来让南常村出具证明，叔父曾经抚养，才给予报销。

1972 年暮春，我从北师大到银川，当了银川六中班主任。学生入团得经过我，可我连团也没入过。班上学生团支部书记，得服我管。再普通的小人物，只要有了身份地位，就会位高权重。这就叫契约与身份。我当学生时，调皮顽劣。奇怪的是，一旦掌权，就对娃娃们非常苛刻严厉。然而我自己，学校开会，我必做逃兵，或迟到早退，或交头接耳，私语窃窃。开会时大家慢悠悠。但我对学生完全是按照社论文件灌输教育的。宁左毋右，有过之而无不及。后来每个历史阶段，我也都是按照社论文件思考言说。

"我是个中国人，何必学外国文，不学 ABCD，照样能够种地"。1973 年 7 月，河南唐河县马振扶中学一女生受到批评后投河自杀。这被赋予特殊政治含义，被定性为"修正主义教育路线复辟"。全国开始揭露修正主义路线"复辟回潮"。9 月，《人民日报》发表《一份发人深省的答卷》《一个小学生的日记》。十一中也不可避免卷入热潮。师道尊严、智育第一、分数挂帅，是一连串的大帽子。1973 年 12 月发表了黄帅日记，掀起了破"师道尊严""横扫资产阶级复辟势力""批判修正主义教育路线回潮"的活动。

那个冬天寒假，区教育厅一行人马来十一中调查反响。大家伙儿对黄帅小姐备极仰慕之忱。我反了一次潮流,鼓吹今不如昔论。回去后,自治区教育厅就十一中发言向全区做了通报。"四人帮"结束后,我才知道有这么一回事,难免后怕,腿肚子筛糠。"四人帮"下台后,市教育局开座谈会,徐怀礼副局长询问此事。我和盘托出。后来徐怀礼局长还责问自治区教育厅。我的同学王邦秀,时在自治区教育厅供职,说那个通报其实也没被当回事儿,只是客观报道。可在那个环境里,在人治时期,有嘛"客观"可言?通报了,就泰山压顶。如果有人说是个大问题,你就吃不了兜着走。政治运动就这么回事儿。有人乘风扬灰,你就倒霉。领导开明一点儿,大家相安无事。非法制、人治、长官意志;没规程、没规则,你得碰运气。人治,就是如此。比如李庆林、黄帅、张铁生,不是依照规矩成一时豪杰,而是撞大运,但有时就倒大霉。

在银川十一中我担任班主任,率领红小兵批林批孔,批邓反击右倾翻案风,学习无产阶级专政理论,批资产阶级法权,评法批儒,反对资产阶级思想腐蚀,宁要草不要苗,学习马列六本书,我都很积极。受重用,顺杆爬,识抬举,金镶玉。学校教工学马列核心小组,我和语文老师杨肇荣是教师代表。"以我为核心"这个词,就打这儿来的。每周一次,晚上学习,顶风冒雪,不分寒暑,夜间骑车到学校,读《国家与革命》,还上瘾。其实看不懂。左派幼稚病倒有一些。哲学是思辨,从理论到理论,高度抽象。思辨是从概念到概念,空对空,构织理论大网,不是心血来潮,不掺杂任何实用和功利,不讲经世致用。然而学哲学、"用"哲学,多么滑稽可叹。哲学还能"用"?

我在银川十一中教师马列小组,就庸俗化实用化了一把。银川市教育系统学习无产阶级专政理论,批资产阶级法权,学儒法斗争史,还请一中、二中政治教员辅导。当年我是用马列思想两报一刊黄帅、张铁生斗争哲学熏陶学生的。他们少年时代受到简单化、实用化的庸俗哲学的教育。师生关系成"斗地主"关系。1975 年我还被评为银川市教育系统先进工作者,参加先代会,屁颠屁颠,一纸奖状保存多年。那时候填表有一项"受过何种奖励",我每次都填上。我们还和街道居民委员会创办向阳院,用马列主义、毛泽东思想占领校外阵地。"八小时以外是我的自由",这思想属于批判对象。有一幅摆拍照片,是我和向阳院——就是居委会——大爷大妈合照,五一节挂在公园里让万民一睹风采。邻居们艳羡不已。学生们回家不能贪玩,更不能接触不三不四的资产阶级,得学马列。不过我觉着学生们读费尔巴哈论有些儿困难。不知道他们可不可以跳皮筋。不过,小生产者是每日每时地,自发地和大量地产生着封建主义。封建社会,人身依附,思维僵化,仰望先贤圣人,部落首领崇拜,歃血为盟,拜把兄弟,内部纪律,祭祖告天,祖先墓地,血缘亲情,大行其道。

1973年,在银川十一中大院,有一天傍晚,一群学生打架,一男生把另一个男生压在底下,底下的学生狠命咬住上面学生的一根手指不松口,十一中高中生围得水泄不通,看热闹如同看斗牛。我以为自己是老师,管了闲事,打了一下其中一位一下,那位一激灵,牙口松开——松口的事儿发生了,指头挪出。但另一件意想不到的事发生了:看热闹的学生特机智地高喊:"老师打人了"。多么高智商的学生。社会常有的事:你同情某弱者,彼并不领情,反怪罪于你!

阶级斗争为纲,如今,社会主要矛盾转化了。战斗岁月,朋友不叫知己,叫"一个战壕的战友",大家伙儿有战斗观念,火药味浓浓的,怒目相对。受战斗熏陶长大,终身效忠不渝。动植物要自幼苗幼雏培植。小老虎精神,反潮流,革命小将。"现在开始播音",叫"现在开始战斗"。不过那时上课已经不时兴祝祷了。硝烟弥漫,是那时人和人的关系。学校教育要求培养"小老虎",去吃几只"小绵羊"。有时还有老黄牛千里马参天树梅花小草——咱们的文化里动植物不少。人的一生,青春几何?纯洁无瑕,容易形塑。这会影响他们一生。

1974年我当上初一(2)班的班主任。这个班前后应该有六七十人。学工也有意外收获,在127厂,一帮男同学帮我收集废旧铝片,铸造两口铝锅——饼锅和米饭锅,至今还在使用。在某纺织厂学工,一位西安纺织学院毕业的女工程师还给学子们讲课——绘图制图,几何原理。十一中还有农场,大家也在那里劳动过。好像就是八里桥,离银川八里地。下乡劳动插秧,我是监工。自己当老师,就有特权不下到田里。娃娃们很累,工余之暇,孩儿们还得宣传群众,给贫下中农表演节目。有一次，我儿子得肺炎，需要红霉素注射液。短缺经济时代。医院没有药，苏杰英老师想了个点子，发动学生，结果我这个班的学生有人从家里拿来一支或两支针剂。我感谢孩儿们。当然，每年入冬和煤饼子，是一件大事，都是我的学生们帮忙。据同学们讲，有一次给我干完活，同学们饿着肚子回家。那时，学生帮老师干活是家常便饭。

广播操比赛，这个班齐刷刷白上衣蓝裤子白球鞋白手套，步调空前一致，胳膊肘子甩得"唰唰唰"。这次回银川，才有同学告诉我，苏宁生同学没有白球鞋，用白粉把球鞋刷白。俊男靓女，生龙活虎，浑身洋溢着朝气蓬勃。广播操演武，进场高歌"说打就打，说干就干"，不打垮反动派不是好汉，打他个样儿叫他（以手指台上）看一看"。退场高歌"日落西山红霞飞，战士打靶把营归，把营归""歌声飞到北京去，毛主席听了心欢喜"。没问题，年级夺魁，奖状一纸，不带镜框，没奖金。有红蓝铅笔和橡皮做物质刺激。如今我的学生们已知天命，不少人在社会活动中依然坚持昂扬斗志和坚定立场。

用"战火中的青春""在战斗中成长""激情燃烧的岁月"形容十一中的生活，实不为过。下乡插秧，还得唱红歌跳红舞，为贫下中农表演节目宣传思想。文艺节目，李晓玲等人从宁夏歌舞团借来少数民族服装"巴扎嗨"。孩子们很有集体荣誉感。什么是学校？不光是上课做作业，也有课外活动培养群体观念，合作意识，学会社会交往。

有同学暴露活思想，说同学们追求"一分为二的鞋子，直达莫斯科的裤子"就是追求资产阶级生活方式。这语言很生动。大家伙儿争着编造"活思想"。注意，"活思想"是一个贬义词。可是，难道思想不应该活吗？狠斗"私"字一闪念。闪都不能闪一下。我于是把这当作同学中暴露出来的错误"活思想"写到通讯里。

学子们是具有坚韧革命信念，天天向上，矢志奉献的战斗青年。虽然生活艰辛，家境拮据，文化知识欠缺，但经历风雨兼程、艰苦岁月磨炼，却也志向昂扬，阶级观念强烈，心怀理想，世世代代打下去，打不尽豺狼决不下战场。后来他们在各条战线上，无论贫富高下，生活优劣有别，但都心往一处想，劲往一处使，穷且益坚，老而弥壮，不忘初心。

在银川十一中，学生要从小当批判家，批判《三字经》《神童诗》《千字文》《弟子规》《女儿经》——现如今读经要从娃娃抓起，颠倒了个个儿，少年读经班、办私塾、拜孔子、穿唐服、跪拜俯首。学校曾让我给学生干部讲解批判《神童诗》。那时我自己订阅《北京师大学报》上有神童诗批判材料，注释极详备。这就是资料优势，人无我有，做学问的要件。其实我从小没受过封资修教育，这次借机从头到尾读了几遍《神童诗》《千字文》。

1975年，十大提出"反潮流是马列主义的一个原则"，我紧跟形势，写了处女作《真理是在斗争中发展的》，征引哥白尼、伽利略、布鲁诺事迹，提倡烧死也不怕，刊于《宁夏日报》，笔名"师亦钟"。那时"反潮流"的实质，其实是紧跟高举，顺应潮流，的确可以学张铁生"反潮流"而无任何顾忌，但在小民，则是冒斧钺之刑。五不怕，可歌可泣。但现代文明为什么要为"真理"而肝脑涂地、血肉横飞？

我在十一中主编过一份油印的小报，刘崇同志取名《前进报》，双周刊。一位王姓残疾职工刻印。他的仿宋字蜡版刻得很漂亮，左手刻写，也快。右手右脚麻痹。他身体残疾，可能是小儿麻痹后遗症。半边手臂腿脚不便。办了一年两个学期。腔调无不极左，充满激进色彩，枪枪指向阶级敌人，怒斥各类资产阶级思想。我培养的无产阶级革命接班人，至今活跃在各条战线。当然，在1975年邓小平回潮时，《前进报》也曾组织"智育第一"的稿件，有意对抗极左思潮。

1976年银川十一中是开展反对资产阶级腐蚀的教育运动的试点，我们组织学生批判黄色书籍。同学们由于政治熏陶，小小年纪就能明辨是非，大家的政治嗅觉特敏感，对坏书坏电影明察秋毫。例如《林海雪原》《野火春风斗古城》，就不容分辨地坏。大家心领神会，视为当然坏书。我们习惯于把一句话、一个观念、一本书、一首诗、一张图、一支歌，当作毒草。收缴曹才旺同学的"坏书"，有《红日》《西游记》。革命者自己对准自己人。简直是一家不认一家人。可以观看的电影是八个样板戏，百看不厌。日复一日地学习梁效、罗思鼎的文章。我在《宁夏日报》发表了银川十一中"反腐蚀教育"的通讯，头版，压底，就生动地显示了当时豪迈的战斗风格。

十一中反对资产阶级思想"腐蚀"，我也特别积极。我有一帧摆拍的照片，批封资修坏书，读书无用无书可读，还怒火万丈。反对资产阶级思想腐蚀，批判资产阶级法权，批判回潮，批判按劳分配，提倡张铁生"反潮流"，抵制资本主义侵蚀，我们很亢奋，很上心。对于"和平演变"的仇恨，洋洋乎充沛于字里行间。我让高桂英在校广播站广播，导引词是："下面播送《宁夏日报》×年×月×日关于银川十一中反对资产阶级思想腐蚀教育的报道，题目是……"。结束语是"刚才播送的是……"。这报纸我至今保存。这是我的辉煌战斗经历。

1976年春夏，范晓慧老师从北京带回银川一些"谣言"。这是老百姓那时唯一表达免于恐惧权利和自由的手段。接着是"追查"。远在塞外的我们，也分享了中枢神经系统信息，有了政治参与。

然而接着不久，就是十月的盛大节日。只半年时间，春秋两季，银川南门广场参与集会两次，台上台下相同的队伍人群，两次喊叫不同语言口号。我作为老师，也不向孩子们解释为何会有两次性质迥异的大会，台上为何还是同一些人。于是听拉兹之歌，看解封的电影。据说一出戏足以人头落地，因此《三上桃峰》就有倾覆之忧。"四人帮"被擒获，《园丁之歌》上演，"没文化怎把革命的重担挑"，这句话又得到肯定。我们总在翻来覆去和健忘之中。

1978年先后，我还大量订阅《北大学报》，上海《学习与批判》。1978年到二中后，学校给老师发书报费，我订阅《哲学研究》《经济研究》《历史研究》，还有《光明日报》《教学与研究》，算是博览群刊，似乎知识渊博，其实是因为那时还没有固定专业方向，没有研究领域，瞎撞乱碰。1978年以后，经常通过邮购方式买书，杨真的《基督教史》（有上册无下册，出版史奇葩），有始无终，还有世界三大宗教的小册子，都是我的启蒙书，后来就有兴趣报考宗教学研究生。况且我又从二中图书资料室化公为私了几册中外哲学史读物，算是给自己充电。

在银川从事中文英语教学数年,我阅读过但根本不理解休谟和贝克莱以及罗素、梯利的西方哲学书。每次政治学习,伴作读书,实为逃逸。不经意间,长了点儒者之风。为了学完未竟的 26 个英语字母,我常常在银川市中山公园(文革那时改叫人民公园)念英语,浅吟低唱,踟躇徘徊,我舞月徘徊,我歌舞凌乱,留下衣香鬓影在湖光波色中。这少许英语对于我后来的学术竟起了重要作用。文革结束,在友人、宗教学家牟钟鉴先生鼓励下,考取南京大学研究生,钻研基督教哲学。1986 年承蒙山西大学哲学系主持工作的武高寿先生不弃,投奔晋阳山西大学哲学系任教,讲授现代西方哲学。

选自《安希孟回忆录》电子书,2018 年。

五年求学一场梦
——我的北大经历

杨海峰

一

1965年高考，是文革前最后一次高考，是广西桂平县浔州高中（地处今广西桂平市）历史上高考成绩较好的一年，尤其是有四位同届同学一举考上北京的高校，实现了"跨长江，过黄河，上北京"的目标，令老师们特别振奋，多年以后都一直向后来的学生夸耀。我当年名杨木水，考上北京大学中文系；同班（62.5班）的黎清源考上北京工业学院（今北京理工大学）；62.4班的韦柏忠、62.1班的林凤文（女）考上北京邮电学院（今北京邮电大学）。我更是被赞誉为浔高少有的"才子"，因为浔高已多年无人考上北大、清华了。那时候，各家各户多是清贫的，能够拿得出钱供你读大学就不错了，没有哪家哪户像后来改革开放后那样搞什么入学酒、谢师宴，摆几十桌酒席大肆张扬的。

我在下湾老家与从乡下出来的黎清源会合后，搭轮船上贵县（今广西贵港市），与韦柏忠、林凤文会合，先乘普通火车上柳州，再改乘特快火车去北京。火车经过三天三夜的疾驰，从广西柳州跑了2300多公里，终于到达我们向往已久的首都，我们被守候在那里的高年级同学接回了各自的学校。

后来我才知道，广西能够考上北京大学的极少，中文系高年级有一个男生我不认识，64级有一个是平南的郑君华（后任贵州师大中文系教授），经济系65级有一个姓苏的女生，听说化学系还有一个男生，我亦不认识。可以说，我们这些人是万里挑一的高才生。我是怀揣着学好本领，报效祖国，报效人民的理想去北京大学读书的。

我们中文系新生共有三个班，其中 1 班是语言专业，2 班、3 班是文学专业，均为五年学制。我被分到了 2 班，至今我还数得出全班 33 名男女同学的姓名。还记得我的学籍号是 0765023，07 是中文系代号，65 指入学年度，023 是我的号码。全年级共有同学 100 名左右。1 班的班主任是蒋绍愚老师，2 班的班主任先后是孙玉石、黄修已老师，3 班的班主任是黄冠洲老师，安平秋老师做我们年级的政工辅导员。我们中文系男生住 32 楼，女生住斜对面的 30 楼。学生宿舍楼都是一式的长方体四层楼房，每个房间 3 张架床 6 个床位。每层一个公共洗漱间兼无间隔的卫生间。楼外有一个公共热水洗澡房。

家庭经济有困难的学生都可以申请助学金，助学金分三等，一等 19.5 元，二等 15.5 元，三等 11.5 元。我家本来十分困难，父亲早死，母亲是家庭妇女，已年老体弱，有时帮人家带带孩子，所得劳务费极少。一个妹妹高小毕业后没有工作。1958 年以前，我家尚有几块菜地，所产青菜基本够吃，这样还能减轻一点经济压力。公社化以后，城镇居民家庭的菜地全部被共产给生产队了，每日的青菜都要买来吃，经济压力加大了。每天饮用洗涤的清水都要去一里远的郁江挑，以减轻家庭的经济压力。

叔父家只有他一个单身汉，他在合作总店做售货员，工资收入很低，但他坚守"长兄如父，长嫂如母"的传统观念，一直接济着我们娘儿三人。我家与叔父家合住一间低矮破旧的房屋，他做货物保管员，长期在总店住。我来北京上学的学费、路费都是叔父提供和筹借的。就我家的情况，领一等助学金都应该。而我老老实实的填写"叔父接济一点"为经济来源，老师就评我领三等助学金了。到北方读书，天冷，我们能申请棉衣裤，我得了一套深蓝色的棉衣裤，虽然比较宽大臃肿，也总比没有好。

开学后一个月并没有上课，而是整天操练正步走和走方队，因为十月一日国庆节，北京市要举行盛大的庆祝活动，我们大学生正步走方队要从长安街西头往东经过天安门，接受毛主席和中央首长的检阅。这是光荣的政治任务,同学们都不敢有丝毫的懈怠。每天一早,全校上千名新生在学校的东操场上反复训练,在解放军官兵的指导下,一二一、一二一,不停地重复着同样的动作,直到符合要求。国庆节那天,我们大学生一式的白衣蓝裤,顶着烈日,排着方队正步走,各人只顾看前头并用余光扫描左右两边的人,不要让自己出错。经过天安门城楼前面时只往楼上瞥了一眼,因为距离远,看不清哪个是伟大领袖毛主席。

终于上课了。第一堂课是专业教育,我记得是系主任杨晦做的报告。他说,你们可能都是怀揣着作家梦来报考北大中文系的,但北大中文系并不是培养作家的,我们培养的是语言文字方面的高级人才。我当时的想法就是读北大中文系,以后做作家,系主任的讲话无异于给我当头泼了一盆冷水,想了很久都想不通。

大学授课不同于中学,没有固定的教室,几个班的大课都集中去阶梯教室上,没有课桌,学生坐在一排排右边有弯把扶手的椅子上,一边听老师讲课,一边把笔记本放在椅子弯把上做笔记。自己班的小课则到小教室上,有课桌安放课本、笔记。古代汉语先后由蒋绍愚、倪其心老师教,先秦文学史由林庚教授教,现当代文学史由哪个老师教,我记不清了。教俄语的是俄语系一位老师。因为老师们都是上午上完课就走人,学生们下午自习,或去图书馆借书阅读。我下午多是去图书馆借阅《剧本》杂志,那是延续高中时的读书爱好,看了不少剧本杂志,做了不少摘录和读书笔记。我的俄语口语基础较差,过去中学时主要是笔试成绩好就得了,没有好好抓口语训练。到了大学后,老师经常提问,要用俄语口语回答,北京、上海、东北来的同学一个个都是口语钢钢的,呜里哇啦流利极了。可老师偏偏经常提问我,我憋红了脸,磕磕碰碰答不上几句。之后早读只得经常练习和背诵俄语口语。走出北大之后,我学过的俄语知识便丢到爪哇国里去了,连俄语字母表的读写都抛到九霄云外。

上现当代文学史时,老师组织同学们批判一本以前学生写的长篇小说《殊途同归》,4A 纸打印稿,1 厘米多厚,估计 10 几万字,记得是批判其白专道路主题的。这位学生在学期间就能写出一部长篇小说,应该说是有才华的,却被指责为走白专道路,并作为批判的典型而胎死腹中。这让我吃惊不小,觉得走做作家的路危险,说不定哪天就触线挨批了,这时才觉得系主任杨晦所讲的北大中文系不是培养作家的话有道理。

1965年冬,中文系一边上课,一边组织各班批判《三家村》及《燕山夜话》,由老师带我们先后去新华铅笔厂、门头沟煤矿,向工人们宣传文化革命的形势,读报上的批判文章给他们听,批判资产阶级大毒草,让我们投身到工人阶级队伍中,走与工农相结合的道路,捍卫毛主席革命路线。

学期结束,使我感到奇怪的是,学校竟没有让学生进行考试。

二

1966年初春,第二学期开学了,中文系依然是断断续续地上课,还组织同学们批判"三家村"。5月份,上海《文汇报》发表姚文元的《评新编历史剧〈海瑞罢官〉》,拉开了无产阶级文化大革命的序幕,我们又学习这篇文章,批海瑞、批清官,感觉文化大批判的风声越来越紧了。

5月25日下午,听同学说,有人在第一大饭堂东墙贴了校长陆平的大字报,我赶紧和几个同学跑去看,在那里已经有很多人围着观看了。我挤到跟前去,看到这张大字报的标题是《宋硕、陆平、彭珮云在文化大革命中究竟干了些什么?》,署名为聂元梓等7人,听旁边的同学说,聂是哲学系的党总支书记,其余6人为哲学系教师。大字报指责时任北大党委书记兼校长的陆平、北大党委副书记的彭珮云与北京市委大学部副部长宋硕沆瀣一气,在北大文化大革命中压制民主,压制群众,搞修正主义,他们得到了北京市委的支持。大字报号召:"一切革命的知识分子,是战斗的时候了!让我们团结起来,高举毛泽东思想的伟大红旗,团结在党中央和毛主席的周围,打破修正主义的种种控制和一切阴谋诡计,坚决、彻底、干净、全部地消灭一切牛鬼蛇神、一切赫鲁晓夫式的反革命的修正主义分子,把社会主义革命进行到底。保卫党中央！保卫毛泽东思想！保卫无产阶级专政！"

大字报火药味极浓，矛头直指北大校党委以至北京市委，所提问题十分尖锐，语气凌厉逼人，仿佛无产阶级与资产阶级的斗争已到了短兵相接、你死我活的边缘。观看者议论纷纷。我是普通学生，来北大读书不到一年，对学校上层的斗争情况一无所知。

6月1日晚，中央人民广播电台以新华社稿的名义全文播发了这张大字报。6月2日《人民日报》全文刊登了这张大字报，还配发了评论员文章《欢呼北大的一张大字报》，称陆平、彭珮云领导的北大党委是"三家村"黑帮的一个重要据点，是"反党反社会主义的顽固堡垒""反党集团""假共产党""修正主义的党"，号召革命派"无条件地接受以毛主席为首的党中央的领导"，与"反对毛主席、反毛泽东思想、反对毛主席和党中央指示，不论他们打着什么旗号，不论他们有多高的职位，多老的资格"的一切党的领导干部坚决斗争，把他们"彻底摧毁"。之后，伟大领袖毛主席又在《我的一张大字报》中称誉聂元梓等人的大字报为"全国第一张马列主义的大字报"。这下子，北大沸腾起来了，各系师生纷纷贴出了炮轰校系党委领导、教授的大字报。饭堂内外的墙壁从下至上都贴满了，学校还在校园竖起了许多大字报棚，钉上芦苇席，供贴大字报之用。大字报的纸张多是红色，还有绿色、黄色，色彩鲜艳，煞是夺目。课上不成了，我每天都是去看大字报。校外的人也涌进北大看大字报，校园里人山人海。

此后，北京大学同全国所有大、中、小学一样，响应伟大领袖毛主席的号召，停课闹革命。北大先后发生了一系列史无前例的事情。1966年6、7月份，北大校党委被改组，原党委书记陆平、副书记彭珮云被撤销一切职务；以张承先为首的工作组到北大领导学校文化大革命，不久又撤走了。

1966年7月下旬至8月初，中央文革小组的领导陈伯达、江青、康生等连续三次来北大煽风点火，鼓动学生们造反。

然后中央文革扶植聂元梓当上北京大学文化革命委员会主任、首都大专院校红卫兵代表大会核心组组长，北京市革命委员会副主任,中共第九次代表大会候补中央委员,成为响当当的北京造反派五大领袖之一。

1966年6月以后直至1968年夏军工宣队进驻学校以后,北大成为"红色恐怖"的地狱,造反的各系革命师生纷纷揪斗批判校系领导和教授、教师以至学生,把他们打成"走资派""反动学术权威""黑帮分子""反革命修正主义分子""牛鬼蛇神"……给他们戴上高帽,挂上写有"打倒……""砸烂……狗头"等,姓名被用红墨水打了×的侮辱性字样的硬纸牌,要他们在人前、台上低头、弯腰、跪下,接受批判斗争,甚至对他们进行毒打、喷气式、游街、监禁、抄家、劳改,校系领导、教授、教师、学生、工人被打死、自杀、致残的事件接连不断地出现。

1966年8月以后,伟大领袖毛主席8次接见全国各地来北京串联的大中学校学生"红卫兵",北大学生则走出去,到全国各地煽风点火,与各地造反派炮轰揪斗各省、市、地、县党委、政府。

在北大执掌大权的聂元梓,去上海组织"新北大、新师大(华东师大)联合造反兵团",煽动揪斗上海市委和华东局领导常溪萍、曹荻秋、陈丕显。

聂授意新北大公社干将,写报告给康生,诬陷彭真、薄一波、安子文等61名老同志为叛徒,使他们遭到逮捕入狱,其中原北京市委第二书记刘仁被折磨致死。

聂再授意新北大公社干将,炮制出《历史的伪造者、反党野心家——再评〈朱德将军传〉》等三篇反动文章,刊登于《新北大报》上,在国内外造成恶劣影响。

聂又授意指挥新北大公社干将,贴出全国第一张公开炮打邓小平总书记的大字报,诬陷邓小平是"全国第二号最大走资本主义道路的当权派",同时加紧了对邓小平子女的迫害。

1968年春夏,北大校内已分裂成势不两立的拥聂、反聂两大派,由互相谩骂攻击的文斗升级为手执长矛对刺搏击的大规模武斗,占压倒性优势的拥聂派新北大公社多次发起向对方的攻击,在北京造成极坏的影响。

1968年8月，人民解放军、工人宣传队进驻北大，主要负责人先为王连龙，后为迟群、谢静宜，他们主持了两派大联合、斗私批修、斗批改，把部队的早请示、晚汇报、跳忠字舞推广到学校，创造了一个又一个"六厂二校"经验向全国推广。

1969年3月中苏珍宝岛事件发生以后，北大贯彻毛主席"备战、备荒、为人民"的指示，把师生疏散到乡下或外地边劳动，边搞斗批改，中文系师生则徒步拉练去北京郊区的房山县山区鱼子山。

从1966年6月一直至1970年3月中旬把学生分配离校，近四年时间，北京大学都没有上过一堂文化课，一直在停课闹革命，唯一读的书便是《毛泽东选集》四卷和称为"红宝书"的《毛主席语录》。

"星星之火，可以燎原。"和平年代，伟大领袖毛主席把他在革命战争年代总结的策略发挥到了极致，把在北京大学精心培育的革命群众起来造反的样板经验推向了全国。

三

北大文革的四年时间里，留给我印象最深刻的有几件事情。

北大在全国最早贴大字报，也最早在全国对校系领导进行炮轰夺权，对教授、教师、学生进行打倒批判，同样，也最早对这些专政对象上升到人格侮辱、肉体打斗以至迫害致死致残，在全国带了一个很坏的头，起了很坏的"红色恐怖"领航作用。下面记录的，是我当时的所见所闻，以及近日在网上搜索到的：

1966年6月18日，哲学系部分激进学生背着工作组，率先在他们住宿的38楼楼梯口设立"斗鬼台"，把以陆平为首的几十个"黑帮分子""反动权威"抓来批斗，之后又将这些"牛鬼蛇神"在校园内游街示众。其他各系也纷纷效仿，分别在不同地点对本系领导、教授进行规模不等的批斗。这就是北大闻名一时的"6·18"事件。（见樊立勤：《北京大学文化革命大事记》）

1966年7月，中文系在学生宿舍32楼前召开批判会，批斗系党总支书记程贤策、系副主任向景洁以及教授王力、吴组缃、王瑶等人，还把厕所的大便纸篓扣在他们头上，糊成白纸高帽，拿木棍对他们进行暴打。之后把他们赶进"劳改队",要他们刷洗打扫学生宿舍32楼厕所。有一天,学生在程的头发中间剃出一个十字形凹槽,还把他卷在草席中用木棍乱打。8月24日,北大生物系和中国医科大学预科班的一些学生"红卫兵"来到程贤策和其连襟两家合住的单元抄家,用军用铜头皮带毒打程与其连襟,他们的衣服都被打烂嵌进肉里,粘连在血肉模糊的身体上脱不下来。9月初,程无法忍受这样的无穷折磨,带了白酒和毒药,到颐和园后面的树林中服毒自尽了,死时38岁。第二天,32楼外墙便贴出了声讨的大标语:"黑帮分子程贤策自绝于人民死有余辜!1966年11月21日,中文系64级男生陈树峥(23岁)跳楼,脑浆迸裂而亡。1967年3月18日,中文系62级女生沈达力(21岁)服毒并投水自杀。"红卫兵"检查她的遗物,发现她生前的日记里,写有其家庭出身资本家,对文化大革命不理解,心存苦闷疑惑等话。系里又召开了批判沈达力反动思想大会。1968年12月4日,中文系63级女生刘平(23岁)服毒身亡。

以上材料均出自于王友琴所写的《六十三名受难者和北京大学文革》一文。她在此文中列出了北京大学在文革中冤死的校系领导、教授、教师、学生、工人、家属共58人,另有地质学院附中一名学生偷偷爬进北大图书馆看书,而被抓住打死,北京大学实际上被打死、自杀死的无辜者共计59人。

此外,还有不堪凌辱而跳楼致残的邓朴方(原中共中央总书记邓小平的儿子,时在北大技术物理系原子核物理专业读书)、被掌权的聂派抓住毒打双腿膝盖打钉致残的樊立勤(时在北大生物系读书)等许许多多受害者。全国著名学府北京大学,既培养了成千上万高素质人才,同时也流淌着许多无辜者的鲜血,萦绕着许多被独裁专政扼杀的冤魂!

莘莘学子向往的北京大学,却煮鹤焚琴,斯文扫地,上演了多少人间悲剧!

北京大学,你身上发出的光辉光焰万丈,你地下掩藏的罪恶罄竹难书!

四

1966年7月赶走工作组之后，在一片红彤彤的大字报海洋和热烈的欢呼声中，聂元梓先后当上了北京大学文化革命委员会筹备委员会主任、北京大学文化革命委员会主任。然而，质疑她的声音也不绝于耳。我看到有几篇大字报说她没有执行中央文革的指示，压制民主，把北大的文化大革命引上歧途。我那时是拥聂派，想站在公正的立场上，出来讲几句反驳反聂派的话。当晚，我执笔写了一篇大字报，讲聂元梓怎么怎么做，正是不折不扣地执行了中央文革领导康生、王任重，包括江青同志的指示，一共列举了五六条，以之驳斥反聂派歪曲事实的言辞，说你们要找聂元梓算账，有胆量就去找中央文革领导算账。通篇大字报没有一句是攻击中央文革领导的言论。为了达到轰动效应，在写标题时，有意顺着反聂派的思路，写成《找康生、王任重等同志算账去》。我写好大字报后，有两个同班同学看了，觉得有理，也签上名了，我们三人便将大字报拿去贴在第一大饭堂外墙上。不到半点钟，有人来宿舍通知我，说你们的大字报是不合适的，已经照相了，请你们赶快去撕掉。我赶忙去第一大饭堂，把这张大字报撕掉了。

1967年春，北大革命造反群众逐渐分裂为拥聂、反聂两大派。这时，原学校副校长、教授周培源等130多名干部发表了《致革命和要革命的干部的公开信》，指出"3月份以来，校文革犯了方向路线错误""红旗飘、北京公社、新北大革命造反总部的大方向是正确的，我们支持他们的一切革命行动。"这封公开信在校内影响很大，许多干部、教师和学生纷纷参加了反对聂元梓的群众组织，联合成立了北京大学"井冈山兵团"。我受这封公开信的影响，也加入了该兵团的07（中文系）纵队65.2"珠穆朗玛战斗队"。我虽然加入了反聂派，亦算不上活跃分子，没有再写过一张大字报，没有参加过一次核心会议，只是普通的成员。

1968年夏两派大联合以后，我们65.2班的原拥聂派"新北大公社兵团"成员王春茂对我说，"新北大公社兵团"领导曾开会讨论是否要将我揪出来,打成"现行反革命分子"。那时候,互相抓对立派的辫子,互相抓对方的"反革命",是给对方造成被动的极有效手段。多亏了王春茂同学向他们解释,说这个同学家庭极贫寒,个人表现很老实,其大字报的出发点是保聂的,只是在标题上有哗众取宠、吸引人注意之嫌;加入反聂派后,也只是一般成员,没有过激的行为。加上在他大字报签名的两个同学还是我们"新北大公社"成员,你们要抓他,那我们的两个同学怎么办?他的斡旋终于使"新北大公社兵团"头头高抬贵手,放了我一马。

然而这张大字报一直成为我的心病,因为我点了当时的中央文革顾问,后做到中共中央政治局常委、中共中央副主席的康生大名了啊,只要有人翻这个旧账,就会让我吃不消。康生1975年死了后,我的心病还没有解除。1980年,中共中央开除康生党籍,定为林彪、江青反革命集团的主犯,清算其在文革中的罪行。此时,压在我心头多年的大石头终于落地。

由此我总结出,当年的自己年轻单纯,缺乏政治头脑,很容易受激进思潮煽动,做出不理智的行为。来到北京大学读书并非好事,皇城脚下,是非之地,历来是政治旋涡的中心,书读不成,还差点惹祸上身。

五

1968年3月28日晚半夜,同学们正在熟睡,忽听楼道里有人急跑高喊:新北大公社的人袭击31楼井冈山的人了,大家快去救援!我被惊醒了,赶忙胡乱穿上衣服,跟着同学们急急往下跑。赶到31楼外时,楼外的电灯正亮,我刚在离31楼十几米的地方停步,突然头上重重地挨了一下闷击,鲜血汩汩地流了下来。抬头一看,31楼顶,有几个人正不停地往下扔砖头。与我一样,好多人头部被砖头砸伤了。我捂着伤口往回跑,有人在32楼楼道门口给我简单包扎了一下伤口,让我上车,赶快将伤者运往地质学院重新包扎急救。

当晚,被送往地质学院急救的伤者有几十名北大学生。有伤者说,这是"老佛爷"(对聂元梓的蔑称)、新北大公社预先策划的一次袭击，是为了在肉体上打垮我们，聂元梓们已经流氓到一点仁慈之心都没有了，无产阶级和资产阶级的斗争真正是你死我活的斗争啊！

在地质学院住了约一周，病情稳定了。我思来想去，去北师大找在那里读书的同乡叶桂福吧，他讲过，让我有事去找他。叶桂福是北师大中文系高年级学生，我到了他那里，他得知我的遭遇之后，便热情地收留我住下来。他的同室同学大多离校了，只有他与另一位同学没有走。（注：叶桂福，广西桂平县桂平镇人，北师大中文系毕业，后分配到山西省长治二中任教，文革初期曾回桂平煽动炮轰县委、县政府。）

我不敢把自己在校受伤的情况写信告诉母亲和叔父，他们知道的话肯定伤心得不得了。我在北师大住了二十天左右，头顶偏右的颅骨被砸破了，幸好没有被感染，现在基本愈合了，只是在砸破处隆起了一个半厘米的疙瘩（这个被砸破的颅骨疙瘩过了十几年才平复）。又了解到北大暂时平静了，便告辞叶桂福回北大，仍然住32楼。班上、系里许多人都离开了学校，远离这是非之地。实际上，在我受伤去外校休养的一个月时间里，北大又发生了几次惨烈的大规模武斗，武斗造成了200多人受伤，当然伤者大部分是井冈山派的，同时公私财物大量损失，我的被铺衣物书籍也多不见或毁坏了。学校已面目全非，新北大公社占据了十几座宿舍楼，形成了对井冈山占领的5座楼的包围。我所住的32楼变成了战时壁垒，所有窗户和楼道门都被用木板和大铁钉死，一层楼道全部用双层架床相连，架床中间的横杠和床板被拆除，顶上再铺上床板钉死，中间可以行人，地下挖了一人高两人宽可通行的地道，亮着电灯，能够通行到井冈山占据的其他楼房。原来能够进出的学校南门被新北大公社占据了，井冈山扒开靠自己所属楼房的围墙作为外出通道。近日从网上发布的《我所知道的北大武斗》知，新北大公社开始从4月份逐步对井冈山实施断电、停水、断粮、停炊，已占领了校外的一个饭馆做据点，在里面装上杀伤力很强的大弹弓，对这几座楼实行封锁，准备继续升级武斗，一举攻下井冈山的几座楼，把井冈山摧垮消灭。如果不是解放军、工人宣传队8月份进驻学校，井冈山所占楼房一旦被新北大公社攻占，井冈山人恐怕要血流成河，尸横遍野，杀红了眼的新北大公社决不会对敌对阵营的任何人心慈手软，手下留情！

现在回忆，当时我仅仅是考虑家里经济困难，在学校住，尚能领取助学金保证生活费用，又看到井冈山据点的防护搞得蛮坚固，坚信新北大公社不能轻易攻占，所以就没有离开学校。后来想起，实在后怕，对于占据着雄厚物质资源的掌权派新北大公社，要消灭井冈山易如反掌，我一介文弱书生，哪能轻易逃出魔掌！为了眼前利益，罔顾长远利益，这种侥幸心理十分的鼠目寸光，极为愚蠢，极不可取！

六

文革的残酷争斗使原本单纯的同学情谊蒙上了阴影，好多人的人性被扭曲，之前情同手足的好朋友一夜之间就变成了形同陌路的陌生人或你死我活的仇敌。然而，依然有一些男女同学没有被恶劣的政治高压扼杀了对美好爱情的追求，仿佛在笼罩着黑暗、专制、狂热、迷茫氛围的夜幕上画上了一抹美丽的亮色。

那时候，能考上大学的女生极少，能进北大的女生更是凤毛麟角，我们北大中文系 65.2 班就只有 6 个女同学。除 1 人不知其芳心所许与谁之外，其余 5 人均在北大期间名花有主了，她们或与同班才子帅哥热恋，或与外班白马王子倾心，这几对情侣恋人成了许多人艳羡的对象。

雷渝平，65.2 班女生，长得娇小美丽，是中文系与全校公认的校花，追求她的人肯定不少。她出身高干家庭，其父是老革命，文革前官至总参作战部副部长，文革中靠边站。文革初期，雷渝平因与其他高干子女对江青不满，议论其劣迹，被人告发，中文系遂把她作为"反动黑帮子女"进行批斗。在批斗会场，雷渝平涨红着脸，低着头，咬着嘴唇，显示出"我自岿然不动"的镇定神态，任由批判者上纲上线，并没有流露出花容失色、落魄悲观的表情。

1968 年军工宣队进校以后，雷渝平被作为"可教育好的子女"。她与我们原井冈山派的同学关系比较好，经常同我们去学校的游泳池游泳，拿自己的小相机来邀我们去拍照。她天真活泼，嘴巴又甜，

红色教育（一）：高等院校

调干生曹鸿飞最喜欢称她为可爱的"小不点"。工宣队安排东北来的男同学王凤超做她的转化工作。我们几个与王凤超要好的同学得知了他和雷渝平的恋爱关系之后，都祝贺他是"转化红花开，抱得美人归"。1990年代，听在北京工作的同学说，王凤超已做到国务院驻港澳办副主任，雷渝平亦在香港有较好的发展。

中文系65.2班另一美女陈愉庆，上海人，能歌善舞，是学校文工团的演员。中文系65.3班男生马大京，北京人，小提琴拉得悠扬婉转，极为动听。1968年军工宣队入校之后，在学生中开展斗私批修，马大京将自己所写并秘藏的日记呈给军工宣队，请他们帮自己斗私批修，提高思想觉悟。这下可好，朴实纯真的马大京正好撞在枪口上，军工宣队把他的日记公布出来，将他对文革的不理解、迷惑、反感上升为"资产阶级反动思想大暴露"，定性为反党反社会主义反对文化大革命反对毛泽东思想的"现行反革命分子"，开了全系批斗会批判他。

马大京被批斗后，苦闷之中，晚上在所住宿舍走廊尽头的窗口拉小提琴释怀。如泣如诉的曲调吸引了陈愉庆的注意，陈愉庆经常来到32楼4楼走廊，倾听马大京拉小提琴，并请马大京教她。一段令人动容的凄美爱情由此开始了。在这政治高压的年代，陈愉庆竟敢爱上一个"现行反革命分子"，那是需要多么大的胆识与勇气！毕业分配时，陈愉庆得到了分配，而马大京还带着"现行反革命分子"的帽子，在北大被监督劳动。1980年代初，我在书店看到他们夫妇用"达理"作笔名的一部短篇小说集，才得知他们成了国内知名的专业作家，我甚为惊喜，便买了下来。后来我一直关注着他们的文学创作。他们后移居美国。

李炳海，东北人，65.2班才子。史桂芹，东北女孩，65.2班同学。他们是我们班最早在人前展示为恋人的一对。北大两派用高音喇叭论战时，李炳海被井冈山头头看中，让他去井冈山广播台写稿，他常在对方开播时便能立即写出反驳文章供井冈山广播台跟着播出，被誉为"急才"。后于东北师范大学中文系做教授，后又调入北京，在人民大学中文系做教授。

隗和海，籍贯不详；孙玉琴，女，上海人。二人均系 65.2 班同学，亦是较早在人前展示为恋人的一对。后来，隗做了北京一所中学的校长。

薛洪，女，北京人，65.2 班同学，其男朋友为 65.1 班的周嘉祎。后二人均在中国科学院的什么部门工作。

此外，中文系 65.2 班还有一些男生与其他高校的女生恋爱着。如王春茂，江西人，其女朋友系中学的同学，在北京某高校读书。王毕业时分配留校，后做到北京大学出版社副社长，夫妻俩退休后去加拿大跟在该国定居的女儿、女婿颐养天年。周从涛，湖北人，其女朋友亦系中学的同学，在北京某高校读书。周后做到湖北一地级市报总编。

经历过文革非常岁月的同学们，大多夫妻恩爱，长相厮守，执子之手，与子偕老。这是我们这一辈人尤其觉得能够聊以自慰的地方。

七

1970 年 3 月，正在北京郊区房山县鱼子山与农民战天斗地，又自我斗私批修的北京大学中文系师生，被通知马上回学校。原来是提前给我们分配了，同时分配的还有 63、64 等年级的同学，我被分配回广西柳州市，至于各人所做具体工作，大多不知，还有不少同学被分配去全国各地的军垦农场。因为没有学习完必修的课程，没有学习成绩的鉴定，学校没有给我们发放毕业证，即后来具有一定含金量的大学毕业文凭。离校之前，同班同学没有照一张毕业合照，没有吃一顿毕业饭，没有互相话别，五年的同班同学如同互不相干的陌生人一样，各奔东西了。

北大的五年就这样过去了！

五年求学一场梦啊！

坐上由北往南北京至柳州的火车，回望着五年前第一次踏上的万众向往的神圣之地，我的心头竟然没有产生半点留恋之情。车站贴着的"伟大领袖毛主席教导我们：你们要关心国家大事，要把无产阶级文化大革命进行到底！""无产阶级文化大革命万岁！""誓死捍卫伟大领袖毛主席和他的亲密战友林副主席为首的无产阶级司令部!"等大标语映入眼帘,高音喇叭播放的《大海航行靠舵手》乐曲在耳畔回响,想着自己本是高才生,而今沦落为平庸的"三无"(基本无书读,无专业知识,无毕业文凭)之辈,感到前途一片渺茫,不禁悲从中来,泪水顿时模糊了双眼。

"哐当、哐当……"火车启动了。

我的心情是那样的苦闷、抑郁、迷茫、怅惘……

选自《记忆》第 239 期。

第三辑 "反动学生"

情系科大：岁月淌不尽的希望

周 平[1]

一九六七年一月一日，在北京西单出现了一张题为《中央文革小组向何处去？》署名"中国科学技术大学雄师战斗队"的大字报，它曾经被传抄，复印，流传到全国，"美国之音"也曾做过报道。这颗小小的流星，在那黑暗的天空中仅仅闪烁了一瞬间，就消失在茫茫的宇宙中。而我和我的同伴们却为此付出了十几年的青春。从二十岁到三十岁，这如花似锦的岁月是人生最美好的年华，我们燃烧了自己，却没有照亮世界。几天以后，这张大字报的作者被关进了监狱。

许多年过去了，人们关心地问：这张著名大字报的作者后来怎么样了？他们现在在哪里？

---

[1] 周平，1964-1970 中国科技大学学生，1970-1972 湖北沉湖军垦农场劳动，1972-1978 河南西平县化肥厂劳动，1978-1981 中国科技大学物理进修班学习，1981-1985 中国科技大学 教师，1985 年赴美留学，获 George Washington University Ph, 退休前 为美国联邦政府雇员。

红色教育（一）：高等院校

序曲：迟到的学位

波多玛克河像一条绿色的缎带，蜿蜒地流过华盛顿特区的西南端。它是一条天然的分界线，把华盛顿特区和维吉尼亚州分开。华盛顿特区的标志就是那屹立在市中心广场的华盛顿纪念碑。登上纪念碑顶部向四面望去，这座城市的雄姿就展现在人们的眼前。它的东面是国会大厦，西面是林肯纪念堂，南面是杰弗逊纪念堂，北面是白宫。广场上的这三位伟人为建立美国的民主制度作出了杰出的贡献，他们的贡献不在于生前人们的颂扬，而在于历史的评价和后人的理解。华盛顿领导的独立战争使美国摆脱了英殖民主义，实现了国家的独立。他以身作则，建立了国家总统的任期轮换制度，杰弗逊是美国宪法的作者之一，这部宪法的基本原则是基于一种永恒的朴素的民主意识和基本的人权，直到今天，这部宪法仍然是制定各项法律和政策的依据和经典，是美国高中英语课本的重要一课。林肯领导的南北战争，结束了农奴制度，向着种族平等迈出了一大步。他们的历史功绩就像这座高耸入云的丰碑，流芳千古，与日增辉。正是这三位伟人所奠定的民主制度的基础，使得这个年轻的国家充满创造力和活力，在过去的百年中，美国出了二百多名诺贝尔奖得主，创造了人类登月的奇迹，造就了像贝尔·福特、比尔·盖兹这一代代风云人物。为人类科学和文明的进步做出了辉煌的贡献。

春天又来了，华盛顿的五月是多么迷人，鲜花似锦，绿草如茵，连泥土也洋溢着春意，空气也弥散着芳香。1994年五月，George Washiongton大学的毕业典礼在白宫和纪念碑之间的椭圆形广场上举行。这一天是我们到美国后最'风光'的一天，因为所有的博士毕业生都坐在主席台上由校长亲授绶带。

这场面本来就够壮观的，再加上这一年学校请到第一夫人海拉蕊柯林顿作为客座讲演人，许多毕业生和他们的家属老早就赶到这里，要一睹第一夫人的风采。她讲演的题目是"家庭价值和教育（Family Value and Education）"，海拉蕊柯林顿不愧是耶鲁大学法学院的高才生，她那雄辩的口才，清晰、严谨而有吸引力的讲演激起广场上一阵阵欢呼。

作为新移民，我深深体会到家庭的价值和教育的重要，我想起我在毕业论文答辩会上的一段开场白：

八年前当我刚刚来到这块新大陆，我听到一句著名的格言：ALL MEN ARE CREATED EQUAL（所有的人都具有与生俱来的平等权利）这是美国宪法的灵魂，也是美国社会成功的秘诀之一。每一个来到这个国家的新移民都有一个"美国梦"。人们追求自由和富有的生活。我的美国梦就是继续完成我的学业并为我的孩子们提供在美国接受教育的最好的机会。我坚信教育是新移民改变自己的社会地位，融入美国主流社会的光明之路。

我选择了科学，因为科学带给了人类现代的文明，在科学面前，没有虚伪和权势，在科学面前，人没有高低贵贱之分，科学代表了真理，进步和光明。

我感谢这个伟大的国家，她为我们这个来自东方的贫困家庭两代四口人提供了奖学金，帮助我们完成学业。我非常幸运有机会在美国首都华盛顿生活和学习了八年，在这段时期我不但学习了科学，而且学习了美国的历史，政治，经济，哲学和文化，有机会比较深入地了解这个社会的历史和现状。教育给了我自信心，教育使我获得在这个社会竞争和生存的能力，教育改变了我的生活道路，生活方式和人生哲学。教育给了我的孩子们一个光明的未来。

那一年，我已49岁，我不知道我是不是年龄最大的毕业生，但我和祥确实是当年获得博士学位的年龄最大的夫妻档。看着这欢腾的人群，坐在身边的祥对我说："我一点也不感到exciting，我觉得我们只是得到了老早就该属于我们的东西。"是的，这个学位对我们是太迟了，为了我们的梦，我们追寻了三十年，从中国到了美国，从北京到了华盛顿。我不是一个成功的科学家。不是由于我们不聪明，也不是由于我们不勤奋。由于历史的原因，我们这一代人没有能够达到我们本应达到的学术高度，我们这一代被称为中国文化科学史上的断层，作为二次大战后出生的婴儿潮一代，在中国大陆的我们这一代人没有能出像李远哲、丁肇中这样的科学大师，这不是来自天灾，也不是来自外族的侵略。文化大革命是以一代人的青春为代价，这个代价实在是太沉重了。我们这一代人被后人看很傻，也很迂腐。是的，我们受过欺骗，我们犯过许多错误，做过许多愚蠢的事情，我们承受了历史的苦难，经历过人生的艰辛。我们没有惊天动地的业绩，也没有创造巨大的财富。但我们曾经思考过，曾经努力追寻过。我们这一代人将逐渐走出历史，把这段经历写下来，使我们的后代比我们聪明，这是我们这代人的历史责任。

我在这里讲一个发生在许多年以前，几乎被人们遗忘的故事，我写的不是小说，也不是电影剧本，而是我和我的同龄人的人生经历。

从天之骄子到"现行反革命"

1964年八月，我怀着当居里夫人的梦想跨进了北京玉泉路甲一号中国科学技术大学的校门。正是风华正茂的年岁，作为名牌大学的学生，我是多么自负、自傲和自信。我们向着辽阔的天空呼唤："这世界是我们的！"然而一场突如其来的文化大革命不但打破了我当科学家的美梦，而且一下子把我从天上摔进了无底的黑洞，连我自己还没搞清楚怎么回事，一夜之间我就成了"炮打无产阶级司令部"的"现行反革命分子"。

1966年6月文化革命开始时我是科大二年级学生。1966年12月初，我从外地串联回到北京，听说北京的一些高校和中学的学生被抓起来了，因为他们反对无产阶级司令部，反对林副主席和江青同志。我看了那些著名的"大毒草"，象伊林、涤西的《给林彪同志的公开信》，北大"虎山行"《给江青同志的一封信》，在科大校园里也出现了几张大字报讨论关于文化革命的目的，并讨论毛泽东思想是否可以一分为二。我觉得这些年轻人很有思想，他们的大字报讲得挺有道理，特别是伊林、涤西的给林彪的公开信。听说他们只是两个高中学生，我非常佩服这两位青年人的胆识、勇气和他们深刻的思想和理性，他们讲出了当时许多人想说而不敢说的话。

直到今天，我仍然认为这张大字报是文革中最杰出最有思想的文章之一。伊林、涤西二位为自己的远见卓识和讲真话而付出了沉重的代价，他们真是我们民族的思想家。当时我对不少人讲过我同意伊林、涤西的观点。林彪说的"毛泽东思想是顶峰""毛主席比马恩列斯都高""句句是真理，一句顶一万句""理解的要执行，不理解的也要执行"这些说法是反科学的。我把这些想法和一些同学讨论，许多人认为这些观点虽然有道理，但太激进，容易让人抓辫子。但大家都认为因为写了张大字报就抓人是不对的，是违反文化大革命十六条的，在这个问题上大家观点都比较一致，就商量着要写一张大字报阐明我们的观点。

《中央文革小组向何处去？》这张大字报是由近代物理系青年教师朱××，近代物理系学生冯××和我共同起草的，为了不让人抓小辫子，当时我们起草时，在措辞上非常谨慎。我们的想法很简单，我们的基调是文化革命要有一个开放自由的环境，要让不同见解的人有平等的机会发表自己的观点，希望中央文革小组把抓起来的学生释放，让不同观点的大字报自由鸣放，不因言论治罪。这篇文章后来在"雄师"全体会议上讨论修改后，于1967年元月一日在西单墙上和玉泉路科大校园里贴出。因为多次抄家，这张大字报的原稿我已经找不到了，我记得这张大字报的主要内容有以下几点：

1. 讲话风：中央文革以无产阶级司令部自居，每到一处就表态，支持一派，打击一派，造成群众组织的对立。

2. 抓人风：中央文革叫群众火烧这个，炮打那个，可就是自己碰不得，把持有不同意见给他们贴大字报的群众抓起来，开创了文化大革命中用专政的办法处理不同意见的先例，这是不符合十六条精神的。

元月五日，我们又贴出了"雄师"的第二张大字报《分歧在哪里》，这张大字报是由我起草，在"雄师"全体会议上讨论修改后发表的。现在看起来《中央文革小组向何处去？》有点像一杯温开水，没有激进的观点，但我们强调的是要按照"十六条"办事，按现在的说法就是要依法行事，要有言论自由，不能因言治罪。因为我们的大字报调子比较低，讲得又比较切合实际，在北京有相当一部分群众同情支持我们的观点。

有人问我们在当时的形势下为什么还要写这张大字报，现在回忆起来，可以用一个"狂"字来描述我们的心理。"指点江山，激扬文字，粪土当年万户侯""数风流人物，还看今朝"。毛泽东的豪言壮语使我们这些雄心勃勃、精力过剩的年轻人感到遇到了大展身手的历史时机。我们那时真是觉得这天下大事是我们的事，该做的事情就要义不容辞地做，该说的就要义无反顾地说。而且我们认为我们的大字报能扭转乾坤，改变历史。

当时有一些年龄较大的老师和亲友都私下告诫我们："不要忘了57年反右派的经验教训。"我那时哪里听得进这些逆耳忠言，觉得他们是老迂腐，没有认清大形势，胆小怕事。我还对我们的人说现在是文化革命，和57年反右派时的形势不同，言论自由，谁都可以批评，对谁有意见都可以写大字报。在我这个科学家的头脑里，文化大革命就像解一道数学方程，如果按照一定的逻辑和原理推下去，就会找到一定的答案。后来我才认识到，文化大革命这个方程不但不能按照常规的逻辑和原理求解，而且它根本就没有答案。我们没有估计到这张大字报的影响和后果，更没有想到对我们的人生会有什么影响。

1967年1月14日，北京市公安局将"雄师"主要成员朱××、冯××、我、江××、黄××逮捕。科大"雄师战斗队"只有半个月的寿命就垮台了。

我到现在也不知道我被关押的是哪个监狱，但我知道里面关的全是文革中的政治犯。那个把我带到女牢的女警察看着我挺惋惜地说："这年纪轻轻的大学生就蹲了大牢，这辈子可惜了。"她这话当时我还不明白，我还没有想将来的事，我想的是有那么多人支持我，我可不能当软骨头。我想的是历史会证明我们是正确的。

进来以后，我慢慢了解到，这里关押有许多名人，而且我不是最年轻的。和我曾经关过一个牢房的囚犯我记得有联动头目，八一中学的兰××、骆××，她们当时都是高中学生，因为是高干子弟，非常傲，谁也不放在眼里，连女看守都得让她们三分。当她们听说我是"雄师"的"头目"，马上和我近乎起来，说我们有种，觉得我和她们是一条线上的。但我觉得我们的思想背景不是一码事。闲极无聊，她们经常夸耀似地讲高干子弟的生活。她们觉得我迂腐，谈得并不投机。因为她们年龄小，又有家庭背景，不久就被释放了。

我还和北大的"反聂英雄"杨×关过一个牢房，她对"雄师"是蛮同情的，她说我们是秀才造反，成不了事，我说我们不想造反，只是不满中央文革的做法，想给他们提点意见。她说我们太迂腐。她经常在监狱里大骂聂，声音很大，几乎整个牢房都能听见。她告诉我，她知道自己不会有好结果，因为聂的后台是中央文革，反聂就是反中央文革，但她说她一定要和聂斗到底。后来听说她被判了刑，不知杨大姐现在何处，身体可好？

公安局的人第一次审讯我的时候，我一直坚持，我没有反对谁，只是贴了张大字报提了点意见，是符合"十六条"的。按照科学的逻辑和思维方法，既然都可以给国家主席和老帅们贴大字报，我们给中央文革贴一张大字报有什么了不起？审讯人员问我是否说过"毛泽东思想可以一分为二"？我说任何事物都要一分为二，否则就不会有发展。他们问我是否说过林彪副主席讲的"毛泽东思想是顶峰，毛主席比马恩列斯都高"是不对的。我说任何事物都要发展，没有顶峰，任何真理都是一个历史阶段的相对真理，马恩列斯毛都是一个历史时期的伟大人物，不能说谁比谁高。他们还问我是否讲过"江青是小资产阶级感情，爱哭。"这是我写在日记上的。我当时年轻气盛。觉得这都是大实话，没有什么了不起，好汉做事敢作敢当。所以就都承认了。我看到审讯人员在不停地记，我当时还没有意识到，我的狂妄和幼稚已经毁了自己。我那时真傻。

1967年3月14日公安局把我押回科大作为活靶子批判，还没到校门口就看到铺天盖地的大标语"打倒现行反革命分子朱××，冯××，×平！""砸烂雄师的狗头！""谁反对毛主席我们就和他拼到底！""誓死保卫中央文革，誓死保卫江青同志！"在批斗会上我脖子上挂着"现行反革命分子周平"的牌子被拉到主席台前，我的几个很要好的"朋友"一个接一个慷慨激昂地发言，揭发我的罪行。他们都说了些什么呢？

如果光凭一张大字报"中央文革小组向何处去？"不足以定罪，众人也不服，他们必须要找到能上纲上线的材料。1967年1月10日，科大×××公社抄了我的宿舍，抄走了我的日记本和所有的文字材料。我从小学四年级就开始写日记，我爱写日记，文革中我的日记还写得特别详细，我每天到了什么地方，和那些人讲了什么话，自己对一些问题的看法都写在日记本上。我真佩服这两个月来"雄师专案组"工作进展神速，卓有成效，他们连明带夜地为我们每一个人整理了一大本材料。我的材料最丰富，当我看到厚厚的一本《"雄师"小头目现行反革命分子周平毒草集》时，我自己都吓得心惊肉跳。这些可都是能上纲上线的材料——反对毛主席、反对毛泽东思想、反对林副主席、反对江青同志、反对中央文革。这些材料有的是从我的日记本里断章取义的抽出来，有的是有人揭发的，还有的我也不知道从那里来的，反正是死猪不怕滚水烫，多一条少一条也无所谓了。有这一本材料我这一辈子就别想翻身了。

我在这里要说的是，这世上有良心的好人还是不少，在把我们押回科大批判这天，当局没有给我们准备午饭，是我们班上的三个女友李春彦、陆宗伟、王云利给我从饭厅打了一份饭，当我见到她们时，我的眼泪忍不住掉下来了，那顿饭是萝卜烧肉白米饭，看着我狼吞虎咽地把饭吃下，她们三人都哭了。她们告诉我，我妈妈到北京来找过我，公安局不让见，我的妈妈就回到新疆去了。她们还想再和我多说一会儿，看押我的人叫她们走了。后来我知道批斗对象不是都像我一样幸运，有的没有人给送饭。

批斗会以后，我回到监狱，想到妈妈和爸爸，他们对我抱多大的期望，特别是我高三参加北京市数学竞赛获奖和考上科大，他们多为我感到自豪啊。当妈妈到北京听到我关进监狱她会多么伤心，多么为我担心。但是她连见我一面都见不到。他们绝不会相信一个二十岁的大学生说了几句话转眼间就会成了反革命。但是批斗会以后专案组给我编了那么厚一本言论集，很多人会相信我是反革命。我无法为自己辩解。一个年轻的反革命就是这样产生了。漫长而单调的监狱生活，每天都吃一样的东西，早晚各一个窝头一碗菜汤，中午两个窝头一碗菜。除了毛选和当天的《人民日报》，别的什么都不能看。每天看着太阳升起落下，想到青春在渐渐消磨掉，

饥饿、孤独、寂寞和恐惧动摇了我的勇气。也许历史会证明我是对的，但我恐怕等不到那一天。如果我坚持我的信念，我就要在这里渡过我的青春，将来即使平反了，我的生命也没了，我受不了了，我害怕了。我怕一辈子待在这里。我投降了。我学会了说谎，违心地写检查交代，自我批判，希望能得到宽大处理，早日出狱。

据说当时公安局抓我们是看我们的大字报口气那么大，以为我们有很硬的后台，要把我们的后台揪出来，在审问时他们一再追问我们和科大中高层干部有什么关系，科大保卫部长杨少增先生（曾经担任过刘少奇的警卫员）就是因"雄师案"被捕，科大不少中高层干部都受到了审查。公安局不相信几个青年学生没有后台敢写那样的大字报，审查来审查去，才发现我们只不过是一群不知天高地厚的大学生，"雄师"骨干成员都是工人农民和知识分子的子女，大字报是我们自己起草的，主意是我们自己出的，标题是我们自己起的，

没有什么人指使我们，也没有后台。这就叫作初生牛犊不怕不虎。

1967年是反击"二月逆流"的高潮，监狱里关的人越来越多，有不少是相当有来头的大人物。"雄师"一案因抓不到后台，看我们的认罪态度也较好，监狱里也装不下了，半年后公安局就把我们押回学校，交给专政队，由群众专政。

从监狱里出来的我完全变了个人。我从名牌大学生变成了"现行反革命"，从科学的殿堂沉到了社会的最底层。我迷茫，我想不通。我不知道我怎么错了？为什么错？今后该怎么办？我找不到答案，觉得好委屈，我想躺在爸爸妈妈的怀里大哭一场，但他们远在天边，自身难保，那时除了我，我的一家都在新疆农场，爸爸在农场被监督劳动，刚刚动过乳腺癌手术的妈妈还要下地去割稻子，两个初中刚毕业的妹妹也下到农场劳动。我不能告诉他们我在这里所发生的事情，

我不能让他们再为我担忧了。

我曾经想到过死，仅仅有一次。那是在马鞍山一铁厂，1970年科大从北京下迁到安徽，分散在淮南，合肥，白湖和马鞍山。我们系是在马鞍山钢铁厂。"一打三反"运动开始后，人人自危，我听说在淮南煤矿，在合肥，在马鞍山，科大已经有几个老师和同学因承受不了压力自杀了，有的卧轨，有的上吊，有的服毒……。我因为是"雄师头目"自然是批判重点，经常在夜里被拉出去提审，白天站在台上受批判，还要没完没了地写检查、交代。

一天早晨，炼焦厂传来一个惊人的消息，6435班的小光也自杀了，我大吃一惊，她是我们同年级同系的同学，大家相处了五年，这么年轻的生命一下子就消失了。我心里一惊，很想到炼焦厂去看她最后一眼，但工宣队讲，谁也不许去。那天早上，张队长在大会上宣布，她是畏罪自杀，是现行反革命分子，死了还要批，她的家属是反革命家属。那天上午的批判会就是让他们班上的人发言批判她，我听了半天不过平常聊天时，说了江青几句话。我听到说她在1966年12月黑风中，支持"雄师"观点，同情"雄师分子"。感到特别对不起她，觉得是我连累了她。当我听到有人在呼"罪该万死，死有余辜"的口号时，我实在承受不了了。人都死了，还要怎么样呢？几年前当我们怀着美好的理想一起跨进科大校门的时候，谁会想到有这样的悲剧发生呢？

批判会后工宣找我训话，问我有什么想法，我说我的问题比她严重得多，工宣队张队长说，你们的性质都一样，都是反对无产阶级司令部，你们这些大学生简直是太狂妄了，国家花那么多钱培养你们，你们还胆敢把毛泽东思想一分为二，胆敢反对林彪同志和江青同志。我说，我没有反对谁，只是贴了张大字报给中央领导提了点意见。张队长大叫着说："只是，你还只是！像你这样的问题，要不是党的政策宽大，要不是看你们是青年学生，你早就该坐大牢判刑了，你还嘴硬，你还想翻案，你真是死不悔改。今天晚上写一份检查，明天准备接受批判。你要是再不老实，我们就再把你送进监狱专你的政。"

晚上，其他同学都睡觉了，我还在昏暗的灯下写检查。那时我们住在马钢一铁厂炼铁炉旁的一个工棚里。七月的马鞍山,夜里,还有三十六七度,但我还得穿着长裤和长衣,套上雨鞋,因为蚊子太多了。我的脸被蚊子叮了好几个大包,内衣都湿透了,我拿着笔愣愣地坐着,一个字也写不出来。那个聪明文静的女孩子的影子一直在我的眼前晃动。我想起了陶渊明的挽歌:"亲戚或余悲,他人亦已歌,死去何所道,托体同山阿。"这是我一生头一次遇到我熟悉的人死去,而且死得这么惨,我听说她是从二楼跳下来的,头朝下,血和脑浆流了一地……我简直不敢想象那可怕的场面,昨天还是个活生生的人,今天怎么就什么都不知道了?人生怎么就这么短?

我走到门外,看到那漆黑的夜幕上点缀着无数的星星,我记得,安徒生的童话里讲,人死了后就升到天上,变成了一颗星星,我想她一定是那颗最明亮的,因为她是多么年轻美丽。那闪烁的星星告诉我,她已经解脱了。而我还在没完没了的受煎熬,我不知道明天怎么过关?更不知道我的未来,像我这样有严重罪行的人,还会有什么未来?

工棚门口有一条铁路是送原料到高炉去的,每天夜里都有火车驶过。我闪过一个念头,只要我往铁轨上一躺,火车一过,我就什么也不知道了,我也解脱了。当这个念头一闪过,我出了一身冷汗。赶紧跑到水龙头,拿凉水把头浇湿,让自己清醒过来。我双手紧紧抓住水管,生怕我不能控制自己。我想我不能死,我的生命是多么渺小,微不足道,中国有九亿人呢,我死了算什么!我一死,工宣队会宣布我是畏罪自杀,是现行反革命分子,死了还要批,我的家属是反革命家属,其他人只不过多了个饭后茶余的话题,然后被人忘记。而我的亲人——爸爸、妈妈、妹妹和我的祥会痛苦一生,我的生命对他们是多么重要,他们是多么爱我,他们不能失去我,而我在这个世界上最留恋的也就是他们了。只要我活着,就是对他们的安慰,最坏的结果,把我分配到新疆农场,就在那天苍苍,野茫茫的大草原上和亲人们度过一生。

我回到工棚里,钻进蚊帐里,汗水和着泪水,把枕头和席子都打湿了,迷迷糊糊的,直到天亮才睡着。

第二天，太阳依旧升起来，人们依旧生活着，谁也不知道昨夜发生的事。而我却为昨夜发生的事感到后怕。生命是多么可贵。连动物，花草都留恋生命，更何况人，无论如何，我要活下去。活着就是为了爱你的人，也为了你爱的人。许多年后我读到琼瑶的小说，她说过同样的话，我的心和她是相通的。

为了活着，我必须学会保护自己，适应环境，我必须磨掉自己的任性和傲气，我必须学会忍耐和服从。我知道，我的命运是掌握在工宣队的手里，今天他们说的每一句话，都会决定我一生的命运。我必须顺着他们来。他们让我做什么，我就做什么。我已经适应大批判了，我是一个活靶子，"革命组织"给我编了一本《现行反革命分子周平反革命言论集》，我像被人耍弄的猴子，脖子上挂着"现行反革命分子周平"的牌子，从一个批判会揪到另一个批判会。好像我活着就是让人批判的，对于这些我已经麻木了，我已经对任何的批判没有了感觉，反正说什么都一样。

我是一个非常不幸，又是一个非常幸运的人，因为我有我的祥，我那患难与共，生死不渝的亲人，那给了我生活希望，陪我走过人生坎途的伴侣。那时同情我的人不少，但只有他有勇气接受我，和我一起面对可能发生的任何事情。为了我，他承受了巨大的压力，作出了极大的牺牲。当我从监狱里出来，别人避我都来不及，他却常来看我，安慰我，陪我走过了最困难的一段时间。后来别人问他怎么当时选择了我，他回答得简单而实在："我真的觉得她很委屈，我不忍心看她一辈子受苦，我要保护她。"在当时敢于接受我的男人真是要有不平常的勇气和胆量。他并不难找到一个贤妻良母型的姑娘过平平常常的日子，他没有必要自找麻烦，背上这个包袱。劝他的人不少，但我们终于还是走到一起来了。我想这就是天意，这就是缘分。人生难得有一知己，有了他，我此生足矣。

毕业分配的时候，他被分到贵州，后来又到了安徽农场，而我被分到宁夏西吉县。工宣队故意这样做，想把我们永远分开，他们好残忍，他们连我这唯一的爱也要夺去，在他们看来像我这样的人根本就不配有爱。但我是人，是个年轻的女人，我是多么需要爱。在这里，我要特别感谢 645 的徐小昆同学，在一打三反运动中，他因为和几个朋友在一起议论过江青而被列为全校第一号批判对象。他当时也被分到了安徽农场。我怀着一线希望去找他，问他愿不愿意和我交换一下。当时他也被整得很惨。但仍然很同情我的遭遇，一口答应下来，后来他替我去了宁夏西吉县，但工宣队仍然没有让我去安徽而让我去了河南。后来他也到了美国。如果有机会碰到他，我要谢谢他成全了我们一家人。

1970 年分配在河南的大学生都到湖北沉湖去劳动。在沉湖农场，所有的人都知道女生连队里有一个炮打无产阶级司令部的现行反革命分子，个子不高，思想反动。很少有人敢和我讲话。我总是被派去干最脏最累的活，我的床是在靠大门冷风直接吹进来的地方，演样板戏时，总是让我演滦平，我的绰号就是"滦平"。在农场，我拼命干活，很少讲话，我想用劳动的汗水来洗刷自己的罪孽，求得人们的谅解。后来我明白了，我就像鲁迅笔下的祥林嫂，罪孽已烙在我身上，一辈子也赎不了。我已经习惯了人们鄙视和冷漠的眼光，也习惯了运动一来就去当批判对象。

从农场分配的时候，自然我是被分到那最差的别人不愿去的地方。我的问题没有结论，没有帽子，但这比戴帽子更可怕，我的档案里塞满了材料，我就像生活在屠刀下，任何人任何时候想要整我，都可以置我于死地。祥家庭出身好，但因为他是我的男朋友也受到特殊待遇，从安徽农场出来时，其他同学分到了城市，工厂和科研单位，而他因为我则被分到安徽省临泉县杨集公社中学当了司务长。

1972 年元月，他听说我要到驻马店报到，就冒着大雪，从杨集步行了五十几里到新蔡县乘汽车，比我先到了那里。当我们又重新见面时，我依偎在他那温暖的怀抱里痛哭了一大场，像要把这些年所受的委屈都倾泻出来。这些年来，我像一头受了重伤而无家可归的小羊，我是多么需要爱，多么需要一个强有力的肩膀。我感到有了依靠，有了家。我们终于可以在一起了。经过了马鞍山和军垦农场那些噩梦般的日子，我们再也不去当力挽狂澜的英雄，再也不要搞阶级斗争，我们渴望安安静静地生活，平平凡凡的人生。

西平县的儿女

在古老辽阔的豫东平原上，在京广铁路线上，有一个叫作西平的小县。1972元月年我被分配到这里。

我生在重庆，长在北京，虽然也下乡劳动过，但从来也没有想到我要在农村安家。我们刚上大学的时候，科学院力学所的崔季平老师曾经向我们介绍过我们要学的物理力学。他说，这门学科是钱学森教授在我国首次创立的。他的目标是要从物质的微观结构去了解材料的宏观性质，这种方法可以用于寻找制造火箭，飞机和航天飞船的新材料。这是一门正在蓬勃发展的新学科，科大的学生是我国科学技术的生力军，好好学吧，将来有许多工作等着你们呢。在我的梦想里我们以后的去向不是研究所就是大学，或是火箭，导弹基地。当我们欢送高年级同学毕业的时候，对于那些能到新疆原子弹基地或西昌火箭基地的师哥师姐们总怀着几分神秘和敬意，只有最优秀的人才能去从事那崇高而神圣的事业。

可是现在，祥在杨集公社中学当了司务长，我又来到这举目无亲的小县城。从临泉县到西平县直线距离不太远，但没有直达汽车，他要步行到新蔡县乘汽车到驻马店再转火车到西平，当天都到不了。县里管分配的人说：你这科技大学的学生不去搞尖端到这小县城来做什么？县里刚建了个化肥厂，你就到化肥厂去吧？

1972年我被分到县化肥厂，一年后我们结了婚，祥也调到这个厂了，我们在这里安了家。化肥厂后面有一个旧仓库，我们自己搬土铺地，用高粱秸围了墙，糊上白纸，又用高粱秸铺了个炕，我们还有一个桌子，两个木箱子，一箱子是书，另一箱子是四季的衣服。我们把这个旧仓库布置成了一个简陋而温暖的家。

在西平那几年的日子里，我们过着安静而平凡的生活，我遇到了一群善良友好充满爱心充满人情味的西平人，他们给了我们温暖、爱和友谊。我也亲身体会到河南农民的贫苦的生活。在西平县，我到厂里工人的家里做客，最好的待客饭就是芝麻叶蒜面条。在农村，白面是很珍贵的。西平县是芝麻和小麦的主要产地，但夏收收下的麦子大部分要交公粮，自己只能留下很少一点，他们一年的口粮主要靠秋季的玉米和红薯，白面只占15%或更少，我在北京从小吃大米白面长这么大，却还不知道，生产小麦的农民却很难得吃到白面。我们和厂里的工人处得很好。我们勤勤恳恳地工作，像惊弓的小鸟，小心谨慎地活着。从不在公开场合谈政治观点，也很少和别人谈我们的过去。但我们是有知识，有思想，有头脑的人，要我们不说话可以，要我们不读书，不思考真是办不到。我们找到一切可以找到的书，文学的、历史的、古代的、现代的、中国的、外国的。我们在一起总有说不完的话题，我们可以从原子分子谈到孔子、孟子，从史记谈到相对论，从蔡文姬谈到居里夫人，从我们的父母谈到我们的孩子，但有一件事他绝口不提。那就是"雄师"的事，他知道我受的伤害太深，他希望时间能医治我心灵的创伤。

我深深敬佩我的具有远见卓识的爸爸妈妈。他们都是学经济的，抗战时在重大商学院，马寅初先生是他们的老师和证婚人。他们都有很深厚的中西文化的功底。妈妈能写一手苍劲的柳体，而爸爸写一手娟秀的赵体。小时候一到暑假，妈妈就叫我们背唐诗和《古文观止》。他们希望我能当新闻记者。我很喜欢文学，但更喜欢科学。高中毕业时我选择了科学，爸爸妈妈不相信我们家能出科学家，直到高中毕业那一年，我不但考取了科大，而且获得了当年的北京市中学生数学竞赛优胜奖，他们才发现我们家还有一个很不错的科学家候选人。

爸爸是搞教育的，文革中，爸爸几次痛心疾首地说：小学生、中学生、大学生都不上学，这个国家将来还得了吗？八年抗战打仗那么激烈，学校还在招生，学生还在上学，八年抗战中国还出了李政道和杨振宁。爸爸说得一点也不错，李、杨不正是抗战时期在西南联大念出 ABC，一样干革命的英雄，中学英语老师个个提心吊胆，他却要自己找上门。我们姐儿几个没少劝他，说他。我们说你闲着没事就在家里待着，干什么都行，千万别去教英语。他却固执地说："你们看着吧，过几年你们都要来找我，学生们都会感谢我。"事实证明他是对的。

这些年是爸爸妈妈用他们的爱抚慰着我的伤口。爸爸妈妈一直鼓励我们坚持学业务学英语。并给我们买了英语和大学教科书。他们说知识永远是无价之宝。装在自己脑子里，谁也拿不走谁也偷不了。虽然我认为自己毫无希望，但为了工作的需要，这些年，我们已经自学完大学化学系和化工系的主要课程，英语也一直没有间断。几年后我们都成了名副其实的有理论基础，有实践经验的化工专家。

在这里，我们有了一个健康、聪明、可爱的女儿。孩子的出生给我们带来了新的生活。当出生的女儿第一次躺在我的怀里吸吮乳汁时，我才真正体会到母爱的崇高与伟大，无私与奉献。有母亲的孩子是多么幸福，有孩子的女人是多么幸福。我愿把我所有的一切包括我的生命献给我的孩子。那时我们两人的工资只有85元，还要负担家里的老人，但仍然想办法保证孩子们的营养，奶粉、糖、鸡蛋、鱼肝油，这些在乡下很难见到的东西，我们都想尽一切办法买给孩子。如果"四人帮"一直不垮台，春天迟迟不来，我们会在西平的小屋里平静地渡过我们的一生。我再也不做梦当科学家了，再也不梦想当居里夫人了。能和心爱的人相厮相守，有了祥，我很知足了。但一想到我的孩子，我觉得对不起她。当孩子睡觉的时候，我会坐在她的身边，一动不动地看上几个小时，看着女儿细细弯弯的眉毛，乌黑浓密的头发，圆圆的脸庞，红润的小嘴，从打她一出生我就看，看不够，爱不够，每一个做母亲的，都会像我这样爱自己的孩子。自己的孩子永远是最美最好的。每一个做母亲的，都会设计孩子的未来。而我能给她什么呢？我能教她唐诗、古文、英语、科学，但我既没钱，又没权，即使有机会推荐上大学，也许会因为我的"历史问题"而给刷下来。

化肥厂的门外是庄稼地，因为没有别的地方去，我常带孩子到这里来玩。我呆呆地看着那一望无际的青纱帐，回想着往事。说实在的，到这时候，我才真正明白了，中国为什么有那么多右派分子，我才真正明白了，文化革命中为什么会出这么多反革命，我才真正明白了，有知识，有思想，有良知，敢于讲真话的人都会和我一个下场。为了年轻时说的几句真话，我不但要付出我的一生，还要付出我的子女的未来，记得我高中毕业时班上有几个学习成绩很好的同学没有考上大学，当时听说是因为家庭有问题，我觉得很可惜，现在同样的命运就会落在我的孩子的身上，我好几次做噩梦，梦见因为我的历史问题，我的女儿被赶出了学校的大门。当我看到在野地里玩泥巴的女儿，心里涌出一股无可奈何的惆怅，难道我的孩子也要在这片庄稼地里度过他们的人生，难道他们再也没有机会做科学家的梦？没有机会见到外面的世界？我好不甘心呀！

我的儿子是 1976 年 10 月出生的，那一个月在中国的历史上是多么重要。这一个月我边看边听边想。我才意识到这些年来我并没有甘心，没有认命。满月以后，1976 年 11 月我给科大党委写信要求平反，但几个月过去，如石沉大海，没有任何音信。我们往化工部某研究所调动也没有任何消息。我想和我档案的问题有关系，于是决定回科大去一趟。我这次回科大，不是想当反江青的英雄，也不想追究十年前的谁是谁非，更不想找谁算账。我要寻回我少年时代的理想，圆我的科学家的梦。我想回科大继续上学。前几个月我们已经听到消息，1977 年国家要恢复高考并要招收研究生。我和祥已经着手复习课程准备报考。这次回科大也是想打听一下招收研究生的事并借几本书回去。

我先找到我的同班同学何天敬。从马鞍山分手一晃，七年过去了。如今大家都已经过而立之年。何天敬先带我找系里管政工的陈干事，一路上我们谈起这些年的经历。他说 1973 年他在进修班补完了大学的课程，后来教了些课并且搞了些理论方面的研究。我说我真的很羡慕你。我又问他化物专业要招几个研究生，他给了我一份科学院研究生招生目录，还答应借给我几本书。

系里管政工的干事说：刘达书记在 1973 年被解放重新上任后所作的第一件是就是把科大毕业生的档案调回学校，把文革中工宣队整的材料全部撤销。我说别人的撤销我的没撤销，曾经有两个单位要调我，但档案一调过去就退回来了，我要求学校把我的档案调回重新作结论。陈干事说，你的情况比较麻烦，因为是北京市公安局抓的人办的案，得由他们正式来给平反。但现在没有中央文件，谁也不敢作主。我又去找了学校管政工的负责人，他们都对我表示同情，但因为中央没有文件，他们什么也不能做。

那天下午，我去找化学物理教研室主任辛厚文老师，想问问他招收研究生的事。辛厚文老师亲切而热情地接待了我。他说大家都认为你们当时就没有错，现在更没有错。"四人帮"刚垮台，许多事情要重新认识，重新评价，但这需要时间，不要急，耐心等待。我说，我们听说学校要调一部份业务骨干回校充实教学和科研队伍，我们都很想回校继续学习。辛老师坦率地说：你们64级同学只学了两年基础课，没有接触专业。我们这次主要想调61级以前的毕业生做业务骨干。文化大革命这十年耽误掉一整代人，不然的话你们也该是研究员、副教授了。但现在你们还需要补课。你们如果愿意继续学习，可以准备报考研究生。他又补充一句：我们是在分数面前人人平等。

我不管什么"雄师"不"雄师"。辛厚文老师是我最尊敬的老师之一，在当时没有人敢对"雄师"明确表态，作为一个系领导，他能毫无顾忌地向我讲这些，我十分感动。我又在学校和安徽省委找了一些人，人们都很耐心地听我的故事，对我表示同情，但没有一个人能帮我解决问题。

回到西平的小土屋里，我和祥谈到科大之行的所见所闻，我们关在这间小屋里太久了，外界的事像新鲜的空气涌进这宁静的小屋，我们意识到，一个历史的机遇已来临，这个机遇对每个人都是平等的，谁能抓住这个机遇，谁就抓住了明天，抓住了未来。平反不是要的一张纸，要自己给自己平反。时光不会倒流，失去的青春不再回来。但我们要把握住今天。我们已不是十七八岁的高中生，也不是二十出头的大学生，我们已过而立之年，要每天工作八小时。那一年，女儿刚四岁，儿子刚一岁。要准备考试困难重重，但我们绝不能放弃这千载难逢的机遇。一个人考有一个希望，两个人考就有两个希望。为了改变自己的地位，为了孩子的未来，我们没有任何退路，只有破釜沉舟，背水一战。

从那时起，我们就开始了大运动量，高强度，长时间的训练。许多年以后，当我回忆起这段难忘的日子，自己都不相信人怎么会迸发出这么高的能量，经过这十年的风雨，我的脑子居然还那么好使。我有点相信特异功能，我想这大约是我们十年所积蓄下来的能量一旦释放出来所产生的激光效应。我也相信上帝,他大概觉得这世道对我们太不公平,要帮我们一把。

从1977年6月到1978年4月,我们做了几千道题,记了几千英语单词。光草稿纸就有十几斤重,在八个月时间里完成了三年的工作量。我们没有老师,只有靠书本和两个人的大脑,当答案和书本上的不一致时,我们就查资料翻书本,互相讨论,有时争得面红耳赤,谁也不服谁。有时夜里祥把我叫醒告诉我某道题他想出解了,说着拧开电灯,两人又研究开了,他给我补充,我给他补充,直到得出满意的答案才继续睡觉。

这两口子是中了邪了,还是练功走火入魔了?放着舒舒坦坦的日子不过,干吗自己跟自己过不去?朋友们都劝我们:你们两个大学生在厂里好好干,将来一个技术科长,一个中心实验室主任,还有什么不知足的?人过三十不学艺,再说都有两个孩子了,总不能把孩子扔下去上学?

他们说的全对,但我心里就不认命、不甘心。理想的种子在少年时代就在我的灵魂深处扎了根,尽管狂风暴雨,冰天雪地遏制了它的正常成长,但在这迟到的春天,它还要顽强地发芽长叶开花结果。

十年的文化大革命使多少有理想有报负有才华的青年失去了受教育的机会,失去了宝贵的青春年华。1977年,当恢复高考和招收研究生的消息传来,人们才从十年的迷茫和混乱中清醒过来,几千万老五届大学生,老三届中学生以及上山下乡知识青年看到了希望的曙光。学生重新捡起书本,老师重新走进教室。那一年的高考真是不比寻常,人们看到父子同进考场,夫妻同上课堂动人场面,抱着孩子的父亲,刚生了孩子的母亲,都来参加高考,多少人想要抓住这个机会寻回自己青春的梦。对于那些出身贫苦又没有后门的青年,高考是他们唯一的机会。那一年有一千万人报考大学,近百万人报考研究生,参加这场竞争的学子,无论录取与否,他们都是强者,因为他们敢于向命运挑战。77级、78级本科生和78级研究生正是从这一代人里选拔出来的,他们无疑是这一代人最优秀的代表。

那次考试考了两天半,考完以后,我们全身像散了架一样。这一个月来，我们心里充满了焦急，等待和盼望。考完以后，自我估计，我们都发挥正常，该拿的分都拿到了。但这第一次招生，大家心里都没有底，摸不着深浅。

六月份我们都拿到了复试通知书。我们的复试成绩也很好，按照初试和复试成绩的总和，如果按分数录取，我们都应该没有问题，那一年有好几个"雄师分子"都已在录取名单里，这时不知哪里传来一股风说"雄师分子"应暂缓录取，但研究生导师，系里和学校招生办，特别是王其武、马兴孝、伏义路几位老师都坚定不移地表示，在分数面前人人平等。感谢科大的老师们给了我们一个平等竞争的机会，使我们能重回科大上学。

1978年8月祥和我都接到了正式录取通知书，我们同时被录取为文化大革命以后的第一批研究生，我们没有关系，没有后门，完全靠自己的勤奋和智慧来改变自己的地位和命运。我们高兴得抱着孩子在床上打滚，两个孩子从没见我们这么高兴过，他们看着我们笑，也跟着我们咯咯地笑。他们当时还不理解，这一步是我们人生的重要转折点，这一步对孩子们的一生会有多么重大的影响。

化肥厂沸腾了，西平县震惊了，那一年，"研究生"还是是一个刚出现的很神秘的新名词，乡亲们说考上高中是秀才，考上大学是举人，那么考上研究生就该是状元了。乡亲们听说化肥厂的旧仓库里一下出了两个状元，而且还是"夫妻状元"都觉得挺新鲜，特地跑到旧仓库来，看看这"夫妻状元"是什么样的。乡亲们说我们是鲤鱼跳龙门，是凤凰登枝，而我们心里明白，我们只是回到十几年前我们就该待的地方。

1978年的深秋，我们离开西平县去中国科大上学，厂里的领导和许多朋友都到火车站为我们送行。当火车驶离西平站时，我心里涌起一股深深的依恋。西平是我们人生途的第一站，我们在这里生活了七年，这里有我们的青春，有我们的爱情，我们在这里生儿育女，共同筑起了这个简陋，贫困而温暖的家。西平是一个避风港，西平县的亲人们保护着我们避开了阶级斗争的大风大浪，给了我们友谊和关怀。我忘不了，当我生孩子时，秀梅、继芬冒着严寒用架子车把我们娘儿俩从医院拉回家，当我的奶水不够时，厂里的女工用她们的乳汁哺育了姗姗和海海，75年西平发洪水时，万良把家里仅有的一点白面拿来给姗姗熬糊糊吃，逢年过节时，工人们请我们到他们家里做客，吃芝麻叶蒜面条和豆腐脑……我们的两个孩子都是在西平县出生的，今生今世，无论走到天涯海角，他们的历表上永远会写着他们是中国河南省西平县人。

苦难是人生的宝贵财富。十几年的炼狱，十几年的血与火的煎熬，生与死的抉择，使我成熟了。我感谢上天给予了我这个机会让我继续追寻我的梦。

早逝的春天

科大，我的母亲，你带着十年累累的伤痕，迎来了科学的春天。

1978年的秋天，恢复高考后招收的第一批学生，77级本科生和78级研究生来到了科大，使这所冷落了多年的校园显得欣欣向荣和生气勃勃。

这一年招收的新生中，年龄最小的是科大少年班的学生，他们不到十五岁就跨进科大的校门，他们是时代的宠儿。年龄最大的就要算78级研究生中的老五届学生（老五届是指从文革前入学，文革中毕业，66年到70年的大学毕业生），那一年我们已过而立之年。我们几乎成了时代的弃儿，但仍然是同龄人中的佼佼者，也是同龄人中的幸运儿。大家都非常珍惜这来之不易的机会。这些老五届学生像我们一样，大都有了一个或两个孩子。他们告别了爱妻幼子，到这里来重新过学生生活，二十多个人挤在一个房间里睡觉，端个碗到学生食堂里吃饭。和少年班以及77级的学生比较，我们成熟得多，生活磨掉了我们的狂热和浪漫，我们不再做居里夫人和诺贝尔奖的梦了，我们能比较冷静而现实地看待人生，都有着对子女和家庭的责任感。

我和祥虽说是在同一个校园里，但住不同的楼，上不同的课，平时连照面的机会都没有，星期六晚上一块去看一场电影都是一种享受。那时我们的工资是 105 元,每月给孩子各寄二十元,我们两人除了吃饭,几乎不花任何钱。因为我们还要攒钱去看孩子。女儿姗姗在四川姥姥家,儿子海海在江苏奶奶家。即使一年看一次,这一大圈的火车票也要好几百元,这些钱只有靠平时一点一点地攒。这次回来当学生和十几年前大不相同了,我已不是无牵无挂的单身贵族了,我是姗姗和海海的妈妈,孩子是多么让我牵肠挂肚,我真是好想好想他们。尽管我知道姥姥姥爷,爷爷奶奶都会给孩子们全部的爱,尽管两家老人经常来信详细介绍孩子的情况,但孩子们仍然需要父母的爱。分别时两个孩子眼泪汪汪的小模样一直牵着我的心。那时和我在一个宿舍里的几个女同学都是这个情况,大家一聊天就说起了自己的孩子。

说起来好笑,那时我有一个习惯,每天下午四五点钟当学生去操场锻炼时,我就爱跑到幼儿园门口看着一个个孩子被爸爸妈妈接走,一路又蹦有说有笑,我真替他们高兴。虽然我知道我的姗姗和海海不在里面,但还是想要跑来看这一幕。我发现有我这习惯的不止我一个,那些做了爸爸妈妈的老学生像我一样,经常溜到这儿来看看,看不到自己的孩子看看别人的孩子也是一种安慰吧。

那一年寒假,考完最后一门,大家连一分钟也不多待,纷纷跑回家和妻儿团聚去了。我们两个人无家可回,又没有钱去看孩子,只好冷冷清清的在学校里过了个年。我们这个寒假谈的想的几乎全是两个孩子的事。

到了暑假我们把一年省吃俭用攒下来的钱买了火车票并给孩子买了点见面礼。我们先到丹阳去接海海。到丹阳已是下午,最后一班下乡的车已经走了,天还下着雨,亲戚劝我们在县里住一夜,但我们实在等不及了,踏着泥泞,连夜赶到了奶奶家。十个月不见,海海长高了长壮了。他看到了我们,一下子扑过来。我在儿子结实的脸蛋上使劲地亲,紧紧地抱住他不放,生怕他又跑了。奶奶叫我们在家多住几天,但我们已迫不及待地要见姗姗。

当我们三人回到成都姥姥家里,正是下午,姗姗在幼儿园里还没放学,我们等不及,就跑到幼儿园去接她。当姗姗看到我们三个人站在她的面前，惊喜地扑上来，祥把她抱起来，甩到天空，说："长这么大了，我都快抱不动了。"我们一路走回家，两个孩子的小嘴不停地说，好像要把这一年积攒的话都倒出来。姗姗说，外公外婆没有告诉他我们今天要回来，但他心里想着我们这两天会来，因为学生已经放假了。她昨天做梦就梦见回家烧着可好吃呢。回到家里，我们拿出给孩子们的礼物，姗姗穿上新的百折裙显得更漂亮了，海海穿上海军衣，显得更神气了。两个孩子穿着新衣服高高兴兴地去打螺陀转了。

整个暑假，我不愿离开孩子一分钟，像要把这一年我亏欠他们的都在这个暑假补起来。我为孩子们做饭洗衣，洗澡理发，我教他们写字画画。

我陪他们游戏玩耍。那一年，姗姗还不到六岁，外公外婆已教她念很多唐诗，也会写不少字。每天一早姗姗就在院子里念起来："两个黄丽鸣翠柳，一行白露上青天……""……两岸猿声啼不住，轻舟已过万重山。"这些流传千古的绝句，从姗姗那清脆的童声涌出，更增添了诗意。外公外婆叫她一周背一首诗，一天描两页红模子。外公外婆经常抱怨，现在的年轻人不好好练字，他们一定要教孙子孙女练好字。他们认为，书法和唐诗是中国文化的精华，是孩子启蒙教育的基本功。我们带他们去杜甫草堂，给他们讲杜甫的故事，带他们去武侯祠，教孩子们心算，加减法从一位数到两位数，数学是锻炼思维的体操，心算快的孩子将来一定逻辑清晰，思维敏捷。

和孩子们在一起，时间过得好快呀，暑假很快过去了，我们又要回学校了，临走的前几天，外公外婆已经在给姗姗做工作，说爸爸妈妈要回科大上学，如果学好了就能留在学校工作，就可以把姗姗和弟弟接到科大去上学。姗姗没有去过科大，但在她那小小的心灵里，那一定是个很神秘的地方，因为大人一提起科大，都是很严肃很崇敬的。到走的时候，她眼泪汪汪地粘着我，当我们上了车，她却双手仅仅抓住门把不放，再也忍不住了，大声哭起来："我也要和你们一起去。"海海也在车上哭起来，叫着："我要姐姐来！"车上的人都惊呆了，谁也不忍把这个小孩的手掰开，这时外公过来，把姗姗抱起来说："姗姗乖，爸爸妈妈上学是为了你们，爸爸妈妈学好了，姗姗明年才能去。"姗姗含着眼泪和我们挥别，车子开走了，我呆呆地望着越来越远的姗姗的影子，一直到看不见……

火车上，海海紧紧地拉着我说，今天夜里他不睡觉，他怕妈妈走了。但天一黑，他就睡着了。半夜火车到了蚌埠车站，我吻了吻熟睡的儿子，离开了车厢。祥直接送他去奶奶家。

回到学校我们拼命地学习，工作，想把成绩搞得好些，早日毕业把孩子接来。

这次回科大我上的是物理师资进修班。那一年没有人给我们开高等四大力学的课，物理教研室麦汝奇告诉我们，他从大连请来了一个李正道的同学给我们讲四大力学。我们听了半信半疑，以为他在开玩笑。第一次上分析力学课时，当我来到教室时，看到一个五十多岁的中年人坐在前排，他那饱经风霜的脸又黑又粗糙，穿一套不合身的新制服，我当时脑子里冒出的想法是："老麦不知从哪里给我们找了个老贫农来忆苦思甜。"旁边的同学悄声告诉我，这就是谭家岱老师，是李正道在浙大的同班同学，57年被打成右派送到农村劳改了二十几年，刚从农村回来，就到科大来给我们上课。我心想听老贫农讲分析力学大概别有一番风味。

当他往讲台上一站开始讲课，我们都鸦雀无声了。他讲课时严密的逻辑，清晰的思路，熟练的数学推导把我们都镇服了。他每学期给我们开一门新课。他最喜欢的是苏联物理大师郎道的体系，他系统地给我们讲了分析力学、数理方法、场论和量子力学。后来不少研究生和77届的本科生都慕名跑来听他的课。我们这个课的教室总是挤得满满的。在当时的科大以及全国能开出像他这样水平的课的老师的确实是不多的。

有一次我和几个同学到他宿舍里去看他，他住在教员宿舍筒子楼里一间，房间里堆满了很多的书。我们聊了一会儿上课的事，就好奇地小心翼翼地问他一些过去的经历。他一边抽着烟，一边慢慢地回忆，抗战时期他和李正道是浙大物理系的同窗，李正道是他们班年龄最小的。后来李正道去了美国。1956年他刚三十出头，在大连工学院就被提为正教授。他当时年轻，业务又好，非常自负，五七年给上头提了几条意见,就被划成了右派,被送到农村劳改,老婆也跟他离了婚。我说,这二十多年的劳改,您也没忘记您的物理,我们都很钦佩您对物理学深刻的理解和高深的造诣。他说,那主要是年轻的时候基础打得扎实,后来劳改的时候,没有别的书看,自己脑子里就想个题目,算一算,解解闷。

有一年李正道到科大访问,谭老师陪同参观。他们两人虽然年龄相仿,但看起来像差了十几岁,李正道是那么精神奕奕,神采飞扬,看到他旁边的神情黯然的谭老师,我完全体会他当时的心境,我就在想,如果当时李正道留在国内而谭老师去了美国,那历史又会是怎样呢?

1979年的某一天,我收到通知去参加平反大会。在会场上见到不少老年和中年的老师,我大概算里面最年轻的了。看到他们我在想,我是不是还算幸运呢?平反文件一个一个地念着,台下一片轻轻的抽泣声。会上谭老师的右派问题得到改正,并补发了多年的工资。

在会上,我也接到了两份平反文件,一份是为周平反的文件,一份是为"雄师"平反的文件,后面有二十九人的名单。

看着这一个个熟悉的名字,我的泪水把这张纸湿透了。我知道这每一个名字的后面都有一个血泪斑斑的故事,而且我知道还有许多人的名字没有列在这名单上。看着这一个个熟悉的名字,十几年前的往事又浮现在我的眼前。

1967年1月14日,那是一个多么寒冷的夜。那天夜里,一辆车子到科大校园里捕了五个"雄师骨干分子",有人在寂静的操场上大叫:"抓人了!"许多学生、老师、工人、家属闻讯赶到了校东大门,车子被堵在离东大门的不远处就挪不动了,愤怒的人群在车子外面质问:"凭什么抓学生?""写一张大字报就抓人?这不符合十六条!"这时我听见车里有人说:"科大反中央文革的势力太强,简直成了反革命老窝了,太嚣张了。"双方僵持了大约两个小时,最后是调来了警察,才把堵在路上的人群驱开,车子才缓缓开出玉泉路科大校园,但仍然有上千人拥挤在道路两旁和校门口,在那漆黑的冬夜,在那凛冽的寒风中,默默地为我们送行……这是多么悲壮的一幕!

这不是小说，也不是电影剧本，明月为凭，天地作证，在场的几千个科大人都是历史的见证人，这是 1967 年 1 月 14 日发生在玉泉路科大校园的真实的一幕，这是民心、民意，这是历史。

我拿着平反文件到了校平反办公室，一个慈祥的老人接待了我。我说，我很高兴历史终于做出了正确的结论，但我还有几点要求：

第一，平反文件讲我们的大字报是"反对"中央文革，"反对"这个词不对，因为我们的大字报没有反对任何人，对一个问题提出不同的意见，是正常的民主的生活，是符合宪法的。不能因为有不同意见就是"反对"。我没有先见之明，我也没有那么大的胆量去反对大人物。那个老人看我一本正经很认真的样子，觉得很好笑，就说，反正事情已经过去了，就不要咬文嚼字了嘛。

第二，我说，受"雄师"问题牵连而受到迫害远远不止这二十九人，有许多人虽然没有参加"雄师"但因同情"雄师"观点或者 1 月 14 日去拦车也受到了迫害，校党委也要为他们平反，我递给他一份名单，上面有我和祥所能回忆起来的人名单，我说据我了解，受"雄师"一案牵连，在科大、清华、北大、北航、地院、北大附中、京工附中以及其他大专院校大约有上千人，他接过名单说，对于科大的人我们会尽快调查了解作出结论。对其他学校的人，他们自己会处理。

第三，受"雄师"一案牵连，我的八本日记本被抄走，我要求把我的日记本归还给我。他说，事隔那么多年，这些材料已经找不到了，很抱歉。

这八本日记本是我从小学四年级到大学二年级的日记，是爸爸妈妈送给我的礼物，他们让我把"最重要的，有意义的和值得纪念的东西写下来，长期地写下去，将来就是你的生命史。"这些日记记录了我从童年，少年到少女的成长足迹，记录了我的理想，我的追求和我的梦，这日记没有虚伪和掩饰，是我内心世界的自白。但在文革中，我的日记却被整页整页地抄在大字报上被人们批判，我从来也没有想到我的内心世界被暴露在大庭广众之下，也没有想到我的日记会成为我的罪状，从那时起我就再也不写日记了。现在我的日记再也找不回来了，我的青春，我的梦都永远地消失了。

曾经沧海难为水,文化革命中这惊心动魄的事件完全改变了我的人生。如今将近半个世纪过去了,我时时刻刻没有忘记那些关心我,同情我,爱护我,保护我的朋友和亲人,有些人和我并不相识,但为了"雄师"事件,他们有的人比我还要惨,有的精神失常了,有的身体致残了,还有的下落不明……这些年我时时告诫自己,要不懈的努力,要作一个真正的人,来回报这些朋友和亲人。这也是这些年来我一直想写这篇文章的真正动机,如果本文能公开发表,就算是我给这些朋友们的一个回报吧。我谨向那些具有同情心,为了良知,为支持我,爱护我,保护我而受到伤害的朋友们表示我的敬意和谢意,向那些屈死的冤魂献上我的哀思和怀念。

作者附记:"雄师"一案已经过去近半个世纪,我已步入花甲之年。之所以现在发表是我感到时间的紧迫,近几年我的同班同学已经有几个过世,再不写下来就太迟了。一些年轻人看了以后觉得不可思议,有人怀疑我是编的故事,我要告诉大家,这一切都是历史事实。我这把年纪没有必要在网上编故事赚点击量。

我可以提供如下证据:

1."雄师"一案在中华人民共和国公安部和北京市公安局都有记录,您可以去查。

2.本人保留有中国科技大学党委1979年给我的两份平反文件的原件,如果需要我可以在网上贴出。

3.最近我得到了"中央文革向何处去"的原文,该文在全国不少地方都被转抄过,如果需要我可以在网上贴出。

4.1966年到1967年在北京玉泉路科大的学生老师和员工许多人都还活着,他们都是历史见证人。

我们这一代能留给后人的东西不多,留下这段历史,使我们的后代不再经历这种人为的悲剧,这大概是我们这代人最后的一个历史使命和留给后代的遗产。

选自《记忆》第254、256期。

张东荪之孙的回忆
——我在北大数学系

张饴慈[1]

险些上不了大学

十八岁高中毕业之前,我生活在世外桃源之中。中学的生活成为我最美好的回忆。高考的发榜是我人生痛苦的开始。毕业前,班主任曾问我:你想过会考不上大学吗?我很干脆地回答说,没想过。我以为我很懂党的政策,只要自己是要求进步的,党不会把我拒之门外。

那年高考是分期发榜。先是第一类学校,如清华、北大等。当时,我们班(五十人左右)收到录取通知书的清华有九个,中国科技大学有七个,北大有五个。其他人也大都是第一志愿,如北京工业学院、北京医学院、北京石油学院等等。我是我们班上的学习委员,学习成绩在班上是很好的。我自信高考的成绩也很好,但却不见通知书的到来。我的操行评语没有问题。我知道这是家庭的原因。

在那个暑假里,眼看着班上大多数同学都录取到满意的学校,高高兴兴在玩,我却一个人躲在家里,不知自己今后的出路所在。这个打击,对当时的我来说,是太大了。在那几天里,我哭哭不出来,喊

---

[1] 作者的祖父是著名学者、报人、社会活动家张东荪(1886--1973)。张对1949年和平解放北平等事业做出过重大贡献。建国初任中央人民政府委员会委员等职。朝鲜战争之初,因所谓"机密案"遭到罢免,被定为"美国特务",但"按人民内部矛盾处理,不戴特务、反革命分子帽子。文革中被逮捕,死狱。受此牵连,张东荪的儿女、孙辈在政治运动中惨遭厄运。作者的父亲是张东荪的长子张宗炳,北大生物系教授,文革中被关押秦城。

喊不出来。整晚睡不着。早上一起来就想这件事，这是一种要把人逼疯了的感觉。我太没有思想准备了。父母都去上班，我一个人在家，想强迫自己不想，却做不到。想找一件事做做，好暂时忘掉一会儿，也做不到。那是暑假，没事可做，没书可念。想看小说来忘掉这件事，但根本看不下去。就一个人在家里走来走去，不知道自己想要什么。有时为了安慰自己，会自欺欺人地胡思乱想，诸如会不会搞错了或邮局弄丢了通知书等。同学们很同情我，来看我，安慰我。但能说什么呢！只使得我更伤心。

过后，第二类学校，主要是地方院校，如北京师范学院等，也发放录取通知书了。还是没有我。终于，我知道自己不能再念书了，要准备参加工作了。其实，那个年代，有不少人因为家庭贫寒而放弃了念书，去工作的。和他们相比，我算不上什么，但大概是家庭关系，我太没思想准备了。从心态上来说，可能当时我更痛苦些。

父亲无奈，托人在科学院动物所给我找了一个实验员的工作，准备去上班。那时候，许多同学帮我打听消息。有人告诉我，本来第二次发放录取通知书时有你，但你父亲为你录取的事给上面写了封信，反而把事情弄坏了。这表明你和家庭划不清界限。后来，又有同学告诉我，听说有人在北大数学力学系报道的名单里看见了我的名字。不过，所有这些都不落实，我也没有勇气去打听。何况，那时北大已经开学好几天了，新生都上课了，怎么可能呢？

9月中旬，发放最后一批录取通知书（那时不被录取的人也会收到一个通知书），我接到了北大数学力学系的录取通知书——这是我报考的第二志愿。我的学号是5901215，59表示59年入学，01表示数学力学系，我是第215名（在我后面还有一名，他是归国华侨）。那时的排名按地区，北京的学生排在了最前面，从5901001开始，有二十人左右。我是例外。这一个多月的等待和痛苦（现在看来时间并不长），是我一生中心情最坏的时段之一。也许是过去一切都太顺利了，也因为这是有生以来的第一次，后来碰到更悲惨的事不少，但就心情而言，很难和这次比。

一入学就被另眼相看

在外人看来，能上北大多幸福啊！也确实如此。相比之下，当时有多少人和我有着同样的家庭原因而被拒之于大学之外啊！

不过，厄运对我来说并没有结束。我这个迟到者，一入学就成了"另类"。许多活动不能参加。例如，全班同学去机场迎接外宾（记得是刘少奇在机场迎接几内亚总统杜尔），我和几个同学被留了下来；那一年人民大会堂刚建成，全班同学去参观，我们几个人还是被留了下来。不仅留下来不许去，还要开会，表态谈感想。这样的屈辱生活，和几个月前在101中的生活相比，天上地下！

入学后的政治学习。大家都照着社论说着一样的话，和中学完全不同。我十分不习惯。更可怕的是，只要我一发言，小组的学习立刻就变成了对我的批判。其实我说的和大家说的都一样啊！但总有理由批我。连我的发言时间也不对，也要批。我发言晚了，不对！发言早了，也不对！在中间时间发言还不对。弄得我无所适从，每次开会都提心吊胆。

记得在中学时我们就被告知，有问题应主动找组织汇报思想。但当我很苦恼，去找辅导员时，他却说他没有时间，不和我谈。他可以和出身好的同学一起打球，一起玩，却故意地不理我。那时候，心里真苦啊！记得这个辅导员后来只找我谈过一次话，他把我平时在宿舍里说过的话，列举了一堆，说我吹嘘家庭（指我家在北大，父亲是北大教授）等等。可有许多话我根本就不记得是否说过（那时我才知道我的一言一行都有人向上汇报）。但你能不承认吗？然后他问我怕不怕被开除团籍（当时班上刚开除了一个同学的团籍）。当然，这一切不是专门针对我的。班里的整个形势都充满了这种肃杀之气。

开学不久，班长因出身不好，被整了下来（从那以来，他成了一个萎靡不振、胆小怕事的人，直至今日没有改变）。然后是批斗我们的解析几何老师程庆民。他讲课很好，但他是右派（他曾是系360团总支书记）。我没看出他讲课时放了什么毒，也不记得批了些什么。但在全年级上百人的批斗会上，我第一次看见开会时动手打人的情景。激进的学生上台去抽老师的耳光。看得我心惊肉跳,不知道自己今后将会生活在一个什么样的环境之中。

"交心"

接着,在同学中开展"交心"活动。在高中时,我经历过一次"交心"。那时大家什么心里话都谈,谈完以后,同学之间彼此交谈,互相帮助。我还以为这次和我们高中时是一样的呢!于是,仍像高中那样,谈了许多,而且有不少是高中时曾经谈过的。现在我已经记不起来自己谈过些什么,应该有不少该挨批判的话吧!正因为如此,领导决定让我在大会上"交心"。其目的是以我为"榜样",引导同学们像我那样"交心"。

不过,我们这次"交心"后,得到的不是互相帮助,而是批判。一位广州来的同学王则柯(他现在是我国著名的经济学家)在"交心"时说:他们中学校长在传达广东省委书记陶铸讲话时说,陶铸讲:"广东亩产三千斤以上的报道都是假的"。这还了得!人们拿出了《人民日报》,找出亩产三千斤以上的报道,问这个同学:"你是相信你们校长,还是相信党中央的报纸?"另一位来自广东名叫李测章的同学,犯了大忌。他居然说:他们那农民说"共产党比不上国民党"。结果李被重点批判,开除了团籍;后又以学习成绩不及格的原因,被退了学。从此,没有了他的任何消息。

"交心"后期,要求每个人"主动"报名申请被"系统地"批判。谁敢不报名?在第一学期末,选了两个典型,在班上接受系统的批判。一个称作"白专"道路典型;另一个称作"粉红色"道路典型。其批判之猛烈,给全班极大的震撼。但是,这还没完,到第二学期开始,又找了两个"问题"更严重的同学(其中一个是前面提到的李测章,另一个叫何怡生),进行批判,这次批判更厉害,有那种敌我矛盾按人民内部矛盾处理的味道。不久,李就被勒令退了学。虽然到了1962年对这些批判进行了甄别,向他们道了歉,但对他们已造成了终身的伤害（李测章就拒绝再回校学习）。

2007年，一些北大老同学聚会，当何怡生（现为北京教育学院教授）听说打算请我们一年级的辅导员时，立刻就表示自己不能参加，说一回想当时的情景就心情受不了。我虽没有被选为典型，但仍在被批判之列。不过，我也确实"应该"被批判。2005年，何怡生对我说，一年级向党交心时，我在北大地学楼113教室的"交心"大会上说过，"中国共产党过去是光荣、正确、伟大，但怎么能'证明'它今后永远光荣、正确、伟大呢？"我竟然说过这种话？我完全忘记了！当时，这种话不被看成是反革命，真是万幸。（有人会认为，这是我学数学学傻了。不过现在回想起来，这只是常识啊！是人人都知道这个常识，但都不说？还是人们被"教育"得连常识也没有了？）

那时形成的气氛是"红色恐怖"。我们这些人在行为上没有出轨，不过是对一些问题多想了一些，有些不同的看法。我们并没有宣扬自己的这些看法，而是以一种"待罪在身"的态度，战战兢兢向组织交待。就是这样也不能被谅解。常常是自己都不知道为了什么，就受到批判。例如，当时已经吃不饱，有人甚至浮肿了。何怡生有一次在小组会上发言说：我们虽然现在吃不饱，但我们能克服。祖国的前途是好的、是光明的，……。话没说完，立刻就有人起来批判他说，我们现在吃得很饱，和解放前相比，根本就没有吃不饱的问题，吃不吃得饱，这是阶级感情问题，等等。

那时，我们这些被划入"另类"的人，有随时被打成反动学生的危险。我在那个学期，非常怀念101中的生活，怀念中学的同学。但又十分自卑，不知向他们说些什么。我总问自己，我是怎么了？我和几个月前还是一样啊！为什么处境变成了这样？

运动和劳动不断

进入寒假，全系开始批判牛顿、柯西等数学家，最后落实到要编写一套"无产阶级的"微积分教材。那时我们一年级的学生连微分和积分的概念都还不知道（当时只学到函数的连续性）。正因为如此，我们才被领导认为是"最少保守思想、最没有条条框框的主力"。由于我们学的数学太少，许多东西都不懂，就要求高年级的同学只许谈观点，不许涉及具体内容。然后，在辩论会上，运用《矛盾论》《实践论》来进行批判。

就这样，虽然只上了一个学期的课，寒假中却编出了第一学期的"数学分析"教材，并向学校报喜。整个寒假一天假也没放。相反，天天开夜车，每天的辩论会都在夜里十二点以后才开始，最早也要两三点钟才能睡觉，六点多就起床。晚上天天去食堂吃夜宵。我家就在校内，我却连春节除夕都回不去。老实说，不仅政治上我落后，就是这种没有休假、没有自己任何空闲时间的生活也使我很痛苦。

大学一年级的第二学期，运动和劳动不断。我已记不住其间的先后顺序。在批判了何怡生他们后，主要的活动有：参加在校内六公寓盖教工宿舍的劳动、去十三陵修公路铺管道、去城里的人民公社搞超声波、在实验室里搞电器元件的技术革新，加上全校的搞卫生等。

就说打扫卫生吧，打扫卫生要整整停课一周，每天从早到晚，一直到半夜 12 点以后，不停地搞。大家趴在地上用抹布一点一点地擦地。每晚验收前不许我们进宿舍，怕踩脏了。为了使宿舍显得整齐，让棉被颜色相同或近似的同学住在一个宿舍。书架上放满的是从图书馆借来的同一种书。深更半夜也会组织各系之间的观摩，回来开会，找差距。为了整齐干净，我们班提出，把六个人一屋的宿舍改为住八个人。空出一间宿舍把大家的"破烂"放进去。这样，我们住的宿舍里基本上没东西。表面看是干净了，但生活上却变得十分不方便，大家不时地要去那间空宿舍去取东西。那里面被翻得乱七八糟。

就这样，整个一个学期，周末都不休息。每天的日程排得满满的，只给不到一个小时的时间吃饭，有时连洗澡都需要全班统一安排时间，一起去洗。101 中校庆那天，因为是离开 101 中后的第一个校庆，我多想回去看看啊！但不许我请假。北大和 101 中近在咫尺，骑车用不了十五分钟，我却回不去。由于所有活动安排得太满太紧，人们已经吃不消，上面提出了"劳逸结合"，要求有适当的休息时间，但这根本就是一句空话。

直到 1960 年年底，三年困难时期到来，人们削减粮食定量后，才有了真正的"劳逸结合"。有许多东西，只有当你失去的时候才觉得可贵。那时候真想念书啊！在这个学期，我们上课的时间，加起来却只有一个多月。记得期末考"数学分析"，考的内容不是数学本身，而是用《矛盾论》《实践论》来分析所学的数学。是按小组来考，即以小组为单位，选一道题目，集体准备，然后派一名代表当众回答。我记得我们小组的题目是"试从泰勒公式看精确与近似的辩证关系"。其它一些题目也类似，如"用《矛盾论》来分析积分与微分的关系"等等。

暑假里，留在北京的学生被组织起来，去大兴农村劳动。在大学期间的各次劳动中，我都很狼狈。因为，就劳动来说，我确实比不上出身工农的同学。不会干活，体力也不行。我拼命地干，累得不行，但最终还是落在同学们的后面。边上很少有人关心你，帮助你，却不乏看热闹、看笑话的。我的心情可想而知。

二年级开学不久，全校停课集中学俄语。当年春天中苏论战公开了，中央发表了"列宁主义万岁"的长篇文章。我们念的就是这篇文章的俄语版。是外文出版社出版的一本书。再给每人发一本厚厚的、油印的单字表，当字典用。学习的形式是全班同学坐在教室里，外语老师坐在前面，从早到晚，每个人自己看书，一直到吃饭休息。吃饭前要汇报自己读了多少。

没想到的是，这种学习是竞赛式的，学校里的大喇叭天天广播着，某某系的某某同学一小时内读了多少个印刷符号，又打破了纪录等等。大跃进式的记录不断被打破，从一小时几千个印刷符号，到几万个，甚至十几万个印刷符号。学习两天之后，我和几个同学就成了落后分子。每天晚饭前被留了下来，谈自己的思想认识。因为当时的观点是，之所以读不了这么多个印刷符号，不是能力的问题，而是思想的问题，是思想不解放、落后、保守。因此被留下来提高认识。这样几个晚上下来，晚饭吃不上，洗澡也没了时间（因为每个晚上还都安排有活动）。于是我们也开始瞎说，如果有人说，读了三万个印刷符号，我就说，读一万个或两万个。不做牛头，但也不做鸡尾。那时还有验收，当场让学生翻译他所读的内容。其实，"列宁主义万岁"的中文意思我们学习过不止一遍了，只要一看某一段的开头，就知道这一段的意思。所以验收不难通过。一周后，开庆功总结大会。总结中提到了我们几个人：有些人就是不相信一小时能读几千、几万个印刷符号。可事实给他们当头一棒，最后连他们自己也读到了几万个印刷符号。当时听了真是哭笑不得，心想真是活该！

十三陵修铁路

到了10月中旬，学校组织各系学生到十三陵新校址进行修铁路的大会战。历时一个月。这是我一生中值得纪念的劳动。那是"劳逸结合"的前夕，人已经吃不饱，但劳动强度却极大。我们的任务是修路基，也就是挖土、填土，主要是两个人抬着满满的一筐土，从低处往高处运。我们班在劳动中动不动就搞"运动会"。即限定十分钟，比赛看谁运土的次数多。十分钟下来，胜似跑一个3000米的长跑。每个人都气喘吁吁，脸色苍白。但过后并不能休息，还要接着干活。过一个小时左右，再来一次"运动会"。这样几次下来，几乎人要虚脱、休克（在这次劳动中，我们年级的一个同学，因肠梗阻突发，来不及抢救而去世）。

其实，在这一个月的劳动中，仅仅走路就已经消耗了极大的体力。由于全校参加这次会战的人多，只能分散住在各处。我们班住在山上一个很大的鸡舍里（这是1958年大跃进时国家某部委建的，后被废弃，成了我们的住地）。每天从住处走到工地就要近一个小时，而且随着路越修越远，走路的时间就越长。最后，往返工地的时间近3个小时。我们每天早上4点半就起床，天还黑着，路都看不清，大家只好排着队，每个人紧跟着前面的人，沿着小路下山。由于困和累，一路上大家睡眼惺忪、跌跌撞撞。到山下，在露天中吃完饭，再奔向工地。晚上收工后，在山下吃完饭，再爬山回来。到宿舍总要8

点多。每天早出晚归，看到的只是满天星斗。直到 10 月底，劳动中间休息了一天，才看清了我们住处周围的环境，看见了周围的柿子树和山上的小路。

开始，回到宿舍还要政治学习。但大家实在太累了，坐在地铺上一下就睡着了。无论怎么批评，也拦不住大家的睡意。于是，班干部想出了新的办法：让每个小组排队回宿舍，利用走路时间长的特点，要求每个组在路上一边走一边政治学习。这叫做"走路革命化"。所谓学习，就是结合当天的劳动情况做总结，通常的内容是，批判我和几个落后同学的表现。还是那样，我无论说什么都要被批判。例如，别人说，修路时想起了高中读过关于保尔·柯察金筑路的课文，就以保尔的精神要求自己。我也谈到有同样的想法，但是招来的却是一通批判。在我们住的"鸡舍"里，大家都睡在地上，很挤。天气已经很冷了，地上有厚厚的一层霜。许多同学睡觉时基本不脱衣服。我们都累垮了，很虚弱。我们班有一位华侨叫卢才辉，他回国才一年多，无论生活还是劳动都很困难。但他很要强、很努力。那时，他穿着厚厚的棉裤睡觉。半夜里他总要爬起来上厕所。有好几次，他还没来得及走出我们住的工棚，就憋不住了。把尿全尿到了棉裤里。就这样穿着尿湿了的棉裤又回来睡觉。第二天还穿着它去干活。（卢才辉后来成为为我国做出突出贡献、多次获奖的代数学家。不过，他的身体在大学时就垮了。刚上大学时，他还打篮球、游泳、打羽毛球。快毕业时，却常常在起床时爬不起来，已经要别人搀扶了。毕业后，长期在京郊门头沟的一个中学里教书。现在，疾病缠身，每天靠吸十几小时的氧气度日。）

10 月 31 日休息一天。偏偏我把那天的粮票丢了。现在人们可能已经很难体会当时吃不饱的感觉了。好在那是月末的最后一天，又不干活。当人们都下山吃饭时，我一个人坐在被窝里休息。我只和别人说我不想吃。可是，两个和我要好的同学，王志清和罗启成，他们下山去把饭打了回来，我们 3 个人吃他俩的饭。

好友王志清

我上大学后第一个认识的同学就是王志清。他来自哈尔滨,家庭出身不错,哥哥是中学校长、党员。他为人忠厚、善良。在大学近6年的生活中,我们两个人差不多一直同宿舍,吃饭和念书都在一起,达到形影不离的地步。早上一起睡懒觉,赶到教室上200多人的大课时,总是坐在最后一排。晚上一起去自习。在劳动中,他总帮我。三年困难时期,我们会一起出去走走。刚入学时,他念书没有信心,总要和我对答案,我还批评过他。临毕业时,他念书已比我强。

也许是出身不同的关系,他比我现实得多。尽管他出身好,但他不是共青团员(三年困难时期,我还做过他的入团联系人,但他始终没能入团)。相反,他爱发牢骚说怪话(实际上是大实话。例如,他乒乓球打得不错,但他说:"我打球只是喜欢玩,我从没想过打球是为了祖国而锻炼身体"。我们班会打篮球的人不多,班级之间的比赛总输,他就和团支书说:"这是因为没有政治挂帅的结果"。有一次,团支书到我们宿舍,王志清向他说:"我这有一堆脏衣服,你学雷锋,给我洗洗啊!")。这使他成为我们班上的"落后分子",只是由于出身好,没有对他进行过批判。他比我更冷静、更现实,但也更悲观。毕业时,他是少数的幸运儿,被分配到二机部九院。但文革后,他心情更悲观,那时他可能会去三线的大山里。想到会和在大连工作的妻子长期两地分居,想到这无休无止的运动,他觉得活在这样的世界里没有什么意思。我隐约地感到他有厌世的思想。那时,我在平谷的农村下放劳动。

大概是1970年,我有几天假,从下放的农村回来看他。利用他下班后的时间,两个人在北太平庄的一家小店匆匆地吃了顿晚饭。当时,工作队刚刚进驻他们单位,搞运动。他有些紧张,我却没太在意。过了几个月的时间,一天,我在生产大队办公室的桌上,发现有一封我给王志清的信。信已经破烂了,上面不知谁歪歪扭扭地写了"此人已逝信退回"几个字。当时我没反应过来,以为谁和我开玩笑。过了一会我才清醒过来。知道我给他的信所以会在这里出现,只能是被退回来的缘故。他肯定出事了。但我不敢去打听，也无从打听。后来我听说，我们分手不久，院里组织对他的批判大会。开会的前一天晚上，他在办公室写检查交待；别的人写批判他的发言稿。当别人准备回去睡觉时，他说，他还没写完，待一会再走。等其他人走后，他自杀了。死时只有28岁，留下了年轻的妻子和一个不足3岁的女儿。我和他北太平庄的见面竟成永诀。

王志清来自东北，喜欢滑冰。而罗启成是学校冰球队的。他们之间关系很好。罗出身不算好，被分配到唐山的一所中专教书。文革后期，调到他夫人工作的合肥。1976年夏有机会去唐山出差，并去看望我们年级与他同分配去的同学。在这个老同学家谈到深夜。当晚老同学留他住。他说，他出差住在宾馆，条件好。不想，当晚发生了举世震惊的大地震，他惨死于地震。如果他不到唐山出差，如果那晚他挤住在老同学的破平房里，他可以躲过这一劫。

我在大学的心态

那时，我的状态是，痛苦但又觉得自己落后，想拼命地改造自己，又总觉得自己跟不上形势。我常常奇怪，在像"搞卫生"、学俄语和劳动中，别人怎么能有好心情而我却不行呢？现在想来，这应该和我处的地位有关吧！如果我不是身处"另类"，而是积极分子，同样的活动，大概我的思想会很不同吧！例如，高中时，打麻雀、大炼钢铁、通过劳卫制等活动，现在想来，有些行为也很荒唐，但身处其中的我，心情却完全两样，充满着对生活、对未来的向往；不仅没有任何痛苦，相反，那段生活成为我一生中十分美好的回忆。不过，我想，最使我痛苦的是那种人整人的生活。这种整人的情景，在中学时是根本无法想象到的。而且，当时别的学校也未必如此。即使北大当时很"左"，但各系的情形，实际上还是很不一样的。我们数学系里，也不是都像我们年级这样"左"的。

不过我发现，我与工农出身的同学比，生活和感情确实不一样。

有几件事至今印象很深。刚一入学，我就发现同宿舍的一位广东农村来的同学，他几乎没有行李，他的棉被只是棉絮而已，既没有被面也没有被里。这样的差距十分显眼。使我有一种对不起他，觉得自己有愧的感觉。有一次，我从动物园坐车回家，在 32 路公共汽车上碰见一位同学，他到黄庄就提前下车了。我原以为他有什么特别的事，后来才清楚，他提前一站下车，是为了省 5 分钱的车钱。这对我来说是从未想过的事。

记得第一年的新年晚会上，全班同学在一个教室里聚餐、演节目。聚会开始时，团支书对着毛主席像说，今天能吃到这样好的饭菜，不要忘了党和毛主席。当时这几句话给我触动很大。因为对我来说，我根本就没觉得这些菜有什么特别的好，也更不会为此想到党和毛主席。更糟糕的是，和别人的差距不是指"跟得上跟不上"的问题，而是"想不想跟"的问题。比如，学雷锋，每个人都在对照雷锋找差距。但对我来说，不是找差距的问题；而是我对雷锋的许多做法根本就不想学。比如，在火车上念报纸、唱歌、搞宣传。我不但自己不想搞，而且见到那些搞的人就心烦。我讨厌"驯服工具"的提法，报纸社论却要求我们做一个"奋发有为的驯服工具"。我一方面觉得很不舒服，另一方面又很虔诚地觉得自己真落后。不过，在整个大学期间，我会把自己的这些想法和组织谈（到了二年级我们换了辅导员。二年级下学期，形势也变了）。我是幸运的。也许是我那时的态度，我没有被打成"反动学生"。不过，在我的一生中，在不同的单位里，多次听到领导对我说过这样的话："我随时可以把你打成反革命！"

三年困难时期

1960 年底，三年困难时期开始，学校发生了很大的变化。政治运动停止了。虽然，也有政治学习，也下乡劳动，但不再整人。而且，为过去的运动搞甄别、向一些被整的人道歉。学校又开始念书了。班上原来的"积极分子"，有些人灰溜溜的。特别是，当时极左的同学中，有少数人，竟然涂改饭卡、偷东西。我们班有一个同学，极左，每次开会发言批判特别积极。一年级时，我们在校内的六公寓劳动，工地上有一个右派，这个同学就拿一根木条，动不动就会去打那个右派，让人看了很不舒服。现在一开始念书，他不行了，书念不好。更可恨的是，他在大饭厅里对看电影的女同学耍流氓，不止一次地被扭送到校卫队。最后，被勒令退了学。这些事给我震动很大。以前我总觉得他们都比我觉悟高，各方面都比我强，自己望尘莫及，为此还十分苦恼。现在，突然发现他们中竟有这样的人，许许多多都是假的，是骗人的，有些人是在演戏，他们踩着别人往上爬。我第一次发现人心是如此的险恶。

当然，在大学的生活中，也有美好的回忆。我最痛苦的日子是刚入学的一年半和临毕业的最后一年多。中间那段时间，赶上三年困难时期，相对来说比较宽松。在那段时间，我真正地念了一点书，算是对数学入了门。我也会和家里人一起进城看京戏（像《杨门女将》《铡判官》《荀灌娘》等）；会拉着同学去五道口剧场看话剧（像《伊索》《伪君子》《雷雨》《北京人》等。这后来也成为我的一个罪状：用资产阶级文艺作品腐蚀工农同学！）有时我一个人骑车去长安街上的首都电影院看苏联电影（"反修"以后苏联电影只在很少几个电影院放映，放映的场次也很少）。记得我往往是下午进城，买了电影票后，在西单的一个吃冷饮喝咖啡的地方，一边翻译《数学——它的内容、方法和意义》一书，练习我的俄语；一边等电影开演。有一次，外面还下着小雪，至今想来还有一种很温馨的感觉。

在那段时间，看得最多的还是小说。也许是心情的关系，我不愿看悲剧情景的书，例如，英国哈代的小说；也不喜欢看屠格涅夫的小说，在他的小说中，女主人公都很光彩夺目，但男主角都很窝囊，让人很不舒服；也不喜欢狄更斯。那时候，喜欢的作家是易卜生、萧伯纳。雨果的小说《九三年》也给过我很大的震撼。国内的东西，喜欢的是鲁迅的杂文，是古诗词。不过，当时真正影响我情绪的还是苏联的电影和小说，像《船长与大尉》等。现在回过头来看，这些小说也很一般，但当时给我影响很大。也许是因为它们贴近我的生活，小说中描写的一切，无论是友谊还是爱情，都使我十分向往。不管是虚妄也好，还是阿 Q 的精神也好，在当时，它们对我都是一种鼓舞，使我相信，尽管我现在有着种种不如意的遭遇，但天还是蓝蓝的，春天就在你的周围，生活还是美好的。同时，在我这几年的生活中，还有不少真正关心我、帮助我的好朋友。有校内的，也有校外的。他们对我的友情，也使我能对生活没有丧失信心。尽管不同时候情绪也不同，会起起伏伏，但在最痛苦的时候我还是挺了过来。

小弟上北大

在 1963 年，我家有两件事值得一提。一是我二弟和郭世英他们一起被劳动教养。二是我小弟上大学。他是清华附中毕业的，书念得极好，是北京市数学竞赛的获奖者。毕业前，清华大学来人暗示他：只要他报考清华，就一定能被录取。可他和我一样，偏偏要考北大物理系。高考发榜后，他被录取到北京钢铁学院的冶金系。但那是他的第 18 个志愿了。父亲心里不好受，觉得家里耽误了他，就去找北大校长陆平，问我小弟不被录取是否是因为家庭的关系。那时，对出身不好的人，正在宣传"重在表现"的政策。陆平一口咬定，不会是家庭的原因，一定是我小弟没有考好，并答应派人调查。后来，物理系的副系主任沈克琦还亲自去了清华附中（我小弟在中学的"操行评分"是优。这在当时并不多）。结果，我小弟又接到了一份北大物理系的录取通知书，上了北大。我们同在北大念书有 2 年。他很少和我谈他的状况，只知道他曾经是校摩托车队的，车开得很好，又会修车，是队里的主力。但不到一年，因家里原因，让他从队里退了出来。他是他们班里唯一入不了共青团的人。

文革开始，陆平被揪斗，我小弟的宿舍床头立刻被贴满了大字报，因为他的入学是陆平"招降纳叛，结党营私"的罪证之一。好在那时我已离开了北大。"千万不要忘记阶级斗争"开始了在三年困难时期，我在同学中的地位有了变化。在班上当生活委员，管同学的粮票。在当时,粮票对同学来说,至关重要。我也深感同学对自己的信任。后来,原来的班长因病休学,我糊里糊涂地当上了班长。但没多久,"千万不要忘记阶级斗争"开始了。班上的许多事,就不让我知道了,一切由团支部讨论(后来我知道,班上的团支部开始给学生按政治表现排队:左、中、右)。我不仅被架空,而且又开始被批判。举个例子,当时我们是概率统计专门化班,但是大家从来没见过许宝騄先生。许先生是世界知名的概率统计学家,因身体不好,只在家里给北大和科学院的教师和研究人员上课,不教本科生。班上的同学说,来北大六年,学的是概率统计,连许先生都没见过,会很遗憾。提议过年时全班到许先生家去拜年。于是,由学习委员组织,全班同学到许先生家。三十多人挤着,站在他家的客厅里,团支书代表全班念了一封贺信,就退了出来。这件事对我来说是无所谓的,因为我父亲、叔叔和许先生很熟,从小我经常看见许先生,特别是他住中关园时,天天就在我家附近散步。(大学六年,数学系、科学院认识我父亲、叔叔的教授,一个也不认识我。那时,不讲究走门路吧!)

但不久,批判来了。有人质问我:过年时,为什么不组织同学给党总支拜年,为什么给资产阶级教授拜年?念贺信的团支书成为批判者,而我和学习委员成为被批判者。又例如,当时全国上下都在学习讨论革命接班人问题,出现了像《南京路上好八连》《年青的一代》等文艺作品,不少内容都是讲革命干部、工农兵或他们的子女被资产阶级腐蚀的故事。当时我们班准备新年晚会时,班委里有人提出,在班上也排演一个类似的节目,反映"一年土,二年洋,三年不认爹和娘"的情形。不想,第二天,立刻就有人质问我:你们这些出身不好的同学是什么意思?为什么不检查你们自己的思想?为什么丑化出身好的同学?临毕业那年,这类大大小小的事不断,不必细说了。

长达半年的毕业教育最后的半年赶上北大的"四清",对我们进行了半年的毕业教育。近半年的时间,什么也不干,就是政治学习和批判。每个人要彻底地清理思想,分阶段地清理:1959年反右倾批彭德怀时的思想和表现;1960年反修时的思想和表现;三年困难时期的思想和表现;1962年提出"千万不要忘记阶级斗争"时以及"学雷锋"的思想和表现；最后是是否愿意服从分配的教育。这半年的教育，实际上是整人的半年。每个人，人人过关。先是自己总结，然后小组提意见，总结和检查通不过的，再重来。出身不好的同学自然是重点整治对象。但同时，一部分出身好的同学、干部也在整另一部分出身好的同学。那些挨整的人，大都是平时对我们出身不好的同学比较关心、帮助的人。在这种斗争中，有的人是发泄个人的恩怨。我亲眼看到一些人搞小动作，拉帮结派。小组会上，人们开始翻老账，把大学中的一言一行都抖了出来。每个人都很紧张，战战兢兢。为了制造气氛，在这期间，还开大会批斗了我们年级的两名学生徐明曜和张世林，当场给他们戴上了"反动学生"的帽子（后来，徐明曜被分配到唐山，现在他是北大数学系的教授。张世林是"摘帽右派"，当场被送去劳动教养，至今去向不明）。

在毕业分配教育中，许多同学谈到，作为北大学生，有不愿去中学当老师的思想。于是，"四清"工作队决定：我们数学专业的学生，由"四清"工作队直接安排，让大部分学生去中学。这批学生的分配既没有纳入国家分配计划，也没有上报国家计委（我们分配后不久，我父亲碰见关肇直，他是我国著名的泛函分析专家，抗战时期和我父亲同在成都燕京大学教书。父亲问他，科学院数学所为何没要我们北大的这届毕业生？他当时是该所的党委书记，听后很奇怪，说，不知道有我们这届毕业生。而我们下一届的同学，即60级的同学，改为五年的学制。我们离校后不到两个月，他们也分配了。那时，北大的"四清"被翻案。他们，包括我们年级因学习不好留级的同学，都分配到了大专院校和国家机关）。我还是旧习不改，总想念书，想考研究生。但那时报考研究生，要提出申请，得到批准才成。我的申请自然不被批准，我没有权利报考研究生。

离开北大

1965年4月23日，我和一批同学被分配到北京市教育局。教育局让我们先去京郊农场劳动一年，然后再分配到中学教书。也许这是人生命运的一个转折点，今后一生大概是做中学教员了吧！我从小没有这个思想准备，即使在大学这样的不如意，也以为将来能在一个学院之类的地方教书。特别是，与中学同学比（北大虽然很左，但我们中学同学中考上北大的，如侯馥兴、石体仁、浦汉昕、谢云瑞、刘可重，比我分配的都好。都在大专院校和科研单位啊！），使我的心情又变得很坏。

在京郊农场劳动那年，有一段时间是进城掏大粪。一早四五点，坐着农场工人赶着的马车出发，八九点钟到城里，在居民区掏粪。虽然浑身臭烘烘的，但活不算累。午后不久就能干完。吃完午饭，在熙熙攘攘的路边行人道上，找一棵大些的树。在树阴下铺上麻袋，躺在上面，脸上盖上草帽，睡上一觉。然后再赶着车慢悠悠地回去。看见旁边飞驰而过的大轿车，我会瞎想：这是哪个研究所的车吧？车里有我的同学吗？我看看自己这身臭烘烘、又脏又破的打扮，心想，我也是北大毕业的呢！

1966年春，北京市决定，与上海一样，办一所为半工半读学校培养师资的师范学院。那年3月，我和几个同去教育局的同学，被提前抽回，参加筹建工作。我们报到后，先下工厂劳动、体验生活。不到两个月，北京市委垮台，文革的劫难开始了。不过那是后话了。现在回想起来，也许应该"感谢"这几年的经历。正因为有了这种种的经历，使得我在后来的文革中，在更大的冲击下，能"安然"度过。面对"家破人亡"时，能"心如铁石"。

选自北京大学1959级数力系《回忆文集》2011年自印书。

被北大开除之后

——1964 年后的下层生活

麦结华[1]

一、1964 年 12 月至 1969 年 1 月

1964 年 11 月上旬回到家乡,那是一个古老的县城。县城是珠江干流与它的最大支流交汇的地方,水运交通便利。但不在铁路线上,陆路运输不太方便。当时,县里只有一个糖厂规模较大,其余的的工厂企业,数量既少,规模又小,因此就业岗位极少。

1964 年 12 月到 1965 年 6 月,安排到街道办的一个小的农场,该农场离县城约 5 公里,有十来个知识青年(应届的高初中毕业生)和几个中年职工。

1965 年 7 月至 1969 年 1 月,离开那个小农场,回到街道参加体力劳动,都是做临时工。主要工作是把船上的货物(工厂的煤,粮仓的稻谷,糖厂附属石灰厂的石灰石等等)挑到岸上或把岸上的货物挑到船上,按件计酬。那时我身体好,平均每次挑的重量是 120 至 140 斤。属短途运输,挑的距离多半在 100 到 300 米之间。偶尔有装车、卸车的工作,即使是 100 斤一包的水泥、化肥,也觉得是轻活了。最辛苦的工作是挑东西上坡(从船上到岸顶,高度差有约 20 米)。挑东西走平路或下坡便觉得比较轻松一些。那时的问题不是劳动辛苦,而是重体力工作的机会也不多。街道安排轮值,几天才有一天有工作,

---

[1] 作者是北京大学数学系数二班学生,1959 年入学,1964 年秋季被北大以"反动学生"之名开除。

其他时候闲着。所以那几年里每月收入都很少。

其中，1966 年 4 至 6 月，曾和街道的一个青年，二人合伙，去县城东边二十多公里之外的一个地方挖锰矿。那是一个国营锰矿的外围地带，锰矿的含量少，便允许私人采挖。那里的锰矿的形状像打碎的瓦片，直径三、五厘米不等，厚度则为一厘米多，夹杂在泥土中，称之为"瓦片锰"。用锄头把泥土挖松之后，用筛子筛去泥土，再用水把筛到的瓦片锰表面粘着的泥土洗去，便可以运到三四公里外的一个国营的收购点出售了。锰的含量低一些的，是每吨三四十元；锰含量高一些的，收购价格也高一些。洗净的瓦片锰像煤一样，黑色的，其貌不扬。但是，如果把瓦片锰敲断，那断面却是极其美丽的深蓝色（如果锰的含量低一些，则是浅蓝色），闪耀着光芒，比蓝宝石还美丽。它的价值之所以不能与蓝宝石相比，我想，第一个原因是它的产量，它一点也不稀有；第二个原因是它没有蓝宝石的硬度；第三个原因是它的极其美丽的深蓝色不能长时间保持。无论如何，那瓦片锰的断面的极其美丽的深蓝色给我留下了深刻的印象，以至于我现在想为它写一段文字。我后来一直遗憾没有带几块瓦片锰回来收藏，也遗憾当时只挖了一个多月的锰矿便返回县城，回去关注四清运动和文化革命了（当时，县城还处在四清运动阶段，文化革命的风暴还没有刮到县城）。其实，当时我们是没有什么约束的。虽然挖锰的收入也一样低，但回到县城也没有多少工作可做。我遗憾没有在那里多挖两三个月，多体会一下那种自由自在的野外生活。当然，风吹日晒雨淋，收入也不高，那种工作也就做几个月有意思，长期则难坚持。

另外，在 1967 年，有几个月的时间，我报名参加了县城的糖厂的一种重体力的工作。工作的内容总是搬运糖包。有时候是把 200 斤重一包的粗黄砂糖从仓库里面扛到仓库门口的铁轨上面的平版车上，扛的距离只有一、二十米，偶尔，从仓库的深处到门口，至多三十米。然后，由人力推动那平板车到一、两百米外的炼糖车间门口，再由人力把一包一包的粗黄砂糖从门口扛到炼糖车间里面，扛的距离也是一、二十米。有时候则是把炼好的精白砂糖从炼糖车间运到堆放精白砂糖的仓库存放。有时候是把精白砂糖从仓库运到船上（都是一百多吨的船，在内河，算大船了），准备出口到外地。有时候是把进口的古巴粗黄砂糖从船上运到粗黄砂糖仓库存放。此外，运输的线路还有粗黄砂糖从船上直接运到精炼车间或者精白砂糖从精炼车间直接运到船上等等。运输的方式都是"一、二十米的人力肩扛（＋）一、两百米的人力轨道平版铁车（＋）一二十米的人力肩扛"。糖包的重量多数是 200 斤一包，但偶尔有从古巴进口的粗黄砂糖，是 230 斤一包。如果涉及到船，从岸上到河面那一段，高度差约有十米（偶尔洪水涨起的时候）到二十米（秋、冬、春的大多数时候），那个平板铁车是通过卷扬机提升、放下。我当时以为自己好歹也是个业余运动员，身体方面能吃得消。但后来发现，还是比不上那些从小就不间断地参加劳动的人。那个年代，有些劳动妇女，能量惊人。我作为年轻力壮的"业余运动员"，短途运输，挑担的平均重量达到 120 到 140 斤。而她们身材瘦小，一天下来，挑担的平均重量也有 110 到 130 斤。而她们还要考虑养家糊口，收工回去还有家务，没有工作的日子，还要上山打柴草，等等。但妇女的弱项是臂力。遇到拿铲子铲土铲煤的工作，我们觉得比较轻松，她们却从不争拿铲子而愿意挑土挑煤。

我引以自豪的一个"记录"是，1967 年冬的一天，阳光明媚，风和日丽。既然是冬天，就不热。阳光明媚，就不冷。那天扛县粮食局收购上来的稻谷，从船上扛到仓库。从河面到岸上约有二十米的高差（那是费力的部分），从岸边到仓库还要再走约二、三十米的距离（那是平路，是比较"轻松"的部分）。每一包稻谷净重 130 斤（连同麻袋包装则是 132 斤）。那天，别人是两人抬一包，我是一人扛一包，总共扛了 59 包。算起来，那天等于扛 132 斤重的东西上了一座一千多米的高山。而且那天还很轻松，中午跑回约两公里以外的家中吃午饭，还休息了一下，下午约 4 点左右就搬完稻谷收工了。想想现在，如果去旅游，即使几十米高的小山，也要风景很好才愿意爬上去。后来我看到，我那个"纪录"比起那些从小就从事重体力劳动的人，其实还是差距甚大。

1990 年游览黄山。当时黄山的缆车只供客运，不供货运。我看到那些挑夫，挑二百多斤重的货物，从黄山后山的山脚到山顶，一千多米的高差。他们每上十多级台阶就歇一歇。黄山的台阶，每一级都比较高。我回想自己，即使是身体最好的时候也挑不了那么重，上那么高的台阶，而且挑一整天。

1965 年年底，那个街道小农场年终结算，我扣除伙食费之后，还有十多元（或者二十多元？记不准确了）的结余。当记分员把结余款交给我时，我想到的不是购置一点生活用品，而是邮寄给光华出版社，订购了国内影印的 1966 年的《Bull.Amer.Math.Soc.》和 1964－1966 年的《Comm.Math.Helvetici》（瑞士数学通讯）等两种数学刊物，至今仍然珍藏。

当时之所以选订《瑞士数学通讯》，是因为该刊 1964－1966 这三年里只有两卷，共 8 期，且每期都不到一百页，比较薄，订费较低。幸亏我当时没有放弃。当时订的这两份期刊，发表的文章多数不是所学专业，绝大多数看不了。但 1964 年的《瑞士数学通讯》上有一篇内射度量空间的文章，能看懂。后来，1983－1991 年与唐云合作，在美国的《Proc.Amer.Math.Soc.》和国内的《数学学报》和《数学年刊》英文版发表了几篇关于内射度量空间的文章，也算是 SCI 了。

我 1965 年 6 月至 1966 年 3、4 月期间，从头到尾专心读了几本英文专业数学书，包括 Hilton and Wylie 的《Homology Theory》，Hu Sze-Tsen（胡世珍？）的《Homotopy Theory》，Richard and Ralph 的《Introduction to Knot Theory》，Auslander and Mackenzie 的《Introduction to Differentiable Manifolds》，Milnor 的《Morse Theory》等。好像还看了一本中文的《李群论》，但后来一直没有研究李群，印象不深。当时觉得这些书都能读懂。其中《Homotopy Theory》一书不是自己的，是借 SGH 的。在读完该书寄还原主之前，我大体上抄下了全书的主要内容，并基本上能做出该书的各个练习题。此外，在 1968 年春，我阅读了邦德列雅金的《连续群》中译本的上下册，也是比较系统的阅读，但没有看完全部，

只是看了部分。当时还缺乏研究经验，没有积累下什么研究课

题，后来又没有继续订购期刊，所以，那时多半只是读书，打基础。除了内射度量空间和一些图论问题，当时未能开展什么研究工作，更未能投稿多少文章（记得那时唯一投稿了一篇文章，给《数学学报》，是把一个定理从微分流形推广到组合流形。但编辑部回函要求补寄去单位介绍信，便放弃了。后来觉得那篇文章似乎不怎样，便也没有注意保存手稿）。

当时所读的书，多半与后来的研究工作没有很直接的关系。如果不经过复习，也不能立即回想起所读的书的具体内容。但当时的打基础的工作还是很有意义的。例如，1984 年写，1986 年发表在《中国科学》上的那篇文章"C^1 封闭引理的较简单的证明"，就是因为有了六十年代阅读《Introduction to Differentiable Manifolds》一书的基础，不然的话，即使 C^1 封闭引理这个问题本身也理解不了。当时，在县城，以及后来在农村，在那里的环境下，你想读书，想钻研数学，只要你有条件，有毅力，根本就没有人管，不会与周围的人有冲突，别人也不理会你在做什么。在那里，如果说要抓阶级斗争的话，那多半是在抓偷盗、抓投机倒把、抓破坏生产等方面。

在县城，在另一个方面，又不像在农村。在农村是战天斗地，一年四季都有活干（且不讨论当时是否有些工作是人为折腾，是否不讲求效益，是否有影响生态环境之处）。当时，在县城的问题是就业机会太少，闲着的时间太多，经济收入太少。但是，从 1964 年 12 月到 1969 年 1 月，除了上面提到的时间段看了好几本书之外，其余时候我就没有再阅读更多的数学书籍。一个次要一点的原因是文化革命的风云变幻吸引了注意力，更主要的原因可能是，我感到自己从事了重体力劳动之后，两天之内思考数学的血液好像没有充分地流回大脑，须休息两三天之后才能较清醒地思考数学问题。所以，虽然那时候几天才有一天干活，其余时候十分空闲，但那些空闲时光还是浪费掉了。

本来，1966 年秋街道的四清运动结束之后，成立一个松散的搬运专业队，安排我做一个脱产的记分员，我也做了几个月。这个记分员的工作是跟随几十劳工到工地现场，给他们称量计件，计算各人的报酬,然后每十天一次到劳动服务社(一个官方色彩——集体性质,不是国营的、承接雇主任务转发给街道劳工的中介机构)开票,到银行取钱,分发给各劳工,带有一点"干部"性质。但这记分员与劳工一样,也是几天才有一天工作,收入也一样低。后来我想去糖厂,与那些强劳动力一起扛糖包,便辞去了记分员的工作。如果我当时注意到了"从事重体力劳动之后,须休息两三天之后才能较清醒地思考数学问题"这点,我想,还是安心做一个记分员较好一些。

1966年9月,文化革命的风暴刮到了县城,但很快就被压了下去。同年12月,风暴再次刮到县城,这次没有被压下去。我当时也投身进去,参加了一个组织,名称是"城镇青年战斗队"之类。县城文革的核心组织是县城高中的红卫兵以及由产业工人和正式国家职工组成的"工总司"。那个"城镇青年战斗队"只是一些无固定工作的街道青年组成的松散的凑热闹的外围组织,没有自己的目标、纲领,只是跟着外面传来的口号喊。我觉得自己有些时候也算积极参加了集会、游行、写大字报、贴标语之类活动,不过都是抛头露面的公开的活动,没有接触过核心组织的成员,没有参加过秘密决策的会议,所以运动后期也没有被清算,没有因为高学历而被认为是幕后黑手。在那几年里,我没有感到什么太大的政治压力。一个原因是家庭成分好,另一个原因是家门口挂有"光荣军属"的牌子(我大哥是三线企业的工程师,算是参军了)。当然,当时也没有看到什么希望。当时的理想就只是有一个稳定的工作,并且能够有多一些业余时间从事数学研究。

二、1969年2月至1978年9月

以往,上山下乡只是应届高初中毕业生的事。1968年发布了最高指示,波及的面就广了许多。县城的无业青年,不管是高中毕业的,初中毕业的,或者是小学没有毕业的,统统都要作为知识青年上山下乡。当然,操作起来仍然有些人情味,许多家庭都可以留一个青

年不用去农村。也有一些成分不好的,全家下放,与知青上山下乡性质不同。

北京、上海等大城市,上山下乡是到几千公里以外的云南、黑龙江。县城的上山下乡是在本县内解决,到离县城几公里至几十公里的公社。我也在 1969 年 2 月作为知识青年,到了本县的一个公社,离开县城约四十公里。那些上山下乡的,都被作为革命的知识青年看待。即使家庭出身成分是地主、资本家,公社、大队干部和贫下中农也不歧视他们,政治待遇比本乡土的地富子弟好一些。但是,下乡一两年、两三年之后,遇到外面有工厂来招收工人,那些家庭成分较好而本人又表现较好的下乡青年便比较有可能被招去。而那些家庭成分不好的,以及那些家庭成分虽好但本人表现过于糟糕的,便比较难离开农村。于是,这些人便退而求其次,即使有国营农场或者国营橡胶场来招收农业工人,他们也愿意去了。一些青年吊儿郎当,长期不在所下放的生产队劳动,回到城里,或者到处流浪,本地干部也不管或者管不了他们。这是我见到的一些背景情况。

城市的青年不太适应农村的劳动,他们觉得,即使从事重一些的城市的体力劳动也比轻一些的农村劳动好。此外,就我的体会而言,即使重一些的旱地的劳动也比轻一些的水田的劳动好(不过,水田的产量比旱地的高)。我去的那个公社开办有一个铅锌矿场,在离开我落户的那个生产队约四五公里的地方。公社规定各个大队为这个矿场提供劳动力,大体上是每个生产队派出一名成员。1969 年 12 月,我觉得矿场有公共食堂,不用自己做饭,比在生产队好,便提出要求,去了矿场劳动。

矿场的原址是一片庄稼地,大概是产量不高的较贫瘠的旱地。地表大体上平坦,略有点起伏。挖去地表上的浮土,下面是连绵不断的石灰石。我来到矿场的时候,看到那里已经从平地开始,挖了两个平行并列的大坑,每个长约六、七十米,宽约二、三十米,深约十米。42 坑中不断地有地下水冒出来,需要不断地用抽水机把水抽去才能开展工作。两个大坑之中,有一个废弃不用,积满了湛蓝湛蓝的地下水,幽深幽深的。另一个正在开采的大坑,如果遇到假期停工,很快也会积满一池湛蓝幽深的清水,重新开工时需要提前排水。对着那个积满了干净的地下水的大坑,我当时想,如果到了夏天,那倒是极好的游泳的去处。不过,太深了,有点恐怖,不会游泳的千万别靠近。

采矿的方式是露天作业,像林县修红旗渠一样。不过那里是在山上,这里是在平地以下。分许多小组,每组两人,一人手扶钢钎,一人拿几公斤重的软柄大铁锤(硬柄铁锤比较震手,他们都爱用软柄的),在石头上打出炮眼,打到足够深度,填上炸药,已经是下班的时候,人员撤出,便点燃炸药把石头炸碎。再上班的时候,再把那些较大的碎石敲得更碎一点。那带一些颜色(印象中好像是淡紫带蓝的颜色)的石头便是铅锌矿,纯白的便是普通的石灰石,是废料。把铅锌矿与石灰石用人工分拣开,用簸箕(南方用竹子编的簸箕,不像北方用柳条编的筐)分别挑到矿坑旁平地上堆放矿石和废料的地方。

县的民矿站(好像是个国营的企业)在矿坑旁一百多米外开设有一个收购点,随时收购集体性质的矿场开采出来的矿石。那些没有人收购的石灰石废料,堆放在矿坑的四周(主要是东面),形成了一列高约三到四米、坡度平缓、由矿坑口逐渐往外延伸的小山。矿场好像有二、三百个劳工。我初到矿场,对那带点技术的打炮眼、放炸药和分拣矿石的工作还不能胜任,便只做肩挑运输的工作,把矿石和废石从矿坑里挑到坑口外。因为那是需要长期坚持的工作,不是短期的劳动竞赛,所以大家迈的都是慢悠悠的步伐。分拣矿石的人,每次都只往两个簸箕中装进几十斤的重量,不会装满,所以工作起来倒也不太辛苦。

矿场劳动没有工资。矿场只是把劳动的天数告诉派出劳力的生产队,由生产队记工分。我不清楚矿场的收益是否返还和如何返还给生产队。矿场的矿长虽然脱产,但好像也是生产大队抽调过来,也需要回生产队去记工分。矿长喜欢下棋,晚上,在电灯下,他常找我到他的简陋的办公室对弈,大家水平差不多,没有其他活动,倒也可以打发时光。矿场看到我来了,好像有过办夜校的打算,让我给那些民工们上点文化课。不过不久之后我便调回生产大队的学校任教,矿场办夜校的计划便没有实施。我回生产大队的学校任教之后,想起矿场要办夜校的热心，还曾在某一个晚上回去过一次，义务地给民工们上了一次几何课。不过矿场并没有空余的教室，民工们挤在一个大宿舍中，水平又参差不齐，多半没有听懂。后来工作忙了，便没有再去那个矿场。本来做好了在矿场里较长期劳动的思想准备。但1970年2月春节过后，我落户的生产大队通知我回去做民办教师。我本来对在农村中做教师不是很有兴趣，但有了前面所说的"重体力劳动之后，须休息两三天才能较清醒地思考数学问题"这个体会，便觉得还是从事脑力劳动比较合适。于是就接受了大队的任命。

当时，教育已经比较普及，每个大队都有学校，而且是小学与初中合在一起的公办学校。只是学校里公办教师不够，需要加聘几个民办教师。学校的学生人数不多，每个年级都只有一个班，每班只有30人左右。我的课程主要是初中两个班的数学，兼初中的地理、音乐等课，每周总共约16至18课时。有的年份开设初中班的英语课，只有我能上。这些年份，我便只教一个年级的数学。后来有一个河南（或者什么其他省）的中学生寻死觅活，说"我是中国人，何必学外文"，此后全国的初中（至少是农村初中）便都不开设英语课了。

有一两个学期，我还曾兼任小学四年级的图画课，那倒是比较轻松的课程。图画作业可凭印象立即打分，不像批改数学作业那么费神。当时的农村学校的教师要兼一些社会工作。每当有什么政策文件下来，便要学校老师分别到各个生产队去宣传，组织社员学习、讨论。每年春、秋的农忙假，也要下到生产队去支援春耕秋收兼做一些政策宣传。当时的中学数学课，很少讲理论推导，只是讲一些定理公式，不加证明，然后偏重于运用公式进行计算，同时也比较注重测量。我当时倒是喜欢带学生到外面，用简陋的工具测量山的高度和水平的距离。我当时思考，如何用同等精度的测量工具取得更精确一些的测量结果。这个思考，涉及到极值问题，涉及到微分学。后来，在80年代，我把思考的结果写成一篇文章，题为"几何测量的误差分析"，发表在《广西民族学院学报》上。该文的理论含量不高，但涉及一些应用，所以还是觉得比较有意义。

1975年秋和1976年春的农忙假，本大队学校的教师安排到同公社的其他大队去工作。我对所到的生产队的社员们说："让我帮助你们把生产队的田亩图画出来吧"。那里的地势并非十分平坦，那些水田建立在不太平坦的土地上，顺着地势，水田的边界（称之为田塍）便弯弯曲曲，水田的形状多半不太规则，大小也各不相同。我当时凭着一块木板，一张白纸，一支笔，走遍每一条田塍，全凭目测，把田亩图画出来。画好之后，社员们都能辨认出图上的每一块"田"是真正田野中的那一块田，大小比例和形状等应该也误差不太大。

1976年春那一次，我用了三天的时间，把所去的生产队的所有的水田，共几百块，画成十多幅田亩图，加上一些彩色，装订成一册，留给他们供讨论生产计划或者讨论农田改造什么时使用。自己也留了一份副本，珍藏起来，现在更用扫描仪扫描，存放到计算机中。

80年代时，我把当时目测绘制田亩图的理论依据、具体的测绘方法和测绘时的注意事项等写成一篇文章，题为"农田平面图的测绘"，发表在《广西科学院学报》上。该文的理论含量也不高，但由于涉及到应用，所以也觉得是比较有意义或比较有趣的事。

当时的初中民办教师，月工资是30元，个人生活是足够宽裕的了，要成家立业则有点紧巴巴的。民办教师的工资，由所在大队统筹解决。我当时落户的生产大队，远在县城西面约40公里，经济状况，群众的生活水平要比县城近郊的农村差一些。当时（包括现在）时常听说拖欠民办教师的工资。但我所在的那个大队却从来没有拖欠，每到年底，放寒假之前，都能把全年的工资如数结算清楚。或者，我不能完全肯定本地的民办教师的工资是否从来没有拖欠过，但起码没有拖欠过我这个外来插队青年的工资。在农村学校当教师的6年半时间里，印象中没有什么大的事情发生，生活上则比较平淡，比较单调。记忆中的一些片段，如果要作为流水帐记录下来也可以，有空时再写吧。

1976年8月，县城的中学招收我回去，教高中数学，仍是民办教师，但户口转回去，不是农村户口了。当时，户口是十分重要的，拿回城镇户口，吃国家粮，好些事情都主动许多。该县城中学规模比较大，高初中共有约三千学生。当时高中仍然是二年制，高中两个年级共 18 个班，每班都满员，50 多人。在那里我又工作了两年，第一年教高二两个班的数学课。这个年级毕业之后，第二年，转回高一，仍然是教两个班的数学课。第一年的月工资仍然是 30 元，但能够按月发放，不用等到年底才结清。第二年遇到工资调整，好像月工资升到了 36 元。

合起来，我总共在中学教了 8 年半。当时，无论在农村学校还是在城镇中学，除了上课之外，还都要兼一个班的班主任的工作。不过，我都是做副班主任，由语文老师做正班主任。当时，每个星期都有一个下午的生产劳动，都要带学生去劳动。在那 8 年半时间里，只要是业余时间，我都仍然在研究数学。但教学活动用去了大部分时间，只有周末晚上、星期天和寒暑假可以利用。在那里，只要你是用业余时间，那就没有问题。你爱研究数学，不会有人管。但那时我没有多少资料，所以那几年主要是思考四色猜想和一些图论问题，也写了几篇论文的初稿。

三、1978 年 10 月至现在

1977 年恢复高考。那时，我作为县城中学的老师，还参加了高考的监考工作。1978 年恢复招收研究生，我便报考了。我的报考得到所在中学的一个副校长的支持，他还同意，让我少上一个班的数学课，以便多一些时间复习。该副校长曾经是我高中时的数学老师（虽然不是上我的高中数学课最多的老师），他希望我能够有更好的归宿。我报考中科院的研究生，没有录取。材料直接转到第三志愿，广西大学数学系便通知我 5 月时去参加复试。9 月初得到录取通知，10 月初到广西大学报到，从此返回大学。

那时广西大学数学系还没有硕士点，所以招收的是研究生班。导师龙季和教授也是广西人，也是北京大学毕业，原来在北京工业学院（今北京理工大学）教学。1958 年广西大学复办，他便调回来做系主任。他称我为校友，对我非常好。1958 年广西大学复办时，有不少中山大学数学系的毕业生分配来工作。这些老师觉得我有北京大学的背景，理应功底扎实。加上当时报纸上登出来的第 20 届国际奥林匹克数学竞赛的 6 道试题之中，他们还差第 3 题没有解决。我在县城高中时已经解答了这一届的奥林匹克试题。我把第 3 题的解答包括思考过程交给他们。因此他们对我十分友好、器重。

现在常常说，那个时候是科学的春天。从 1979 年春开始，我有了更多的时间，可以抓紧研究，尽量多出一些成果，多写出一些论文。当时所写的论文稿，有后来在 1985 年发表于《中国科学》上的 "Hill 方程的一个绝对稳定区域"，和 1987 年发表于《数学学报，英文版》上的 "An answer to the Markov's conjecture"，等等。1980 年 1 月，快放寒假了。本来，为了错开交通高峰的时间，研究生们通常都可以比本科生提早几天离校回家。南宁离我家所在的那个县城只有两百多公里，很近。但我当时正要赶完一篇论文，便一直坚持到本科生放假的时候。当我赶完这篇文稿时，我已经腰痛得厉害，走路都只能慢慢走了。其实，从 1974 年开始，我便有时觉得腰部有点酸痛，可能是 60 年代在街道参加重体力劳动时积累下来的吧。特别是有一次扛 200 斤重的糖包下船。这本来不算什么，路程很短。但汗水沾湿了眼镜，视力受到影响。从船头到船舱，有一块斜的跳板。可能是跳板上沾有水珠，或者是粘有一点湿的泥巴，反正我踩到跳板时，滑了一下，扛着 200 斤重的糖包坐了下来。结果当天我就不能再工作了，而且此后也就永久地退出了扛糖包的工种，转回街道的搬运队。但当时并没有觉得有多么严重的后果，只不过是当天不再工作而已。实际上，我后来转回街道的搬运队，也仍然有挑一百五六十斤重的时候。后来带学生劳动，挑土上山种甘蔗，也仍然有以身作则挑一百几十斤的时候。我有时腰部有点酸痛，可能是长期的多方面的因素的积累，包括上山下乡的第一年，所去的那个地方比较穷，生活条件较差，等等。那次扛糖包滑倒，仅仅是坐了下来而已。当时并不需要那些靠扛糖包挣钱养家糊口的穷阶级兄弟们停止工作，给予帮助，我当时仍然可以自己一人从糖厂走回 5 公里以外的县城家中。

1980年1月赶完那篇文章之后，找了一个同乡的本科生作伴，一起回家。回到家里，我便病倒了，而且是一病多年。1980年时最为严重，有一次在一个医院的挂号窗口掉了五分钱（相当于现在掉了十块钱）到脚下，竟弯不下腰去捡，只好装作没有看见。遇到一米宽的水沟，那肯定跳不过去。那几年，体检验血，"血沉"和"抗O"的指标都高出正常值许多。我原来的身高是1米69到1米70，病了之后，各节腰椎之间距离缩短，身高变为1米64甚至1米63。

1980年2月到8月，我休学在家，以为是风湿或者类风湿，但治疗效果不明显。1980年9月到广西医学院附属医院住院检查，结论是骨结核，治疗则以服用雷米封和维生素B6等为主。原因明确之后，1980年10月便转回广西大学校医院住院治疗。1981年1月，又要放寒假了，在广西大学校医院住院，生活终究不太方便，反正服用药物不变，便返回家乡休养治疗。这一休养，又休养了一年多。到1982年5月才返回广西大学，到1983年9月才开始安排我上课，上一个预科班（好像是少数民族的），帮助他们补习中学的数学。当时病得那么重，除了上面提到的原因（60年代在街道参加重体力劳动的积累；生活条件较差，特别是上山下乡的第一年；以及思想的压抑）之外，还有一个十分重要的原因，那就是服用了不当的药物"强的松"。当时，一般人不知道有"骨结核"这个病（起码当时我没有听说过），凡是腰酸骨痛，便都以为是风湿。所以，1974年至1980年5月期间，我每当觉得有点腰骨酸痛时，开头便擦一点风湿跌打酒之类，后来便到医务所开一些"强的松"等药物服用。当时还觉得有点效果，只是不能持久。但"强的松"会引起骨质疏松，特别是对于骨结核来说，"强的松"是非常禁忌的药物，服用之后会引起病情的加重。当时确诊为骨结核的时间，好像是1980年5月前后。当时在家乡的县人民医院拍了X光片，由亲戚拿到南宁给广西最权威的广西医学院附属医院鉴定，结论就是骨结核。当时把这个结论带回来告诉县人民医院的医生（那算是县里最权威的医生了），他还不服气，还坚持说是类风湿，只是因为广西医学院附属医院更权威，他在保留自己的意见的同时，同意按照广西医学院的结论进行治疗。因此，我服

红色教育（一）：高等院校

用雷米封的时间，应该是从 1980 年 5 月前后开始，而不是 1980 年 9 月住进广西医学院附属医院之后。由于我从一开始就病得严重，所以广西大学一直没有要求我上本科生的课，只要我作科研和招收研究生、上研究生的课即可。我后来被评为全国优秀教师（1995 年）和全国模范教师（2004 年），主要是因为科研有成绩和申报博士点成功。如果按照现在的新的标准，大学教授必须至少上一点本科生的课，那就为难一些了。《广西日报》1980 年 9 月 4 日在第一版左上角的位置发表了广西科协一个同志的一篇关于我研究生期间里写了多篇论文受到专家赞扬的报道，该报更在 1981 年 1 月 1 日新年第 4 版以整版的篇幅，以"在希望的地平线上"为题，分三段分别报道了一个县委书记、一个工程师和我。广西科协又为我出了一本油印的论文集。其实，当时我的论文基本上都还没有投稿发表。当时我既感领了广西有关部门对我的重视，又觉得这也是一种鼓励，一种期望，略微带有一些压力。不过我想，无论有没有压力，我都会努力的，只希望自己的能力能够不辜负广西有关部门的期望吧。

1981 年在家养病期间，研究图论带宽等问题，写了几篇论文初稿，其中有两篇发表在 1984 年的《应用数学学报》上，有一篇发表在 1984 年的《科学通报》上，还作了一些内射度量空间的研究。其实，我觉得我只是有腰痛的毛病。其他方面，如肠胃、心脏、思维等等，感觉还是很好的。比起身体方面的表面上的健康，我觉得更重要的是要有研究数学问题的愿望（甚至渴望），在研究问题有了思路取得进展时要能够产生激情，在解决了一个问题之后要能够感到喜悦。我现在的一些条件、状况比起 70-80 年代时是改善许多了，但却好像变得有点麻木了，不容易产生激情和感到喜悦了。

1982 年 8 月收到北大数学系总支的一封信，告知"你的结论材料，已重印两份寄给你校人事处。请你及时去催问""其中有一份是应给你本人存留的"。后来从学校人事处拿到了这份材料，那是一个盖有红章的 1981 年 12 月 21 日的中共北大委员会的关于撤销开除、恢复学籍、发毕业证书的决定。1982 年时，北大还寄来了一张"学历证明"给我（好像是寄给广西大学人事处再转交给我），证明我"一九五九年九月入本校数学系数学专业学习。于一九六四年七月毕业"。

1983年9月到北京参加了廖山涛先生为主席的双微国际会议。1984年5—11月，北大数学系邀请我去访问了半年。张芷芬先生告诉我，那是廖先生的意思。在访问期间，在1984年10月26日到学校办公室拿到了补发的北大毕业证书（用1982年时给我的"学历证明"交换），其中写有"学制五年半，一九六五年一月毕业"等内容（这与"学历证明"中所写的时间"于一九六四年七月毕业"略有不同）。

1981年之后，腰痛病逐渐、缓慢好转，但没有彻底根治。1986年夏，腰痛病忽然复发，并且颇重，有一个月躺在床上不能起来（中间只起来过一次）。后来看到报纸上的一篇短文（不是广告），寄钱到山西吕梁地区的医院邮购一种"骨结核丸"。服后感觉效果很可以。1990年到合肥开会，会后去黄山，不敢（也不能）爬上去，只能坐缆车上去，但可以从山上走下来了。

以上所写，主要限于一些大的、阶段性的经历，或者一些与数学有关的，或者一些虽然小、但感觉良好的事情。其实，过去常有许多困苦、愁闷、不愉快，但如果不是大的事情，就不伤脑筋追忆写出了。

附录：作者简历（来源：汕头大学数学系网站）

（一）受教与任教

麦结华，男，汉族，籍贯广西桂平县。

1965 年 2 月毕业于北京大学（学制 5 年半）

1980 年 10 月毕业于广西大学数学系研究生班

1980 年 10 月至 1996 年 1 月在广西大学数学系任教

1996 年 1 月至今在汕头大学任教

1985 年 7 月晋升为教授

1990 年由国务院学位委员会批准为博士学位研究生导师。

（二）主要获奖项目

1986 年以"微分动力系统的若干研究"获国家教委科技进步二等奖

1989 年以"推广的 C 封闭引理等动力系统课题的研究"获广西科技进步二等奖

1993 年以"二维流形上的周期运动"的研究获广西科技进步一等奖

2000 年以"拓扑动力系统的混沌性质的研究"获广东科学技术奖（自然科学类）二等奖

（三）主要荣誉称号、证书

1988 年获广西人民政府科技工作突出贡献荣誉证书

1988 年获人事部颁发的国家级有突出贡献中青年专家称号和证书

1990 年获国家教委和国家科委联合颁发的全国高校先进科技工作者称号及证书

1991 年起获国务院颁发的政府特殊津贴

1994 年获中共广西党委和人民政府颁发的优秀专家称号和证书

1995 年被国家教委和人事部评为全国优秀教师并获颁全国优秀教师证书及奖章

2004 年被教育部和人事部评为全国模范教师并获颁全国模范教师证书及奖章

（四）论文发表情况

多年来共发表了 100 多篇中、英文论文，其中超过半数发表在国际及全国性的著名刊物上，包括《Trans. Amer. Math. Soc.》《Proc. Amer. Math. Soc.》《Nonlinear Analysis》《Nagoya Math. J.》《J. Math. Anal. Appl.》《Ergod. Th. & Dynam. Sys.》《Int. J. Bifurcation and Chaos》《Topology and its Applications》《Fund. Math.》等国际刊物。

在权威刊物《中国科学》A 辑英文版上迄今为止共发表了英文论文 12 篇，其中有 11 篇英文论文的中文原文在《中国科学》A 辑中文版上发表。另有二十多篇论文在《科学通报》《数学学报》《数学年刊》《数学进展》的中、英文版及《应用数学学报》《系统科学与数学》的中文版上发表。

（五）招收研究生情况

1987 年起先后招收硕士学位研究生十多名

1990 年经国务院学位委员会审查批准，成为博士学位研究生导师

1991 年至 2001 年先后得到武汉大学、南京大学和中山大学聘任为兼职教授，并挂靠这些大学招收培养了 5 名博士学位研究生。2003 年作为汕头大学数学学科负责人和学术核心骨干，主持申请博

士学位授予权，得到批准。目前招收指导一名博士学位研究生。

（六）主要科研基金情况

1989 年 1 月至 1992 年 12 月主持国家自然科学基金项目。

1993 年 1 月至 1997 年 12 月应邀参加国家自然科学基金八五重点项目"动力系统与 Hamilton 系统"。

1998 年 1 月至 2002 年 12 月应邀参加国家自然科学基金《八五》重点项目，项目名称仍为"动力系统与哈密顿系统"。

1999 年 12 月至 2005 年 12 月应邀参加国家重点基础研究发展计划项目（即 973 项目），负责其中的子课题"拓扑动力系统"。

（七）代表性研究成果

1. 1985－1986 年分别在《中国科学》中、英文版上发表论文，给出 C^1 封闭引理的较简单的证明，将原来已有的长达四、五十页的非常艰难的 C^1 封闭引理的证明简化为长度只有几页的巧妙的证明，其结果被国内和国际上一些知名数学家引用，其思想方法被这些数学家所借鉴（C^1 封闭引理乃微分动力系统结构稳定性理论的基石之一）。

2. 2003 年 10 月在《Trans. Amer. Math. Soc.》上发表了题为"The structure of equicontinuous maps"的论文，该文研究了从度量空间 X 到 X 自身映射 f，在一个相当弱的附加条件下（例如，只要求 X 紧致，或其他更弱的条件），证明了 f 是等度连续的当且仅当存在一个逐点回归的保距自同胚 h 及一个逐点收敛于一个不动点的非扩张的自映射 g 使得 f 与乘积映射 h×g 的一个子系统 h×g|S 拓扑等价，这个结果具有广泛、深入彻底、清晰等特点：给出了很广泛的一类等度连续映射的结构的深入彻底而清晰的描述。

选自北京大学 1959 级数力系自印《回忆文集》，2011 年。

我在北大的经历

——从团干部到"反动学生"

徐明曜[1]

导 语

一、写作缘起

我是 1959 年考入北大的,读的是数学力学系数学专业。入学时说是五年制,但 1960 年学校规定所有理科系均改为六年制,到了 1964 年,根据毛泽东学制要缩短的指示,又要改回五年制,但为时已晚,教学计划是按照六年安排的,实在难于再缩短一年,所以只缩短了半年,改为五年半制,而 1960 年入学的则改为五年制。这样,我的毕业时间应该是 1965 年 1 月。但实际的毕业(离校)时间是 1965 年 4 月,比低我们一年的 1960 级仅早离校三个月。

我在大学读书的近六年时间,恰在反右(1957—58 年)和文革(1966—76 年)这两个毛时代最大的政治运动之间,这段时间读大学是不是风平浪静,可以专心读书、很少政治运动呢?从我的大学六年的经历看,答案是否定的。我们也经历了不少难以忘怀的政治运

---

[1] 徐明曜,1941 年 9 月生于天津市,1945 年日本投降后随父母定居北平。小、中、大学都是在北京上的。1965 年毕业于北京大学数力系数学专业,随即被分配到河北省唐山市五中工作,在唐山经历了文化革命的全过程。1978 年考入北大数学系读研究生,1980 年提前毕业留校,从事教学、科研工作。1988 年提升为教授,后又提升为博士生导师。共培养博士生 13 名,硕士生多名。2004 年在北大退休。2003-2009 年受聘为山西师大特聘教授,协助指导研究生。2010 年起,自学中国近现代史,数篇习作发表在网刊《记忆》上。主要研究兴趣:1957--1976 年中国政治、思想、文化史。

动,经历了惨烈的批判与斗争。同学们对于当时的错误做法也有痛苦的思想斗争,也有公开和不公开的抗争。只是因为反右和文革过于惨烈,受害的人也多达百万、千万,人们对于这两大运动之间的那段历史关注的少些。即使关注,也多关注全国性的"四清"运动,对发生在大学里面的事很少有人提及。更何况各个大学的情况差别很大,即使同在北京,即使近如北大与清华,里面发生的事情也有很大不同。正因为此,我想把我在北大的经历写出来,就有它的必要,总算记录了一段历史吧。

2009年我们年级的同学出了一本《回忆文集》。我写了《走出北大校园以后》一文,回忆了1965年离开北大到1978年又回到北大的13年间发生的事情,但我没写在北大读书时的情况。若干同学建议我再写一下大学时的回忆,认为这更有价值。我决定试一试,看看能不能把读大学时的思想斗争尽量理清,为别人,也为自己。

我将按照时间顺序叙述我在大学各个阶段的所思所想,所作所为,希望把一个真实的自己展现在大家面前。为此,首先简要介绍一下上大学之前的我。

二、自觉的左派

上大学前,从政治思想上说,大部分时间里(1957年反右以前)我是自觉的左派,相信党,决心为共产主义而奋斗。1957年反右后开始对党的方针政策有所思索,可以认为是痛苦思想斗争的开端。

我为什么相信党,并不单纯是因为相信正统的东西总是对的,而是在国民党时代的生活经验告诉我,或者使我相信,国民党是专制独裁,共产党讲民主自由;国民党贪污腐败,共产党清正廉洁。记得在1948年底,大概傅作义还没有和共产党谈妥北平的和平解放,北平已经有国民党兵勒索抢劫的事。一天晚上,几个国民党兵敲砸我家的大门,父亲见势不好,用一根粗木杠顶住大门,问他们要干什么?他们说要借东西修工事,父亲说修工事要工具就够了,于是把锹、镐等物从院墙扔到外面,就是不开门。僵持了一会儿,他们悻悻地走了。这事是发生在北平内城,城里有什么工事可修呢?这件事使我对国民党产生恶感。再加上我的小学班主任（后来知道）是共产党地下党员，我作为听话的好学生，也潜移默化地受到他的影响。因此，解放前我的思想已经被赤化。

北平和平解放那天，我打着小红旗去欢迎解放军，看到他们个个洋溢着青春的风采，唱着革命歌曲，我真盼望自己也是他们中的一员。让我们回忆一下当时常唱的《团结就是力量》的歌词：

团结就是力量/团结就是力量/这力量是铁/这力量是钢/比铁还硬，比钢还强/向着专制独裁开火/让一切不民主的制度死亡！……

还有一首《解放区的天是明朗的天》的歌，其中有这样的歌词："民主政府爱人民呀，共产党的恩情说不完呀"。这些歌颂民主，反对独裁的歌曲，深深地印在我的心里。

再有，我们从小学到初中所受的教育，都是把民主、自由、平等作为正面的政治理想来倡导的。我们作为不谙世事的孩子，还不可能全面地评估一个党派的政治作为与政策取向，更不理解古今中外政治的肮脏。再加上对共产主义社会诱人前景的铺天盖地的宣传，这就使我，一个十几岁的孩子，发誓要为共产主义奋斗终生，自觉地按党指引的方向努力，甚至标榜自己是个共产主义者。我这样说，那些多多少少还把我看成是反动学生，或"按当时标准"是"反动学生"的同学可能不大相信，我再举一件我做的至今仍感到内疚的事供同学们思考。这是我个人的隐私，是关于我和我父亲的。为了说清这件事，还要先介绍一下我的父亲。

我父亲解放前是国民党中央银行的职员，解放后留用在中国人民银行，负责编辑《金融通报》。"三反"运动时，被当作贪污犯揪出，由于态度不好，被正式逮捕。可他仍然坚持自己没有贪污，声称如果查出他有一分钱贪污，就枪毙他。经过一年多的审查，也确实没有查出他有贪污，但总要找个罪名。于是说他泄露了国家经济情报，什么情报呢？写的是"黄金黑市"。这是指解放后，黄金禁止公开交易，只准卖给国家，但有些资本家还在做黄金的黑市交易。我父亲给我看了他的判决书，说"黄金黑市的价格怎么是国家经济情报呢？"表示对判决不服（他其实没被判刑，仅判'机关管制二年'，降职降薪，调到绥远省（现内蒙）工作，两年后因病退职回京）。开始我对他表示同情，但他总因为这件事发牢骚，说"共产党政治上厉害，他被冤枉了"等等，我就不耐烦了。我当时认为，即使是被冤枉了，也不应总发牢骚，"三反"运动是对资产阶级的阶级斗争，怎能一点偏差不出？于是，在一次他又发牢骚时，我指着他说："你这就是'没落阶级的哀鸣'！"这句话给他的伤害太大了，事后我也觉得有些过分，总想向他承认错误。但直到他于1991年去世，我也没有找到机会向他承认，让他带着感情上的伤痛离开了人世。今天看来，我也真是太左了，更何况我在几年以后就也感到了他这句牢骚的份量。今天我说这些，就算是对他的忏悔吧。

由于我有思想基础，自然积极要求入团，14岁入团后一直做团干部，上高中后，做了两年北京四中的团委会常委和学习部部长。

那时我崇拜共产党员，认为他们都是毫不利己，专门利人的人，他们活着是为了别人活得更好、更幸福，我也发誓要做这样的人。最近我在整理东西的时候，发现我在中学时的笔记本上，总要在扉页上写着大家都熟悉的奥斯特洛夫斯基的那段名言，还写着马克思年轻时说的话："如果我们选择了最能为人类福利而劳动的职业，我们就不会为它的重负所吓倒，因为这是为全人类所作的牺牲；那时我们感到的将不是一点点自私而可怜的欢乐，我们的幸福将属于千万人。我们的事业并不显赫一时，但将永远存在；而面对我们的骨灰，高尚的人们将洒下热泪。"

三、第一次信仰危机

我对党的信仰的第一次动摇是在1957年反右斗争时。我看到我很崇敬的王老师被打成右派，就是因为他对党的工作提了一些意见，内心很不理解。如果单为王老师被打成右派这件事，也许我还会认为，这是运动中不可避免的偏差。但更让我不能理解的是，在读毛主席的《关于正确处理人民内部矛盾的问题》（这是反右的指导性文件）时，看到有"民主只是手段而不是目的"的提法（见《毛泽东选集》

第五卷 1977 年版第 368 页第 2—5 行），这使我大为不解。在我当时幼稚的政治理想里，民主是我们追求的主要目标之一，共产党就是靠实行民主才能战胜国民党政权的。怎么突然变成了实行某种目标的手段呢？那么，是不是说，达到了所追求的目标——取得了政权以后，就可以不要民主了呢？这使我陷入了长达数日的思索。我拿着这本小册子，在四中操场上一圈一圈地走着，总解不开心中的矛盾。后来，到了 1958 年 5 月，我病了，不得不休学，但我仍然在思考这个问题。就是从这时起，我开始有目的地看马克思、恩格斯的著作，看卢梭、狄德罗和法国百科全书派的著作，企图解决这个问题，但始终不得其解。

1958 年暑假，北京四中团委搞了整团运动，我因病没有参加。但也听说同学挨整的事，我也很不以为然。心想，经济建设搞得好好的，第一个五年计划已经胜利完成，又号召向科学进军，怎么又搞整起人来了？明明毛主席说，"革命时期的大规模的急风暴雨式的群众阶级斗争已经基本结束"，那为什么不好好搞建设？于是对党的疑问越来越多。再加上我休学后在丰盛街道团委工作，亲历"打麻雀""街道炼钢"等荒唐事，对党的一些做法的正确性的怀疑已经十分严重。此时又正在"大跃进"的高潮时期，社会上说假话的风气已经盛行，粮食高产卫星天天放，居然有亩产数万斤的"卫星"放出来。记得有一次我和街道上的朋友提及此事，他说，你可不要不相信，报上登的农民科学家×××还论证可以达到亩产 100 万斤哪！我说，妈呀，亩产 100 万斤，那每平方尺就要产一二百斤哪，怎么可能？这不是明显在吹牛吗！于是我对大跃进也产生了深深的怀疑。[2] 这样，我从小在党的教育下形成的科学、民主、自由、平等的理想与社会的实际情

---

[2] 在修改本文时，我查了一些文献，那个农民科学家叫王保京，他在 1958 年 9 月 27 日《陕西日报》上发表"有高度密植，才有高额丰产"一文，论证用他发明的所谓"楼种法"每亩地每年即可收粮 240 万斤（不是 100 万斤）。为此，他 13 次被毛主席和周总理接见，并当上了咸阳市副市长，作地市级领导 22 年。又，《人民日报》1958 年 8 月 27 日曾发表题为《人有多大胆，地有多大产》的文章，1996 年 8 月 8 日《中国青年报》记者卢跃刚著文指王保京对这个口号有发明权，被王保京告上法庭。

况产生了巨大的矛盾，再加上神经衰弱的折磨，使我感到的无法摆脱的痛苦情绪促使我决定不再复学，遂于1959年5月去北京四中办了退学手续。

我爸爸问："你小子退了学想干什么？"我说："我想以同等学力资格考一次大学，考不上就参加工作。"当时我想去中国科学院当实验员，那时有好几个研究所都在招实验员，我的几个初中同学都在那里工作，感到这样会离政治斗争远一点。而且那时我很自负，相信自己通过自学也能实现自己的理想。

既要考一次大学，我就开始读高三的课本，两个多月的时间，数学、物理看了一遍，化学没有时间看了，想想高三化学就是有机部分，最多出一道题吧，放弃了。这样就进了考场，碰运气吧。哪知瞎猫碰上了死耗子，偏偏考上了北京大学数力系，于是我的生活就又改变了方向。

第一章　我的大学

一、初识政治运动

上大学前，尽管已经有了反右运动，我对大学还多少抱有一点"世外桃源"的幻想，以为总会比中学自由些。上北大的第一个月风平浪静，学习也不费劲，又有名师讲课，闵嗣鹤教数学分析，程庆民教解析几何。我注意休息，身体也有好转。记得开学上课的第一天（是上的劳动课）正好是我的十八岁生日（1959年9月7日），颇有纪念意义，感到自己成人了，曾暗暗发誓要好好学习，不辜负党和人民的培养。但一个多月后，就让我见识了什么是政治运动，这就是党的八届八中全会文件的学习。我当时实在是太幼稚，以为只是学习学习，端正一下思想。哪里知道这是在中央全会批了彭德怀的右倾机会主义，党内又开展了反右倾运动以后，在群众中抓小彭德怀呢。在学完文件，联系个人思想的阶段，当党团干部动员我发言时，我毫无顾忌地讲了在街道炼钢的荒唐，说"砸了不少锅，一两钢也没炼出来。"

当时还没有什么，哪知很快，大约在十一月中旬，党团组织就对怀疑三面红旗的言论进行了批判，而且我被选为重点批判的对象。这使我第一次见识到了政治批判的厉害。虽然对一般同学暴露出来的错误思想的批判还算温和，但对每个班选出的一至二名重点对象进行批判时，真是人人奋勇、个个争先，层层加码、无限上纲，最终都往"反党"上拉。我不知道事前是不是有布置，单就我个人的感受是批判会组织得有条不紊，批判者有论点，有逻辑，虽然都是一些歪理，但火药味足，震慑力大。这使被批判者感到自己真是犯了弥天大罪，必须认罪，并努力改造。心里想不通也只能免开尊口。

那时常用的批判逻辑有：1. 群众运动是天然合理的。党是群众运动的领导，而你反对群众运动（大炼钢铁、人民公社等）就是反党。2. 对党的领导不能抽象肯定，具体否定。你说三面红旗是好的，但你们那里执行的有偏差就不行；你说人民公社是好的，但你们村的农村干部有缺点也不行。3. 主客观的一致性。你说你主观上是拥护三面红旗的，但客观上你的言论是反对三面红旗的，那就说明你主观上也是反对三面红旗的。4. 怀疑就是反对。对党的方针政策怎能怀疑呢？你怀疑不就是认为它可能错吗，那不就是内心里反对吗？这样，连思考一下都不允许了，只能盲从。这不就是"民可使由之，不可使知之"嘛！5. 阶级立场不对。广大人民群众正在以"一天等于二十年"的精神为三面红旗而奋斗，而你却还在思考三面红旗对不对，你不是站在反对人民群众的立场上吗，反对人民群众的立场不就是资产阶级的反动立场吗？诸如此类的歪理甚多，几个回合下来，被批判者只能承认自己是从主观上反对三面红旗、反党的，于是承认自己有罪。我也是在这样的逻辑下承认自己有罪的。

光承认有罪还不够，还要深挖思想根源。拿我来说，在休学时曾看过18世纪法国启蒙思想家卢梭、狄德罗等人的书，觉得自由、平等、博爱的理想是好的，那就和党内那个右倾机会主义头子（指彭德怀，他曾在1943年提倡平等、自由、博爱）一样，只是党在民主革命时期的同路人，而不是无产阶级革命者。这样，我的立场已经是资产阶级的了。因此，就变成了党的敌人。批判深入到这种程度，我就被彻底孤立了。那时，同学不敢理我，我也不愿意过早回到宿舍。每当我不得不回宿舍睡觉时，本来谈笑自若的室友突然都不讲话了，这又给我很大的压力，更觉得自己问题的严重。就是一句"我家所在的街道一两钢也没炼出来"，就成了反党反社会主义的阶级敌人。我那时只有18岁，第一次经历这样的阵势，心里真的很害怕。我终于理解了我父亲所说的"共产党政治上厉害"的含义。

这段时间我的思想斗争也是很激烈的。我向党交心时只说了"我家所在的街道一两钢也没炼出来"这句话，但内心里没说出的话还有很多，一挨批就吓回去不说了。比如，在打麻雀运动时，我曾感到很荒唐可笑；报纸上经常宣传的放高产卫星我也有怀疑等等。另外，在学习八届八中全会文件时，农村来的同学的发言又使我知道了许多过去闻所未闻的事，比如农村干部多吃多占、打人骂人的事，农村已经出现粮食不够百姓挨饿的事，农民群众对大办集体食堂的不满等。

运动以把暴露思想的被批判者批倒斗臭而群众受到教育（即不敢再说与党的方针政策不同的话）为结束。接着就要鼓足干劲投入到大跃进运动中来了。至于对我这样的被批判者，则实行"批评从严，处理从宽"的政策，勉励我们要在今后的革命运动中接受考验，悔过自新。

大学的第一个学期结束了。年级领导宣布不放寒假，要在这"一天等于二十年"的伟大时代里继续革命。

二、"编红书"和教育革命

寒假里，年级党团组织利用八届八中全会的文件学习产生的政治热情，在全年级开展了"编红书"的革命运动。所谓"编红书"，就是要学生自己编写上课用的新教材，不管是学过的部分还是没有学过的部分。旧的教材都不能用了，因为是封资修的。那时的指导思想是，要砸烂资产阶级的旧世界，建立无产阶级的新世界。"旧教材"也属于要被砸烂的东西，不能再使用了；而新教材必须是无产阶级的。为什么要由没有学过的学生去编呢？因为没学过，就是一张白纸，没有负担。才能"写最新最美的文字，画最新最美的图画"。

坦白地说，在学习八届八中全会的文件时受的批判，并没有引起我太激烈的思想斗争，只是从没见识过批判会的架势，内心极为害怕而已。可对于"编红书"，我内心里有太多的不理解。比如编数学分析教材，说用"ε-δ"方法描述极限是资产阶级的故弄玄虚，我就很不赞成。在第一学期学习"ε-δ"方法时，我为终于找到了一种严格的描述极限的方法而兴奋不已，认为这是用有限步骤描述无限过程的天才创造，丝毫也没有感到难学。怎么现在又要批判呢？说句题外话，这种对"ε-δ"方法的曲解在文革时就发展成为"一把大锉锉出微积分"的荒谬说法。又比如，要我编没有学过的曲线积分和曲面积分，我说了句"还没学过怎么编？"负责编书的老师马上说："破除迷信嘛！"登时吓得我不敢再说下去。我只好看了看辛钦的教材的有关部分，写了写，负责老师居然说我写得好，特别是编的例题更好，说得我内心好惭愧，觉得简直就像开玩笑。我想到当时已经不大讲的"人有多大胆，地有多大产"的话，内心感到戚然。又比如，在为编书造声势时，师生贴了不少大字报，提出"砸烂牛家店""火烧哥家楼"的口号。（"牛家店"指牛顿，微积分的创始者之一，"哥家楼"指哥西，19世纪数学批判运动的领导者，对微积分的严格化做出重要的贡献；口号则模仿五四运动时的"砸烂孔家店""火烧赵家楼"。）

又有人提出"建立无产阶级的新数学"的口号，我看到后内心一震，这与我休学时读过的，列宁极力反对的所谓"无产阶级文化派"的主张何其相似。[3] 可我当时不敢说，但1962年我都说了。我认为

---

3 无产阶级文化派是以无产阶级文化协会为基本组织的苏联早期文化派别。它于1917年10月在彼得格勒举行第一次代表大会并宣布成立。卢那察尔斯基任协会中央委员会名誉主席，卡里宁任中央委员会执行局主席。1918年以后，列别杰夫—波梁斯基和普列特涅夫先后接任协会主席职务。
"无产阶级文化派"对旧文化持全盘否定态度．主张将其全部抛弃，要抛开广大工农和知识分子，要远离社会实践，要把无产阶级关在实验室里，创造一种特殊的纯粹又纯粹的无产阶级文化。列宁在《共青团的任务》（1920年10月2日）这篇演说和他所起草的《论无产阶级文化》决议草案（1920年10月8日）等文章中批判了这种极"左"的小资产阶级错误观点，指出它在理论上是错误的，在实践中是有害的。他指出："无产阶级文化并不是从天上掉下来的，也不是那些自命为无产阶级文化专家的人所臆想出来的。"它"应

编书运动反映了一种极其错误的思想倾向，即在哲学上用唯意志论代替唯物主义；政治上过度强调阶级斗争，不承认存在无阶级性的事物；以及文化上的虚无主义，只讲创新，不讲继承。这些话我当时虽然没说，但在思想上已经把自己放在党的对立面上。我认为这种做法是错误的，是"无产阶级文化派"的主张。

紧接着，一年级下学期开学又搞起了轰轰烈烈的教育革命运动，整整搞了近一年。宗旨大约是用总路线精神指导教学，来个学习大跃进。于是把课表完全打乱，好在有编书时形成的"一切时间党安排"的传统，每天上三段课，即上午、下午和晚上，大约十节课。如果上数学分析，就全天都上数学分析；上高等代数，就全天都上高等代数。课堂上老师讲得疲惫不堪，学生在下面打瞌睡。十天半月过去，宣布这门课学完了，还要开总结会向党报喜，真是大跃进！另一方面，教学要联系实际。比如高等代数，不按课本顺序讲（其实那时也没有课本），而以"图上作业法"和"表上作业法"来带，据说矩阵、矢量空间、线性变换等概念都是实际中产生的。结果呢，什么也没学会，这阵风刮过去，到了高年级还要补一年级的基础课。比我们高一班的1958级同学甚至在四年级（还是五年级）还要上一年级的数学分析，成为数学教学史上的笑话。

另外，那时浮夸风也很严重。上了课总得考试吧，没学会怎么办？只有作弊。如果有文革时张铁生白卷英雄的先例就好了，可惜那时还没有。那么怎么作弊呢？仅以俄语大跃进的考试为例。由于师生都心知肚明，老师干脆考学生当场阅读《列宁主义万岁》三篇文章的俄语版。规定考一段时间（比如半小时），老师喊："开始！"同学们则煞有介事地翻开书看，只听得肃静中一片翻书声。突然老师喊："停！"同学们标出他看到哪里。然后依次请同学讲他看的这一段的内容。由于政治学习时已经把这三篇文章熟记在心，当然每个同学都

当是人类在资本主义社会、地主社会和官僚社会压迫下创造出来的全部知识发展的必然结果。"列宁认为，社会主义的新文化要由人民群众来创造，因此，必须大大提高广大劳动人民的文化水平，同时还要团结改造资产阶级专家和知识分子，才能创造和发展社会主义的新文化。

能讲出来。最后是统计你读了多少印刷符号,读得多的分数高。据说我们班一位同学半小时读了几十万印刷符号,是列宁阅读速度的五倍!

这荒唐吗?当然荒唐!可是我们都是这样荒唐过来的。真是:满嘴荒唐言,作弊亦无愧,考试皆高分,谁管会不会!

三、一切时间党安排

前面提到的"一切时间党安排",是一年级第一学期末到二年级第一学期末那一年大学生活的突出特点。在"一天等于二十年"的口号指引下,那时没有周末,没有假日,没有个人自由活动时间,完全统一行动。就是说,"一切时间"不是指一切课内时间,而是指所有时间,即每天的24小时,每周的七天,每年的365天。

具体地说,每天统一时间起床,洗漱后做操,统一时间去早餐,统一时间到教室上上午的课,这是上午的安排。中午买来饭后,要回到宿舍边吃边开会,布置本日大跃进的安排,然后有短暂时间休息或写大字报、小型誓师或批判会等,然后一起去上下午的课。晚饭时与午饭大体相同,然后是上晚上的大约三小时课。课后大家都已经十分疲倦,不少人上课时就打瞌睡,但回宿舍后还有很多安排。一般是写大字报,向党表决心,有时开批判会,有时搞卫生,有时搞文娱活动,合唱革命歌曲等,但这一切都是作为政治运动来搞的,自然就没有不参加的可能。当然也有复习功课的事,但也要集体行动。特别是学习较差的工农同学,要和学习较好的同学结成对子,"一帮一,一对红"。一般学习差的多为代培生,他们几乎都是党团员,学习好的多来自大城市,有的连团员都不是。如果学习好的同学没有讲懂,或者有不耐烦情绪,则会被扣上轻视工农同学的帽子,那是要上纲到阶级立场问题上去的。扯远了,还是回过去继续说晚上的活动。

记得有一天,我班级团支书突然宣布,在未名湖发现敌情,其时正下大雨,同学们分几路跑到未名湖寻找,终于发现在湖中岛上隐藏的几个同学,于是告诉大家这是军事演习。类似这样的突发的安排还有很多,不——列举了。这些活动搞完了,常常已经是半夜两三点,于是领导宣布休整几小时，到这时同学们才可以上床去睡觉。多数同学已经十分疲惫，倒床上就睡着了。但也有些同学因白天过于兴奋，犯了神经衰弱，反而睡不着了。第二天周而复始，还是一样的安排。我记得有几位同学就是因为不适应这种紧张的生活而不得不休学的。

终于盼到了星期天，以为会休息了（那时每周工作六天，星期六不放假），结果领导说要发挥不断革命、不怕疲劳的精神，要继续跃进，仍然不休息。星期日班上通常安排需要较长时间的活动。比如去校外参观，突击搞卫生，开大批判会，或参加劳动等。记得我曾和几个同学到我家所在的丰盛街道合作搞超声波，砸扁了铁管夹个刀片，用蒸汽吹，刀片震动即产生超声波，可用于做饭，蒸馒头等等，其实都是假的。

有时周日也有几小时休整时间，可洗澡、洗衣、拆洗被褥。为发扬勤俭节约的精神，记得男同学理发都是同学互理，买个推子，不管会不会理，反正拿同学当试验品，理几回也就学会了。由于集体活动这样紧张，北京的同学想回家就很困难了。在这一年中，我记得只有很少几次能抽出时间回家的，而且常常是周六晚上回去，周日早晨赶回来。因为北京同学不多，这个问题并不突出，北京同学有意见也不敢说。有的朋友会说，过年过节该放假了吧，其实不然。在那革命的年代，"一天等于二十年"，放假简直是罪过。根据我的记忆，仅在1960年的春节给北京同学放了一天假，回家看了看。外地同学却没有这样的福分，还要在校坚持闹革命。这样的紧张状态持续了一年有余，一直到1960年底公布"劳逸结合"才告结束。

我曾和几个年轻人说过这事，他们根本就不相信。有的还说，又没到愚人节，你瞎说什么呀？可这确确实实就是发生在所谓的全国最高学府北京大学，时间从1959年底到1960年底的真事。

四、批判马寅初校长

根据党中央的指示，一年级第一学期末，大概在1959年底开始了全校师生批判校长马寅初的运动。我当时正在挨批判，对这场运动关心得不够。只听说是批判他的"新人口论"和"团团转"理论。我看了不少大字报，惭愧的是至今我也没有弄清什么是"团团转"理论。我还有印象的是，一位党委干部批判他说："马寅初姓的马不是马克思的马，而是马尔萨斯的马。"我当时觉得这种玩笑话只能在下面说说，怎能放在严肃的批判会上呢？还有一位据说了解内情的干部批判他说，马寅初在某地吃饭，喝了鸡汤不给钱，还狡辩说，"我只喝汤，又没吃肉，给什么钱！"引起与会者的哄堂大笑。我听了以后，实在笑不起来，这种人身攻击反使我同情马寅初了。再有就是让全体同学写大字报批判马校长，这些就是我对这次批判的片段记忆。

1960年的暑假，青海财经学院院长，经济学家宁嘉风教授到我家看望我的父亲，他问起北大批判马寅初的事，我说了喝鸡汤不给钱那件事。他思索了片刻，叹口气说："要想把一个人搞臭，编造生活上的劣迹是最简单的办法。"这使我认识到对马寅初批判的不择手段。

另外，使我印象深刻的是，马寅初的态度十分倔强，他在一次批判会上郑重宣布："我虽年近八十，明知寡不敌众，自当单身匹马，出来应战，直到战死为止，决不向专以力压服不以理说服的那种批判者们投降。"据说，马寅初还常对人说："言人之所言，那很容易，言人之所欲言，就不太容易，言人之所不敢言，就更难。我就言人之所欲言，言人之所不敢言。""我对我的理论有相当的把握，不能不坚持，学术尊严不能不维护。"这些话使我们看到了一个老年知识分子的风骨。最近我们常常听人说，中国知识分子在毛时代都被整得服服帖帖，失去了知识分子的社会责任，因此才有反右，才有文革。其实并不尽然。还是有少数知识分子能够坚持真理，担当起社会的责任。他们有的只能挨批，有的则往枪口上撞，如林昭、张志新、遇罗克辈。他们的牺牲唤醒了广大民众，从而才有了1980年代的清明政治。

批判马寅初后，大约在1960年4月初，校方宣布马寅初"辞去"北京大学校长职务，由党委书记陆平兼任校长。从此开启了北大历史上的极左时代。也怪了，文革时又说陆平是"右"了，政治的诡谲有谁能懂得呢！

五、技术革新和技术革命

一年级第二学期的另一件大事是所谓的技术革新和技术革命运动。时间是在 1960 年的上半年，其时中国大地上的大跃进运动已经到了尾声，但北大校园里仍处于狂热的气氛当中。这个运动的背景是毛泽东在 1957 年莫斯科会议上回应赫鲁晓夫的"苏联要 15 年赶超美国"说法时谈到要让中国在 15 年内赶超英国，而在 1958 年 6 月大跃进高潮时毛泽东又说："超过英国，不是十五年，也不是七年，只需要两年到三年，两年是可能的。"（见《建国以来毛泽东文稿（第七册）》，中央文献出版社，1992 年 8 月版，第 273-274 页。）这就需要在技术革新和技术革命上做文章。而 1960 年 3 月 22 日中共中央发现鞍山市搞得很好，并批转了鞍山市委《关于工业战线上的技术革新和技术革命运动开展情况的报告》，于是形成了全国性的技术革新运动的高潮。

在这个运动中，我们班级先在校内，后又下厂、下街道搞了近半年的运动。印象较深的是我们班级试验超声波和半导体的事。前面已经提到，我曾经主动要求带领十几个同学到我以前休学时所在的北京丰盛街道，帮助他们搞"超声波"的事，这其实是为了表示自己积极参加运动。我们把铁管砸扁，再插上刀片，管内通过蒸汽，刀片震动，就认为是"超声波"试验成功了。听说可以用超声波来蒸馒头，我们就把几个这种所谓的"超声波发生器"安装在蒸锅里，另一个锅烧开水，蒸汽通过超声波发生器到蒸馒头的锅里，看多少时间能把馒头蒸熟。结果发现并没有节省时间，效果并不好。但毕竟馒头蒸熟了，就宣布超声波试验成功，于是敲锣打鼓向党报喜。其他班也有到二龙路街道搞的，效果也不是很好。实际上，我们并不知道超声波的原理，也不知道超声波是否真能用来蒸馒头，并节省燃料。

还有一次，让我们班几个同学（包括我）到固体力学实验室去研究用超声波切割塑料。那种塑料是做固体应力实验用的，价格昂贵。我们还用老办法，铁管夹刀片再用蒸汽吹，结果塑料受热变软，很容易就切成小块了。然后又是敲锣打鼓向党报喜。事后我们被告知，那些塑料都报废了,造成很大的损失。

再说半导体试验,那时的口号是"破除迷信",不相信权威。我们就寻找各种材料往小玻璃管里放,用万用表测量两边的电阻,当发现两边电阻略有不同时,就"宣布"半导体试验成功,又是敲锣打鼓向党报喜。今天看来,这种活动几近儿戏,只是浪费了半年时间和大量贵重的材料,哪里是什么技术革命和技术革新!

在那半年的运动中,被认为真正有了成绩并登了报的是北大生物系人工合成胰岛素获得成功,但我是外行,不知内情真正如何。

六、疯狂的革命年代

大学的前一年半,除了第一学期前期上课基本正常之外,都被疯狂的"革命活动"所充满。除了前面提到的"编红书""学习大跃进""批判马寅初""技术革新和技术革命"等,还有大大小小很多次的革命活动。这些活动都是班级或年级负责人布置实行的,因此,应当都是来自上边,不会是班级干部独出心裁的。

具体有哪些运动呢?我凭记忆举出以下几点:

1. 卫生大跃进:即突击搞宿舍卫生,做到无死角。检查时专门找容易藏污纳垢的角落,如用手摸有灰尘必须重新来一遍。而且被子都叠成部队营房中的豆腐块,要有棱有角。被子有点脏的自然要清洗干净,不会缝被子的要找女同学帮忙,而女同学也都愿意帮忙。书籍杂物要放置整齐,不可随意乱丢。搞完卫生后,要通过各级检查,首先是本宿舍内互查,然后小组、班级、年级检查,甚至全校抽查。结果要全校通报。甚至在1960年4月8日,还开了全校的"卫生工作持续跃进大会",可见领导之重视。

2. 红专问题大辩论:从一年级末就开始了。总的提法是要做又红又专的革命接班人,讨论什么是又红又专。自然要有反面典型,记得那时批了教师马希文,学生中各班都有典型。对于这个问题,我在中学时就有所触及。当时我提出又红又专就是要有为共产主义奋斗的理想,同时也要有为共产主义奋斗的本领,结果招到了批评。那时我是北京四中团委会的学习部长,参加了一次市里召开的党团干部会，回来后就我的体会说了上面的话。结果某党委副书记批评我说，现在提又红又专就是要讲红，不要提专，说我缺乏组织观念等等。这次辩论我就主动地提自己有白专思想，把努力学习说成是白专，来争取过关。结果不但没过去，反而成了白专典型。

也是在这次运动中，党团组织明确地说，对于旧社会过来的老知识分子党采取的是赎买政策，只是用他们的知识为党服务，并没有把他们当成自己人。这让我大吃一惊，觉得和周恩来1956年的知识分子问题的报告十分不同。后来我发现，周的报告早已被收回，真是觉得自己的思想太跟不上形势。

3. 向党交心运动：读吴运铎的《把一切献给党》，首先学到的是要把心交给党。即是要找组织谈思想，特别是谈自己不符合党要求的错误思想。与此同时，也要谈别人的错误思想。对于后者，旧道德认为这是告密行为，是君子所不齿的。而现在要转变过来，认为它是应该的，甚至是光荣的，否则就是不信任党，对党不忠诚。

我们班级的向党交心运动是从1959年11月开始的。那时人人都要写思想汇报，揭露自己，揭发别人。我当然也写，而且写得很多。不仅那时写，后来也一直主动或被动地写，整整写了五年半，直到毕业。因此，对我来说，1959年的向党交心运动只是一次"向党交心"的教育活动，从1963年9月到1964年底，组织上让我写了多份检查，总长度达数百页。除主要检查自己外，应该还有对别人的揭发，但因写得都与自己问题有关，而且属组织上早就知道的，故也不存在告密邀功的情况。可是有一件事情，我至今记忆犹深，那是我在1963年底写的系统交代材料《对过去的清算》。其中谈到另一位同学曾和我说过的反动话（此话不便在这里写出），用以表明自己对这样的反动话还是有鉴别能力的。当时这个同学已因"偷越国境"被逮捕判刑，不知我的交代是否使他多吃了苦头。虽然现在该同学早被释放平反，并且加入了中国共产党，可我想起在我的检查中说的话，内心总有愧疚之感，特别是在文革以后。我感到自己无论怎样忏悔，这总是我道德上的一个污点。

想到以前读过的几位法国学者写的《共产主义黑皮书》（有英译

本"The Black Book of Communism",Harvard University Press,1999。),在该书的前言里面有这样的话：在崇高理想的名义下做坏事比直接做坏事更邪恶。（原文是"The mass murder in the name of a noble ideal is more perverse than it is in the name of a base one."做的坏事指大屠杀。）我们那时的告密行为都是在崇高理想的名义下做的，今天我们更应该为此忏悔。

另外，在向党交心运动中，"做党的驯服工具"的口号也成了同学们的座右铭和努力方向。刚听到这个口号我有非常大的抵触情绪，觉得这和"独立思考"精神是背道而驰的。我总认为"独立思考"精神是党对我们的教育，记得在中学时提倡所谓"娜斯佳精神"，娜斯佳是前苏联小说《拖拉机站站长和总农艺师》的女主角，她保持独立思考的精神，对官僚主义等错误勇于斗争，不怕打击报复，是小说中的正面典型。可我并没有想到，在反右派斗争中，"独立思考"早就成了反党的代名词。我还抱着它不放，自然造成后来的人生悲剧。这点容下面再详谈。

4. 教室里的暴力：一年级上学期的解析几何课本来是由曾为右派份子的程庆民老师上，但据说他看不起工农同学，在发考卷时按分数高低发，工农同学都在后面，遂引起他们的不满。于是在个别老师的操纵下，竟开了全年级同学对他的批判大会。批判时，几位同学竟闯到讲台上，高喊口号，甚至还有一位同学从教室的后排跑到台上，使劲摁程老师的头，大喊："低头！向工农同学认罪！"大有文革时批斗的架势。这种暴力行为不仅没有得到官方的制止，反而在批判会后，由年级主任宣布取消程老师的上课资格，进行劳动改造。他的课由当时的年轻教师姜伯驹代上。

程老师真是那样反动吗？其实程在1949年前就为地下党做了不少工作，1949年后一直做系团委书记和党委委员，只是在反右时对给学生划右派有不同意见，被定为右派份子。由于"罪行"太轻，摘帽后仍让他教课。他业务上又好，才让他教我们的基础课的大课。一些工农同学演出的这场暴力闹剧实在没有道理，可是幕后的老师（年级主任）就更阴险恶毒了。这是我生平第一次见到在批判会上动手的场面，因此记忆犹深，内心也受到很大的震动。

5. 作诗、谱曲运动：众所周知，大跃进时毛泽东提倡群众诗歌运动，那时号召人人写诗，又组织文人到民间采风，收集整理群众的诗歌。当时最有名的要算郭沫若编的《红旗歌谣》了。而我们则在1959年末开始也号召人人写诗、人人谱曲。我那时被批判，却不甘寂寞，也写了不少诗，谱了不少曲。其中为《红旗歌谣》中《主席走遍全国》谱的曲竟被中央音乐学院选中，把我录取为该校理论作曲系的学员，但被系里阻止未能去音乐学院报到。其他同学作的诗、谱的曲曾贴满宿舍的墙壁，还开了几次诗歌朗诵会。这种活动在当时是作为融入革命浪潮，向工农学习的一种教育活动而开展的。这是指一般群众的作诗作曲活动。而比较专业的团体如北大管弦乐队等，则排练了全套的歌剧"洪湖赤卫队"，我班的王理同学就是其中的一名主力。反正北大人才济济，给他们时间，什么活动都可以搞得很专业。

6. 投入社会政治活动：我指的是，为准备建国十年庆典进行队列练习，为这个庆典的晚会跳集体舞，为支持古巴革命游行示威，以及为支持世界革命，反对美帝等等搞的集体活动。有一次游行到天安门广场，还见到了周恩来总理等国家领导人，同学们欣喜若狂。这些活动的好处，是让同学们有机会投入到社会实践中去，缺点是耽误时间太多。那时是讲政治挂帅的，当然谁也不敢说。直到大约两年后，陈毅讲话后才有了必须保证有六分之五的时间搞业务，对学生来讲就是有六分之五的时间学习、上课。但这是后话了。

顺便插一句，由于当时强调阶级路线，这样的活动也不是人人都可以参加的。有些同学因为出身不好，或被怀疑有问题，想参加这类活动也不被允许。我自己就有过这样的经历。那是集体参观新开放的中国军事博物馆，具体在什么时间我忘了。在出发前半小时左右，团支部书记突然对我说："根据上级的有关规定，你不能参加这次活动。"至于根据什么规定，我为什么不能去参观，他是不作任何解释的。这样就给这些同学一种强大的政治压力，心里很害怕，觉得自己是政治上的贱民。

7. 学习政治文件：1960年国庆，毛泽东选集第四卷正式出版发行。同学们为了表示对毛的热爱，半夜裹着棉被到新华书店门口排队，为的是能够买到一册。大约是从 1960 年底开始，我们班级开始了学习毛选四卷的高潮。我通读了毛选四卷后，对于后面的几篇文章颇感兴趣。比如《论人民民主专政》，"'你们独裁'，可爱的先生们，你们讲对了，我们正是这样。""我们实行人民民主专政，或曰人民民主独裁。"底下解释什么是"人民"，看了看是包括民族资产阶级的。可我想，1956 年中国已经消灭了民族资产阶级，虽然还有"定息"二十年之说，可反右时怎么又把已经不存在的民族资产阶级包括其知识分子划为敌人了呢？《丢掉幻想，准备斗争》一文中反复提到的所谓"民主个人主义者"，是否就是后来的所谓"资产阶级右派份子"呢？《唯心历史观的破产》一文中，毛说："世间一切事物中，人是第一个可宝贵的。在共产党领导下，只要有了人，什么人间奇迹也可以造出来。"这句话不正是登峰造极的唯心主义——唯意志论吗？再联想到的是当时农村出现的大饥荒，使不少人非正常死亡（这是以后才知道的），这不是矛盾吗，等等。谁也不能不承认，毛泽东的文章铿锵有力，文采飞扬，但多想想，总会发现不懂的东西，这就是后来批判我反对毛主席著作的一个根据。我崇尚独立思考，自然就会吃苦头。

一年级下学期开始，学习《列宁主义万岁》《沿着伟大列宁的道路前进》《在列宁主义革命旗帜下团结起来》等三篇文章，重点在反修。那时还没有公开认为苏联是修正主义，只是以南斯拉夫共产主义者同盟纲领为靶子。我从图书馆借来了南共纲领草案，对其中的"人类创造的一切对我们来说都不是不可逾越的"言论很感兴趣。我认为马列主义不是教条，当然它也就会发展进步。说马列主义是不可逾越的显然是把它说成是一成不变的，僵死的东西。这决不是马列主义，而是教条主义。这是后来批判我支持修正主义的一个论据。除了这些以外，我们还学习了很多其他政治文件，不在这里赘述。

8. 参加体力劳动：我是赞成学生适当参加体力劳动的，这对学生的身体发育和了解社会都是有益无害的。但是参加劳动要适量，不要造成对学习过大的影响。

我们上大学的前一年半，参加了过多过重的体力劳动，其中在1960年10月开始的为期一个月的十三陵修铁路劳动是最艰苦。由于很多同学对这次劳动都有描写，我只简单地谈谈个人的感受。这次劳动的任务就是挖土石方，每天劳动七个半小时，上下班还要走大约三个小时的路。而且粮食不够吃，一天下来真是又累又饿。不仅如此，劳动还要搞竞赛，又有拉拉队助威，可以说，这对每个人的身体极限都是一种挑战。我们班方肇满同学就是由于累、饿、医疗不及时牺牲在十三陵筑路工地上。等一个月劳动过后，我的体重由70公斤减少到不到50公斤，洗澡时看到自己骨瘦如柴的样子已经不认识自己了。而且，我记得因为我注意计划用粮，期间还给我减了定量，我不敢抗议，因为正处在受批判阶段。

七、"劳逸结合"

十三陵筑路劳动结束了，我们于1960年11月14日返回学校。又过了大约两三周，系里传达了中共中央关于"劳逸结合"的指示，这个指示即中共中央《关于农村人民公社当前政策问题的紧急指示信》，也称"十二条"。其中的第十一条是"认真实行劳逸结合"，虽然是针对农村中的问题写的，但其精神适用于各行各业。这一条的原文是"实行劳逸结合，保证足够的休息和睡眠时间。必须坚决保证社员每天睡足八小时。可以实行男社员每月放假两天、女社员每月放假四天的制度。农村中的一切活动都不得侵占社员的睡眠和休息时间……"等等。

"劳逸结合"指示传达以后，学校里发生了巨大变化。最主要的是承认了我们正处于一个"困难时期"，也承认粮食是不够吃的了，因此要减少不必要的各种活动。前一年半搞的各种革命活动都停止了，体育课也减为一节，后又完全取消。文件传达以后，同学们都很高兴，毕竟有了较多的自由活动时间了。当然，造成困难的原因仍说成是"大规模的天灾加上苏联撤走专家，撕毁合同"等，人为的因素说成只是十个指头中的一个指头。但尽管如此，党的实事求是的作风得到了一定程度的恢复。大家普遍认识到过去搞的"教育革命""编红书"是不对的,正常的课堂教学秩序得以恢复,从这时直到毕业课堂教学基本上没有再受到冲击。

对于同学们来说,特别是对于我和所谓"落后"同学来说,"劳逸结合"是一次解放。我当时感到异常兴奋,虽然还背着思想反动的包袱,但似乎又看到了前途。听说有的同学激动得竟在夜里徒步走到西直门,又徒步走回学校。

八、"民以食为天"

"劳逸结合"以后,政治上宽松了。同学们的真实思想也就能有所表现,谈吃的现象明显增多,当时叫精神会餐。今天的读者如果没有经历过那个时代,可能会说我们太庸俗,低级趣味、没出息。可是我不这样想。我真正感到古人讲的"民以食为天"的道理。如果只是一天不吃饭,谁都能忍受;就是饿上几天,也都能挺过来。但若让你长年累月地吃不饱,吃的念头就会逐渐占据你的头脑,挥之不去。这大概就是人作为动物的一种本能。过去儒家讲女人守节以饿死为最难,是有一定道理的。

从十三陵劳动的后期,就发现有的同学有腿部浮肿的现象,回校后,这些同学到校医院检查都说是由吃不饱引起的。听说校医院给这些同学一些黄豆、白糖,吃了后都有好转。"劳逸结合"以后浮肿现象越来越多,已经是众所周知的事了。应对粮食的缺乏,学生食堂研究怎样能用较少的粮食做出看似更多的饭食,当时叫"增量法"。又从树叶、藻类等寻找可供食用的部分,以补充能量的不足。但这些方法都没有起到什么效果。那时还盛传毛泽东不吃肉了,意思是说领袖都和百姓同甘共苦了,要大家以积极态度来度过困难。我每个周末回家总要吃顿饱饭,虽然这是父母的疼爱,但他们就要少吃挨饿。今天想来也真不好意思。

这时食堂里经常发生少交饭票、做假饭票的现象,后来改用饭卡,又多次发生涂改饭卡的事情。这种现象被抓住当然丢脸,有的还给了严厉的处分,可他们也是饿的呀!我虽然没干过这样的事,但也有趁熟悉的同学帮厨卖饭时让他给舀一碗稠一些的粥的时候。直到今天，我对于浪费粮食的现象仍十分气愤，在某些学校食堂看到学生们吃完饭用馒头抹抹嘴就扔掉了，心里真不是滋味。他们不知道他们扔掉的馒头在那个全国缺粮食的特殊年代里也许就能救活一个人的命啊！

在饥饿时代的末期，大约是在1963年初，我在读著名数学教育家Bolya的书"Mathematical Discovery"的第I卷时，第5章开头作者解释什么叫"问题"（problem）时有这样一段话：

"Getting food is usually no problem in modern life. If I get hungry at home, I grab something in the refrigerator, and I go to a coffee shop or some other shop if I am in town. It is a difficult matter, however, when the refrigerator is empty or I happen in town without money; in such a case, getting food becomes a problem."（在现代生活中，吃东西通常不是问题。如果我在家饿了，我会到冰箱里拿些吃的。如果我在城里，我会去一家咖啡店或别的商店买吃的。但是，当冰箱空了或者我碰巧没有钱，在这种情况下，如何得到食物就成了问题。）

看了这段话后，我心里很不是滋味。我想，"人民当家作主"已经十多年了，却连不是问题的问题都没有解决！

九、甄别工作

1961年6月，中共中央发出《关于认真做好干部甄别工作》的指示，决定"对1959年以来，受到错误批判和处分的党员、干部，进行甄别平反。"也是采取先党内、后党外，先干部、后群众的次序来进行。大约在1961年初冬，我年级党团组织对于在1959年底八届八中文件学习时被重点批判的近十名同学进行甄别平反，其中也包括我。记得是自己先陈述，然后组织上宣布对你的批判是错误的，给予平反。我当时说了有一个多小时，代表组织的团支部书记很耐心地听，之后只简短地宣布给我平反的结论。这使我当时感到有些窘。本来我还以为要就批判的问题一条一条地讨论，因此说得很详细，哪知只是简单地说批判搞错了，恢复名誉就算了。至于什么地方搞错了，怎么搞错的，完全不涉及。后来我还经历了一次平反，也看到过多次给别人平反，也是同样的模式。这使我感到，共产党搞整人，都是无限上纲，非批倒斗臭不可，但平反都是一风吹，顶多留个尾巴。

这次平反对我简直就像是一次解放。我感到自己又回到同学们的队伍中来，和同学们逐步恢复了以往的交往。不久，又选举我当团小组长，就感到是真正回到群众中了。

第二章 政治宽松的两年（1961-1962）

大学的三四年级（严格地说，是从二年级下学期到四年级下学期初）是政治上比较宽松的两年。由于处于经济困难时期，粮食和副食品严重短缺，学校里实行了"劳逸结合"的政策。首先是政治学习和政治活动大幅度减少，除了必修的政治课（按规定必修中共党史、哲学、政治经济学共三门）外，政治运动基本取消，只有每周六下午的"形势与任务"报告会照常在大饭厅举行，其他会议就很少了。业务课程基本没有削减，但由于一、二年级搞跃进、"编红书"时基础课没有学好，我们在三年级第一学期还补学了应该在一年级学的数学分析和高等代数。同学们业余时间多了，休息当然也就多了。但很多同学由于吃不饱，害怕能量消耗过多，思想上比较消极，不愿意参加使用体力的活动；甚至有人没课就躺在床上，算计多少粮食能产生多少千卡热量，能支持多少体力活动等等。但多数同学精神仍比较振奋，学习努力，企图先补上一二年级落下的功课，再学好三四年级应该学的功课。我自己也是属于积极派的，决心努力学好数学课程，并且还有计划地读些课外读物，以尽快丰富自己的数学知识。

从政治思想方面来说，由于集体政治活动的减少，对同学们的管控放松了。这使得同学们平时说话顾虑少了，敢讲真话的越来越多了。甚至有些人在谈到过去时，对大学前两年中经历的荒唐事情也敢于提出批评、甚至讽刺挖苦，不大顾虑以后会不会还被批判。少数思想比较深刻的同学甚至还表达了追求言论自由和社会民主的明确诉求。在这种形势下,党团组织认为,同学们在思想上颇为混乱,有不少问题亟待解决,既然不能再搞运动,就采取号召同学们彼此多谈心的方法,以一对一的方式来解决"思想问题"。并且有意识地派所谓思想较进步的同学找被认为思想落后的同学谈心,以帮助落后同学"进步"。因此,一到周末,总可以看到校园里有一对对同学在散步、谈心。我自己就十分积极地参加了这种谈心活动,在我所在的数学一班里,有半数以上的同学都和我单独谈过心,通过这种方式,我也交了很多朋友,对同学们的思想情况也有了较深的了解。我和同学们的谈话的内容十分广泛,有交流业务学习经验的,有交谈大学生应该怎样全面发展的,有谈生活问题的,当然也有谈论政治方面问题的。在谈政治问题时,当然免不了会谈大学一二年级时的政治批判以及大跃进时的过左行为,于是就会有当时党团组织认为是错误甚至反动的言论冒出来。这到了两年后又强调阶级斗争时就成了新问题,再次挨批。

就我个人来说,甄别以后虽然对党又恢复了信任,思想也是积极向上的,但由于根深蒂固的坚持独立思考的信念,不愿意做党的驯服工具,就又慢慢离党越来越远,最终又犯了更严重的错误,以至于在毕业前被定为"反动学生",遭到了更加严厉的批判。那么,我在这政治宽松的两年里到底做了些什么事情呢?今天总结起来,主要有以下三个方面。

第一,在数学学习方面,为了与同学们能互相帮助,共同进步,我倡导组织了"学习小组"。这是三年级初的事,最初有五位同学参加,每周活动一至二次,一共持续了一年。

第二,在和同学们谈话时,涉及到比较广泛的政治问题,也如实表达了自己的看法,当然有不少与官方不同的看法。这在后来批判我时被指称为是有意传播和散布反动言论,并且把同学们的思想搞乱,与党离心离德。

第三,更为严重的是,企图并筹备办所谓的反动刊物《青年论坛》,被指称是做反党的舆论准备。

下面,我逐一加以仔细说明。

一、组织学习小组

组织学习小组的背景有三个方面。一是前面提到的在所谓"困难时期"粮食不够吃造成同学们的消极慵懒情绪影响了业务学习,这种情况需要改变;二是在大学头两年由于搞大跃进和其他政治活动使得基础课没有学好,需要补课;三是政治方面出现了新的、有利于学生学习的局面,具体地说即党的知识分子政策有所改变,周恩来总理和陈毅元帅在广州讲话,要为知识分子"脱帽加冕",史称1961-1962年是所谓知识分子的"小阳春天气"。在这种形势下,一二年级时的革命的狂热已经消退,社会和学校里的风气也渐趋实事求是,从过去把学习等同于"白专"到理性地承认"学生的主要任务是学习",这都使得同学们敢于理直气壮地搞好业务学习。

就是在这样的形势下,我联络了几个同学在1962年2月组织了学习小组。为了能搞好这个活动,在小组成立时,进行了充分的酝酿和讨论,并订立了公约,选举我为组长。开始时小组有五名固定组员,到一年后小组停止活动时有10名组员。另外,我们还一直采取开放政策,欢迎非组员参加活动,但只听不讲。前后参加过我们活动的有20多位同学,他们都对小组的活动表示赞扬。

学习的内容首先是补习基础课,每周利用一到两个晚上,由同学轮流讲解指定的参考书,然后进行讨论。我们系统地补习了一二年级时学的解析几何、数学分析、高等代数三门基础课,参加者感到收获很大。另外就是交流学习心得,采取的形式一是讨论,比如针对所学定理的深入理解,较难习题的解法分析,甚至上升到对于学习数学一般性方法的探索、理解和体会等;二是强调培养独立思考能力和自学能力,鼓励写作并报告小论文以开拓知识面。至今我还记得在补数学分析时,我曾对吉米多维奇的习题集中的几道难题做了总结,写成了短文《如何解函数方程》,在小组内报告,并进行了讨论,同学们表示很有启发。另外,对于学习数学的一般方法,我提出了要摆正理论、方法、技巧三者的关系,顺序是先理论,后方法,最次是技巧。要重视做题,但不能陷入题海之中,特别是不能陷入只训练技巧性的题海之中的思想。学了新的东西,首先要从理论上深入分析,知其然要知其所以然,知其所以然要知其不得不然。为了检验是不是理解了理论,才去做题,做难题。我的这种思想,对于我以后的数学学习,带来了很大益处。当然,其他小组组员也谈了不少他们的学习经验和体会。

由此看来,可以实事求是地说,这个小组对于当时同学们的课业学习做出了不小的贡献,也创造了同学们在学习上互相帮助的新形式,是应该肯定,并值得提倡和推广的。

在小组活动期间,党团组织并没有提出任何异议,只有一次,团支部书记对我说,你们的小组也不要完全搞业务学习,也要学些政治,我同意了他的意见,并且加入了学习《中国青年》杂志上政治文章的内容。

我到今天还认为,这个小组是我在大学期间做的一件好事。而且,说良心话,我也没有任何私心,只是想和同学们一起学好数学。然而,到了一年以后,由于我筹办青年论坛的问题受到批判,成了组织上关注的问题同学,这个小组被迫解散了。在后来对我的批判中,这个小组也受到了批判,并被说成是反动组织。当时说我"白专"者有之,说我"想成名成家"者有之,说我向同学"散布白专思想"者也有之,但万万没有想到的是,在最后结论性的批判竟称这个小组是为我在将来"篡夺党的领导权"所做的组织准备,多么荒唐!

二、谈心活动暴露真思想

前面提到,谈心活动本是党团组织号召的,当然希望同学们多和党团干部谈,以暴露思想,向党交心。也确实有很多同学是这样做的,包括我自己。譬如我就经常把自己与党相左的想法和团干部谈,以求他们能帮助指出我的错误,辨明是非,尽管结果常常是不理想的。我为什么这样做呢?一是认为党纠正了大跃进时的错误做法,实行了"调整、巩固、充实、提高"的八字方针;二是在大学前二年对我的批判得到了甄别,组织上承认了那种批判是错误的;三是相信宪法保障的言论自由,不会再因言而获罪;四是因为自己是共青团员,理应响应党团组织的号召，因而"向党交心"是无所顾虑的。

除了和党团干部谈心外，我也和普通同学进行了范围广泛的谈心活动。在谈心中，大家都能畅所欲言，即使谈到政治问题，多数同学也不避讳，能把心里话都说出来。在谈话中，也常有争论，大家互不相让，各抒己见，也使我得益匪浅。那时大家并不懂得，政治问题谈论深了必触犯禁区，这些触犯禁区的谈话也就成了我们后来挨批判的因由。

下面我仅就政治方面与同学们的讨论做一个归纳，而且主要描述一下党团组织认为有问题甚至反动的思想和言论。

1. 对于"三面红旗"的看法

对于"三面红旗"，归纳一下同学们的言谈和思想，主要有以下几个方面：1. 对浮夸吹牛风的不满和讽刺。2. 对于"一切时间党安排"造成的生活过于紧张，没有休息时间不满。3. 对缺乏科学精神的"敢想敢干"的批评。4. 对农村基层干部胡作非为不满，提出最后面这点的都是农村来的同学。

对于浮夸吹牛风，同学们不仅把矛头指向社会上的"放卫星""大炼钢铁"等不实事求是的现象，而且也批评和讽刺我们自己在大跃进中的所作所为，诸如在本文第一部分中提到的学习大跃进、学生编书以及技术革新、技术革命和试验超声波、半导体的闹剧，并且认为当时所谓右倾机会主义分子（彭德怀等人）提出的"大跃进是小资产阶级狂热性运动"是十分准确的提法。有些思想更深入的同学则进一步认为，这种浮夸吹牛风，诸如"人有多大胆，地有多大产"的提法，在哲学上是主观唯心主义，甚至是"唯意志论"，因此是反马克思主义辩证唯物主义哲学的。这种思潮不仅表现在大跃进运动中，像后来提出的"一切要政治挂帅"，以及过分强调精神对物质的反作用；强调主观能动性，而不尊重客观规律性等等，都是这种哲学思想的反映。

再有，很多同学对于大跃进时期鼓吹的"一天等于二十年""一切时间党安排"并因而造成的生活过于紧张，没有休息时间表示了不满。有的同学说连美国芝加哥工人罢工争取到的八小时工作制都没有。更有甚者，有个同学竟说那时"生活得还不如罗马奴隶"，完全没有个人的自由。他们谈到宪法（1954年）第九十二条明确规定"中华人民共和国劳动者有休息的权利。"作为学生，应该享有和劳动者同样的休息权利。

谈到当时鼓吹的所谓"敢想、敢说、敢干"的精神，谈到要"力争上游"不能甘居中游、下游的宣传造成同学们吹牛撒谎的恶果，多数同学是用嘲讽的口吻。讽刺那时在"学习大跃进""编红书""技术革新和技术革命"出现的可笑的现象。今天看来，这也许就是持续到今天的浮夸吹牛风的根源，说得严重一些，也是今天社会道德沦丧的根源之一。因为人能说谎，道德之堤坝就已溃败，渐渐什么坏事就都能干了。

在当时这场几乎是全民的吹牛大合唱中，对我刺激最深的还是"编红书"运动。当时一直纠缠于我胸中的主要是两个问题：一是自然科学有没有阶级性，二是创新和继承的关系。前者我在本文第一部分中已经详细谈过，即自然科学没有阶级性，我们只是重蹈了苏联"无产阶级文化派"的覆辙；对后者我的观点是没有继承是不可能有创新的。联系到毛泽东说的"一张白纸没有负担，好写最新最美的文字，好画最新最美的图画"以及"要打破旧世界，破字当头，立也就在其中了"这两句话，我不理解的是，"立"怎么能在"破"之中呢？"破"只能造成一片废墟，要建成高楼大厦（所谓"立"）还要经过艰苦的劳动，这不是很浅显的道理吗？

对于农村基层干部的胡作非为我不了解，对于农民挨饿，以至于饿死人的事，我当时也不知道。这是因为我一直生活在北京，没在农村生活过。但农村同学对这方面的反映是很强烈的。有的同学讲，农村干部不讲道理，对社员态度粗暴，甚至随意打人捆人等等，我也只是听一听。正像王××同学说的，"你从小待在北京，哪里知道农村的事？"但是，饿死人的事从来没人提到过。今天想来，当时同学讲话还是有分寸的。如果说新社会饿死人，那非当反革命抓起来不可。

2. 关于教育方针

同学们上大学是为了追求知识，对学习大家都是很重视的。但这和党的教育方针发生了抵触。因为 1958 年 9 月，中共中央、国务院在《关于教育工作的指示》中明确提出："党的教育工作方针，是教育为无产阶级的政治服务，教育与生产劳动相结合""教育的目的，是培养有社会主义觉悟的有文化的劳动者。"而同学们自己对未来的想法是成为数学家，或者"进步点的"同学是想在将来做红色专家，这中间就有很大的矛盾。虽然经过一年级的"红专辩论"，多数同学都表示要又红又专，但对于什么是"红"是有不同理解的。我在本文第一部分中提到，我认为所谓"红"就是要有为共产主义奋斗的理想，而所谓"专"就是要有为共产主义奋斗的本领。很多同学是同意我提的"红"的标准的，但这和当时大力提倡的"红"就是"要做党的驯服工具"还有很大的距离。有的同学说：如果党再犯错误，我们做党的驯服工具不是离共产主义理想越来越远了吗？

再有，教育方针明确提出要培养"劳动者"（后来又提出做"普通的劳动者"），尽管专家也是劳动者，但做专家的思想还是受到了严厉的批判。因为你将来做什么样的劳动者是由党来安排的，你自己无权决定。这种批判使得同学们学习的积极性大大降低，甚至出现了"学习好即白专"的舆论，使得同学们不愿学习，不敢学习。这种错误情况在"困难时期"受到同学的批评和揭露。有同学说，既然如此，又何必分专业，何必办大学呢？这个问题问得好，在后来的"文化革命"时期，毛泽东自己也提出了这个问题，并且停办大学多年，造成人才培养的断层。

另外，要"做劳动者"，就要求学生在学习期间参加体力劳动。我个人觉得参加劳动是应该的，有益无害的，它起码能起到锻炼意志的作用，对了解社会也有好处，但体力劳动不可过多过重。而在我们上学的时候，每学期都安排去农村的劳动，总有一两个月吧，显得有些多；也有劳动过重的情况，我印象最深也是最累的一次劳动是二年级初去十三陵分校（时称 200 号）的修铁路劳动，这在前面已经提及。当时同学们不敢表示不满,可到 1961-1962 年的困难时期,就有很多同学把这种不满发泄出来了。

同学们谈的最多的还是希望能够正常上课,补上前两年搞革命时耽误掉的基础课。毕竟大家上大学是为了学习知识;考数学系,是因为对数学有兴趣,大家普遍有学好数学的愿望。而且因为经历了大学头两年所谓教育革命的胡闹,都迫切希望能有正常的教学秩序。对这方面,学校满足了我们的要求。大概是在 1962 年初吧,学校领导传达了上级的指示,"要保证 5/6 的时间用于业务学习",而且,从此以后,一直到毕业,业务学习一直没有受到大的干扰。之所以能这样,是因为在 1961 年 9 月党中央发布了《高校六十条》,其中第三十条中明文规定了要"严格执行中央关于保证知识分子至少有六分之五的工作日用在业务工作上的决定"。这个使同学们皆大欢喜的《高校六十条》的出台在中央高层是有斗争的,为了理解这一点,要从党的知识分子政策说起。而在阶级斗争主导一切的时代,知识分子政策是与知识分子的阶级定位直接相关的。

具体地说,就是知识分子属于什么阶级?知识分子是劳动人民中的一分子呢,还是属于资产阶级?这在当时也是同学们谈话中讨论的一个热点话题。官方的说法是不断变化着的。在 1956 年 1 月 14 日周恩来《关于知识分子问题的报告》中明确地指出,"建国后,由于党对知识分子实行了团结教育改造的政策,经过一系列的政治运动,旧社会遗留下来的知识分子的精神面貌已经发生了巨大变化,他们已是社会主义建设事业中一支伟大力量,是工人阶级的一部分。"但这个报告很快被收回。在同年二月二十四日中央政治局会议通过的《中共中央关于知识分子问题的指示》中,说"在现在的知识分子中,一般说来,只有 5% 左右的反革命分子和其他坏分子,他们已经处于孤立的地位;此外,还有百分之十几的缺乏政治觉悟或者思想反动的分子。"这样一来,就有大约 1/5 的知识分子是反动的。这与周恩来的报告已有很大不同。而到了 1957 年反右派运动后,毛泽东在对知识分子阶级属性的认识上又发生了很大转变,抛弃了民主革命时期对知识分子是"劳动者"的定性而把知识分子归入资产阶级范畴。这样的定位是同学们不能理解的。大家认为，必须有剥削行为才能算作资产阶级，而中国的知识分子除了极少数（大学名教授等）拿高薪外，和工人的薪金水平是极为接近的，是没有剥削行为的。知识分子是脑力劳动者，当然也是劳动者。

谈到毛泽东认为知识分子属于资产阶级，这又联系到阶级斗争和阶级立场问题。

3. 关于阶级斗争和政治运动

在整个大学阶段，一直是非常强调阶级斗争的。开始是宣传所谓"报恩思想"，即对于工人和贫下中农出身的同学，宣称没有共产党你们是上不了大学的，因此必须要感谢"党的恩情"，这也把剥削阶级或职员出身的同学们晾在一边，同时造成了贫下中农出身同学的优越感。贫下中农出身的同学学习不好，要学习较好的同学专门辅导，搞所谓"一帮一，一对红"；他们学习不好，还不允许老师批评。前面提过，一年级上学期对程庆民先生的批斗就是因为他在上课宣读考试分数时从高分读到低分，使得一部分没考好的工农同学心中不满，认为他看不起工农同学。再加上程先生当时是脱帽右派，工农同学为表示阶级义愤，竟对他动起手来，以至于系方更换了几何课的授课老师。

那时的政治学习总讲"阶级斗争一抓就灵"（毛泽东 1957 年讲的话），要加强阶级观点，提高阶级意识。出身好的不能光有报恩思想，要站稳无产阶级立场，和剥削阶级做坚决的不调和的斗争；出身不好的要和家庭划清界限，改造非无产阶级思想。程庆民事件被认为是阶级斗争的胜利。一年级末对重点同学（包括我）的批判是打退了资产阶级对党的总路线的进攻，等等。到了 1962 年底宣传党的八届十中全会文件时，更强调"阶级斗争要年年讲、月月讲、天天讲"了。

我对于这些做法是很想不通的。为了反驳这种说法，我和一些同学找到了列宁的阶级定义。列宁说："所谓阶级，就是这样一些大的集团，这些集团在历史上一定的社会生产体系中所处的地位不同，对生产资料的占有关系（这种关系大部分是在法律上明文规定了的）不同，在社会劳动组织中所起的作用不同，因而领得自己所支配的那份社会财富的方式和多寡也不同。"(《列宁选集》第四卷，第10页)

对比我国的情况（按照官方说法），1949年已经建立了人民的政权，完成了新民主主义革命，1955年已经在全国范围实现了农村合作化，1956年又完成了公私合营，1957年反右斗争以后，民族资产阶级的定息20年的政策已经取消，也就是说，民族资产阶级也已经消灭，1958年又实现了"人民公社化"，小资产阶级（农民）也已经消灭。这就是说，在我入大学以前，就已经消灭了阶级（列宁意义下的）。为什么还要如此强调阶级斗争呢？我对此很不理解。我的这种思想后来被批判为否定阶级斗争，宣扬超阶级概念。他们的理由是，尽管我国已经实现了社会主义革命和社会主义改造，剥削阶级虽然失去了剥削的手段（生产资料），但他们人还在，心不死，随时都有资产阶级复辟的危险。

我不同意这种说法。我认为，按照列宁的阶级定义，阶级是个经济学的概念，剥削阶级既然已经没有了生产资料，就无法进行剥削了。因此，列宁定义的剥削阶级已经被消灭，正如毛泽东所说，"革命时期的大规模的疾风暴雨式的群众阶级斗争已经基本结束"。即使原来的剥削阶级人还在，心不死，也只能算是剥削阶级的残余，兴不起大浪。这时还强调"千万不要忘记阶级斗争"，声称"阶级斗争一抓就灵"，只能破坏人民的团结，影响经济发展，是"左倾幼稚病"的表现。由这种认识产生的阶级斗争扩大化，以至于人为制造阶级斗争的现象，就造成了反右斗争以后运动不断，"整人"不断的恶果，使得我国经济发展缓慢，人民之间"内斗"不止。我的这些想法在和部分同学交谈时得到了他们的认可。

更进一步，我觉得反右也是错误的，于是提出了"重新估价反右斗争"的口号。我觉得既然资产阶级已经消灭，还哪里有什么"资产阶级右派分子"呢？反右斗争反的只有两种人：民主党派的头面人物和知识分子。前者是为了建立共产党的绝对领导，后者是基于把知识分子看成是资产阶级的错误认识。诚然，民主党派是资产阶级政党，但资产阶级已经消灭，"皮之不存，毛将焉附？"共产党可以解散这些政党，不必用斗争方式使其归顺，成为共产党的花瓶党。（这是我当时的想法。）而知识分子是搞经济建设的一批不可或缺的生力军，把他们统统归入资产阶级，不予信任，不予利用，则是造成1958年荒唐的大跃进的重要原因。从长远来说，毁掉大批学有专长、有建树的知识分子实在也是对历史的犯罪，它将使中国的发展倒退数十年。从道德建设上说，它造成了说假话的风气，鼓励"告密风"，使得惯于"窝里斗"的中国人内斗成风。我认为反右斗争无论对人民，还是对共产党来说都没有好处。在当时的所谓"困难时期"反思大跃进错误时，必须同时反思"反右斗争"的错误。我的这些主张也和若干同学谈过，基本上得到了同学们的认可。同学们赞同我的观点还有另一个原因，那就是大家都经历过一年级时左倾同学批判程庆民老师的事件，这个事件使同学们感到反右斗争"不人道""不近人情"，有违人道主义的原则。

作为后来批判我反对阶级观点的言论中，最严重的是，我在1962年提出了"三无政治"的主张，即在大学里实行无政治学习、无政治运动、无政治思想工作。我认为这些活动都是基于中国社会仍然存在严重的阶级斗争的错误认识而产生的。比如毛泽东就说："无产阶级和资产阶级之间（在意识形态方面）的阶级斗争，还是长时期的，曲折的，有时甚至是很激烈的。"但事实并不是这样，因此在政治运动中要制造阶级敌人，这就冤枉了大批好人，走上了"运动，批判，几年后平反；再运动，再批判，几年后又平反"的怪圈，在人力物力上都是巨大的浪费，社会也变得不正常了。而政治思想工作和政治学习无非是灌输错误的阶级斗争思想的方法和手段，它们的目的无非是让每个同学都成为党的驯服工具，这有悖于独立思考的精神。这是我提出"三无政治"主张的原因。当然，我也知道这是不可能实现的，但至少也要减少政治活动的时间。我提出这个主张在当时实在是太过大胆，但也博得了部分同学的共鸣。在毕业时对我进行重点批判时，我的这些言论被冠以"反对阶级斗争理论，宣扬超阶级观点"的帽子，作为我所犯的错误的最主要根源。

4. 关于中苏论战和反修

反修，主要是反对苏联修正主义，是 1960 年代中国政治方面的大事。在困难时期（1960-1962 年），中苏并没有公开分裂，比如在一年级我们重点学习的为纪念列宁诞辰九十周年而发表的《列宁主义万岁》三篇文章，其中并没有公开批评苏联，只是强调列宁关于帝国主义、关于无产阶级专政和关于无产阶级暴力革命的思想，影射攻击了所谓"戴维营精神"（赫鲁晓夫于 1959 年 9 月访美，与艾森豪威尔在戴维营会谈）是投降美帝国主义；影射攻击苏联放弃无产阶级专政，主张"议会道路"等，但通篇以南斯拉夫共产主义者同盟作为批判的靶子。

中苏公开论战是从 1963 年开始，最初是中共于 1962 年 12 月 15 日到 1963 年 3 月 8 日发表了七篇批判"现代修正主义"的文章（它们是《全世界无产者联合起来，反对我们的共同敌人》《陶里亚蒂同志同我们的分歧》《列宁主义和现代修正主义》《在莫斯科宣言和莫斯科声明的基础上团结起来》《分歧从何而来？——答多列士等同志》《再论陶里亚蒂同志同我们的分歧——关于列宁主义在当代的若干重大问题》《评美国共产党声明》），然后，1963 年 3 月 30 日，苏共中央发表了致中共中央的公开信，开始了中苏两党的直接对峙。再以后，1963 年 6 月 14 日，中共发表了《关于国际共产主义运动总路线的建议》，回答了苏共的公开信，双方唇枪舌剑斗了两个回合，到 1963 年 7 月 14 日，苏共中央又发表了《苏联共产党中央委员会给苏联各级党组织和全体共产党员的公开信》，而中共中央则发表了著名的"九评"（九评苏共中央公开信，1963 年 9 月－1964 年 8 月），两党关系恶化到极点，以至于最终爆发 1969 年的珍宝岛战争。这些都是后话。

回到困难时期同学们对于苏联和反修的看法，主要有以下几点：（1）对于赫鲁晓夫在苏共二十大上反斯大林的报告在私下传播和私下议论，对个人崇拜现象的质疑。同学们认为赫鲁晓夫是勇敢的，有人还明确表示："我不认为赫鲁晓夫是修正主义者，他是共产主义世界的英雄。"（2）少数同学对南斯拉夫共产主义者联盟纲领草案的议论，（注：《南共纲领草案》是在1958年正式出版的），认为马列主义是发展着的，不是一成不变的，《南共纲领》有胆量提出"人类创造的一切对我们来说都不是不可逾越的"，这说明了南共是反对教条主义的，不能认为南共是修正主义。（3）苏共于1961年10月召开了二十二大，通过了第三个党纲，宣布苏联作为无产阶级专政的国家已变成全民的国家，苏共已变成全体人民的党。这个党纲在《人民日报》上是全文发表的。我们对于纲领中提出的人道主义口号很感兴趣，譬如"建立和平、劳动、自由、平等、博爱和幸福的社会""人与人之间是同志、朋友和兄弟""一切为了人，为了人的幸福"等等，这与中共八届十中全会推出的"阶级斗争要年年讲、月月讲、天天讲"有天壤之别。由此我认为，"马列主义基本精神是贯穿着人道主义精神的""革命最终目的就是为了提高人民的物质文化生活水平""一个马列主义者，一个革命者，首先是一个社会上正常生活的人"等等，（这些话都是我当时的原话），而我的这些说法得到了很多同学的赞同。

由于有了这样的思想基础，在中苏分裂，公开反修时，我们则一边倒地倒向苏联，认为中国共产党犯了路线错误、教条主义和左倾机会主义错误。这种思想也造成了1963年林××逃往苏联在边境被抓的悲剧。（林后来被判九年有期徒刑。）

囿于当时的教育和我们能接触到的书籍、报刊，我没有发现我们同学中间有质疑共产主义的人。我们支持苏修，是认为他们的政策更接近共产主义的理想。其实，谁也没有去过苏联，只是因为对中国当时的政策不满，就认为苏联好，苏联是真正的马列主义。这就像今天的年轻的"毛左"，他们谁都没有经历过毛泽东时代，只是对现行政权不满，特别是反对官员们的贪污腐败，就想当然地认为毛泽东时代好。但真的让他们回到毛泽东时代，恐怕没有几个人愿意。

5. 对社会主义制度的思索

思想深入一些的同学在联想到三面红旗的错误，反右、反右倾运动的偏差时，对于中国的社会制度有很多思考。比如认为中国没有真正的民主，人代会制度不是真正意义下的民主制度。这因为，人大代表候选人是上面指定的，选举只是走形式，这样选出的代表不能代表人民的利益。有的同学说，"竞选"是真正民主的必经途径，首先是基层人民代表必须由竞选产生。可是，党对我们的教育是说，我国的民主制度是远比资本主义国家的所谓民主优越得多，他们有的只是形式上的民主，比如多党制、三权分立、全民选举等，但他们是受大财团控制的；而我国的人代会制度是真正代表人民利益的云云。而同学们说："我们宁要民主的形式，也不要连形式都没有的所谓'社会主义民主'"。

再说"自由"，连"散布反动言论"都可以入罪，最基本的"言论自由"是没有的。结果造成"人人屈从于'政治压力'，不敢讲心里话"，更谈不到"自由发展个性"和"个性解放"了。如果你谈"个性解放"，就是坚持反动立场和宣扬个人主义，"争取自由"就等同于攻击无产阶级专政制度。

还有的同学谈到公平、公正、法治和人权，谈到在农村人民公社当个小官就为所欲为、打骂群众等社会不公现象。可以说，在同学们的谈心活动中，一些同学对于中国当时的社会制度进行了多方面的思索并表达了不满。同学们说，难道到了共产主义社会，也是这样的社会制度吗，没有民主、自由、公平和正义？

为了求得解答，同学们去读马恩列毛的著作。他们看到，马克思和恩格斯在《共产党宣言》中描述了共产主义的图景："代替那存在着阶级和阶级对立的资产阶级旧社会的，将是这样一个联合体，在那里，每个人的自由发展是一切人的自由发展的条件"。事实上，马克思和恩格斯对于人类发展的终极假想是要建立一个"共同自由"的人类联合体。我们是朝着这个方向向前走吗？

他们也看到，马列主义经典作家一再讲："没有民主就没有社会主义"，中共夺取政权时也是说"国民党政府不民主"，孙中山的民主革命是不彻底的，而我们在进行社会主义革命前必须先进行彻底的民主革命，叫作"新民主主义革命"，然而新民主主义革命完成后的

"民主"在哪里呢？事实上，马恩早就指出，共产主义和社会主义是在资产阶级民主革命完成后才有实现的可能，否则就会导致专制和独裁，斯大林的错误就是例证。因此，同学们感到，我们离社会主义和共产主义的实现还远着呢。

也有的同学去读法国革命时一些经典作家的著作，比如狄德罗、伏尔泰和卢梭，特别是卢梭的《社会契约论》《人类社会不平等的起源》等。最典型的是同学陈××，他到我们年级以后（原在1958级），几乎所有时间都用于读《资本论》以及卢梭的书，导致数学学习多门不及格，被勒令退学。

今天看来，同学们的这种为国为民积极探索的精神真是可贵。可是，后来这些思索和讨论都被当作反动思想而遭到了批判。

6. 关于党的领导

更进一步，在谈心活动中，有些同学也触及了"党的领导"这块我国社会制度最根本的基石，提出了为什么要"党的领导"这个在今天看来也是大逆不道的问题，触碰了中共最主要的政治禁区。尽管多数同学是以书生论政的态度进行理论探讨，但仍有同学尖锐地指出，党在领导国家中所犯的错误基本上是由"外行领导内行"所致，对右派言论表示赞同。更有甚者，一位林姓同学竟然对我说："你想想，解放以后共产党做过一件好事没有？土改、镇反、肃反、反右、三面红旗……"，听得我直出冷汗。当然，这样的同学是极个别的，他就是那位前面提到的因偷越国境被判刑九年的同学。

7. 对毛泽东思想提出异议

在我和同学谈话时，特别是在分析大跃进时所犯错误的原因时，大家提出了毛泽东会不会犯错误的问题。其实，提出这个问题是很自然的。因为毛主席是最高领导者嘛！

同学们说，"人有多大胆，地有多大产""只有想不到，没有做不到"的说法与我们政治课学的唯物主义是矛盾的，这已经不是"物质第一性，精神第二性"了。又说，"尽管辩证唯物主义承认精神对物质的反作用"，但这是在"物质第一性"的前提之下的，而没有这个前提，这就成了"唯心主义"，甚至"唯意志论"，这是哲学课堂上老师教的呀。那么毛主席在哲学上是不是犯了错误呢？再有，强调政治挂帅也有同样性质的问题。马列主义既然承认经济基础决定上层建筑，那么，作为上层建筑的政治怎么可以挂帅呢？另外，历史唯物主义是强调社会发展的规律性的，政治经济学也揭示出经济发展的规律性，那么，由15年超英到两年超英有什么依据呢？这不是对经济规律的挑战吗？大家谈来谈去，觉得毛主席在马克思主义的三个组成部分，即哲学、政治经济学、科学社会主义都与马列主义有不同的看法。这是对马列主义的发展呢？还是违背呢？最后，再举一例：关于人民公社问题。毛主席是把人民公社作为实现共产主义的具体道路的。所谓"共产主义是天堂，人民公社是桥梁"不正是反映了他的这个思想吗？但是，政治课上教我们的是，实现共产主义的必要条件是"物质财富极大丰富"呀，可公社还是"一穷二白"呢，这又是发展马列主义，还是违背马列主义呢？今天看来，同学们在议论中所持的观点不一定正确，但这种议论反映了他们敢于独立思考的精神，这是很可贵的。

当然，我和同学关于毛泽东思想的议论在那时并没有形成固定的思想，只是有怀疑、不理解而已。但到后来对我们批判的时候，我们都不得不承认那时就明确认为毛主席在马克思主义的三个组成部分，即哲学、政治经济学、科学社会主义等方面都违背了马列主义，这是无限上纲的结果。

总结一下，在1961－62年的政治宽松时期（由于周恩来、陈毅1962年给知识分子"脱帽加冕"，史称这段时期为"知识分子的小阳春天气"），我班部分同学和全国人民，特别是知识分子中政治上较敏感的那部分人一起，对解放后，特别是反右后，党所犯的错误进行了一次反思，从大跃进时的浮夸开始，在多个方面，包括三面红旗、教育方针、红专问题、反修问题、甚至社会制度和党的领导问题进行了思考，有的方面还提出了自己的诉求，这是很难能可贵的。如果党中央正确对待群众的反思,并从而认真克服过去所犯的错误,中国会走上一条正确的发展道路。然而事实却恰恰相反,当毛泽东注意到了这点后,他在1962年9月召开了中共中央的八届十中全会,提出"千万不要忘记阶级斗争"的号召,指出"阶级斗争要年年讲、月月讲、天天讲",把群众的这种反思看成是阶级敌人向党的进攻,这就失去了接受意见,改正错误的机会,甚至于几年后发动了所谓的"无产阶级文化大革命",给国家带来了巨大的灾难。对于反思大跃进错误的人,上至彭德怀、刘少奇,中至邓拓、吴晗、廖沫沙,下至一般百姓和大学生,都遭到了打击和清算。

另一方面,我必须指出,能够反思过去错误的同学还只是一小部分,也许有1/5,也许还不到,大部分同学受到大学一二年级时强大的政治压力的影响,不敢独立思考,对政治问题浑浑噩噩,这也是确凿的事实。不指出这点是不真实的,也会给读者造成误解。全国的情况也是如此,能反思过去错误的只是少数,否则毛泽东的文化大革命就会受到极大的阻力,甚至搞不起来。

三、我的性格特点及转变

我在这两年又犯错误,以至于毕业时受到全校(寒假)毕业生的严厉批判,除了政治思想上的原因外,与我的性格特点也有关系。主要是指两方面,一是顽固坚持事事都要独立思考,对于任何人的意见,包括党团组织的意见都要首先自己判断其对错,认为对的才听,认为错的就反对,这就被党认为是不听话的人;二是知行合一的生活态度,自己认为是对的事,就义无反顾地去做,不顾及别人以至于组织上怎么想(最突出的事情是1962年10月开始筹备的《青年论坛》)。这其实是一种求真务实的积极的生活态度,可在当时就很不合时宜。我把自己的这种积极的生活态度叫作"行路精神",主张光有好的思想是不够的,一定要付之以行动才有意义。觉得人活着就要做事,做好事,使自己"到将来回首往事时不会因碌碌无为而羞愧"(这是当时红得发紫的保尔的话)。为什么叫"行路精神"呢?这和我当时推崇的日本哲学家柳田谦十有点关系。柳田就是主张独立思考、探寻真理、修正错误、知行合一的，他为宣传自己的思想曾主办《行路》杂志。记得在对我进行毕业批判以前，1964年秋我所在的代数拓扑班团支部曾经对我进行了一次"团内帮助"，当时曾批判了我的"行路精神"。同学说："你走在与党背道而驰的道路上，你也坚持要走吗？"我说："只要我认为是对的，我就要走下去。"同学说："如果你认为你走的路已经是错误的呢？"我说："那我马上停下来，走正确的路。"同学又说："你的学习小组和青年论坛都是和党的要求背道而驰的，你为什么不停下来。"我说："我还没有认识到它们的错误的。"于是同学们就上纲上线批判我的学习小组和青年论坛，不在这里细说了。

可是，这种坚持真理的精神以及"行路精神"在后两年对我的批判中被彻底摧垮了。在政治高压下，使我逐渐违心承认了很多自认为不是错误的错误，也不敢再有什么行动。为了能够求得组织上的信任，我一反常态，完成放弃了追求真理甚至实事求是的精神，编造了不少自己没有的东西。可以说，对我的两年批判已经把我完全改变了，改变得没有骨气，逆来顺受，不辨是非，叫我承认什么就承认什么。因此，最后对我所做的结论中说，我的"全部主要问题都是自己主动交代的"，并被"作为人民内部矛盾处理，持帽不带"。甚至到毕业离校以后我还在主动进行"思想改造"，一直到文革初期。

四、筹办《青年论坛》

1962年10月，在学习小组受到同学们的好评的情况下，我得到了更多同学的赞赏，再加上我的所谓"行路精神"，感到自己有宣传正确思想的责任，即所谓"我所认识到的真理也要让别人认识到"，于是内心萌生办一个刊物的念头。我和几个接触多的同学商量，觉得可以先办一个供同学们讨论问题的壁报，条件成熟后再办油印甚至铅印刊物。先在本班办，如办得好，也可发展到本年级，甚至全系，全校，以至于校外。讨论什么呢？就围绕同学们的学习、修养、生活，以及大家热议的与政治有关的问题。取个刊名，就叫《青年论坛》吧，由我写"发刊词"，说明刊物的宗旨。又组织了编委会，有十人左右参加。并且马上就开始了第一期的组稿工作。

但事与愿违，我们的活动很快就被团支部知道了，他们认为这是一起严重的反动事件，是阶级斗争在同学们中间的反映，一定要不遗余力地阻止它的诞生。他们采取的办法是，先由团支部书记和我谈话了解情况。我说，这是根据同学们的要求建立的一片讨论大家感兴趣问题的园地，目的在于引导同学走又红又专的道路，做共产主义接班人。他说，既然这样，可以和团支部合办，你们现有的编委加上团支部派过去的编委组成联合编委会，再来讨论具体的出刊问题。我说，要和编委们商量一下。但我内心里想，这下完了，我们想强调的"自由讨论"落空了。团支部会严格限制哪些文章可以发表，哪些不能发表，那还怎么自由讨论呢？回去和编委们一说，多数都不同意与团支部合办，还有两人直接要求退出了。我说，咱们好好考虑一下，过几天再开会。

第二天，我找了两个最信任的编委——陈××和张××，去颐和园开会。我们边划船，边讨论，觉得和团支部合办已是势在必行，但怎样才能保证"自由讨论"的宗旨呢？最关键的是审稿权要在我们手里，发表什么文章，不发表什么文章，要由我们决定。可这可能吗？既接受团支部领导，出刊前总得把稿件给团支部看看吧，因此，这种控制审稿权的想法是幼稚的，不可能实现的。那么，我们和团支部的办刊原则究竟会有哪些不同呢？我们分析了一下，主要有两点：一是对党在反右、大跃进时期的错误，同学们做过很多的反思，愿意谈这方面的内容，而党团组织则不希望谈这些内容。事实上，在政治宽松时期，党虽执行了新的政策，比如劳逸结合，比如5/6的时间要用在学习上，也不再有一二年级时的荒唐事情，但对一二年级的错误做法，特别是对三面红旗和大跃进从来没有公开否定过，他们怎么可能容许反对三面红旗或大跃进的言论公开出现在壁报上呢？第二，我们倡导"自由讨论"，倡导"独立思考"，而团支部是不会容许"独立思考"的。他们倡导的是"做党的驯服工具"，这是水火不相容的。讨论来讨论去，也没有想出什么好办法来，会议不欢而散。

接下来的几天，形势陡变。又有编委要求退出，没退出的也精神萎靡，拿不出办法。团支部书记李××找我谈话，态度强硬地说："你是共青团员,不能和团组织讨价还价。团组织没有审稿权,那怎么体现团的领导?"我无言以对。心想,那天和陈、张在颐和园讨论的事情怎么团支部书记都知道了?这时我感到十分孤立,已经找不到一个人站在我这边,我只好投降了。我说:"那好,就按你说的办吧!"结局是,和团支部联合只出了一期,发刊词自然是团支部写的,内容自然是如何做无产阶级革命接班人等等,围绕发刊词的宗旨,选了一批稿件,凑成了一期,之后就不欢而散了。

又过了几天,在一个周六的下午,数力系党总支书记陆××在数力系团员大会上,不点名地批评我说:"在党提出'千万不要忘记阶级斗争'的时候,还有的团员要搞'自由论坛',与党唱反调!"这等于给我的《青年论坛》定了性。

今天想来,把《青年论坛》扼杀在摇篮中也不一定是坏事。如果我早办一年,组织上不管,出一两期油印刊物是很容易的事,那不就成了第二个"星火案"了嘛!结局也许就是多少人人头落地了。(注:《星火》是一本由兰州大学右派学生于 1960 年创办的杂志,仅印出了一期,因其内容不见容于当时的政府,很快被镇压。造成林昭、张春元、杜映华(中共武山县委副书记)等先后被处决,另有十多人被判无期或有期徒刑。)

五、回望《青年论坛》发刊词

由于毕业前对我进行批判时的主要罪状是筹办《青年论坛》,而且又把发刊词作为我的"反党纲领"来批。我想,今天再回望一下这篇发刊词,便于还历史的本来面目。声明:我没有为自己辩护的意思,也不认为此发刊词没有错误,无论是从现在的观点还是从当时的观点。我只是想展示一下 1960 年代初一个 21 岁的青年的梦想与追求。下面是青年论坛发刊词的全文。

《青年论坛》发刊词

《青年论坛》创刊了,让我们欢呼它的诞生!欢呼这一块由我们自己办的,为我们大家自由发表议论的讲坛的出现。它是青年自己的刊物，是青年的喉舌。通过它，我们将共同探明真理，明辨是非，找寻出一条真正正确的生活道路来。当然，这只是我们的愿望，能否实现，还要看大家的努力。

青年时代是热情奔放的时代，有理想、有朝气、有热情、勇于追求真理是青年的本性，青年共同的特点。谁都希望自己能过着一种真正有意义的生活，能为祖国、为人民、为党做出较大的贡献。但是，要把理想同现实结合起来，就首先要解决这样的问题：什么是青年人的理想生活？怎样建立起这种理想生活？青年人应该怎样锻炼自己？……这些问题在我们中间还是有着种种不同的看法的。本刊就是要为青年解决这些问题提供一个方便的条件和场所。

青年时代是刚刚走向生活，或即将走向生活的时代，敢于斗争、敢于思想，不畏邪恶强权是青年的本性，青年共同的特点。但青年应该树立怎样的思想原则，应该以什么标准辨明是非，这确实值得每个人深思的。马克思列宁主义给我们一个强有力的思想武器，但我们应该怎样正确地利用它，以它指导自己的思想和行动呢？这又会有种种不同的意见，又要靠我们共同去探索、去解决。

今天，在《青年论坛》创刊之际，我们也看到，目前还有一些青年人，由于受着种种旧的约束，不敢大胆地思想，不敢大胆地生活。他们在思想上缺乏原则，在生活中缺乏理想，没有勇气同坏现象做不调和的斗争。因此，在今天我们还有必要提倡青年勇于追求真理，提倡青年积极地思想，自己选择自己的道路，自己把握自己的命运。只要我们全体青年人都在正路上走着，我们团结一致，这就是一种什么也抵御不了的巨大力量。有了它，我们的社会主义事业就一定会一日千里地前进！

《青年论坛》创刊了，它是我们自己的园地，就要靠我们大家共同灌溉、滋育它，使它迅速地成长。党的八届十中全会号召我们既要反对修正主义，也要反对教条主义，这给了我们强大的思想武器。我们号召全体同学在党的思想原则下，以积极地寻求真理、坚持真理的精神，大胆地发表自己的意见，扫掉一切歪风邪气，不管它的外表是丑恶的还是"美丽"的。我们也应该客观地指出，在现今的社会里，真理和谬误不会没有斗争，而是斗争更隐蔽、更复杂、更激烈了。坚持这种斗争，打下邪恶势力的气焰，就是我们义不容辞的责任。让真理之光普照全球，让光明永远照耀着青年人前进的道路吧！

1962 年 10 月 10 日

筹办《青年论坛》失败后，正好赶上我们的数学学习也告一段落，即从基础课的学习转入专业课的学习。原来数学专业的三个班合在一起，再按专业拆成了四个班，即微分方程班、概率统计班、函数论班和代数拓扑班。我被分在代数拓扑班中的代数小班。原来数学一班的30多个同学在代数拓扑班的只有四个人，而且都在代数班。他们是王×、杨××、李××和我。李××是原来一班的团支部书记，现在又做代数拓扑班的团支部书记。

这时已到四年级上学期末，下学期就要按新分的班上课了，一切活动也都按新分的班来进行。

第三章　最后两年的检查与批判

一、分班后的第一学期

大学四年级的下学期是我在北大近六年生活中最无所事事的半年。到了新的班级，同学们都不熟悉，我虽然努力和大家交朋友，但明显感到同学们不愿意理我，原因应该是我在数一班被入另册，思想反动吧。想埋头学习吧，可课程太少，用不了多少时间。为了填补时间的空白，我又选了高年级的一门课——Lie 代数，还到中文系旁听了王力的"古代汉语"、吴组湘的"小说研究"和段宝林的"民间文学"。其他时间就是看书。数学方面开始读群论，并产生了极大的兴趣，这后来就成了我终其一生的在数学上的研究方向。其他的书读得也很杂，现在还记得的是我当时迷上了古巴卡斯特罗的《历史将宣判我无罪》和日本柳田谦十的《我的世界观的转变》。我记得，在卡斯特罗反对巴蒂斯塔独裁政权起义失败后，他在法庭上为自己辩护时说："没有经历过类似时刻（注：指起义失败，起义军只剩下十八个人，而敌人又在广播劝降讲话）的人们，是不会懂得什么叫生活中的痛苦和愤慨的。我们不但感到长期怀抱的解放我国人民的希望归于失败，而且看到暴君比以往更加卑鄙无耻、耀武扬威地骑在人民的头上。"为什么这段话给我这么深的印象呢？可能是因为我的《青年论坛》被扼杀的一种联想吧。（注：至于卡斯特罗后来自己也走上独裁道路那是向苏联靠拢的结果。）对柳田谦十前面已有提及，是讲他办《行路》杂志，而我崇尚所谓的"行路精神"。这里是讲他的思想转变。他本信奉西田的唯心主义哲学，是日本西田哲学的台柱子。但在晚年他的思想有了巨大的转变，不但哲学思想转入了唯物主义，而且还加入了日本共产党。我阅读并宣传他那本小书，就是宣扬柳田的积极的生活态度，能独立思考，坚持真理、修正错误，并最终走上了唯物主义的道路。既然人是可以改变的，我也是可以改造思想的。这大概就是所谓共鸣吧，我当时的处境使我与卡斯特罗、柳田谦十有了共鸣。

这个学期官方安排的政治学习主要有两个：一是 1963 年 3 月 5 日毛、刘、周、朱等题词向雷锋同志学习；二是反对苏修公开化，中共中央发表《关于国际共产主义运动总路线的建议》，接着苏共中央发表对各级党组织和苏共党员的公开信，再接着中共中央发表"九评"，开始了长达数年的中苏论战。

现在一提学雷锋，就和"做好事"联系在一起。可那时我们学雷锋，主要是强调两个方面。一是"做党的永不生锈的螺丝钉"，即做党的驯服工具；二是学习他的阶级斗争意识，他有一句名言："对同志要像春天般的温暖；对工作要像夏天一样火热；对错误思想要像秋风扫落叶一样；对敌人要像严冬一样残酷无情。"特别是强调他的第四句话。当然还有他热爱党热爱毛主席，对工作认真负责等等。

学习反修文件在那学期是刚刚开了一个头，因为《关于国际共产主义运动总路线的建议》发表时已临近放暑假，学"九评"已经是五年级上学期的事了。

这学期组织上对我没有任何批评，到了新班，筹办《青年论坛》

的事好像也不了了之了。我只记得一件小事,仍使我感到政治上的压力。那是一次参观军事博物馆的集体活动,好像是参观被打下的美国U2型间谍飞机。就在出发前,团支部书记找到我,说:"根据规定你不能参加这项活动。"至于为什么不能,他没说,我也不敢问。即使问了,他也会推到上边。这件小事就是告诉你,你政治上有问题,和别人是不一样的。后来我听别的同学说,他们也碰到过类似的情况。可见这也是当年党组织制造政治压力的一个办法。

二、该来的终于来了

暑假过后,五年级开始了,刚开学就发生了一件事。原数一班现概率统计班的彭××回校后,立即被监督起来,勒令其写检查,不准上课,也不准同学们与他接触。写了不到一周吧,北京市公安局就逮捕了他。至于什么原因,官方是保密的。同时,原数一班现函数论班的林××未到校上课,据说是在东北被逮捕的。对于这样的大事,尽管官方保密,同学们仍然议论纷纷。没有不透风的墙,有的同学说,林××是企图在中苏边境越境未遂被捕的,而彭××和他是一伙的。我虽不知真假,但有些害怕,因为林、彭和我都有比较多的来往。他们都是我筹办《青年论坛》时的编委,听说要和团支部合办就都立即退出了编委会。另外,平时也与我有很多接触,常在一起谈论一些时政问题等等。果然,在彭被捕大约一周以后,团支部书记李××通知我要在那星期的周六晚上去五院 379 号房间找一位姓杨的老师。我问什么事,他说不知道。

在那个周六的晚上,我如约来到五院的 379 房。敲门,"进来!"我拧开门把手,看到椅子上坐着一个三十出头的人。他问:"你是徐明曜?"答:"是。"他挥了一下手,意思是让我进来。我问:"您是杨老师?""是,知道我找你为什么吗?"我说:"不知道。"他似乎很生气,说:"你在数一班,搞得同学们思想混乱,还要办'青年论坛',而且你和林××、彭××也有关系。"我说:"是,林、彭都在我们一班。"他点了一根烟,接着说:"你的问题很严重,要好好交代,彻底改造。"我没说话。他又说:"从今以后,我是你的问题的负责人,对你怎样处理，全看你对错误的交代和认识。不要想蒙混过关，人民是不可能让你蒙混过关的。"我说："那我先和您谈谈吧。"他说："不用谈，先写一份彻底的检查交代材料，写完交给我。"又说："一周时间够了吧。"还没等我回答，他又说："听说你说'学生的主要任务是学习'，我告诉你，你现在的主要任务是写检查！一周以后的这个时间拿着检查来见我，还在这个房间。"

这次谈话以后，我苦思苦想，写了一份交代材料。从一年级交心时说的不满大炼钢铁的言论到筹办《青年论坛》时与团支部的斗争应有尽有，凡是我认为可以算作错误的言论和行动都写了，大概有十多页吧。等待周六晚再去见杨老师。我心想，写得这么多，又很深刻（我认为），杨老师总该表扬几句吧。是不是就能过关了呢？

终于到了约定时间，我又走进杨老师的办公室。杨拿起我的检查看了看，有一两分钟吧，随即很愤怒地摔在桌上，"你不老实！就拿这个来糊弄我。"又说："学习小组为什么不写？与林××、彭××的关系为什么不写？"我说："我认为学习小组是好事。""好事？你毒害了多少同学？让他们崇拜你，跟着你走！你通过个别谈心的方式大肆散布反动言论怎么不写？""你以为林××、彭××被逮捕和你没关系，你不说他们在监狱里照样可以揭发你！"我还想说什么，哪知杨说："首先要端正态度，回去后好好想想，把你的问题如实交代出来。不要想蒙混过关，也不要辜负党对你的挽救。"不等我再说什么，他就说："回去吧，下周同样时间再来见我，老实交代你的严重错误和罪行。"他这些话一下把我打懵了，我走出他的办公室，感到十分茫然。

三、越来越"深刻"的检查

离开他的办公室以后，我感到十分沮丧而无助。我自认为把什么都说了，还给自己上了纲，怎么就是不老实呢？我到底怎么写才能过关呢？按杨老师的提示，学习小组要写成引导同学走白专，与同学们的谈心活动要写成与党争夺青少年，筹办青年论坛要写成倡导所谓思想解放运动，攻击党的领导，还要回忆与林、彭的谈话等等……

想了一天一夜，我重新写了检查，这次是在一切事情上都把自己往坏里说，而且逐条进行自我批判，上纲上线。比如组织学习小组是出于自己严重的个人主义思想，与同学谈心时常常有意攻击三面红旗、攻击党的教育方针，筹办青年论坛是代表资产阶级和党进行阶级斗争，和林、彭是臭味相投等等。今天看来，我一个普通大学生，怎能代表资产阶级？但心里想，反正这样写，大概就是认识深刻了吧，交上去再说。

又到了周六，我走进杨老师的办公室。杨看了看，说："有进步。问题交代得多了一些，但还远远不够。你不要这样挤牙膏，一点一点往外说。"顿了一下，又说："现在就上纲上线了，还不是时候，首先要把问题交代清楚，然后才能进行批判。你还有很多问题没有交代，比如对于反对党的领导的言论，对于崇尚资产阶级民主自由的言论，你基本没说。和林、彭的关系也不是那么简单吧。"我说，我都如实讲了，您给我提一下行吗？他又变得十分生气，说："坦白从宽抗拒从严，现在是给你机会坦白交代，是组织对你的挽救，我们对你的情况已经全部掌握，如果我说，能算你坦白吗？现在首先要争取个好态度！"

我无话可说，只好回去再写。就这样你来我往，过了七八个星期，问题还是没交代清楚。说实话，我真不知道该怎么交代了。我苦思苦想，自认为把一切都说了，可还被认为态度不老实，避重就轻。我把自己骂得狗血喷头，甚至妖魔化自己，已经不管是不是实事求是了，可是仍然得不到组织上的认可。怎么办呢？我想到，在大学期间我写了几年日记，从中应该可以看到我的思想，也应该交给组织。于是，我把日记、私人通信、以及旁听中文系课时写的文学习作等等都统统交给了组织，希望能争取个好态度。至于写检查，再做一次最后的努力吧，我把有的、没有的（只要猜想组织上认为是我有的）问题都详详细细按时间顺序写出来，并尽量写出（或编造）所有的细节，增加其真实性，起名叫《对过去的清算》。我事先和杨老师要求给我两周时间，孤注一掷吧，看这回怎么样。

两周后，我拿着整整一厚本的检查交代材料《对过去的清算》去找杨老师，等着再一次地挨骂。可这次他的态度与前不同，他看了一两分钟，说："这次写得好，有进步。让我再仔细看一下，你下周这个时间来找我。"居然没有挨骂！

又过了一周，他对我说："问题的交代就到此为止吧，当然不可能完全彻底，如又想起什么新问题，随时来找我。你下面的任务是进行自我批判，从阶级观点、阶级立场上来批判认识，争取早日回到人民队伍中来。"又说："以后你就不必定期找我了，自己写批判认识，写完，不，写完一部分就交给我。"这时，已经是1964年的1月，交代问题进行了三四个月。

在我离开他的办公室时，感到无比的轻松，总算过了交代问题这一关了。可我又想，《对过去的清算》和以前的检查到底有什么不同呢？当然，这次写得很细致，细节多，在有些事情上使读者如身临其境。可是"干货"呢，并没有增加多少啊。为什么以前过不了关，这次竟然能过关了，我想了很长时间也不得其解。这个谜底的揭开（至少我认为）是在五年之后，那时正是文革清队时期。我已是唐山五中的教师，因为北大读书时的错误正被隔离审查。一天，我接待了一位外调人员，他是调查1963年被捕的林××的事。我谈了我对林的了解，其间，外调人员问："你是不是在他叛逃前借过他20块钱？"我说记不清了。他说："20块钱对于你们学生来说是很大的数目吧，你也记不清了？"我说真的记不清了。另一位外调人员说："你是借他的，还是给他的？"我说："我凭什么给他？"第一个外调人员制止他继续问下去。

这件事之后我想，如果20块钱是我给他的，那一定是知道他的叛逃计划，给他的经济支持，那不就是资助叛国投敌了嘛。噢，这时我懂了，1963年杨老师在林、彭被捕之后一周找我，肯定是和这20块钱有关。每次交代都"不老实"，是因为我从来没提这20块钱，足足整了我近半年，虽然还是没提，但他们大概通过什么渠道终于相信我不是林××的同伙了，因此才放了我。有人会说，这只是你自己的猜测，但我反复思索，这是唯一可能的解释。

另外，杨老师是什么人？我从别人那里了解到他当时是北大党委宣传部副部长。也听说那时张磐石作为中央工作队队长已经进驻北大,搞城市四清试点。学校上层斗争激烈,杨老师应该正忙,为我的事情耽误他那么多时间,如果不是叛国要案,应该不会由他出面。

交了《对过去的清算》,已经是学期末了。我补了补耽误的业务学习,打算在下学期开始进行自我批判。

四、大学最后一年的事

1964年春节过后,新的学期开始了。这是五年级的下学期,按照规定,学制是五年半,只剩下两个学期了。我想在这最后的一年,要做好两件大事。一是要写好自我批判,政治上要过关;二是要写好毕业论文,完成业务学习上最后一个任务。

在写自我批判方面,我处于基本上没人管的状态。年级认为我的问题上交给学校了,就没人再过问;而杨老师那边,在交了《对过去的清算》后,批判的事情就完全由我自己做主了,也不用每周见面了。他的唯一指示就是"要上升到立场问题来批判"。现在,在我面前,自我批判有两种写法:一是应付差事,按《对过去的清算》中写到的主要问题上纲上线,并不触及思想;二是带着思想改造的愿望,边学习,边认识,边提高,做到思想上有收获。但无论哪种,都要实事求是,都不再妖魔化自己。

因为总的来说我内心里还是承认自己是有错误的,至少是承认在很多问题上我的观点和党的观点是有很大差距的。那么,出于一种道德上自我完善的追求,我决定按第二种方法来写。

于是,我抱着思想改造的新的决心,同时也抱着实事求是的态度,再次分析了自己的思想,把那些不是百分之百相信自己是对的思想归纳了一下,按照杨老师提到的立场问题为先的次序,列出了自我批判的如下大纲,共九个方面:

1. 立场问题。
2. 批判资产阶级人道主义及人性论。
3. 批判资产阶级"民主""自由"的口号。
4. 批判"独立思想""独立人格"论。

5. 关于党的领导，对党的认识。

6. 对三面红旗、教育方针、教改运动的认识。

7. 批判"纯科学"观点。

8. 批判资产阶级个人主义、自由主义。什么是革命理想。

9. 几点教训，和今后的方向。

以上九个问题将采取边学理论，边思想交锋；边破旧，边立新的方法。而当思想上有了一定的提高，就写总结予以肯定。但主要的不在写批判，而在思想斗争和理论学习。

想得很好，可真正写的时候并不顺利。以"立场问题"为例来说明我遇到的困难。所谓立场就是指阶级立场，即在阶级斗争中你是站在无产阶级一边还是资产阶级一边？过去检查说我在很多问题上是站在资产阶级一边了，现在应该移到无产阶级这边来。然而，为解决这些问题，要迈出的第一步是，必须承认中国还有资产阶级，而且还有资产阶级和无产阶级的激烈斗争。但正是在这个问题上我是无论如何想不通的。可是，这个问题又无论如何绕不过去。而且，它也无法通过学习文件来"解决"，又不能要求组织上帮我解决，那就只好先承认下来。如果这样，根据我这个学数学的人的思维定式，必然无法继续往下走，来分析我过去的立场错误及今后如何改变立场。有人曾说我是"超阶级观点"，其实是不对的，因为我承认阶级和阶级斗争，只是（1）认为并不是什么事情都有阶级性，即存在没有阶级性的事物，比如数学真理；（2）认为在当时的中国，资产阶级已经基本消灭，要说有也只剩残余。也就是说，我承认在人类历史发展中有阶级和阶级斗争，而根据马列主义理论评估现在的社会，又认为阶级斗争已经基本消灭，这怎么是"超阶级观点"呢。事实上，1956年公私合营已经剥夺了资产阶级的生产资料，定息20年政策的名存实亡已经使得原来的资产阶级没有了剥削，1957年的反右斗争又从政治上（民主党派的花瓶化）思想上（整肃了百万计的右派分子）给了资产阶级致命性的打击，怎么能认为还存在资产阶级呢？没有了资产阶级，怎么还有和无产阶级的阶级斗争，而且这种斗争还越来越激烈呢？于是，这个问题就无法写下去了。整整用了近两个多月时间，我才写完了这篇言不由衷的关于立场问题的检查。我偷换了概念,把党看成无产阶级,把一切与党的主张相悖的思想观点,包括我自己的,包括苏修的,看成是资产阶级的观点,来进行分析。至于上纲上线倒是好办,多年的政治运动使我早就学会了无限上纲的那几种方法。写完后,在1964年4月初,我把这份自己都不能信服的批判材料的第一部分,交给了杨老师。结果,杨老师并没有提出任何异议。这样,我原来想的在组织帮助下,批判自己错误,改造思想的良好愿望破灭了。

以后,写其他部分检查批判时也遇到类似的情况。比如"资产阶级的"人道主义、人性论,"资产阶级的"民主与自由,这些东西怎么就是资产阶级的呢?想不通,也采取应付的方法。这样,写自我批判的热情大大降低了,速度也大大减慢。因为无人监督,一直到1964年10月下旬,我才写完了长仅57页的批判,上交给了杨老师。可他对这份检查仍然没有任何反馈性的意见。

批判就算写完了,我原来想边写边改造思想的初衷落空了,这份检查只是对我交代的部分问题的一个言不由衷的上纲上线而已。

从今天的观点来看,我的初衷也是不可能实现的。原因是,我拟批判的"错误"大部分自己就不认为是错误,怎么能够批判得既让党组织看来深刻又让自己心悦诚服呢?而且,还有另一方面,由于多年党的教育和多年的被洗脑,我不敢也不愿坚定地认为党的路线是错误的,总想自己还是有问题的吧!这样,改造的愿望和理性的思维就产生了矛盾,于是我就陷入了长期不能自拔的思想斗争中,这是极为痛苦的事。尽管我还是一贯坚持独立思考的,可经过这段时间的检查和批判,又常常不敢也不愿理直气壮地坚持自己独立思考的结果,内心深处甚至还把自己放在党团组织的"怀抱里",下意识地认为自己是"党的人"。这种矛盾的心态无异于跪着造反。用今天的话来说,就是犯有一定程度的"斯德哥尔摩综合征"。尽管这是在政治压力下形成的,但也反映了自己思想的不坚定性。由于这种病态心理,我写的检查自然是自己和党组织都不满意的啦。

大学的最后一年还有另一件重要事情是写毕业论文。我一直被年级同学认为是数学学得好的人,虽然这次给党委杨老师写交代、批判耽误了一年多时间,但我仍要求自己一定要努力把论文做好。从六年级上学期开始,我加强了数学学习,增加了写论文的时间,用了三个多月时间,完成了一篇水平较高的文章《关于有限正则 p-群》。这篇论文的结果虽然在文革后才得以发表,但因为结果丰富,从 1976 年到 1991 年份四篇论文发表在国内外数学杂志上。这与本文的主题无关,不在这里赘述。

到了 1965 年 1 月,在大学的五年半学习结束了,我们想该毕业分配了吧。哪知道在最后一个星期,年级主任突然宣布:我们毕业班同学和其他在校生一样放寒假,寒假后回校进行"毕业教育"。同学们虽然不理解,但也只有听从校方要求回家度假了。

五、毕业教育

1965 年 2 月初,同学们陆续返回了学校。了解到,毕业教育主要是进行个人政治评定,要人人写一份在校期间的"个人政治表现总结",然后以小组为单位,宣读、讨论、修改,最后得到通过。在通过以后最重要的一步,即由党团组织给出每个同学在校期间的政治"个人鉴定",给本人看,还要本人签字,然后放入档案,跟随终生。为了完成这项任务,配套的还有很多其他活动。下面我按时间顺序叙述如下:

2 月 4 日至 14 日,组织部分同学到石景山钢铁公司劳动,接受革命传统教育。

2 月 15 日,正式开始毕业教育。首先是形势教育,用两周时间学习文件,主要有两个方面:

1. 国内外政治形势,重点学习了四清工作"二十三条"中第一条描述的国内阶级斗争形势(所谓"二十三条",是 1965 年 1 月 14 日中共中央发出的文件《农村社会主义教育运动中目前提出的一些问题》(中发【65】24 号);

2. 党关于培养无产阶级革命事业接班人的文件,包括毛主席著作《纪念白求恩》《为人民服务》,彭加木先进事迹,接班人的五条标

红色教育（一）：高等院校

准以及 1964 年 8 月 3 日人民日报社论《培养和造就千百万无产阶级革命事业接班人》。

为了让年轻的读者了解当时官方的政策和主张，我把重点学习的"四清"工作"二十三条"中第一条原文抄录于下：

一九六二年九月党的八届十中全会以来，由于城市和农村展开了社会主义教育运动，由于全党执行了党中央的一系列的政策，由于人民群众、广大党员、干部的积极努力，我国政治战线上，经济战线上，思想文化战线上，军事战线上，都出现了大好形势。近几个月来，全国有百万以上的干部，深入了城乡基层单位，社会主义革命运动出现了一个新的高潮。我国近年来迅速取得的一切伟大成就，证明党的社会主义建设总路线是正确的，同时，进一步地证明以毛泽东同志为首的中国共产党是光荣的、伟大的、正确的党。我们的党不辜负全国人民和全世界人民的信任和希望。我国城市和农村都存在着严重的、尖锐的阶级斗争。在所有制的社会主义改造基本完成以后，反对社会主义的阶级敌人，企图用"和平演变"的方式，恢复资本主义。这种阶级斗争势必反映到党内。有些社、队、企业、单位的领导，受到腐蚀，或者被篡夺。我们的工作，在前进过程中也存在着许多问题。实践证明，只要全党更深入地、更正确地继续贯彻执行党中央关于社会主义教育运动的各项决定，抓住阶级斗争这个纲，抓住社会主义和资本主义两条道路斗争这个纲，依靠工人阶级、贫下中农、革命干部、革命知识分子和其他革命分子，注意团结百分之九十五以上的群众、团结百分之九十五以上的干部，那么，城乡存在的许多问题，并不难发现，也不难解决。必须把两年多来的社会主义教育运动坚持下去，进行到底，绝对不能松劲。现在的问题，是要总结过去这一时期运动的经验，肯定成绩，克服工作中的缺点，以便取得更大的胜利。（看看这里对形势的分析和我的思想有多大的差距。）

学习文件之后是端正对待毕业分配的态度。批判了 7 种态度：（1）愿在大城市，不愿到小地方；（2）愿在内地，不愿到边疆；（3）愿在南方，不愿在北方；（4）愿离家近，不愿离家远；（5）向往舒适的生活，怕艰苦；（6）愿到大单位，不愿到小单位；（7）愿搞研究、教大学，不愿教中学。重点批判了不愿教中学的问题，说"每个人都有教中学的可能性"。我记得当时还请了著名数学家吴文俊先生讲了他教中学的经历。

再次是清理思想。要求检查下面几方面问题，并挖思想根源：（1）正确解决红与专、政治与业务的关系问题；（2）正确处理个人利益和党的利益的关系；（3）明确知识分子革命化、劳动化的意义，坚决做无产阶级革命事业的接班人，坚决走社会主义道路。

具体安排是，2月22日，党总支负责人李志义做毕业教育动员，要求每个人都要进行"自我革命"，谈自己政治思想上存在的问题，做好思想检查和批判，写好"自我总结"，并配合组织完成"个人毕业鉴定"。分两个阶段，前面三周是"正面教育"阶段，年级大会与小组会相结合；后面三周是"自我检查"阶段，以小组会为主。（这时他没说最后还有"对敌斗争"阶段，批判"反动学生"。而不幸的是，我正是那个被重点批判的"反动学生"。）

先说"正面教育"阶段，记得大会有三次。第一次是正确认识家庭影响，会后要求每个人都把来自家庭的不良影响挖出来。第二次是形势报告，强调三面红旗的正确性，会后要求把在"困难时期"的错误看法暴露出来。第三次是讲无产阶级革命接班人的条件，以及实现革命化、劳动化问题，还传达了毛主席关于做无产阶级革命接班人对毛远新的谈话。配合这些活动，又听了藏族女同胞斯旺的报告（以血泪家史控诉西藏的农奴制度），红军老战士王裕寿的报告，谈长征中妇女团的事迹（谈女同学如何树立雄心壮志），以及参观廖初江、丰福生、黄祖示学习毛主席著作经验展览会等等。其间，还组织了几次年级大会，由同学代表谈感想、体会。"正面教育"阶段过后，使同学们增强了阶级斗争意识；承认三面红旗正确，承认党是伟大光荣正确的，人人争做无产阶级革命接班人。

3月15日，开始自我检查阶段，即做毕业鉴定的阶段。李志义又做动员报告："为什么要做毕业鉴定？怎么做毕业鉴定？"他要求每个人都要彻底地清理思想，要分阶段地清理，比如：1959年反右倾批判彭德怀时的思想和表现；三年困难时期的思想和表现；1962年提出"千万不要忘记阶级斗争"以及"学习雷锋"期间的思想和表现；1963~64年反修正主义时的思想和表现等。清理后要写思想总结和个人鉴定，供小组会讨论时使用。在总结中还要表明自己是不是愿意服从组织分配。（因此，很多同学都表示要在第一志愿上填"服从国家分配"或"到祖国最需要的地方去"。）李志义动员后，给同学几天时间来写这些材料，然后就是小组讨论了，搞人人过关。程序是，个人宣读思想总结，同学们提意见，自己修改，再讨论，再提意见，再修改，直到通过为止。因此，常常是两个同学同时进行。

进行小组讨论时，并不是那么"温良恭俭让"，常常争论得很厉害。有互相揭发的，有疾言厉色的，有要求当面对质的、有哭的、有闹的，常需要主持会议的人严令禁止，甚至休会。我参加的是代数班小组的讨论，有13个同学。一个一个地过关，花了近十天时间。我曾几次要求发言，都被拒绝了。直到小组里的其他同学全部通过了，我又要求发言，这次被允许了。我读完自己的总结，同学们提出零零星星的意见，但不能过关；修改后再要求发言，还是一样的结果。最后，到了3月25日，全年级的毕业鉴定都搞完了，年级政治辅导员焦仲林通知我，全年级同学要对我进行批判，将视我在批判大会后的表现来决定是否过关。

六、批判"反动学生"

对我的批判是属于"批判反动学生"运动的一部分，我被要求在3月28日（星期日）晚上在年级大会上做检查，以接受同学们的批判。为了过关，我按照写《对过去的清算》的路子写了一份自我检查，把有的、没有的都包揽下来，并做了上纲上线，自以为是十分"深刻"的检查，准备一次过关。

到了3月28日晚上，通知我会议地点是在二教的一个最大的教室（具体是那间记不清了），当我走进会场时，发现教室已经坐满，我奇怪为什么有那么多人？因为我知道，力学专业同学是不参加的，他们还实行六年制，还没毕业。可那间教室至少可以坐250人哪，而数学加计算专业还不到 150 人。直到宣布开会时我才知道，除了数力系外还有地质地理系的约 100 名同学参加。也就是这次批判会是号称全校毕业生的批判会，因为当年全校的寒假毕业生只有数力系和地质地理系两个系，这使我感到问题的严重。

主持人宣布开会后，我走上讲台。会场很安静，我根据检查稿讲了一个多小时，其间没有任何干扰。我想，也许这回能过关了吧。还没容我想下去，在我结束检查的几秒钟后，全场突然响起雷鸣般的口号声："徐明曜不老实！""徐明曜必须老实交代！""徐明曜不投降，就叫他灭亡！""打倒徐明曜！"等口号。这是我未曾料到的。我想，连党委杨××都认可的检查怎么还过不去呢？我内心里很害怕。正在这时，主持会议的老师走上讲台，对同学们说："大家已经看到了徐明曜的态度，从明天起，我们分小组对他进行揭发批判，徐明曜也要认真听取大家的意见，好好反省、检查自己的严重错误。"又说了时间安排。这时我才知道，对我的批判要进行一周，有全校毕业生大会（像今晚），有年级会，有小组会。对我的问题要逐条来批，分几个方面，大体有反对党的领导，反对三面红旗，反对毛泽东思想，支持苏联现代修正主义，宣扬资产阶级民主、自由、人道主义和人性论，反对政治运动、要重新评价反右斗争，反对党的教育方针，组织学习小组，筹办青年论坛等。我的大会检查只是揭开了对我进行批判的序幕。这时我也懂得，为什么我检查完同学们要呼口号了，如果不表示义愤，接下来的一周怎么批判呢！

从第二天（星期一）开始，大大小小的会共批判了我五天半，直到星期六的上午。记得全校大会有两次，一头一尾；年级大会至少也有两次，是分问题找了十多个同学有准备地宣读批判稿，小组会就不计其数了。我本以为要开大会轰我的"态度"，因为说我不老实嘛，可是没有。另外小组会（我只能参加代数拓扑班的会）上还要求同学联系自己，检查有没有和我类似的思想。有的同学说起他们也有我的错误思想时，还痛哭流涕。而对于我，已经感受不到批判的火力，只是旁听而已，而且他们也不许我发言。因此关于这次批判，我也没有什么可多写的了。到了星期六上午会后，年级负责人告诉我，下午的会上我要对同学们一周的批判表个态，要感谢同学们和党团组织的帮助，我答应了。

4月3日（周六）下午，年级负责人先讲了话，宣称对我的批判取得了伟大的胜利，这是无产阶级战胜资产阶级的胜利，是马列主义战胜修正主义的胜利，要求全体同学要吸取徐明曜犯错误的教训，今后要听党的话，跟党走，做合格的无产阶级革命事业接班人。最后，他说："经过一周的批判，徐明曜也受到了教育，下面请他发言。"我走上讲台，表示接受大家的批判和帮助，今后一定要继续进行思想改造，脱胎换骨，争取早日回到人民队伍中来。说了有一分钟吧，就下台了，全体同学也没有任何表示。这时，我知道对我的批判结束了，但是否过关，是否能毕业，还不知道。总之，听候处理吧。

就在我下台入座的时候，会场上突然响起严厉的叫声："把反动学生、右派分子张××揪出来！"，接着看见两个同学架着张××上了台，全场又响起"打倒反动学生张××"的喊声，一位同学（我不认识，大概是概率班的吧）上台发言，他读着已经写好的批判稿，大约讲了20分钟左右。内容无非是张的思想如何反动，1957年被定为右派，送电子管厂劳动改造，因为表现较好，学校允许他回校继续读书（到我们年级），以完成学业。但回校后不思悔改，继续散布反动言论云云。他发言后，年级负责人宣布：给张××戴上"反动学生"帽子，劳动改造，以观后效。然后大喝：把张××押下去！张即被带走。后来知道他被送到南口农场劳改，文革中的1969年又被送回北大参加文化革命，后来与1964级同学一起分配工作了。

批完了反动学生张××，年级负责人说，我们请到了北京市人民检察院的×××和×××同志（姓什么，忘记了），请他们介绍林××和彭××的案情。林彭二人是数一班在1963年秋被捕的两位同学。检察院的同志说，林于63年夏于东北中苏边境企图越境，在边境被捕。他交代，要到苏联学习革命经验，在国外组织新的中国共产党，彭××与他里应外合，企图推翻中国共产党的统治。他们在北京高校中组织了"北京高校反革命集团"，罪行严重等等。（后来得知林××被判九年徒刑，彭××被判三年徒刑，刑满均释放。后，二人均入党，林在 1995 年还被评为福建省优秀共产党员；彭曾担任湖南省长沙市环境保护研究所所长。）在检察院同志介绍完林彭案情，主持人宣布散会，但要求我留下来，检察院同志要找我谈话。

我被带到一个小房间里，他们和我谈的大意如下：（1）我的问题很严重，今后要努力进行思想改造；（2）林××曾打算把我拉到他们的组织中，如果加入了他们的组织，性质就完全变了，因此我也是非常危险的；（3）北大的革命师生坚决要求给我戴反动学生帽子，几上几下，最后是由一位党和国家的高级领导人决定不给我戴帽子，因此，我要感谢党的挽救。

七、批判以后

对我的批判活动在 4 月 3 日结束以后，我仍然不知道对我怎么处理，是让毕业，还是不让毕业呢？如不让毕业，是在校劳动，还是到工厂、农村或其他什么地方去呢！应该不会到劳改、劳教单位吧，因为已明确告诉我不戴帽子嘛。接下来的一周还是有不少活动的，如果不明确说，我参加还是不参加呢？另外，我的个人总结和鉴定还没做呢，到底什么时间做呢？也没人找我。

到了 4 月 8 日，数学专业同学要举行毕业教育总结大会，这个会通知我去参加。但会上也没说我的事，只是有 5 位同学发言，谈毕业教育的收获体会。再有，就是系主任段学复讲话，要点是（1）工作岗位是无所谓高低的，主要的是把工作做好。这是国家对大学毕业生的要求；（2）中学数学是仅次于语文的课程，与语文、外语构成三大主课。要注意中学生的全面成长，又要使学生打好数学基础；（3）学习雷锋同志说的"我要把有限的生命投入到无限的为人民服务中去""党需要我做什么我就去做什么"。北大同学在任何岗位上都要谦虚谨慎，不要志大才疏。要既有志，又踏实等等。段的讲话明显的是讲教中学的问题，说这不算屈才，暗示我们的毕业分配方案中将有大量同学去中学工作。（这种情形在文革前我系毕业生中是没有的。）可我早已不管这些了，我关心的是去劳动还是去工作的问题。会后，各班照相留念，使我感到意外的是，班长李生训主动拉我去照相，我说我不去了吧（因为不知道能不能毕业），李生训很诚恳地说，为什么不去，大家都在等你呢！我勉强跟他走过去，站在最后，目光呆滞（现在还存有照片为证）。事后我想，已经有一年多没有同学敢理我了，今天李生训找我照相，是不是说明我的问题已经解决了呢？就是说，我已经不被看成阶级敌人了，因而也有被分配工作的可能呢？

大约在4月10日左右，团支部书记李××正式通知我要重新写个人总结，准备做毕业鉴定。又说，4月12日晚将召开代数拓扑班团支部会议，讨论是否要对我进行处分的问题，我必须参加。到了那一天，我参加了团支部会，组织委员张××说："共青团是党的助手，可徐明曜作为团员，不但没有做党的助手，反而做了不少反对党的事情，建议给予团内处分。"接着不少团员都发了言，几乎一致要求给我开除团籍的处分。我知道这已经是早就定好的，我为了争取好态度，以争取毕业，最后发言说："我将行使作为团员的最后一次权利，同意开除我自己的团籍。"会议结束了，以全票同意的结果报请北大团委开除了我的团籍。

4月12日到15日，我重新写了个人总结。说实话，这次我是在一种愤懑的情绪下写的。我想，连那份已经妖魔化自己到无以复加的程度的《对过去的清算》也不合你们的意，我就干脆来个"要什么给什么"，按照批判大会的发言，稍微整理一下，怎么批的就怎么写，完全不管自己的真实思想是什么，不管是否实事求是，花了三天时间，写成了《个人总结》，交给了年级负责人。我记得他连看都没看，就给了我一份党组织写的毕业鉴定的草稿，让我看，是否同意，如不同意有什么意见。看来走的程序是和其他同学一样的。我看了看，第一句就是"该生有系统的反动思想，在学期间有一系列反党反社会主义的反动活动。"接着罗列我的反动思想及活动，诸如反对毛主席和党的领导，反对社会主义制度，宣扬资产阶级的民主自由，反对三面红旗、教育方针等党的一系列方针政策，支持现代修正主义等。活动方面有组织学习小组宣扬白专道路，筹办反动的青年论坛，后被组织制止，结交反革命分子林××、彭××，与他们臭味相投，共同散布对党的不满等。最后有一句正面的话：毕业教育时在党团组织和同学们的批判和帮助下,能认识错误,并要求毕业后到艰苦地方锻炼自己。我看了这份大概北大历史上从没有过的对毕业生这样负面的鉴定,一言未发,默默地签上"同意,徐明曙"。从此,一直到离校,再也没有官方负责人找我,毕业批判这一页算正式揭过去了。

八、重读"个人总结"

下面是根据"个人总结"留的底稿重新打印的个人总结全文,重读一下,也是"奇文共欣赏"吧。

个人总结

我于59年9月进入北京大学学习。五年半中,由于坚持资产阶级的反动立场和一整套资产阶级的政治观点,带着个人成名成家的罪恶野心,又拒绝了党团组织的耐心教育,走上了反党反人民的罪恶道路,从61年起干了不少反党、反社会主义的坏事。今天,总结五年半来所走的歧路,认真吸取堕落的教训,对于今后的改造是有益的。

入大学前,我已经形成了一整套资产阶级的反动立场和观点。那时的思想情况概述如下:

我出身于高级职员的家庭,父亲在"三反"时因泄露国家经济情报曾被我公安机关逮捕,判处机关管制二年。判决后,他不服罪,多次发泄不满情绪,向我灌输了大量的反党思想,使我受到了深刻的影响。如说:"共产党政治上最毒辣,比国民党还坏""中国没有民主、自由""现在还是官向官、民向民",等等。

57年反右斗争时,我与部分右派言论发生共鸣。如"外行不能领导内行""教授治校""中国不民主、不自由""要求个性解放、个性自由发展"等反动言论。并且很欣赏右派分子谭天荣等的"才能",从感情上同情右派分子,对党发生了怀疑和不满。

58年,党公布了教育方针,学校里开展了"红专辩论",这与我当时已经根深蒂固的个人主义成名成家思想发生了巨大的矛盾。但我未能接受党的教育，改造自己的思想。相反地，竟借病休学，后又退学，离开了革命队伍，做了革命事业的逃兵。

58～59年在家养病一年。这一年中，一方面，我的个人主义成名成家思想又有发展，从想当科学家发展到想当"通才"，甚至当"政治家"；另方面，在政治上，由于对现实开始不满，有意追求资产阶级的政治，读了大量的资产阶级哲学、政治书籍。以虚伪的"民主、自由、平等、博爱和人道主义"武装了自己，作为向党进攻的工具。这时，我还想组织"少年毛泽东学会"和"青年真理党"作为理论上、政治上向党进攻的组织形式。

由此可见，在入大学前，我已经有了较自觉的反动立场和明确的资产阶级政治观点，从政治上已经开始了反党的准备。

入大学后，在八中文件学习中，我暴露了一部分反动思想。比如，认为"炼钢是得不偿失""大跃进是小资产阶级狂热性运动""高产卫星都是假的"等对三面红旗的错误看法。同时也暴露了一部分反动的政治观点："民主、自由、平等、博爱"等。我当时暴露这些问题就很难说有什么解决的愿望，因为我并没有把思想全部交给组织。像当时很突出的问题——个人主义成名成家思想，我就避而不谈。而且，批判后，我没有接受同学的帮助，相反地认为这次批判是"无的放矢"，批判的问题都"不是"我真正的问题。自己根本不从立场上去检查，反而对此批判怀恨在心，以后"什么话也不说了"。这样，我就拒绝了组织和同学的帮助，拒绝了思想改造，使我的反动立场和观点隐蔽地发展起来。

在大学头两年的其他运动中，我采取的态度是消极抵抗。会上往往讲些漂亮话，但不暴露思想；会下则消极怠工，不好好干。总的思想情况是对于当时的各项运动有着各种各样的抵触、不满和极端错误的看法，并因此对党产生了强烈的不满，反党思想也急剧地发展起来。这些具体的思想在以后困难时期都暴露出来了，把它放在后面叙述。这里想总结一下，为什么在革命的形势下和革命的集体中，我却发展起反革命的思想呢？这是很值得吸取教训的。今天看来，最根本的一点是我坚持反动立场和思想观点，拒绝思想改造所致。首先，我坚持个人主义成名成家思想不放，认为党妨碍了我的理想，是社会主义革命妨碍了我的自由发展。因此，对党、对社会主义的现实产生不满甚至仇恨，这种不满和仇恨随着运动的发展、革命的深入越来越加深，形成了系统的反党思想。其次，由于我拒绝思想改造，极端的狂妄自大，根本不相信组织与同学们的意见。对于同学的批评恩将仇报，怀恨在心，还搬弄出资产阶级"人道主义"和"自由、平等"等旗号反对知识分子思想改造政策，进一步纵容自己反动思想的发展，以至于堕落到如此地步。

从60年冬天起，我国遭遇了暂时的经济困难。这时我是很高兴的。党公布了一些新的政策，也检查了工作中的一些缺点和错误。我更等待着党从根本上来个改变，放弃掉革命，以解决"我同党的巨大矛盾"。因此，在很长的一段时期，我采取了观望态度。但观望的结果是，我认为党只承认了具体工作中的缺点错误，而不承认路线的错误；61年后党的政策是为了收拾残局而对人民的让步，党从本质上并没有改变。而且这时，特别是甄别工作以后，我还认为群众普遍对党不满，党不能再像过去那样搞了，形势对我有利。所以从61年底起，一方面"恢复了过去的理想"，继续坚持并发展了个人主义成名成家的野心；另一方面，由反动立场所驱使，开始放肆地散布反党言论。又从个人的政治野心出发，从62年起，喊着所谓"为了我的事业"，猖狂地同党"争取群众"，组织反动组织，筹办反动刊物，走上了反党、反社会主义的罪恶道路。

下面简述我的反动思想、言论和反动活动。

一、反动思想、言论：

1. 反对党和领袖毛主席的思想和言论：

（1）污蔑党不是为人民服务，而是"为害人民"的：我由于站在反动阶级的立场上，只看到解放后自己家庭生活降低了，就不顾事实地污蔑党不顾人民生活。特别是困难时期，认为党坚持搞三面红旗，犯了路线错误，从而使经济遭到破坏，人民无法生活等。我还从自己个人主义的野心得不到满足这点，无中生有地说党不重视科学技术，不重视知识分子。说我国科学发展速度比经济发展速度低得多，知识分子积极性发挥不出来等等。从而否定党在经济建设、安排人民生活和发展科学教育方面的巨大成绩，把党说成是"为害人民"的。另外，这种说法也是为了解脱我的反党的罪行。因为"反党不是反人民"，那我也就无罪可讲了。这种思想和言论直到最后的集中批判中还有表露。

（2）污蔑党不能领导新中国：62年我就说过，"中国的繁荣富强，是否一定要共产党来领导，这点我还有怀疑。"反右时我同情"外行不能领导内行"等反党言论；公布了教育方针，我就拼命攻击党不能领导教育；还臆造出"发展科学要靠科学家自由的科学研究活动和自由地结成团体的集体工作"的谬论，反对党对科学事业的领导。总之，党不能领导新中国，不能领导科学，不能领导教育……，我是决心彻底反对党的领导的。

从行动上，我也拼命宣扬"青年人要独立思考"，要"打破传统观念的束缚""'听党的话'是没头脑"等，企图使青年脱离党的思想领导。至于我所组织的反动组织更是同党的领导对抗的了。

（3）对党和领袖进行污辱和谩骂：

对党：我跟着修正主义的腔调骂党是"教条主义"，是"用过左的革命辞藻掩盖着的机会主义"。62年还拼命叫嚷"中国一定要变"，胡说什么"党内斗争很尖锐""反教条主义势力在增长"，有可能靠党内的修正主义势力改变党的领导等等。

对毛主席：我说"毛主席也搞个人迷信"，还说"斯大林是暴君""中国跟着斯大林跑"。对毛泽东思想也进行污蔑和攻击。我说："毛泽东思想在民主革命阶段是正确的，这已为实践证明（这句话是个幌子），但社会主义革命和建设时期就不行了。"还说："如果它（毛泽东思想）今天错，那么可以用它在民主革命时期的正确思想反对它今天的错误思想"，等等。

对基层组织和干部：骂基层组织"保守""教条""连显然是正确的东西都不支持"（指学习小组）。骂基层干部是"法西斯""叫你干什么，就得干什么"，骂干部"没有头脑""教条""笨得不能再笨"等等。

（4） 公然号召同学反对党的领导：特别是在62年下半年筹办《青年论坛》时，在《发刊词》上骂党为"邪恶势力"，号召同学反对"邪恶势力""打下邪恶势力的气焰"等。

总起来，我和其他的反动分子一样，首先把矛头指向中国共产党，对它进行攻击、辱骂，甚至号召同学起来推翻党的领导。这充分暴露了我的反动立场，也表现了我对党的刻骨仇恨。其实，我对党的攻击和反党的活动就把我自己置于人民的敌人的地位，置于阻碍历史发展的反对派的地位。我觉得，我必须充分认清这点，才能有决心把立场转过来，也才能有决心痛改前非，为人民赎回自己的罪恶。

2. 宣扬资产阶级政治观点，用以反对无产阶级专政，反对社会主义制度：

（1） 攻击我国"政治上不民主"，人代会是"走形式"，选举也是"走形式"，上级要选谁就得选谁；还说有的地方连形式上的民主都没有，人们不敢批评党的政策等等。实际上，我要的民主是资产阶级的民主，因为我的根本目的是取消党的领导。在我看来，只要有党的领导，就是"不民主"；我所说的"不敢批评党的政策"也不是指善意的批评，而是想根本取消党的政策。

（2）攻击我国"没有言论自由""人们屈从于'政治压力'，不敢讲心里话"，还要求所谓"个性解放"和"自由发展个性"等等。这里，我所说的"言论自由"就是让反革命言论任意发表的自由，我所说的"个性解放"就是任意发展个人主义。正是因为我坚持着反对立场和个人主义，才处处感到不自由，才用所谓"争取自由"的口号去攻击无产阶级专政制度。

（3） 宣扬"资产阶级人道主义"，攻击党的反右斗争和其他对敌斗争"不人道""不近人情"，为阶级敌人喊冤、鸣不平，甚至要"重新估价反右斗争"，并要为反动的父亲在"三反"时的罪行翻案。

（4） 根本否定我校政治运动和一切政治思想工作的成绩，认为它只是形成了"政治压力"，使得"人与人之间不真诚了"等等。妄图取消无产阶级的政治思想工作，实现"三无政治"的局面（无政治运动，无政治课，无政治思想工作）。但是我并不是不要一切政治，我自己就无孔不入地做了大量反动的政治思想工作。我只是不要无产阶级政治，而让资产阶级的政治思想渗透到广大同学中去，为复辟资本主义，实现"和平演变"打开门户。

3. 追求修正主义，反对马列主义：

从62年底公开反修以来，我就坚定地站在修正主义的立场上，反对马列主义。其实，我支持修正主义是由来已久的。早在反右斗争时，我就跟着右派跑，说"苏共二十大是民主运动"，59年又找来南共纲领，对于"人类创造的一切对我们来说都不是不可逾越的"等修正主义言论很感兴趣。62年，我读了苏共新纲领。对比党的政策，对它很有好感。特别是对苏共纲领中虚伪的人道主义口号，发展科学的纲领以及全民党、全民国家的谬论很感兴趣。到62年底公开反修时，由于我的反党思想也正发展到高峰，很自然地站在修正主义一边，反对马列主义。我散布了大量的修正主义谬论。除前面提到的跟着赫鲁晓夫的调子辱骂党和毛主席之外，还说过"反修斗争是国际共运中民主派与独裁派的斗争""斯大林是暴君，是独裁者""从来反苏即反共""苏阿关系变坏，错误不在苏联，而在阿尔巴尼亚"等。在62～63年间，修正主义猖狂一时、不可一世的时候，我也大受鼓舞。经常收听苏联广播，对于赫鲁晓夫的话更是不加思索地相信，并百般宣扬，认为现在是"民主派占了上风"。苏共宣称二十年建成共产主义，我国国内形势又很困难，用不了几年，修正主义的胜利就要成为定局，我国也"必然要变"。这时，我由于政治上的反动面貌已经暴露，采取了政治上隐蔽，努力学习业务，搞业务上的"实力政策"，盼望着我国修正主义兴起，自己好有出头之日。后来，当我国反修斗争取得了节节胜利，赫鲁晓夫又干了不少明显的蠢事，站在反动立场上的我也感到对他"失去了信心"。苏共新领导上台时，我还认为这反映了苏联的民主制度和集体领导的原则的贯彻。赫鲁晓夫"犯了错误"，就可以把他赶下去。因而。对苏共新领导仍寄予了希望。

4. 反对党领导科学、教育事业，反对教育方针：

（1）攻击党不能领导科学、教育事业，这在前面已经提到。

（2）反对教育事业和科学事业为无产阶级政治服务：利用虚伪的"为科学而科学""为教育而教育"等资产阶级的口号，引导青年只专不红。并且广泛宣扬脱离政治的所谓"事业心"，用以抵制教育、科学为无产阶级政治服务。

（3）反对生产劳动：从自己追求成为资产阶级的"通才"出发，认为学生参加劳动没用。攻击59～60年学生劳动太多，使学习质量大为下降等。

（4）攻击教改运动：说教改是"严重的不实事求是"，是"根本的方向性错误"；教改"搞糟了""毁灭了科学""毁灭了理论"，教改是"第二次焚书坑儒"等等。

我之所以根本反对教育方针是有着深刻的根源的。我从小就形成了个人主义成名成家的思想，这种思想越发展越严重，到了58年，已经发展到一意走资产阶级知识分子的道路，非成名成家不可了。教育方针公布了，这对我是个很大的打击。"要使受教育者成为有社会主义觉悟、有文化的劳动者"，这与我想使自己成为欺在人民头上的"万能科学家"，实在是水火不相容的。我的这种个人主义思想在最近六、七年里不但没有去掉，没有接受党的教育，改造自己的思想，相反地，却坚持不放，还有了更进一步的发展。因而我把教育方针看成是阻碍，把党的领导看成是绊脚石，为了实现个人主义的野心，我竟不惜反党、反人民，这就是我为什么特别起劲地反对教育方针的原因。

二、反党、反人民的罪恶活动：

我由于反动思想和个人野心的发展，在61年底，开始了反党、反人民的罪恶活动，给党和人民的事业带来了巨大的损失。下面我简单总结一下我的反党活动。

1. 所谓"争取群众"的活动：这是在61年底开始的。我当时说，"为了我的事业，我必须争取群众""有了群众，就有了良好的开展活动的环境，也就有了我的事业""我要把自己所认识的真理也告诉群众""要争取群众""教育群众"等等。

什么是我的事业呢？其实，说穿了，就是反党、反人民的"事业"。我的计划是，从政治上，先从宣传反动思想入手，时机成熟时创办刊物，用宣传来达到"团结群众"起来反党的目的，最终实现推翻党的领导，兴起修正主义，复辟资本主义的政治野心；另外，组织学术团体，占领科学阵地，排挤党的领导，而自己成为科学事业的领导者兼科学家、政治家、思想家等。

请看我"争取群众"的活动：

（1）进行调查分析，摸清情况：先进行了解工作，掌握同学的政治思想情况和各方面的情况，然后把班上同学分成几类，决定自己的依靠、团结、争取、打击对象。

（2）抓住弱点，发动进攻：利用同学的弱点，先突破一点。比如有些同学重专轻红，我就大谈学习方法，理想抱负；有人政治上有错误看法，我就对他表示支持、同情，继而散布更多的反动思想；有人生活上有些缺点，我就拉他下馆子、喝酒、抽烟等。

（3）吹捧自己，骗取信任：吹捧自己有才能，学习上工作上都有办法等，使同学盲目崇拜；又把自己装扮成为人民、为祖国、为真理奋斗的斗士，使同学盲目敬仰；这样骗取同学的信任，达到同学相信我的话，爱听我的话，愿意替我办事的目的。

（4）利用时机，大肆放毒：当同学愿意和我接近了，就利用时机，大肆放毒。往往先讲青年人应该"独立思考"，要"反对盲从"，使其不相信党的话，解除了思想武装；然后才散布各种各样的反动观点。这也要因人而异，投其所好。

（5）生拉硬骗，参加组织：把一部分自己认为是依靠对象的拉入我所组织的反动组织，如学习小组，《青年论坛》等，使其成为自己活动的工具。

我"争取群众"的活动，由校内到校外，学生到老师，甚至中学生、工人、农民都无所不及。这是我反党、反人民的主要活动，也是我对人民犯下的最大罪恶的活动。因为我的这种活动，影响了很多人，使他们不同程度地脱离了党的领导，受到了资产阶级思想的侵蚀。也有人受的影响深些，严重阻碍了他们的进步。我今天感到特别对不起这些人，感到自己是有罪于人民，有罪于这些受我蒙骗的群众的。另外，我的这种活动也正是当前阶级斗争的突出表现之一。资产阶级不能用暴力反对无产阶级统治，他们主要的斗争形式就是"和平演变"，就是与党争夺青年一代，而我就参与了这种罪恶活动，向无产阶级发动了进攻，也拼命用自己的反动影响去毒害我周围的青年同学。

此外，今天冷静地想一想，我的这种活动怎么可能成功呢？我出于反动阶级的偏见，过低地估计了群众的觉悟，过高地估计了自己的力量。虽然一时迷惑了几个"群众"，但终究是蚍蜉撼树，遭到了可耻的下场。这因为我的活动是同历史潮流相对立的，是违反历史规律的，那就不管使尽了多少花招，也难免失败的命运。我觉得，我必须要认清历史的方向，认清当前的形势，坚决地把立场转过来，才可能有所作为，否则将会遭到更加惨重的失败，以至于最终博得终究的粉身碎骨。

2. 组织学习小组（62.2.～63.1.）：这是组织反动组织的第一步，是个别"争取群众"活动的进一步发展。这个小组无论从主观目的上还说客观效果上都只有两方面坏的作用：其一，从业务上拉拢同学，作为我搞学术团体的准备。此外，还有"物色人才""锻炼工作能力"的作用。还通过小组活动，向组员灌输只专不红的坏影响，以资产阶级知识分子的道路引诱同学；其二，是我"争取群众"，进行反动宣传的阵地。在小组活动内外，我利用个别交谈、集体讨论，散布了大量反动言论，进一步进行了"争取群众"的罪恶活动。在小组存在的短短一年间，我先后发展了十个组员，组织了大小报告会、讨论会三十多次，还有不少活动邀请了组外同学参加。曾经参加过小组活动者，不下二十人。由此可见，它在班内造成的恶劣影响是多么深广，对班内同学特别是小组组员的毒害有多么大！我应该牢牢记住自己在这里给人民欠下的债，今后一定要努力改造自己，为我们做出一些有益的工作，来回答党和人民对自己的宽大。

3. 筹办《青年论坛》：这个刊物是学习小组从政治上的进一步发展。62年暑假，我认为自己"争取群众"活动已经"有了成绩"，同学们思想"很活跃"，可以进一步创办反动刊物了。于是自己狂妄地喊出要"提倡思想解放运动""办一个刊物""用它点燃起新运动之火，使其烧遍全国"等。于是从62.9.开始做了一系列准备工作。

（1）准备工作：1）在同学们中间叫嚷"反对盲从""独立思考"等口号，解除同学的思想武装，使他们先去怀疑党，不听党的话。2）强调"自由争论"，以吸引群众，并为反动言论发表打开门户。3）美化这个刊物，说它是"青年自我教育的工具"，以争取更多的群众。以上是群众条件的准备。4）纠集了一批编委，从国庆休假期间在颐和园开会决定办刊物以后，多次开会，做了细致的安排和部署。这是组织上的准备。5）此外，我还写了反动的《发刊词》和一些准备在《论坛》上发表的文章。在《发刊词》上，我公然号召同学反对党的领导，"打下邪恶势力的气焰"，对党进行了各种公开的和隐讳的辱骂和攻击。

（2）筹办过程中与党团组织讲斗争策略，展开了一系列尖锐的阶级斗争。当时有的同志提出要与团支部合办，我考虑到这不会威胁到我的目的，同时还可以争取到一部分进步群众时，就答应合办。但后来感到组织上的意图与自己有矛盾，而再想单独办已经不可能了，（因为否则会失掉群众甚至编委的支持），于是对组织采取了斗争策略，玩弄起所谓"思想领导"和"组织领导"的花招，要争取"独立性"，实质是拒绝党的领导。直到这一招也失败了，才怨气冲天地放弃了自己的企图。

这个《青年论坛》最终是没有办成，但是它说明了我的反动思想已经走到了多么远。我已经想在全国煽风点火，企图从根本上推翻中国共产党的领导，来实现资本主义复辟和个人的政治野心了。这个刊物虽然没有办成，但仍然是对党、对人民的重大罪行。这不光是从目的看，而且从我对党团组织进行的一系列斗争看，都是向无产阶级的一次最猖狂的进攻。

4. 结交反革命分子林××、彭××及政治上有严重问题的陈×

×：我由于自己坚持反动立场，拼命寻求反党、反社会主义的同伙。62年初与陈××开始接触后，不久就无话不谈，成了知心朋友。62年底又接近了林××，关系马上就十分亲密了。与彭××的交往更早，由于同宿舍，一直比较密切。我在与他们的交往中，究竟干了些什么呢？

（1）共同发泄对党、对社会主义的不满：和他们在一起谈反动言论是可以"畅所欲言"的，因为彼此的立场都很反动，谁也不用害怕谁。我们在一起攻击过党；攻击过三面红旗，特别是大跃进；攻击过社会主义的现实，把它说成漆黑一团。还追求、向往修正主义，讨论过国内形势，共同盼望党早些垮台，盼望我国也兴起修正主义等等。这些谈话很多，无法一一列举。

（2）共同密谋反党活动：我把自己"争取群众"的计划毫不掩饰地全交给了他们，和他们一起讨论。比如在筹办青年论坛时就曾多次与陈、林商议，他们劝我"要用新的名词写旧的内容"，责备我"旧的口号喊得太响"，在学习小组和《青年论坛》失败后，我也曾在他们面前发泄对组织的不满，攻击和辱骂干部，并表示进一步向他们靠拢。

（3）63年初，我和他们的关系更为密切。当时，怀疑林有反革命组织。我竟然用诱骗方法想探听他的组织，甚至自己也想参加，与他们同流合污。我还多次向他们表示想投靠修正主义，问他们有没有海外关系。甚至想偷越国境、投敌叛国。这时，我的立场已经极端反动，只要有机会，我就会成为林的反革命组织中的一员，彻底堕落为与人民为敌的反革命分子。

以上简单叙述了我的主要反动思想、言论和反动活动及其发展过程。

63年8月林、彭相继被捕，陈也被勒令退学以后，我个人的反动活动遭到了彻底失败。国际国内形势都一天天好转，我所向往的修正主义也日暮途穷走下坡路。这种形势对我是极端不利的，使我处于完全孤立的地位。而这时，组织上又反复教育我，要我痛下决心、改造思想，不少党和行政的领导同志耐心地同我谈话，启发我、鼓励我，也给我指出问题的严重性。就在这种形势下，我才交代了一些问题，有些悔改的愿望。但是由于我没有抛弃反动立场（甚至没有真正认识到自己是立场问题），只是纠缠在一些认识问题上，因此我始终没向人民低头认罪，改造的一点愿望不久也消失了，仍然坚持跟党对立的立场。

64年2月份，由于我认为自己的改造"已经得到组织上的承认"，便放松了对问题的检查，而用大部分时间于文学。当时觉得在数学上成不了名了，对数学又失掉了兴趣，于是梦想当文学家，梦想几年后就能写出有水平的作品来。同时，还由于思想上波动比较大，自己觉得有发泄自己情感的要求，想写些东西（我一直爱好），想以自己"思想改造"为素材，写一部"革命的作品"。此外，由于我事实上坚持反动立场，对于当时出现的"话剧革命"很反感，觉得它们简单化、概念化，而自己想用刻画"复杂性格"的作品与它们相抗衡。就在以上这种种思想的支配下，我才加紧了文学学习，并坚持了半年之久。

64年暑假，特别是64年9月麦××被开除以后，我思想震动很大。因为我意识到组织上并没有相信我的"思想改造"，相反地，却向我敲起了警钟。于是我采取了对策。我规定了从那时到毕业的"总方针"是"争取毕业"，一方面伪装思想改造，写了不少思想汇报，其中有些就是对组织的欺骗；另方面，也做了各种准备。特别是准备在毕业时批评会上与党团组织辩论，一口咬定我是在"思想改造"，而组织不相信我，甚至想闹到团中央。

这一段时间里我的真实思想还是很反动的。我曾经打算，将来无论到哪，都伪装进步，争取入党，甚至想一直往上爬，爬到领导地位，来实现我复辟资本主义的梦想。我也曾打算，将来还要坚持文学学习和写作，用文艺"指出时代发展的方向"，其实是想宣传修正主义。这些打算虽然只停留在思想上，但说明了我的反动立场并没有根本改变。

65年3月底到4月初，全校毕业生对我进行了一周的集中批判。党组织把我的问题当作人民内部矛盾处理，本着批评——团结——批评的原则，摆事实、讲道理地同我辩论。在这次批判中，我的思想才有些变化，初步认识了我的问题是立场问题，由于我长期拒绝思想改造，反动立场已十分顽固。与之适应的，还形成了一套唯我主义的世界观，对很多问题我不是认识不清，而是为了维护反动阶级的利益，硬不去认识，也不敢认识；我还初步认识了党和人民是一致的，党是代表了真理的，我反党就是对人民犯下了严重的罪恶，因而我表示了低头认罪，并决心彻底悔改、重新做人；对于今天的形势和群众觉悟我也有了些认识，知道了自己走的是与历史发展方向相反的道路，是一条死路；也知道了党是无比坚强的，群众也是坚决与党站在一起的，我已经处于人民的敌人的地位，因而决心抛掉反动阶级的立场，站到95%以上的人民群众一边来，跟着党走社会主义道路；最后，我还挖掘了三大根源：家庭及社会影响，坚持资产阶级个人主义和拒绝思想改造。对于我在批判中态度的这些转变，党组织又做了充分的肯定，这给我极大的鼓舞。我有决心，从今以后坚决听党的话，跟党走，坚持思想改造，并且在工作中踏踏实实地为人民服务，争取早日回到人民中来。当然，这只是决心，还要靠今后的行动来验证。

1965.4.12—4.15.

以上就是我的《个人总结》全文（一字未改），它至今还保留在我的档案里。相信大家看到的是一个穷凶极恶的反革命分子的自白，难以想象这是一个大学生的思想总结。从中读者可以领略上纲上线的威力，相信也能辨别哪些是真的，哪些是被迫招认的。但标成黑体的那句话我想解释一下，因为在前面从未提及。事实是，在我休学期间，没有多少资产阶级的政治书籍可读，我读得最多的是毛泽东著作。当时就想和街道团支部的团员一起读，故提出组织"少年毛泽东学会"的想法，但是无人响应。至于"青年真理党"，是在59年批判我时交代了"少年毛泽东学会"的问题后，被逼问是否还想发展成更进一步的组织时，灵机一动说了可以发展成政党，就叫"青年真理党"。心里想，少年对青年，毛泽东对真理，应该不会有什么问题。其实两个"组织"都是子虚乌有的，可党团组织却极为重视，每次批判时都要提，我写的每份较全面的检查都必须写。这样就好像我真的要组织什么政党了。

  1980年，在北大数力系给我平反时，我曾对党总支书记林建祥说，像这样的《个人总结》和组织鉴定中的"该生有系统的反动思想，在学期间有一系列反党反社会主义的反动活动"这第一句话，如果我想调工作，拟调去的单位领导敢要吗？即使要了，会怎么使用呢？再来运动，要不要先整我这样的人呢？林回答："组织上对你是了解的，知道哪些是不实之词，对你不会有影响的。"又说："你还调什么工作呀？难道北大不好吗？"（其时我已通过考研究生，又提前一年毕业留在北大任教。）我无言以对。其实，所谓的"平反"只是撤销了开除团籍的处分，并顺便表示大学毕业时对我的批判是错误的。我写的检查和其他有关材料（如日记、私人书信等），都没有退还，也没有当着我的面销毁，只说这些材料都找不到了。后来，直到退休，我曾四次追讨这些材料，给的答复都是"档案里没有你要的材料"。

九、黯然离校

  补叙一件大事，大概在4月12日左右，年级负责人公布了我们年级的毕业分配方案，这是同学们盼望已久的。这次会议也通知我参加，这就是说，我终于能毕业了，而且和大家一起分配工作了。根据宣读的毕业分配方案，数学专业100名左右同学，只有30名左右分配到高等学校、研究所以及部队保密单位，另外70名左右都分配到"×省市教育厅"，这些人将来会再次分配到中学任教。这70人分配到的地区只有上海、北京、河北三地。记得大概是上海40人，北京17人，河北13人。最后读的是分配到河北省教育厅的13人，最后一名是我。尽管分配到中学的同学多数都不高兴，因为文革前的历届北大数学系毕业生几乎没有到中学的。但我的心情和别人很不一样，我感到很兴奋。因为终于"思想改造"有了结果，没有被送到劳改或劳教场所，而是和别人一样作为毕业生分配了工作，一颗悬着的心终于放下了。而且，同学们对我的态度也改变了，原来不敢和我说话的现在也主动和我搭讪，特别是分配到河北的同学。我们选定4月下旬的一天一起去天津报到（那时河北省会在天津），从此将开始新的生活。我们到天津后,一名身体有残疾的同学被留在天津,其余分别被分配到石家庄、廊坊和唐山。我是被分配到唐山的四个人之一。从此以后,我就在唐山工作了13年半,直到1978年10月又回到北大读研究生。而这又是另外一个故事了。

在结束本文时,我想对几件事做个说明,同时也谈谈我的几点感想。

第一,对于前面提到的"处理反动学生"运动,可见王学泰的《文革前的清理"反动学生"事件》一文(载《炎黄春秋》2009年第4期)。这个运动的根据是1963年7月下发的《中共中央、国务院关于高等学校应届毕业生中政治上反动的学生处理通知》。毛泽东的批示是"这类现象所在多有,这是一批极右分子。"该文件说"据北京市反映,今年高等学校应届毕业生中,有极少数政治上反动的学生……其对我的猖狂进攻的程度已经相当甚至超过反右斗争中的极右分子",又说"北京市的高等院校有这样的情况,全国高等院校也必然同样有这种情况。对这一小撮政治反动的学生,必须抓紧时机,通过揭露与批判,对他们进行严肃认真的处理"。根据这个文件的精神,教育部经国务院文教办批准制定了《关于高等学校应届毕业生中政治上反动的学生在劳动教养或劳动考察期间的试行管理办法》。第一个被处理的反动学生是北京地质学院物理勘探专业的尚育森(1963年),北京高校毕业生做政治鉴定的事也始于1963年。1964~65年北京市高校又处理了100名左右的反动学生,1966年文革后此事"无疾而终"。前后在南口农场劳改的反动学生据王学泰上述文章说共有61人,根据平乃彬《南口北京高校劳改营纪实(2010修改版)》有60人,另有2人在其他部门劳改。平乃彬文原载新浪博客,现已被删除,缩写版《南口北京高校劳改营纪实》载《炎黄春秋》2011年06期。我年级最后批斗的张××就是在南口农场劳改的一员。我则侥幸逃避了。

第二,数一班的一位数学学得最好的同学麦××在1964年10月借口"与同学打架,属流氓行为"开除学籍,真实原因是"思想反动"。

第三，用压服和恐吓的办法进行思想改造是不可能的。拿我来说，被批判时间最长，组织上下力气最大，而且我个人出于追求真理的天性，在某种程度上还有"改造思想的愿望"，可是今天看来，改造成功了吗？没有！过去认为是对的，现在还认为对；过去认为错的，现在还认为错，思想几乎没有改变。要让人改变思想，必须要以理服人，不能以力压人，否则是没有作用的。

第四，从"困难时期"和同学们的接触感受到，追求自由确是人的天性，而且思想自由也是无法控制的。你可以用强权不让他说，但你无法不让他想。政治上稍微一放松，思想就有要求表达出来的冲动。像在"知识分子小阳春天气"的那两年，过去不敢说的都要说出来。我们班同学是怎样，全国也是怎样。只要读读《燕山夜话》，作者批评大跃进时期的所作所为是何等犀利，不要忘记它的作者可是党的高级干部呀！

第五，在大学的五年半生活中，我感到最痛苦的事是什么？不是挨批时的恐惧，不是筑路劳动时高强度的折磨，也不是"困难时期"挥之不去的饥饿感，而是自己内心中的思想斗争。诚然，挨批判时内心是十分恐惧的，毕竟我只是个没有生活阅历的青年，初次挨批，不会有挨批多次的老运动员世事洞明的坦然。而且，又不知道将来怎样对我处理，要说不害怕那是骗人的。筑路劳动又苦又累，粮食又不够，不咬牙坚持不下去，也不能说不是一种折磨。但是，它们和思想斗争比较起来，就都算不了什么。因为思想斗争是自己心灵之中的斗争，内心里总有两种不同且对立的思想，孰对孰错，何去何从，总思量个不停，无力摆脱。这就使内心一刻不得安宁，从而感到痛苦不堪。如今我活到近八十岁，通常人们所说的痛苦我也经历了不少。比如在文革中挨批斗，坐"喷气式"，体罚挨打，住"黑帮队"，我感到的是皮肉受苦，精神上并不十分痛苦。对于"革命小将"的污辱，骂我是"阶级敌人""牛鬼蛇神"，甚至从楼上往我头顶上吐痰，我也能逆来顺受，想他们只不过是孩子，心中并不十分记恨。这是指政治方面的。疾病带来的痛苦是长达五十多年的失眠，每天要靠几种不同的安眠药来维持睡眠，但自认天生是多思少眠人，也就认命。这些痛苦加在一起也抵不上大学时代的思想斗争,那是刻骨铭心、触及灵魂的痛苦。

结束语

毕业离校以后,我被分配到河北省唐山市第五中学工作。文革前曾教了一年初中的平面几何。和全国大多数单位一样,1966年6月初,五中也开始了文化大革命运动。经历了成立文革小组(代替大单位的派工作组),整"牛鬼蛇神",公布十六条,文革小组解散,革命大串联,成立战斗队,革命大批判,斗批改,群众组织分裂、武斗,再到革命大联合的曲折过程。终于在1968年五六月间成立了"五中革委会",作为新的政权机关代替了五中党支部,行使学校的一切权力。

在我的记忆中,革委会做的第一件事就是"清理阶级队伍",于1968年7月建立了"黑帮队",强迫"有问题"的师生加入"黑帮队"进行隔离审查。计有男女两队,分居在大小两个教室。我是在1968年8月22日进的"黑帮队",原因是北大的问题要重新审查。每个"黑帮"都要在胸前戴一白布黑字牌牌,上面写着你在"黑帮队"的身份,不准摘掉。我的牌牌上写的是"反动学生、漏网大右派"。

我在"黑帮队"待了近一年,于1969年7月1日被"解放"。"黑帮队"里也有很多故事,拟另文叙述。这里只谈在"黑帮队"里继续检查、批判在北大的问题的大概情形。

在五中"黑帮队"里,"黑帮"的主要任务是劳动,晚上还要开"黑帮"互批的会,很少有个人写检查的时间。记得工宣队1968年10月进校以前,"革命小将"热衷于对我们的批斗,没有写过系统的检查。工宣队进校后,安排过一次全体"黑帮"的停工写检查,目的是了解"黑帮"们的政治问题。时间在10月底到11月中。写完后要在全体"黑帮"会上宣读,大家(包括工宣队员)提问题、意见并批判。不过关的要重写或添加补充材料。我写了一份长达20页的交代材料上交,自己保留有 4 页的提纲。后来又让我写了一份与我班被捕的两个同学关系的补充材料,有 4 页,也保留了下来。以后就再没找我。

但到了 1969 年 5 月,工宣队再次找我写系统交代材料,并告诉我这是为我的问题定案用的,要存档。我知道这意味着要被"解放"了,当然写得很认真。我写了 29 页的检查,后按要求又写了两个补充材料和一份《对问题的认识》。三份检查都留了底稿,《对问题的认识》留了提纲。这些材料附在下面的"资料"里,供大家参考。

1969 年 7 月 1 日革委会宣布解除了对我的审查,并公布了唐山五中革委会的《徐明曜的综合材料》及唐山齿轮厂驻五中工宣队的批示,张贴在五中院墙上。我抄录了下来,也附在下面的资料里。文革后,北大对我的问题进行了复查平反,有关材料也附在下面。特此说明。

附录　徐明曜个人材料（1969—1980）

附录一：系统交代材料

（1969年5月1日）

一、个人简历

1941年9月生于天津市。

1947年9月—1953年7月：北京锦什坊街第一小学读书。

1953年9月—1954年7月：北京四十二中初一。

1954年9月—1956年7月：集体转学至北京三十八中，初中毕业。

1956年9月—1959年5月：北京四中高中肄业（1958年9月—1959年5月因病休学，1959年5月退学）。

1959年9月—1965年4月：北京大学数力系读书。

1965年4月—1965年7月：待分配，曾参加唐山市园林处建筑工程队义务劳动，共两个月。

1965年8月—现在：唐山五中工作。

二、家庭和社会关系

（一）家庭成员：

父　徐光烈：辽宁省新民县人，据他说是中农出身，1935年毕业于东北大学。后在伪中央银行天津分行及北京分行做职员。1942年到44年曾中断了三年，到徐州做买卖，和几个朋友开办"徐州宝来贸易公司"，他担任该公司经理。解放以后留用中国人民银行北京分行做职员。三五反运动中，因查出他在解放初期曾经参加"聚餐会"，泄露国家经济情报，被判处机关管制二年，并调到内蒙古自治区（当时的绥远省）陕坝镇人民银行工作。后因病退职（1954年）回京。1963年被安插在北京天堂河农场工作，任五分场会计。文化革命后，该厂被宣布为"强劳农场"，他被宣布为"强劳人员"。1968年11月，他被定为人民内部矛盾，摘掉"强劳"帽子，成为该厂职工。该厂改名为北京104-1农场。

母 周××：56岁，家庭妇女。

兄 徐××：内蒙伊克昭盟准格尔旗人民银行职员。

姐 徐××：北京马甸中学职员。

弟 徐××：北京第二棉纺织厂工人。

（以上四人均无问题。）

妻 杨××：上海市南海中学教员。据来信讲，在文化革命清队工作中曾受到审查，1968年11月——1969年1月参加该校的火线学习班，1月中旬即得到解放。

（二）社会关系：

大姑 徐××，姑父 何××：住沈阳市皇姑区东华山路二段永大里4号。何做搬运工，未听说有什么政历问题。

二姑 徐××，哈尔滨第二工具厂工人。二姑父 谭××：哈尔滨第二工具厂供销科长。均未听说有什么政治问题。

姨 周××（母亲的堂妹），宁夏药品检验所工作，无问题。

嫂 王××，北京南梨园中学教员，无问题。

姐夫 平×，工作单位不详。

妻弟 杨××，北京眼镜一厂工人。

（三）对家庭的认识：

1. 我的家庭是万恶的剥削家庭：

从我父亲的情况看,我的家庭出身是职员或高级职员。但职员这个阶层是比较复杂的。通过对我们家庭的经济状况的具体分析,我认识到我的家庭是个万恶的剥削家庭。

首先,我父亲从国民党中央银行领取的薪金是很高的,这是四大家族搜刮劳动人民血汗的结果。我父亲做了四大家族剥削压迫劳动人民的工具。

其次,1942——1944年在徐州宝来公司期间,直接充当资本家剥削劳动人民的工具,参与了剥削劳动人民的罪恶活动。

第三,从我们家庭经济状况看,解放前很富裕。自己有房十余间,雇着保姆,比一般劳动人民生活不知高出多少倍。这更说明了我们家是剥削家庭。

2. 家庭对我的反动影响:

我的家庭一方面是个剥削阶级家庭,另方面又是个资产阶级知识分子的家庭,对我的反动影响也是多方面的。这是我犯罪的阶级根源。

首先,我自小生长在剥削家庭里,和广大劳动人民隔绝,和劳动隔绝,没有一点劳动人民的思想感情,而沾染了一身剥削阶级思想。如轻视体力劳动,好虚荣,自视高人一等,成名成家等。这些坏思想在我反动思想的发展中起了不小的作用。毛主席教导我们:"在阶级社会中,每一个人都在一定的阶级地位中生活,各种思想无不打上阶级的烙印。"我的这些思想一方面是由自己所处的经济地位所决定的;另方面也是由父亲对我的教育分不开的。

我父亲作为剥削阶级营垒中的一员,同时又作为一个受过资产阶级民主主义思想影响的资产阶级知识分子,对我的影响是多方面的。比较突出的是:经常不断地向我灌输个人主义成名成家和个人奋斗的思想。也用他自己的经历,物质引诱和精神鼓励等各种方法对我进行这方面的"教育"。具体实例从略。

三、我在大学阶段所犯的严重罪行

我在大学学习期间,由于资产阶级反动立场,拒绝思想改造,不学习毛主席著作和伟大的毛泽东思想，反而接受资产阶级和苏修的反动思想，使自己的反动思想恶性发展起来，从1959年到1963年，犯了一系列极端严重的反党反社会主义反毛泽东思想的严重罪行。主要罪恶事实系统交代如下：

（一）恶毒攻击党的三面红旗

1. 1959年反右倾学习时，借向党交心，放了大量的毒：（1）攻击大炼钢铁得不偿失，胡说我们街道炼钢一两也没炼出来。（2）用报纸上右倾机会主义分子的语言攻击大跃进是小资产阶级狂热性运动。（3）攻击大跃进有浮夸现象，放高产卫星不实事求是，学校中体育大跃进不少都不符合标准。

由于以上言论，在1959年12月受到全班同学的重点批判。1961年被陆平黑帮借甄别工作名义平了反。我认为对我的批判是应当的，平分是错误的。

在困难时期，1962——63年初，又借困难时期攻击党的三面红旗。主要言论：

（1）总路线强调政治挂帅，认为政治决定一切，是唯心主义，唯意志论。（这是搬弄苏修的所谓"理论"来攻击总路线）；

（2）三面红旗搞糟了，暂时困难是由党的工作中的错误造成的；

（3）三面红旗已经不存在了，"大跃进没有了，人民公社剩下个空架子，除此之外，总路线还有什么呢？"

（4）1963年初，我国经济好转。我由于害怕会处理我的政治问题，说经济好转不是好事，而是坏事。

（二）支持苏修，反对马列主义，反对战无不胜的毛泽东思想：

我从1962年11月到1963年4月间，立场完全倒向苏修。当时正是中苏开始公开论战之时。我支持了苏修，反对伟大的中共的马列主义路线，反对了毛泽东思想。由于立场完全站错了，我对于苏修的言论简直是不假思索地赞同，并加以宣扬，犯了极端严重的政治立场错误。我的主要言论是：

1. 认为修正主义是"不可抗拒的历史潮流"，（当时出于反动立场,把修正主义说成是"共产主义"。)

2. 吹捧《苏共纲领》是"时代的真理""是全面建设共产主义的纲领""是对马列主义的创造性发展",吹捧苏修头子赫鲁晓夫"创造性发展了马列主义"。

3. 按照赫鲁晓夫的调子攻击伟大的马列主义者斯大林,说斯大林搞个人迷信,是个"暴君"。

4. 攻击伟大的中国共产党犯了路线错误、教条主义和左倾机会主义错误。重复一个同学(施××)的话说,"从来反苏即反共",攻击中共背叛国际共产主义运动。

5. 宣扬苏修及刘修的"阶级斗争熄灭论",我当时搬弄列宁关于阶级的定义,胡说什么"阶级在生产资料所有制的社会主义革命完成后就失去其存在的基础",并说苏联阶级已经消灭,中国剥削阶级还只剩下残余。

从这点出发,我对于苏修宣扬的资产阶级人道主义口号很感兴趣,并为之宣扬。什么"建立和平、劳动、自由、平等、博爱和幸福的社会",什么"人与人之间是同志、朋友和兄弟",什么"一切为了人,为了人的幸福"等等,我都把它们奉为圣经,并且加上自己的话加以宣传。我胡说"马列主义基本精神贯穿着人道主义""革命最终目的就是为了提高人民的物质文化生活水平""一个马列主义者,一个革命者,首先是一个社会上正常生活的人"等等,当苏修叛徒集团的吹鼓手。

也是从这点出发,我对苏修宣扬的全民党、全民国家的谬论也很欣赏,并为之吹捧。胡说什么"苏联阶级已经消灭了,党和国家性质就要改变,无产阶级专政也要过渡到全面专政。"并胡说这是对马克思主义建党学说和国家理论的新发展。

6. 苏阿关系破裂后,毫无根据的攻击阿尔巴尼亚,说"苏阿关系的破裂责任不在苏联,而在阿尔巴尼亚。"

7. 读了《南共纲领草案》后(这是反革命分子彭××向我推荐的),宣扬它里面的一句修正主义言论:"人类所创造的一切对于我们来说都不是不可逾越的"。并且说,铁托集团说这样的话"很有勇气"。

8. 在广播苏共中央公开信时，曾说广播员用这种腔调我听不下去。还说"中苏矛盾一个巴掌拍不响，两边都有错误"。（这时对苏修看法有动摇，但立场仍未转变。）

9. 1963年初，由于狂热追求苏修的反动立场，写了一首黑诗《向北方》，把苏修称为"北方的红星""人间的天堂"。并有"我愿意来到这人间的天堂，哪怕是在那美妙的梦乡"的肉麻的诗句。在1963年初，还收听过6—7次苏修广播。

10. 直接反对毛泽东思想，（在检查会上说）"在民主革命阶段，毛泽东思想是正确的，这已被历史事实所证明；但在社会主义革命阶段，毛泽东思想犯了错误，过份强调了阶级斗争。"

（三）反对党的领导，反对政治运动

我出于反动的资产阶级立场，又受到国内右派分子和国际上苏修的影响，1962年到63年初疯狂反对党的领导，反对无产阶级专政，犯下了一系列极端严重的三反罪行。主要言论如下：

1. 直接反对党的领导，说"没有中国共产党的领导，一样可以搞社会主义革命和社会主义建设。"我还和一个同学说过："我不明白为什么一切工作都要由党来领导？"我心目中追求的是修正主义的即资产阶级的领导。

2. 追求资产阶级民主自由。主要言论："我国政治不民主，人大会是走形式""尤其是言论不自由""我班同学多数不敢讲心里话，会上和会下说的话不一致。"还说过："资本主义国家的民主只是形式，但是只有形式上的民主也比连民主的形式都没有要好！"

3. 疯狂为右派翻案：1962年底，叫嚣要"重新估价反右斗争"，并借来右派言论集和反右斗争文件，说"要用一定时间看看这些文件，了解反右斗争到底是怎么回事"，企图为右派翻案。我这样做，虽然不能真正为右派翻案，但吸收了大量的右派思想和言论，自己中了很深的毒。同时也在群众中进行了一定的散布。

4. 反对政治运动，认为"政治运动就是为了整人""欲加之罪，何患无辞"。1959年批判系内右派分子程庆民，我感到有些做法"过

份""不人道"。自己甚至于提出要实现一种"无政治学习,无政治思想工作,无政治运动"的所谓"三无政治"的局面。

(四)反对党领导科学事业,反对党的教育方针

我一方面由于反动立场,另方面由于严重的个人主义成名成家思想,追求资产阶级知识分子的一套,自上大学以后,疯狂攻击党的知识分子政策,攻击党的教育方针,反对党领导科学教育事业,散布了大量的反动言论。主要的有:

1. 攻击党的知识分子政策,认为"知识分子强调思想改造过多会影响工作,影响科研""党不重视知识分子",认为党的领导"限制了知识分子充分发挥自己的积极性和创造性。"

2. 反对党领导科学事业,胡说什么"科学的发展要靠科学家的自由的科学研究活动和科学家自由结成团体的集体工作""科学和计划发展是矛盾的"。甚至说"党和科学是矛盾的"。污蔑我国科学发展太慢,胡说"我国解放后没有出现真正有贡献的科学家。"还说"双百方针在我国并未真正落实。"

3. 反对党的教育方针:说"学生的主要任务是学习""劳动太多影响学习",反对党的"教育为无产阶级政治服务,教育与生产劳动相结合"的教育方针。攻击1958—59年的教育革命,认为"教育革命无成绩"。尤其攻击教学改革运动,说教改"让学生编书是胡闹",是"第二次焚书坑儒"。进一步攻击党对"进步"文化遗产态度不慎重。说"有人要创建无产阶级的数学,要砸烂'牛家店',火烧'哥家楼',这是列宁早已批驳了的'无产阶级文化派'的错误主张"。我还说,"我相信共产主义与人类创造出来的文明财富是不矛盾的。"影射攻击党背叛共产主义。

(五)反动活动方面

我在1962年到63年初,出于资产阶级反动立场和个人主义目的,搞了一系列反对活动,给党的教育事业造成极大损失,对党,对人民,对伟大领袖毛主席犯下了不可饶恕的罪行。

1. "争取群众"的罪恶活动:

我一直注意群众关系，认为"搞好群众关系"是搞个人事业即反动活动的基础。我在日记上写过："为了寻找事业上的伴侣，必须争取群众，搞好群众关系。"（不一定是原话。）这是我"争取群众"的原始思想。"争取群众"的活动是与我其他反动活动交织进行的。

具体做法：1962年全年，我几乎每周都找同学谈话两三次。通过谈话、交朋友、散步、下饭馆等各种方式，针对同学的不同思想情况，进行反动的政治思想工作。甚至于我还把班上的同学分类排队，决定哪几个人自己可以依靠，交成知心朋友；哪些人可以团结，交成一般朋友；哪些人不能与之接近。当时和我关系密切的同学有张××、陈××、杨××、温××等。

在与同学谈话中使用的手法：

（1）打着"交朋友"的幌子，宣扬"人与人是同志、朋友和兄弟"的修正主义口号。用"友谊"来迷惑人，拉拢人。标榜自己待人"开诚布公，真诚相见""以心换心"来迷惑、拉拢一部分落后群众。

（2）打着"集体主义"招牌。我说过，"二十世纪的科学发展须靠集体工作""学生时代要交几个事业上的朋友"等迷惑人，拉拢人。

（3）针对同学的不同特点，投其所好，骗取好感，来争取群众。

如同学中的大部分对业务学习很重视，我常与同学谈学习，谈学习方法，谈所谓"理想、抱负"。谈所谓"对数学发展的具体问题的见解"，高谈阔论，夸夸其谈，来拉拢同学。

有些同学政治思想上有些问题，我用所谓"真诚相待""以心换心"来谈自己的反动思想，引导他们更加反动。

有些同学好吃喝，我也与他们一起下饭馆，抽烟、喝酒交成"酒肉朋友"。

（4）打着"思想改造"的招牌，与同学谈自己的思想问题，使得他们中了我的毒。

"争取群众"是我当时使用的反动语言。它的反动效果：

（1）实质：是资产阶级与无产阶级争夺青年一代的罪恶活动的一个组成部分，是用"和平演变"的形式进行的极其尖锐的阶级斗争。

（2）我确实拉拢了一部分人参加了我的反动活动，如"学习小组"《青年论坛》等，使他们的政治成长走了弯路。我对他们犯了罪。

（3）在与同学谈话中，我散布了大量反动的以及错误的言论，把我自己的反动立场和世界观极其充分地暴露出来，对同学产生了极恶劣的影响。

简单的批判（提纲）：

自己作为青年学生是资产阶级和党的争夺对象。但我很快被争夺过去，又代表资产阶级和党争夺青年同学。这就是社会主义时期的阶级斗争的具体表现。

我的所谓"三无政治"的虚伪性，我自己就无孔不入地进行反动的思想政治工作。

2. 组织"学习小组"：1962年3月—62年11月，约一年。

目的：其一，个人主义成名成家目的。想为将来组织团体做准备，物色事业上的伴侣，同时也希望在这里出些"成果"。其二，政治目的。出于反对教改、反对党领导科学事业的想法，想搞小组和1958—59年普遍组织的学习小组相抗衡。由于这个目的，我没有向党组织汇报这个事情。

过程：1962年3月正式成立。共5人：陈××、张××、丁××、赵××和我。成立时，我草拟了《公约》，每个组员在公约上签字。1962年9月发展到10人，赵××退出，又加入李××、于××、马××、杨××、温××、李××。

活动内容：每周1—2次（后期改为每周1次）"专题讨论会"，内容是数学，还有不定期的"读书报告会""学习经验交流会"等，内容也都是数学。

危害性及简单的批判（提纲）：

（1）是为刘修教育路线出了力，效了劳，是复辟资本主义的罪恶活动的一个部分。

（2）组内组外散布了大量反动思想，在政治上给党的教育事业带来极严重的损失。

3. 筹备反动壁报《青年论坛》：1962年10月。

1962年10月。我出于反动思想和个人野心的恶性发展，纠集一伙人，想办一个刊物《青年论坛》，并进行了一定的筹备工作。后来，由于组织及时发现而制止了。这是我的一个很严重的罪行，同时它也反映了不少反动思想。

目的：当时的原始思想是想办个刊物，来自由讨论青年人感兴趣的一系列问题，比如政治、生活、学习等各个方面，来探索出一条正确的人生之路。甚至想办油印刊物和铅印刊物，这可见野心之大。

从我当时的立场、思想来分析，这个刊物是有极反动的政治目的的。我当时反对党的领导，认为它是束缚青年思想的所谓"传统观念"，提出"反对盲从""思想解放"。在这个刊物上，就是要把矛头指向"传统观念"，即党的领导。同时我也极自觉地想在这个刊物上散布反动的资产阶级思想。我狂叫"要教育青年""自己认识了的真理也要让全体青年懂得"，这虽然是极狂妄的叫嚣，但也反映了资产阶级要用自己的世界观改造世界的狂妄野心。

过程：1962年国庆节，我找张××、陈××去颐和园商量办刊物的计划，决定先办壁报，组织一个编辑委员会，并商量了编委的人选。国庆后，组织了编委会。参加者有陈××、张××、杨××、温××、王×、陈××、彭××等。由于张××提出要向党组织汇报，团支部李××提出这个刊物由团支部领导，和团支部合办。我坚持反动立场，不愿意这样做，展开了一场斗争。我召集几个骨干编委商量，说"要接受团支部的思想领导，但在组织上保持一定的独立性"，实际上是拒绝接受党的领导。后来由于我周围的编委们的分化（陈××、彭××等自动退出，张××、陈××等向组织靠拢），我个人孤立，该刊筹备工作归于失败。

主要罪行：在筹备过程中，纠集一伙人，向他们散布资产阶级反动思想，甚至一度造成全班同学的思想混乱；在决定和团支部合办后，又耍弄花招，和无产阶级进行阶级斗争；并写了极其反动的发刊词。由于我的这些活动，受到了阶级敌人的重视，彭××直接参加了编委会就是明证。具体罪恶如下：

（1）打出"自由讨论"的资产阶级口号：发刊词中写"这是青年人自己办的，为我们大家自由发表议论的讲坛"，与同学谈话中也号召青年"讲心里话"，影射攻击我国"没有言论自由"，为反动思想的自由泛滥提供场所。

（2）公开煽动青年反党、反毛泽东思想：攻击党的领导是"束缚青年成长的传统观念"，号召"打破传统观念的束缚""自己把握自己的命运，自己选择自己的道路"。并提出所谓"提倡理性，反对盲从"的反动口号。攻击党是"邪恶势力"，号召"打下邪恶势力的气焰"，把矛头直接指向了党的领导和毛泽东思想。

（3）歪曲八届十中全会公报，叫嚣"反教条主义"：发刊词中说："党的八届十中全会号召我们既要反对修正主义，也要反对教条主义，这给了我们强大的思想武器。""我们号召青年在党的思想原则下，团结起来，同教条主义和卑劣的左倾之风作不调和的斗争"。

（4）宣扬抽象的"追求真理，坚持真理"，大谈"只要追求真理，就一定能找到真理"的反动谬论，号召青年"不要怕接触毒草，接触错误的东西"，为宣传反动思想打开门户。

简单的认识（提纲）：

毛主席说："要推翻一个政权，必须先做意识形态方面的工作，革命的阶级是这样，反革命的阶级也是这样。"我搞的《青年论坛》就是为复辟资本主义作舆论准备的。

联系当时的时代背景，邓拓的反动言论出在这个时候，各个文化领域都出现了复辟资本主义的逆流。

4. 与反革命分子林××、彭××，思想反动的学生陈××的关系

林××、彭××均系我的同班同学，林自1962年9月与我同班，彭从1959年入学时即在一班。我与彭接触少，主要是和林××的接触。陈自1962年2月与我同班，和他的接触最多。

我与林、彭、陈接触的主要内容是互相散布反动言论。由于思想一致，我在前面交代的主要问题都在他们面前直截了当地谈过。在谈话当中，他们的反动思想也反过来影响我，使自己立场日趋反动。另

外，在 1962 年 11 月以前，与他们的接触还较少，而在 1962 年 11 月以后，当时我搞的《青年论坛》受到党组织的批评，"学习小组"也只剩下空架子，一般同学不愿和我接近，我感到孤立。由于反动立场，就自动地向林、彭、陈靠拢。

下面交代与林、彭之间的一些具体事情：

（1）1962 年 11 月受团内批评后，我找林、彭谈话（地点：二体地下室），发泄对党的不满。我说："《青年论坛》失败了，我是把它当成事业搞的。这明明是想办件好事，不明白他们（指党团组织）为什么还不让办？"林说："过去你和他们关系太好了，你怎么和他们接近，他们也不相信你。今后你应该和他们把关系搞坏。"谈到青年论坛，林说："我根本就不主张搞这种事！"我还说："我已经失去了所有的群众和朋友，今后我要在政治上隐蔽起来。"从此，我曾埋头钻研业务。

（2）11 月后，由于我和林接触增多，林曾对我说："你尽量不要公开找我，如果要找，在晚上十点以后，并且在外面谈。"由此可见，林和我的密切关系。

（3）1962 年底，一次与林散步，林高谈孙中山的民生主义。我早就猜疑到他是有政治野心的人，讽刺地说："看来你是想当总理，你要是当上，可不要忘了我，起码给我个文化部长当当。"这虽是讽刺，但也说明我和他的关系。我觉察出他的政治野心，可未向组织进行汇报，直到 1963 年 4 月才做了第一次汇报。

（4）1963 年初，放寒假时，林有意搬到我宿舍住。两人出于反动立场，谈论中国政治形势。当时正是蒋匪叫嚣反攻大陆的时候。我认为蒋匪守着孤岛，没什么力量。林说不然。他拿了张纸，画了个草图，说：北部有苏、蒙，西南有印度，东南有蒋介石，东部有日本，中国四面受敌，国内矛盾尖锐，已是一堆干柴，一点就着。我也认为中国内外矛盾交困，很快就一定会变！（即实现修正主义的统治。）这些言论已经是反革命言论了。

（5）我由于反动立场的急剧发展，曾经产生在中国生活不如在苏联好的叛国投敌思想，希望到苏联去。甚至我想只要能离开中国就行,就有办法去苏联。我曾和林表达过这种思想,林未表态。我也曾编造自己有法去香港,对林说:"你愿意去香港吗?我父亲有个朋友,有办法去香港。我不愿意去,我要想去早就去了。"目的是进一步对林进行试探,林亦未表态。

但是我并未参加林的反革命组织,当时也不了解他的反革命计划和活动。

和陈××的关系:

(1)除了互相散布反动言论外,更多地谈论资产阶级的反动文化、文学艺术、哲学等,并带着欣赏的态度。

(2)关于《青年论坛》,陈听说和团支部合办即退出。后来,他曾对我说:"老徐呀,其实你的《青年论坛》不是不能办,只是你旧名词喊得太响了,要多用些新名词。"(这是叫我打着红旗反红旗)

(3)1963年9月,他被勒令退学,我曾和他谈话,劝他回家后要保重自己。他也对我说,要我"尽全力争取毕业",不要闹个政治不及格,毕不了业。他离校的前一天晚上,请他到海淀喝酒,约定别后不联系,不来往。

(4)他离校后,1963年10月份,他所属的团支部给他留团察看处分。我给他写一信,说:"函数班支部对你进行缺席审判,判处留团察看。"他没给我回信。

简单的分析认识(提纲)

(1)已堕落到反革命边缘。堕落到背叛祖国和人民的叛国分子的边缘。

(2)社会主义社会阶级斗争(新生的反革命分子、反动思想的互相影响。)

以上是我在上大学期间所犯的主要罪行。由于这些罪行,在毕业时曾受到全校毕业生(两个系)的批判和开除团籍的处分。当然,陆平黑帮对我的批判是极不彻底的,他们对我是有包庇的。今天我要在文化大革命的群众运动中,重新接受审查,接受批判,进行脱胎换骨的改造。

四、到五中后的情况

到五中后,我对于过去的严重罪行,虽有极肤浅的理论上的认识,但世界观的改造很差,很多反动思想又有所表露。这充分说明毛主席的伟大教导:"世界观的转变是一个根本的转变。"不彻底转变资产阶级的反动世界观,问题不能得到彻底地解决。

下面交代到五中后的反动思想和言行。

(一)文化革命以前(1965年8月—1966年6月)

1. 对思想改造地放松,有离开北大无事一身轻的想法。我没有勇气把自己反动历史全部交给群众,让群众监督改造自己。而是把问题包起来,只与少数几个人谈过自己的问题,谈得也不全面彻底。

2. 不安心中学教育工作的思想,特别是在1966年3、4月间闹嗓子时,曾给父亲写一信,说嗓子坏了也许是个好事,会因此调个好工作。另外,也曾和校外专家、教授联系,想找些门路。

3. 关于突出政治:1966年初报上登出介绍南京部队政治工作经验,批判了"突出政治要落实到业务上去"的反动谬论。我心中一闪念,认为这是否有些过"左",并和组内老师说:"看来对这些问题要重新认识啊!"

4. 欣赏反动的旧文化,曾和某老师说:"我认为读书本身就是一种享受,我们应享受人类所创造出的一切文明财富。"

5. 吹捧卡斯特罗:在中古关系破裂时,我说:"古巴也修了,过去我还很崇拜卡斯特罗呢!"并且吹捧过两个哈瓦那宣言,胡说什么"它不仅在反帝的政治内容方面,就是在使用语言方面都值得我们学习。"

(二)无产阶级文化大革命中的问题

1. 由于运动初期受过冲击,整个文化革命运动中消极,未参加群众组织,有半年左右处于消极状态。

2. 1967年7月30日以后,有一段思想同情矿派,后来看到矿派反军本质,才逐步有所转变。

3. 在批资反路线时,对自己过去的罪行有翻案思想。曾对几个老师讲,我过去的错误只是搞了个《青年论坛》,甚至美化它是反陆平的,好像自己是个造反派。并且说:"如果不提我过去的问题便罢,若提,我就把它彻底翻过来。"这是极疯狂的翻案言论。

五、对问题的认识

首先,我的问题必须提到两条路线斗争的纲上来认识。在1962—63年,国内存在着十分激烈复杂的两条路线的斗争。以刘少奇为首的资产阶级黑司令部及其在各地的代理人推行反革命修正主义路线,进行着复辟资本主义的罪恶活动。他们网罗牛鬼蛇神,反对伟大领袖毛主席的无产阶级革命路线,在各个方面同无产阶级进行斗争。在国际上,帝修反趁着我国暂时困难的机会,大搞反华反共的罪恶勾当。尤其是国际共产主义运动中,以苏修为中心的现代修正主义挑起了公开的论战,各方面猖狂反华,国际共运中的两条路线斗争也公开地、彻底地表现出来。在这个国际国内阶级斗争、两条路线斗争最激烈的时候,正是我犯罪的时候。我在两条路线斗争中完全站在了资产阶级方面,站在了苏修和刘少奇方面,站在了国内外一切阶级敌人方面,攻击伟大领袖毛主席,攻击伟大的毛泽东思想,攻击毛主席的无产阶级革命路线,攻击伟大光荣正确的中国共产党及党的各项方针政策。不仅是攻击,而且在同学中间广泛散布,造成极恶劣的影响。还大肆进行反动活动,直接地、积极地参与了复辟资本主义的罪恶活动。从这些方面看,我对党对人民犯下了极端严重的罪行。

单拿我所进行的反动宣传来说,在我班同学中间造成的影响是极其恶劣的。这不仅由于我散布的言论的广泛,而且还由于我使用的手法带有很大的欺骗性,易于蒙蔽群众。我常常打着漂亮的招牌进行反动宣传,比如标榜自己追求信仰共产主义,在共产主义招牌下为苏修当吹鼓手;标榜自己是集体主义者,在集体主义背后宣传最极端的个人主义;有时还打着思想改造的招牌,借互相谈心、帮助自己解决思想问题的名义进行反动思想的宣传。这样做的结果,使不少同学受了我的蒙蔽,他们参加了我搞的一系列反动活动。尤其是对陈××、张××、温××、杨××等。

我虽然这样标榜自己,是不是我就只是认识问题,是好心办坏事,追求真理而走上了歧途呢?不是!我的问题主要是立场问题,是站在顽固的资产阶级反动立场,向社会主义、向党、向毛泽东思想进攻的问题。为什么这样说?就拿支持苏修来说,如果我能站在革命人民的立场客观地看问题的话,这个大是大非问题是很容易认清的。国际上,苏修同美帝勾结,扼杀各国人民革命运动,办尽了坏事。如果我站在受苏修毒害而遭受严重损失的伊拉克共产党人的立场,对于苏修的三和两全不是会深恶痛绝吗?如果我站在我国广大革命人民的立场,对于苏修破坏我国国民经济的严重罪行不是会激起应有的民族义愤吗?如果我站在苏联国内广大劳动人民的立场,对苏修复辟资本主义,残酷剥削压迫劳动人民,同时对人民进行法西斯专政统治的苏修叛徒集团不是会激起阶级仇恨吗?但是我不是站在人民的立场,而是站在苏修特权阶层的立场,自己追求做一个像苏修国内上层知识分子那样的精神贵族,立场当然会站在苏修方面。我对于苏修的宣传都是不假思索地相信,正表明了我的立场。由于立场错了,就不敢正视现实,不敢正视真理,也就不可能认识真理。

当然例子还可以举出很多,比如社会主义社会阶级和阶级斗争的问题,反对党领导科学教育事业的问题,反对党的政治运动的问题,都很清楚地说明了自己的反动立场。

今天,我认识到我的所作所为,我的思想言论是完全错了。这里首先有个转变立场的问题,有个把立脚点移过来的问题。其实认识问题也是立场问题,立场变了,立脚点移过来了,才能认识自己过去的错,也才能正视客观事实,看到党的伟大,毛泽东思想的伟大,认识自己言行错在哪里。

六、犯罪的根源

我生长在新社会,为什么犯这么严重的罪行呢?这是应该认真地总结的。毛主席说:"历史的经验值得注意。"对于我来讲,应认真总结犯罪的沉痛的经验教训,深挖犯罪的根源,长期进行自我改造,这才能保证今后不再犯罪。

我犯罪的根源,从世界观上来说,仍然是个"私"字,对我来说就是极端的个人主义。另外,也有阶级根源和社会上的坏影响,以及修正主义教育路线长期的毒害。我的个人主义也是有阶级根源的,这些东西是相互交织的。当然,从主观上来说,长期拒绝思想改造,不认真读毛主席的书,也是极重要的原因。为了更深刻地挖掘自己的犯罪根源,有必要仔细地回忆一下我的思想发展过程,看看在这个过程中哪些是起了决定作用的,以便在找出根源的同时,吸取犯罪的痛苦的教训。

(一) 个人主义思想的滋长和发展(1958 年 7 月以前)

我从小形成了极严重的个人主义思想,这首先是与家庭的影响分不开的,是有它极深刻的阶级根源的。

我父亲是个资产阶级知识分子,他有浓厚的向上爬的思想,经常向我散布"万般皆下品,唯有读书高"和"个人奋斗""成名成家"的反动思想。比如在我上小学时,叫我学理工,当工程师。并且从小鼓励我在学校成绩上争第一。母亲在我上小学时就不让我和邻居小孩玩,说他们是"野孩子"(劳动人民出身的孩子),把我关在小屋里,终日读书。我从小就在这样的教育和环境里长大,只知道读书,其余什么事也不过问,抱着一种成名成家的所谓理想,埋头在书堆里。从学校教育来说也是这样。解放前国民党反动派当然是这样,解放以后,修正主义教育路线流毒很深,对我这样的学生是很重视的。我多次得到老师夸奖,学校表扬,亲友也常常鼓励。慢慢地,使我的思想上形成了极不健康的东西,这在我反动思想发展中起了重要的作用。这就是高人一等的思想和自信心,轻视体力劳动和劳动人民。这可以说是剥削阶级从小给我遗留下的烙印,是深深地浸透在血液里的一种精神贵族式的优越感。

上初中以后,除了家庭和学校的毒害之外,书籍的毒害也起了重要的作用。由于我埋头于书籍之中,对它们发生了兴趣,中的毒是很深的。当时我受了纯科学观点的影响,觉得人生应该追求真理,在真理的长河中能前进一步就是最大的快乐和幸福。我羡慕启蒙时代的自然科学家的生活，想终日生活在天文台中，白天研究数学，晚上观测天象。这时对父亲叫我当工程师的话听不进去了，我觉得那还不是最伟大的理想，要在自然界的真理的长河中游泳。同时这时我有计划地把自己培养成那样的人。从初二起，我开始制定生活计划，歪曲理解毛主席的三好号召，按照个人奋斗成名成家的路子培养自己，安排自己的工作学习，把自己培养成所谓"通才"。我的这种极端个人主义的思想在当时不但未受到阻碍和批判，反而受到鼓励。家里当然不会阻碍我，学校和旧北京团市委还用各种形式鼓励我，并把我拉入团内。

上高中后，学校对我这样的个人主义十分严重但是用功、听话、守纪律的学生，不但不加批判，反而十分重视，培养我当干部，鼓励我学习，使我的个人主义思想更急剧发展起来。但是由于自己的个人主义还未和社会发生矛盾，所以我对党没什么不满，表现上还是个相当进步的人。但 1958 年以后，社会上发生了天翻地覆的变化，我感到和我的个人主义要求有了矛盾，自己的不满情绪就开始产生了。

插一句，反右时，出于我当时的思想，对大学生中的某些右派是有同情的。其一是个人奋斗思想的共鸣，其二是认为他们有才能。但由于当时我处的地位，并未公开发表反动言论。

（二）对党不满的产生和发展（1958 年 7 月—1959 年 9 月）

社会上发生的巨大变化对我影响最大的是教育方针。1957 年开始提出红专问题就和我格格不入。附带说一句，当时我在四中团委会里负责抓学习工作，但我不宣传又红又专，反而把学习工作的重点放在搞学生课外小组上，搞了近一千人的课外钻研小组，完全是白专道路！1958 年夏天开始勤工俭学，58 年 4 月展开双反运动，反对个人主义，这触动了我的灵魂。58 年暑假又搞整团，这些在学校中的深刻变革使我有些不舒服。我知道自己思想和社会的变革很不适应，58 年 4 月也进行过思想检查，但是我最终是逃避了思想斗争。58 年 7 月借病休学，连整团都没参加。后来，1959 年 5 月又退学，就离开了火热的群众斗争，继续发展自己的个人主义和一些反动思想。

大跃进年代里，我躲在家里养病，每天到公园里打太极拳，到图书馆看书，继续做着个人主义成名成家的迷梦。在广大人民群众大炼钢铁改变祖国一穷二白面貌的时候，我却躺在床上，拿着抽象的数学书，幻想揭露质数之谜。在广大劳动人民废寝忘食连夜奋战时，我却感到太紧张，感到太不自由，竟一头扎在18世纪法国的哲学、政治学书籍中，在自由、平等、博爱的虚伪口号里寻找安慰，为自己个人奋斗的野心辩护，找理论根据。当时过着医院、公园、图书馆的生活，完全脱离了现实斗争。1959年5月我又忽然想考大学，到四中退了学。做了一点准备，于是上了北大数力系。我为什么考北大，也可看出我的反动思想。我当时在科大应用数学系和北大数学系中选择，父亲让我选前者，但我觉得应用数学是联系实际的，理论性不强，不愿意考。

（三）猖狂向党进攻和消沉的时期

由于个人主义和反动思想的发展，立场十分反动，在反右倾时，我十分同情彭德怀的言论。于是在向党交心时猖狂向党进攻，这是我反动思想发展的必然结果，是有深刻的阶级根源和思想根源的。1959年向党交心是一次大暴露，矛盾尖锐化了，公开化了。这时，我受到了批判。如果我从这时起认真地进行思想改造，踏踏实实改造世界观，还不晚。但我没有这样做。我只是把不满藏在心里，不说了。实际上对党的不满则发展得更加严重。表面上看是消沉，实际是反动思想继续发展。

这时学校里也发生着一系列重大变革，如反右倾运动，教改运动，编红书运动，技术革新运动以及几次较长时间的生产劳动，我的态度都是消极的。但实际上由于我的反动思想，对这些运动都有不满。这为将来犯更大的罪埋下了种子。这时我又一次失去了改过自新的机会。

（四）平反和再次猖狂向党进攻

1961年，陆平黑帮扼杀了1958—59年教育革命的成果，对于当时轰轰烈烈的革命群众运动的大好形势加以否定,这是尖锐的阶级斗争,是两条路线和两个司令部的尖锐斗争。就在这时,陆平等借甄别工作机会为我平了反,学校里风气骤然转变。不准提"白专"了,钻书本的风气大盛。政治活动减少到几乎没有,强调"小自由"多了,甚至超过了"大集体"。这种环境对我来说是太适合了,和我的反动的资产阶级世界观非常合拍。我当时感到五、六年来从未感到的自由舒畅的感觉。由于我未得到改造的阶级本能,就又蠢蠢欲动了。

首先,个人主义的所谓"理想"恢复了,我订了个人生活计划,得到了党支部的表扬。另外,自己的不满言论敢说了,可以说当时是做了极其充分的表演。自己在所谓搞好群众关系中,散布反动言论,猖狂向党进攻。还搞了不少反动活动,学习小组,《青年论坛》等,使自己反动思想又一次恶性发展起来。

这时,我的反动活动搞得连陆平等都感到有些过分了,于是他给我敲起了警钟,1962年11月对我提出了批评。这使我自觉的反党思想日益严重。恰在这时,苏修的影响和反革命分子林、彭的影响使我的反动思想,尤其是修正主义思想系统化,发展到政治上彻底反动。

由这个过程,应吸取什么教训:

(1) 不断进行世界观的改造,学习毛主席著作,树立正确的人生观和世界观,在为什么人服务,为什么而生活这个最根本问题上狠下功夫。学习毛主席著作时要活学活用。

(2) 听毛主席的话,跟毛主席走。自己理解的要执行,不理解的也要执行。过去,"抽象地追求真理""寻找正确的人生之路"把我带到什么地方去了?

(3) 保持清醒的阶级斗争观念,注意抵制资产阶级毒素的侵蚀。过去我标榜自己思想是"开放式的",什么东西都吸收,"每天都要吸收新的思想",结果中毒极深。特别是对于苏修和资产阶级的哲学、政治理论,必须要用毛泽东思想彻底批判。

(4) 对家庭影响要彻底批判,肃清家庭的影响。

(5) 要不断革命,自觉革命,如果能有为人民服务的机会,则为人民服务一辈子,改造一辈子思想。

接受犯罪后的沉痛教训。离开北大后，思想不能说没有转变，没有提高，但世界观问题没有解决。条件、土壤适合又要犯罪。到五中后，文化革命后的问题就是明证。

1969年5月1日晚

附录二：对具体问题的认识（提纲）

（1969年5月1日—5月10日）

一、对三面红旗的认识

三面红旗是建设社会主义的法宝，1958年以来取得了辉煌成就。

我攻击三面红旗即反对毛泽东思想。攻击总路线，主要攻击政治挂帅，在理论上和实践上都站不住脚。

认识到自己立场的危害性，配合右倾分子和帝修反反华，帮助了敌人。

我反对三面红旗与追求资产阶级知识分子道路分不开。害怕紧张，站在群众运动之外。

二、对苏修叛徒集团的认识

赫鲁晓夫篡权以后苏联的情况。

我支持苏修的背叛祖国，背叛人民。

认识苏修面目有一个过程，从古巴事件到最近的事件。但也有反复。在赫鲁晓夫统治时，认识苏联有民主。

社会主义阶级斗争问题是立场问题。只要正视现实是不难解决的。我班的情况说明了和平演变。

要认识自己支持苏修的罪恶：（1）是攻击毛主席，背叛中国人民。（2）是在两条路线斗争中支持敌人。

三、对其他反党言论的认识

这些言论的实质，直接反对党的领导，反无产阶级专政，反社会主义制度，和右派一样。

关于党的领导：从党的历史看它的正确性。重弹右派外行不能领导内行的老调,被原子弹成功和其他成就所驳倒。

民主自由问题,主要是立场问题。为谁争民主自由?我为资产阶级包括右派和资产阶级知识分子争民主自由。

文化遗产问题:毛主席一贯正确对待文化遗产。我维护的文化遗产是资产阶级的反动旧文化,这些必须彻底批判,必须"焚书坑儒",焚资产阶级书籍,坑资产阶级反动文人。

要找出自己攻击党的根源,原因是自己追求成为资产阶级知识分子。这只有在资本主义制度下才能实现。

四、对反动活动的认识

1. "争取群众":

实质是无产阶级和资产阶级争夺青年。

这说明了我的"三无政治"的虚伪性。我无孔不入地进行资产阶级反动政治思想工作。

2. 学习小组:

业务上搞白专,是复辟资本主义的活动的一部分。政治上散布攻击教育革命、教改的言论,造成损失。

3. 青年论坛:

(1) 阶级社会,任何刊物都有阶级性,青年论坛是为资产阶级服务的。

(2) 散布反动思想,目的和效果是为资本主义复辟造成舆论。

(3) 当时的时代背景,邓拓反党杂文,各文化领域中的复辟逆流。

4. 和林彭陈关系:

说明自己走上反革命道路,堕落到反革命泥坑中。

我走上反革命道路与林的影响分不开。记取这个教训。

五、犯罪根源

(一) 阶级根源:

父亲的成名成家思想的教育。

家庭经济变化使我自觉不自觉地留恋旧社会，对新社会埋下了不满的种子。

（二）个人主义思想的发展和拒绝思想改造：

犯罪主观原因，世界观上是个"私"字，具体到我是极端个人主义。

从小形成个人主义思想，初中发展到自觉按资产阶级知识分子来发展自己。

1958年的变化触动了我个人主义的王国。但没有改造，逃避整团，钻进资产阶级反动哲学、政治书籍中。

1959年猖狂向党进攻，受批判后没有改造自己。1962年反动思想大暴露。

1962年受团内批评后又不改造，向反革命靠拢。

这个过程说明犯罪与主观上拒绝改造是分不开的。

（三）资产阶级修正主义的反动思想的毒害：

生活在毛泽东时代，不联系实际地读毛主席著作，反而受资修的影响。

1958年读资产阶级反动书籍，受到资产阶级人道主义，"超阶级"观点影响，自由平等博爱，对社会不满。

1962年读《苏共纲领》和《马克思列宁主义原理》等，受到修正主义系统影响。

1962年还受右派分子影响。

资产阶级文艺作品也是一个原因。

（四）修正主义教育路线的毒害

上中学时鼓励我的个人主义思想。

上大学时，陆平给我平反，又一次鼓励我的个人主义思想。

（五）吸取的教训（五点，同检查草稿）。

（作者注：本提纲未标注写作时间，从内容分析应在1969年5月1日到5月10日之间。）

附录三：补充交代几个问题（一）

（1969年5月1日—5月10日）

一、关于我写的反动日记及文章

日记：1958年记过很短的一段（顶多一个月），1960年元旦起到1963年初每天都记。1963年8月—64年10月（中间有间断），1965年4月—5月，1965年12月—66年7月（中间有间断），1967年底—67年初，都断断续续地记过日记。

我认为1962年—63年的日记有很多是反动的。1963年8月以后的日记，虽主观上认为是思想改造日记，但仍有不少问题。

在1962年—63年的日记中，记载了我当时的一系列反动思想和反动活动，比如学习小组、《青年论坛》等。具体内容能记起的有：

1. 1962年8月一次日记中污蔑革命同学没有头脑，不理解共产主义的起码常识。他们受到了"传统观念"的束缚，"不敢大胆地思想，不敢大胆地生活""要提倡新的思想解放运动，提倡理性，反对盲从""要办一个刊物，以它为主体，点燃起新运动之火，使其燃遍全国。"

2. 在筹办《青年论坛》时，我还在日记上写过："要在自由的旗帜上书上血红的大字——自己做自己的主人""不把自由的口号提得鲜明些，就不会获得足够数量的群众。"

3. 一次日记上谈到我和陈××的"友谊"时说："政治观点不同的人也能交朋友，观点不同，个人感情还会是很好的。"宣扬资产阶级人性论。

从整个日记的内容上说，大致有以下几个内容：

（1）随时记录自己的读书计划，总结，以及搞学习小组、《青年论坛》的具体活动、打算等。

（2）发抒自己的资产阶级个人主义的所谓"理想、抱负"及不健康的思想感情。

（3）发抒自己的反动思想，尤其是关于资产阶级民主自由和资产阶级人道主义等。

（4）记载我和同学的关系，和同学的谈话及对同学的评论等。

1963年8月以后的日记，自己认为是思想改造日记，但也有问题。其一，反映出自己不健康的小资产阶级情调。其二，反映出对自己罪行不认识，甚至继续标榜自己"一直是追求真理的""只要认识了真理，就会坚定地向它前进"，等等。我还记得的是，1963年9月7日的日记，那是在我22岁生日的时候，虽然表面承认自己走了一条错误的道路，但仍然标榜自己"追求真理""知错就改"，标榜自己22年来的最大收获是所谓"行路精神"，意思是要积极地对待生活，不管走在什么路上，"路还是要走""要奋斗不已"。实质是坚持反动立场的一篇自我表白。我在1963年以前的日记都交给了北大党组织，交的时候还撕掉了几页，重编页码，欺骗党组织。

我撕去的几页，根据回忆，内容是：

1. 1963年初，林××建议我停止记日记，他说记这些东西一点也没有好处，老虎是要吃人的，不要把自己送给它吃（不一定是原话）。于是我在最后一天的日记中写："日记从今天起暂停，因为老虎要吃人了"，这篇我撕掉了。

2. 我偷看过同学温××的日记，里面记载党组织和他的谈话，说对我要警惕。我当时很生气，也很害怕，把这个事情写在日记上，这篇我也撕掉了。

3. 关于我和当时的女朋友的一些事情，及我给她写的绝交信的底稿，撕掉了，后来考虑没有什么，又把撕掉的部分夹在日记里交了上去。

附录　徐明曜个人材料（1969—1980）

文章：1958年在家养病时，在读资产阶级反动哲学、政治书籍后写过笔记，自己叫"哲学思想录"（仿照狄德罗），约十条左右，均已散失。记起的有：（1）对于社会平等的看法，认为一切革命都是为了实现平等，真正的平等只有到共产主义建成后才能实现。自己否认阶级斗争，把阶级斗争归结于争取平等。（2）关于人与人之间关系的看法，认为合理社会的人与人之间关系只能是互相帮助，是博爱，不应有其他任何关系。

此外，写过几篇文章，主要是学习数学的心得。记起来的有两篇是和哲学和政治有些关系的。（1）学习《自然辩证法》以后写的《数的概念的发展》，（2）1959年暑期写的《苏联对世界文化的贡献》，该文在1959年十月革命节时作为壁报贴出。两篇均在万字左右，自己未发现有什么问题。

1963年初写过几篇反动文章，记起的有：

（1）《这是为什么？》文中虚拟一个人物，实际上指的自己。描写这个人如何有理想，有抱负，有能力，想为人民做一番事业。但是他的理想得不到实现，他周围的人也都不理解他。为什么会这样？随即把矛头指向伟大领袖毛主席提出的阶级斗争学说，说有些人人为制造阶级斗争，而他就成为这种政策的牺牲品。

（2）《为了将来印证》，是支持苏修的反动文章。罗列了一些苏修的反动观点，主要是人道主义口号，我是支持、赞同的。但到底对不对，需要历史来考验。"为了将来印证，我写下这些话"等等。

（3）《四·一二有感》，纪念我入团七周年。发抒自己所谓追求共产主义理想的抱负（实际是追求修正主义），但是自己走上弯路，感到迷惘、徘徊。

以上三篇文章写过后不久就烧掉了。并且已向党组织汇报。

1963年夏天及秋天，在筹办《青年论坛》时写过几篇文章，准备在《青年论坛》发表，记起的有：（1）《什么是真理？》主要宣扬所谓"要用积极地寻求真理、探索真理的精神对待生活""马列主义是真理，但我们要弄清它为什么是真理，要真正理解它"等等。（2）

《为什么而生活?》实质是宣扬个人主义成名成家思想。我虽然说要为共产主义、为人民贡献终生,但强调说自己应选择自己的为人民服务的具体职业,要有很强的事业心。

1964年上半年,出于想学文学的动机,开始练习写小说、散文、诗歌,实际上当然算不得什么小说、散文、诗歌,只是写着玩的。当时尤其喜欢散文,经常写一些。用当时的话说,"把它当成自己生活的印记"。

写过的"小说"有:《一个阴霾的秋夜》《我们姐儿俩》《我和金大哥》,并企图写长篇《悬崖·徘徊·新生》,写了百页稿纸左右。大概还有一些,记不起来了。这些东西我没感到有什么问题。"诗歌"多是一些短诗,具体篇目都记不起来了。

"散文"也有几篇,记得起来的有《牛虻和蒙泰尼里》,表面上批评,实质上是歌颂牛虻对他的敌人的爱,这是有问题的。《我赞美荷花》,实质是标榜自己像荷花那样纯洁,出淤泥而不染,这也是有问题的。另外,在1964年春节还写过一篇以春为题借题发挥的文章,发了一通小资产阶级的感慨,表示今后要争取生活中的春天的真正到来。肯定还有一些,也都记不起来了。要说明的一点是这些文章使用的语言都很隐晦,用了很多比喻、双关。当时自己是很追求这些的。

以上这些文章,有的丢掉了,有的烧掉了,有的交给专案组了。

二、反对伟大领袖毛主席的言论

1963年初,从报上看到苏修的文章,称中国是"教条主义和个人迷信统治的国家",我也说过这样的话。还讲过:"中国跟着斯大林跑,毛主席也搞个人迷信",攻击中国没有民主生活。

在五中和某老师说:"我校教师利用业余时间学习毛主席著作的连10%也没有。"这既是攻击革命群众,也是攻击伟大领袖毛主席。

(作者注:本材料未标注写作时间,从内容分析应在1969年5月1日到5月10日之间。)

附录四：补充交代几个问题（二）

（1969 年 5 月 10 日）

一、关于和林××、彭××、陈××等人的关系

1. 1963 年初，林搬到我的宿舍住。一天晚上，熄灯以后，我和他谈起班上同学的情况。谈到陈××，我问林对陈如何看法，林不表态。我问为什么？林说："这叫单线原则。"当时我很奇怪，为什么使用这种只有搞反革命秘密活动才使用的语言呢？我甚至怀疑到林是否是有组织的反革命分子。但我当时没有采取正确的途径，汇报给组织解决这个问题，而是用一种愚蠢而幼稚的方法，想咋出他的组织来。我诡称自己也参加了什么反革命组织，对他很了解等等。林听到这些，似乎很激动，坐了起来，说："你说的这些如果是真的，你敢发誓吗？"我当时有些害怕，就故意一笑，说："我说的都是假的，快睡觉吧。"林也一笑了之。后来，我听北京市人民检察院的一位同志说，林当时准备把我当发展对象。这天晚上的事，确实是十分危险的。

2. 1962 年底，一次和林在校园里散步，林说："你想想，中国共产党十三年来干过一件好事没有？从解放起，土改，三五反，镇反，肃反，反右，大跃进……，一件好事也没有。"我当时虽然一惊，但没有及时向组织汇报，并且，后来我还和其他同学重复过林的这段话。（大概是和杨××）

3. 1963 年初，我曾和陈××说："校外有个组织，叫中国共产主义青年同盟"，并说我参加了这个组织。实际上并没有这回事。不过，我说这话反映了自己的反动思想，它是我想组织支持苏修的反动组织的最初的动机。当时我和陈说这话时，陈没说什么。后来在我与他快分别时，我又一次提到这事，说过去说的都是假的，根本就没有这

个组织。陈笑了笑说:"我早就知道这是假的。"

二、关于《青年论坛》的一些问题

在 1962 年 10 月筹办《青年论坛》时,我写了非常反动的《发刊词》,其中把矛头指向所谓"束缚青年思想的传统观念",指向所谓"邪恶势力"。这些实际上都是指党的领导,指伟大的中国共产党。

在我当时动笔写发刊词的时候,对于所谓"传统观念""邪恶势力",头脑里是有一个概念的,也就是这些东西都是有所指的。拿"传统观念"来说,我当时反对听党的话,跟着党走,要求自由发展个性,这是我的一贯思想。凡是积极听党的话的同学,我都斥之为"没有头脑""没有理想""受到了传统观念的束缚"。另外,我当时想走资产阶级知识分子的道路,认为有些同学口头上喊又红又专,实际上不读书,头脑空空,他们也是"受了传统观念的束缚"。还有一些同学,受了所谓"左倾之风"的影响,宁左勿右,批判别人无限上纲,自己"却不懂马列主义起码常识"(这是我当时攻击的话)。我认为这些人也是被"传统观念"束缚住了,不能解脱。由此可见,我所谓的"传统观念"是指党的领导,党对青年的教育和党的阶级斗争学说。至于"邪恶势力",在我的心目中,指的是用"传统观念"束缚青年的势力,也就是指伟大的中国共产党。具体到我生活的圈子里,指那些代表着党的领导的学校干部和学生干部。

由此可见我搞的《青年论坛》的反党性质。

三、攻击伟大领袖毛主席的言论

通过回忆,发现过去交代的一条反动言论并不完整,重新交代如下:

1965 年初,我在检查会上说:"毛泽东思想在民主革命阶段是正确的,这已为历史所证实。但在社会主义革命阶段犯了错误,过分强调了阶级斗争。"又说:"要用他的正确方面反对他的错误方面。"

1969 年 5 月 10 日

附录五：唐山五中革命委员会
《徐明曦的综合材料》

（1969年6月9日—22日）

作者说明：这是我在1969年"七一"被"解放"时唐山五中做的结论，现一字不动地抄录如下，内有不少污蔑不实之词，最可笑的是说我在"上中学时，曾妄图组织'青年真理党'，想推翻共产党。"其实那时我是北京四中共青团的主要干部，实在不知此话由何说起。

一、**本人简历：略**。

二、**家庭主要成员和主要社会关系：**

父亲：徐光烈，56岁，现在北京天堂河农场五分场。解放前任天津伪中央银行高级职员，徐州宝来公司经理，伪中央银行行员。解放后留用中国人民银行。三反时因泄露国家机密被捕，判处机关管制二年。解除管制后因病退职。徐对判决不服，一直对党不满。曾向徐明曦灌输"共产党政治上最毒辣，比国民党还坏""中国没有民主自由"等反动言论。

母：周碧波，家庭妇女。

兄、姐、弟、嫂、妻均略。

大姑、大姑父，二姑、二姑父，姨均略。

三、**主要政治历史问题：**

徐明曦1958年上中学时，曾妄图组织"青年真理党"，想推翻共产党。1959年考入北大，在60--63年期间，配合国内外的阶级敌人，散布了大量的反动言论，情节严重，本应严肃处理，但却被陆平黑帮包庇了下来，只给了开除团籍的处分，仍让其毕业并分配了工作。

（一）反对我们的伟大领袖毛主席和战无不胜的毛泽东思想。

（二）反对党的领导。

（三）攻击社会主义制度，向往资本主义制度。

（四）反对三面红旗，吹捧右倾机会主义分子。

（五）攻击57年反右派斗争。

（六）吹捧修正主义。

（七）筹办反动刊物《青年论坛》：

徐明曜在1962年9月--11月积极筹办反动刊物《青年论坛》，徐企图"把这刊物由班级扩大到系，由系扩大到校，由校扩大到全国""用它点燃起新运动之火"。在反动的发刊词中，徐明曜说："在今天我们还有必要提倡青年追求真理，提倡青年积极的思想，自己选定自己的道路，自己把握自己的命运。"该发刊词把党比作"邪恶""强权"，号召青年"打下邪恶势力的气焰"。尤其反动的是，徐将发刊词的日期选定为"双十节"（匪国民党的国庆），以此寄托盼蒋重来的妄想。

徐在策划过程中曾与反革命分子林××、彭××（均被捕在押）以及陈××（后被开除）等多次研究。

四、徐明曜是陆平黑帮包庇下来的右派分子：

当时亲身处理徐明曜问题的人认为，徐明曜是被北大旧党委包庇下来的反动学生。

当时系级总支委员，徐明曜所在年级政治辅导员周言恭说：当时数力系总支对徐明曜的意见是："开除团籍，不予毕业，带上反动学生帽子，劳动教育两年。"周言恭和当时数力系总支委员、办公室主任李志义共同将此情况汇报给彭珮云。彭珮云供称：一九六四年冬数力系周言恭等向我汇报徐明曜的问题时曾说：数学系党总支早在一九六三年就提出把徐明曜划为反动学生，要开除他的团籍。报到了旧党委和旧团委，旧党委不批准划为反动学生，旧团委借口要研究，一直没同意开除徐的团籍，包庇了徐明曜。

附录　徐明曜个人材料（1969—1980）

对徐明曜的处理意见

徐明曜，现年28岁，出身于伪高级职员，从小受其父成名成家的资产阶级个人主义的影响很深，资产阶级世界观没有彻底的改造。徐在中学时企图组织"青年真理党"，妄图推翻共产党。在北大上学期间，尤其在62年至63年初，配合苏修反华，在学生中间散布大量攻击社会主义制度，反对三面红旗，妄图为右派翻案，吹捧苏修的言论，反对伟大的领袖毛主席和战无不胜的毛泽东思想。徐还在班内纠集思想反动的学生筹办反动刊物《青年论坛》，徐书写了发刊词，内容极端反动。后被学校制止，才未得逞。但其心怀不满，与反革命分子林××、彭××终日鬼混，互相影响，一起散布反党言论，情节严重。故徐大学毕业前夕曾受到全系师生批判，并受到开除团籍处分。（曾受北大旧党委陆平包庇）

在文化大革命清队学习班中，徐能主动交代问题，对自己的问题认识较好。这阶段没发现新的问题。

根据党的坦白从宽、抗拒从严的政策，虽然徐问题的性质是严重的，思想是反动的，但徐的态度较老实，给予从轻处理：定为严重政治错误，不予处分，并给予适当工作。（劳动锻炼改造思想一阶段）

唐山五中革委会
1969.6.9.

附录六：唐山齿轮厂革委会对徐明曜问题的处理意见

（1969年6月22日）

文化大革命运动中，重新审查未发现新问题。群众批判是正确的。该问题不做重新处理。

唐山齿轮厂革命委员会（章）
1969年6月22日

附录七：对唐山五中处理意见的一点说明

（1969年7月1日）

在对我的问题的定案材料里，有一个情节需加以说明：

该材料说，我写《青年论坛》发刊词，选在"双十节"，是为了寄托盼蒋重来的反动心理。这是不符事实的。1965年4月北大毕业生对我进行批判时，也这样提过，我并没有承认。我认为，在10月10日写发刊词，全是偶然的。因为当时从主观上来检查，并没有盼蒋重来的思想。自己认为对蒋匪帮和美帝国主义基本上还是有所认识的。

徐明曜
1969年7月1日

附录八：1979年申请平反

（1979年9月25日）

数学系总支：

我在1965年4月大学毕业时曾经受到全系毕业生为时一周的批判，并受开除团籍的处分。由于这次批判，1966年6月在唐山五中又受到大字报围攻，1968年8月—1969年7月被隔离审查十个多月，受到殴打、侮辱，使身体和精神都遭受到折磨，造成严重的神经官能症，至今未愈，1972—74年曾不得不在唐山精神病院接受治疗，并休养过近半年。

根据党的实事求是的原则，我认为过去对我的批判和处理有很多不妥之处，希望党组织重新审查，予以平反。为此，特申诉以下几点：

在我的大量"反动言论"中有相当大一部分今天看来是正确的，是对当时的一些事物如实的评价。即使有错误的东西，也是一时的认识问题。

在我的"反动思想和言论"中绝大部分是出于改造思想的目的主动和党组织谈出的，结果都成了我的罪证，这种做法是不妥当的。

在批判中以及我个人被迫写的检查中，由于无限上纲，有很多把无意说成有意，把一时糊涂的想法说成长期固定的看法，把客观效果说成主观动机的地方，甚至还有主观臆断，断章取义，无中生有的东西。由于不按上面的口径说就不能过关，我也写过一些不实事求是的检查，特别是对1963年底写的《对过去的清算》和1965年4月写的《大学五年半的总结》，我正式声明这两份检查是被迫写的，根本不实事求是的，应该作废。

我和林××、彭××反革命集团无丝毫组织上的联系,对其反动纲领、计划及其叛逃行动一无所知,因此应把我的问题和他们的问题区分开来。

《青年论坛》从当时筹办它的主观动机来看是好的,革命的,《青年论坛》发刊词正反映了这种动机,它绝不是反动的,因而不应把《青年论坛》称为反动刊物,并且我认为对于青年人这种自发的探讨真理的活动应给予支持和鼓励。

数学系研究生　徐明曜
1979 年 9 月 25 日

附录九：对"申诉书"的几点说明

我在1979年9月向数学系党总支写的申诉书中提到的五点申诉过于抽象，为进一步阐明自己的看法，特作以下几点说明。这些说明是根据回忆，就1965年4月全系毕业生对我进行批判时所涉及的主要问题所作的申辩。由于事隔十四年半，我手头又没有文字材料作为依据，因此很可能出现记忆不准确或遗漏重要问题的情况，仅供组织上对我的问题进行复查时的参考。如有情况不清之处，希望组织上能提出来，以帮助我进行回忆。

一、关于"反对党的领导"的问题

"反对党的领导"是当时对我进行批判的主要问题。当时说我"从根本上反对中国共产党，反对党的一系列方针政策，并且公开号召同学反党"等等。我认为这些指责是不实事求是的。因为在当时对我批判的主要依据只有

1. 我曾经对当时的过左的做法有过怀疑，比如大炼钢铁运动，大跃进中的浮夸现象（放高产卫星），教育革命中的轻视理论，片面强调联系生产实践的倾向，对自然科学理论随意加上"资产阶级的"标签并加以批判的做法，在思想教育中片面强调听党的话而不启发青年独立思考，追求革命真理的错误倾向等。这些只能说是自己看到了当时党在工作中的一些缺点错误，而且又都是在向党交心中说出来的。把这些看法认为是反党是没有根据的。

2. 认为我"有个人野心""组织学习小组（1962年）是反党的组织准备，"这些也毫无根据。诚然，党培养我到北京大学学习数学，我是想把数学学好的，甚至也想在数学上作出些成绩。但是这种愿望和个人野心是根本不同的。为了学好数学，而且不止自己学好，和同学们一起都把数学学好，我才组织了学习小组。这分明是件好事，却

被荒唐地指责为"为了将来篡夺党对科学事业领导权做的组织准备,"这是毫无根据的。

  3. 认为我筹办《青年论坛》是反党的舆论准备，青年论坛发刊词是反党纲领，是公开号召同学起来反党，这更是缺乏根据。当时办青年论坛的出发点是是想提供一个同学们互相交流思想、讨论问题的园地，主要讨论青年人感兴趣的政治、生活、学习、修养等方面的问题，而且筹办这个刊物也不是我个人的主张，而是群众自发的产物，这点看和当时参加这个活动的陈××、张××、杨××、温××、王×等人了解。当时特别提倡自由讨论、独立思考，是针对当时青年人中间存在的问题提出的。青年论坛发刊词对于这个刊物的宗旨写得也很清楚，总的前提还是要在党的思想原则指导之下的。但是在批判中（包括我自己的检查中），都不顾事实地说这个刊物是预谋的反动刊物，目的是反对党的领导。并说发刊词中所说的"反对邪恶势力"指的就是反党，"追求真理"指的就是追求资产阶级反动腐朽的东西，可以说这只能是主观臆断！而我本人在党团组织多次谈话之后，在无数次无限上纲之后，也不得不承认这是一个反动的刊物，这只是为了能过关。

  4. 附带提一下关于"恶毒攻击毛主席和毛泽东思想"的问题。记得主要根据大概是我在中苏论战时说过，斯大林搞个人迷信，中国跟着斯大林跑，因此是影射攻击毛主席搞个人迷信。另外，向组织交心时说过，阶级斗争强调得过分是不是会犯错误，后来大会检查时又上纲成"毛泽东思想在民主革命时期是正确的，但在社会主义革命时期是否犯了错误，阶级斗争强调得过分了。"这些话只能反映当时自己对"领袖是绝对正确的，不会犯错误"这点有过一些怀疑，而在把领袖神化的社会风气下就成了"恶毒攻击"了。实际上，我对毛主席一直是非常钦佩的，初中时我就通读了毛选1—3卷（当时第4卷还未出），并且和同学们（包括林××在内）说过，"我认为中国近代现代史上只有孙中山和毛主席可以称得上是伟大的革命家，毛主席对中国历史的贡献是不可估量的。"但在批判时这些正确的话自然无法再提,只强调了在当时看来有问题的话。这样的批判是不能使人心服的。

二、关于"反对社会主义制度,向往资本主义制度"的问题

在对我的批判中,所谓"反对社会主义制度,向往资本主义制度"的内容是很多的,我认为也不切合实际。因为作为社会主义制度基础的生产资料公有制的经济制度和人民民主专政的政治制度我从来没有反对过,而且是十分赞成的。说我"反对社会主义,向往资本主义"主要是根据下面几条:

1. 我认为当时民主生活不健全,应该扩大社会主义民主。特别是感到在选举时,哪怕是选班长或小组长,也都是先由上级定下来,选举只是走走形式,我认为这种做法不能代表广大群众的意愿。今天看来,这实际上是当时我们的民主生活不健全的一些表现,并不能认为一提民主,就是要求资产阶级民主。

2. 对当时政治运动中的过激行为和扩大化问题有些看法,比如我认为"反右搞得面太大,有的大学里一个班大多数人都是右派""应重新估价反右斗争""反右中伤了一些有才能的好人。"认为反右倾搞得过火了,困难时期以后,可以看出右倾分子的观点是有正确的一面的(当时是否提了彭德怀的名字我也记不清了)。我还认为,由于"政治运动搞的过火",造成群众不敢讲真话,怕一讲出来就挨批判等等。这些看法在当时被指责为"为反动阶级鸣不平""鼓吹资产阶级人道主义"和"反对无产阶级专政",我觉得这是不妥当的。因为不管这些看法是对是错,发表这种看法(而且大部是向党交心时谈的)还只是一种认识问题,而"反对无产阶级专政"必须是有目的的,有行动的,二者不能混为一谈。

3. "向往资本主义制度"主要是指在中苏论战时出现的一些认识问题,尤其是指我当时对于苏共二十二大中通过的苏共新纲领的一些错误认识。我当时看到了苏共纲领中关于发展文化、科学、教育事

业的条款，感到提得很正确。另外，也受到它所提出的一些虚伪口号"一切为了人，为了人的幸福""革命的最终目的是提高人民的物质文化生活水平"等的蒙蔽，在 1962 年底到 1963 年初产生了对苏修的好感，这个问题后来很快就解决了（可见当时的思想汇报及检查）。我认为这个问题是属于一时的认识模糊问题，是出于不了解苏修的实质，特别是它的虚伪性和欺骗性而出现的，并且我所"向往"的像"发展文化科学事业""革命目的是提高人民生活水平"仍然是正确的，只不过苏修并没有照纲领那样做，这不能看成是"向往资本主义"。

三、关于和林××反革命集团的关系

关于这个问题，我想组织上早已审查清楚，这里我只声明几点：

1. 我与林××集团毫无组织联系，对于他们的纲领、计划及叛逃行动均一无所知。

2. 我与林接触开始于向他学习英语，和他接触的时间是在 1962 年 9 月以后至 1963 年三、四月间。当时我正搞《青年论坛》，但林在《青年论坛》活动中并未曾起到什么作用。1962 年 11 月《青年论坛》流产以后，确曾在林面前发泄不满，也受到林的一些思想影响。但当我感到林可能是反革命分子以后，立即和林断绝来往，1963 年 4 月曾向李志义同志做了汇报。林对此有所觉察，还曾讽刺地说我"想得一块大奖牌"等等。

3. 文革清队中曾有人提出我"资助林叛逃"的问题，据说我曾给林 20 元，此事绝对没有。如果我曾借钱给他是有可能的，但我已记不清了。不过即使确曾借钱给他，也谈不到资助叛逃。因为我并不知林要叛逃，怎能谈得到资助呢？

四、所谓妄图组织"青年真理党"，企图推翻中国共产党的问题

这个问题是我在 1959 年被批判后挖根源时讲出来的。实际情况

是：我在1958—59年养病期间，曾有一天坐在月坛公园看《马克思传》，看到马克思年轻时参加"青年黑格尔派"，后来组织"共产主义者同盟"的时候，我当时想我们在今天应该学习毛主席的思想，可以组织一个"少年毛泽东学会"，将来也可能发展成为一个党，譬如叫"青年真理党"。这一切想法只是当时的一闪念，过后也就忘了。我既没有策划如何具体组织这些组织，也没有和第二者谈过此事，只是在挖根源时以批判的态度谈到了这点，就成了"妄图组织青年真理党，企图推翻中国共产党"，这是不切实际的。

五、所谓"争取群众"的问题

在同学的批判和我个人的检查中，曾多次谈到我和同学们的接触，并把它描写成是"有目的、有计划地向同学们散布反动思想""自觉地代表资产阶级和党争夺青年一代"等等，这实际上是不真实的，是在多次批判、检查和无限上纲之后形成的一个虚幻的说法。实际情形是，当时我和同学接触较多，主要有以下几方面：（1）和同学谈心，谈思想改造。这是当时组织上号召的，可是后来就把我在谈心中说的一些话当成地放毒，而且说成是有意的。（2）和同学们谈学习、学习方法等，后来被说成是有意向同学灌输白专思想。（3）组织学习小组和筹办青年论坛期间和当时这些活动的骨干陈××、张××、杨××等常在一起谈话，在谈到吸收哪些人参加时自然要谈些同学的情况，这在后来被说成是对同学分类排队，有计划地和党"争夺群众"。以后组织上让我交代和同学们谈话的内容和动机，并让我写了多次检查，在这些检查中，逐渐地就把和同学们的正常接触歪曲成了有目的地为资产阶级"争取群众"的活动。关于这方面的具体情况，组织上可和当时与我接触较多的同学了解调查。

附录十：对徐明跃 1965 年受开除团籍处分的改正决定

（1980 年 6 月 1 日）

徐明跃，男，数力系 59 级学生，共青团员。

徐于一九六五年在进行毕业政治学习期间，被认为在大学学习期间"一贯思想反动，拒绝思想改造，坚持反动立场"，受到批判，并给予开除团籍处分。

根据中共中央【1979】85 号文件精神进行了复查，认为原对徐明跃同志所作的结论与实际情况不符，是错误的。现决定撤销对其开除团籍的处分。

共产主义青年团北京大学委员会

一九八〇年六月一日（加盖公章）

（作者注：此件中把徐明曜的名字写成了"徐明跃"，可见平反工作之马虎粗疏。）

编后记

此书之编，始于 2021 年 5 月，止于同年 7 月。这三个月间中国发生了几件大事。

第一件是中共建党百年大庆，世界上的百年老党有 66 个，以举国之力，劳民伤财，大庆特庆本党生日者，唯此一家。而最让人齿冷的是，中共领导人对"历史"的超级重视："我们要用历史映照现实""以史为鉴、远观未来"。[1]

第二件是中国举办"世界政党领导人峰会"（7 月 6 日），160 多个国家的 500 多个政党和政治组织的领导人以及逾万名政党代表积极与会。峰会的主题是"为人民谋幸福：政党的责任"。

第三件是"第三届世界马克思主义大会"在北大召开（7 月 17-18 日），60 多位外国学者和 200 多位中国学者与会。大会向全世界证明："中国共产党为什么'能'、马克思主义为什么'行'、中国特色社会主义为什么'好'。"

这三件大事有三个关键词：历史、人民、自信。

郑州特大水灾（7 月 18-21 日）为此做了注解。

---

[1] 习近平七一重要讲话《我们要用历史映照现实、远观未来》："初心易得，始终难守。以史为鉴，可以知兴替。我们要用历史映照现实、远观未来，从中国共产党的百年奋斗中看清楚过去我们为什么能够成功、弄明白未来我们怎样才能继续成功，从而在新的征程上更加坚定、更加自觉地牢记初心使命、开创美好未来。"6 月 16 日出版的第 12 期《求是》杂志发表中共中央总书记、国家主席、中央军委主席习近平的重要文章《以史为镜、以史明志，知史爱党、知史爱国》。文章强调，历史是最好的教科书。要了解我们党和国家事业的来龙去脉，汲取我们党和国家的历史经验，正确了解党和国家历史上的重大事件和重要人物。这对正确认识党情、国情十分必要，对开创未来也十分必要。要围绕中国共产党为什么"能"、马克思主义为什么"行"、中国特色社会主义为什么"好"等重大问题，广泛开展宣传教育，加强思想舆论引导，坚定广大干部群众对中国特色社会主义的道路自信、理论自信、制度自信、文化自信，进一步激发全体人民爱党、爱国、爱社会主义的巨大热情。

中国官方公布的死亡人数是302人，微信盛传《人民日报》内参的死亡人类是6900余众，而境外媒体估算的死亡人数是19000余人。网上披露，7月20郑州上流的常庄水库泄洪，官方没有通报泄洪时间。京广北路隧道正是在泄洪后被灌满。

历史如何评价这次水灾？人民在这里几斤几两？自信体现在什么地方？

2021年5月26日，中共中央办公厅印发了《关于在全社会开展党史、新中国史、改革开放史、社会主义发展史宣传教育的通知》《通知》强调："各地区各部门要始终把握正确导向，树立正确历史观，准确把握党、新中国史、改革开放史、社会主义发展史的主题主线、主流本质，旗帜鲜明反对历史虚无主义。"

此书的作者知道自己的文字在"主题主线、主流本质"之外，根据自己对"历史虚无主义"的理解，他们不约而同地通过各种非主流渠道——或在大陆自印其书，或到海外出版，或在民刊上发表——以个体的文化自信把所历所感诉诸笔端，留给历史和将来的人们。

2021年7月末

www.ingramcontent.com/pod-product-compliance
Lightning Source LLC
Chambersburg PA
CBHW070806300426
44111CB00014B/2441